文化人類學

Contemporary Cultural Anthropology

Michael C. Howard 著

李茂興・藍美華譯

Michael C. Howard

Contemporary
Cultural
Anthropology

Chinese edition copyright © 1997
By Hurng-Chih Press.
For sales in Worldwide.

ISBN 957-99581-3-0

Printed in Taiwan, Republic of china

原書序

本書以深入淺出、清晰易讀的撰寫風格介紹文化人類學各項環環相扣的課題，以及提供一個堅實的架構，讓讀者對於整個世界系統的演化有完整的瞭解。第四版除了更新世界情勢與文化人類學本身的變化之外，素材的增添刪改也以全新面貌呈現。

本書概述

本書以有系統的各個焦點探討人類生活與文化的複雜性，內容兼顧深度與廣度。縱貫全書，文化的檢視係以生態學的觀點加以分析，換句話說，即視人類是極具創造力的生物，能夠不斷地調整適應環境多面向的挑戰。因此，從本書可看出人類如何克服各項環境的困難，以及如何以特殊的適應策略應付人口成長與資源有限所衍生的課題。

為了突顯書中的各項論點，我（指作者）均從廣泛的文化中慎選適當的民族誌範例來說明。此外，為了讓讀者對文化有整體觀的概念，有些民族的文化以較深入的方式加以披露。

在瞭解今日的任何民族時，均需注意他們如何融入現代的世界系統。在本書中，我一再強調所有的人類社會都是演化中的世界秩序之一部分，並檢視它們如何以各種不同的方式與程度整合至此一世界秩序。接著，本書也進一步指出，此種整合性如何影響人類生活各個不同的面向。

為了說明人類的文化是持續演變中，變革與濡化的主題係貫穿全書，而不是以一獨立的章節去處理。有些教科書以一獨立的章節來處理性別的角色，本書則融入適當的相關章節，並闡述性別的角色與文化中的各個面向是相互關聯的。

本書特色

- 《人類學家專欄》——每一章最後幾乎均精選一篇由特定領域的人類學家撰寫的專文，生動地烘托出文化人類學迷人的殿堂。
- 《人類學與自然資源管理特刊》——探討伐林、採礦、及築壩如何破壞自然資源，進而產生環境危機，危害到人類的生活與生計；並探討人類學家在管理自然資源方面所扮演的角色。
- 各章前均有內容大綱，使讀者易於掌握學習方向與提綱契領。
- 各章後均附摘要，便於讀者複習章節內容。
- 各章均附精選的建議讀物，供讀者進一步研習。
- 專有名詞在全書中均以粗體字顯示，並隨即闡釋其定義。

　　　　　　　　　　(以下致謝辭謹略)

Michael C. Howard

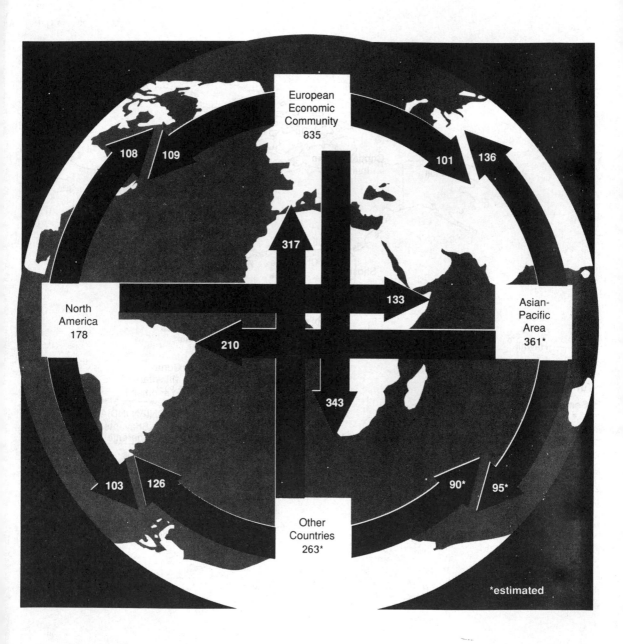

Inuit

Copper Eskimo

Inuit

Inuit

Inuit

Haida

Kwakiutl

Cree

Beothuck

Mohawk

Shoshone

Cheyenne

Irequois

Navajo

Sioux

Zuni

Comanche

Natchez

Huichol

Aztec

Jamaica

Lacandon

Haiti

Guerrero

Mopan

MAYANS

Garifuna

Tzeltal

Kekchi

San Blas Cuna

Tzotzil

Makiritare

Embera

Yanomami

Achuara Jivaro

Macu

AMAZONIAN INDIANS

Tukana/Desana

Mura

Shavante

Quechua

Inca

Sherente

Caraja

Mundurucu

Tapirapé

Kaingang

Tupi-Guarani

Patagonians

Hawaii

Kiribati

Tuvalu

Samoans

Tahiti

Tonga

目　錄

Ch1

人類學簡介

今日許多的土著民族，隨著西方工業社會的日漸入侵，他們的生活方式與習俗正面臨滅絕的危機。部分人民已被無情地推入這個新的世界體系，儘管其他人可能有更多的選擇。圖中這位來自亞馬遜河雨林區的 Yanomami 女孩，正與一位委內瑞拉嚮導前往加拉卡斯，準備靠當女傭賺取工資。

1 人類學的主題

- 普同性
- 整體性
- 整合
- 適應
- 文化相對論

2 人類學是一門科學

- 科學方法
- 不同的觀點
- 科學的演進與改革

3 人類學的範疇

- 體質人類學
- 考古學
- 語言人類學
- 社會文化人類學

4 人類學與現今世界的關係

摘要

人類是一群極其多樣化的動物，我們生來就有各種不同的膚色、身高體型，說著不同的語言，表現出不同的風格，而且擁有各種不同的想法。這種種的不同，實在很難令人相信我們都屬於同一物種。但事實上，我們是的。我們因擁有相同的生物遺傳特徵而屬於同一物種，此外，我們彼此之間確實還擁有很多共同之處。

人類學（Anthropology），一種以科學方法研究人類的學科，試圖藉著檢視人類過去生物面與文化面的種種，以及比較研究現存人類社會間的不同，來解釋人類的各種共通點和不同點。人類學的終極目標是要發展出一幅整合的人類畫象，這個目標包含了無數關於人類存在的問題，例如：人的定義是什麼？爲什麼有些人身材高瘦，有些人卻趨向矮胖？爲什麼有些人務農，有些人卻要靠掠奪維生？人類學家感興趣的就是這些關於人類的種種問題。

人類學的主題

因爲範圍廣泛，人類學可往下細分爲幾個次學科，每個次學科都有各自的專家。在本書中，我們就要把重點擺在那些研究人類文化面及社會面的次學科。另一方面，所有人類學的領域都包含著以下幾個主題：普同性（universalism）、整體性（holism）、整合（integration）、適應（adaptation）及文化相對論（cultural relativism）。就是這些主題使人類學不同於其他研究人類生活的學科，像歷史學、心理學或社會學。

普同性：

現代人類學的基本原則就是**人類的普同性**，即所有人均完全平等。不論是 San 族、Navajo 族或是 Celt 族，我們都屬於同一物種——人類。沒有那一群人較接近人猿，也沒有那一群人進化得較高級。因為人類的平等，人類學家不僅對中非矮小黑人（BaMbuti）及澳洲土著感興趣，他們也研究北美及西歐工業化國家的人民生活。另外人類學家也不會因為一個族群太大、太小、太古老、太遙遠或太不正常而將它摒棄於門外。所有的人，不論活著的或死去的，有血緣關係的或外來民族，都是人類學家研究的對象。任何一群人都有助於我們瞭解一些重要的人類現況：瞭解人類如何靠文化，亦即社會傳承，而存活且仍是動物界的一員。任何一群人都有助於我們對人類潛能與極限的瞭解。

整體性：

經濟學家探討生產、交換及消費的制度；政治學家則著重社會秩序與衝突的根源，以及權力與職權的分佈與消長；其他人類生活之各層面亦有專家在做進一步的研究。然而，人類學家試圖去了解的是，人類生活狀況的所有層面。社會經濟、政治組織、宗教禮儀、語言文化和科技藝術，甚至婚育及生活環境等等都是人類學家的研究範疇。此外，他們對於人類社會的過去與現在都同樣重視。在這個**整體性**的觀念中，人類的存在被視為一個多面性的整體，可以就生物面來看，也可以就文化面來看。因此，人類學家對人類的特徵，不論是以往的或現存的，均投注不少的研究心力。這全

面性的關注，是建立在他們熱切渴望全面性瞭解人類生活狀況的基礎上。

整合：

整合是強調人類文化生活的各層面是如何一起運作的，不是光靠研究政治、藝術、宗教、經濟、親屬關係或單單針對 Navajo 族就足夠的。人類學家把這些生活層面比喻成交織成社會大網的線，同時它們也是更大的自然與社會環境不可或缺的部分，而 Navajo 族正住在這樣的一個大環境中——美洲西南部的不毛之地與美國社會。所以要全盤了解任何一個信仰或儀式，我們必須觀察它與社會中各項因素的互動關係，同時也要看它與形成社會的廣泛環境因素之間的互動關係。

很多人類學研究把焦點擺在一些較孤立的小社會上，像澳洲及亞馬遜河流域的土著民族，因為這些小社會的整合性較明顯。這些**小規模社會**（small-scale society）的特徵主要就是侷限於某一區域中的社會互動與資源開發。在這種小規模社會中，親屬關係、政治、工作及其他社會生活的種種彼此密切相關，且直接受環境影響。當代的人類學研究比過去更重視**大規模社會**（large-scale society），它們不僅地域定位較模糊，而且運作更依靠廣泛且高度專業化的貨品、想法及人員之交換來完成。在這樣的社會中，它的整合性較不明顯，而且與小規模社會大不相同。但是那份整合性仍然存在，就像一個多倫多或巴黎的都市居民，他不僅是所處之廣大社會中不可或缺的一部分，同時，他的生活也受到環境相當大的影響。

巴布亞新幾內亞的 Huli 部落中的居民，正適應著這個世界體系對其居住環境的侵略。他徒步走了九千呎去幫助清理出一個空間讓直昇機降落，這架直昇機載送補給品，提供給一個無任何公路可抵達的油井工地使用。

　　近年來，我們已漸漸地意識到，事實上，所有的社會對於一個由社會與經濟結構組成的更大的**世界體系**（world system）是如此重要且不可或缺的。個別社會彼此間是相互依存的，而且如欲了解其內部特性，必須先觀察它與這廣大的全球系統間的關係，而這全球系統的基礎是建立在國際貿易之上（見 Shannon 1989:20-21；Wallerstein 1979:5）。因此，在試圖了解像新幾內亞及亞馬遜河流域的現代小規模社會之時，光靠當地歷史的研究與當地環境的觀察是不夠的。因為，這些社會同時也會受全球旅遊業、全球商品市場、國際間交流以及外來勢力干涉政策之影響。而這些均是整合的世界體系之一部分。我們是整合的世界體系之一部分的程

度，可以從最近一些關於全球重要環保問題的爭論中得到明顯的印證。這些環保問題包括近來熱門的溫室效應，或是碳氫化合物及其他污染化學物質對全球的衝擊等等。

適應：

人類與其他動物相同，是與環境息息相關的。這些環境包括自然環境——氣候、雨林型態、地形等；生物環境——在特定區域內的所有動植物；社會環境——人與人之間的互動關係。就像加州沿岸的環境可能包括海灘、近似沙漠的地形與氣候、與人類爭奪生存空間的動物以及進駐此區域的各色人種。

研究有機體與其自然、生物及社會環境間相互關係的學科，稱之為**生態學**（ecology）。關於人類適應的研究，也就是研究人類與環境如何互動，不僅是人類學的重要課題，更是生態學的主要對象。**適應**（adaptation）可以廣泛地定義為個人或人群為了維持生存，必須想出一些方法去面對不同的環境狀況之歷程，這個名詞，也可以用來指這種過程下的最終產物，即某些特定的行為及社會制度或具象的結構。

從有機體、物種到整個社會是如何調適它所處的環境，正反映出它的**適應策略**（adaptive strategy）：即某個人群的成員們為了克服一些基本的環境或生物問題時，有意識或無意識會去應用的成套方法（Dobzansky，1974）。這些問題包括確保食物不虞匱乏，保護自己不受大自然肆虐以及尋找配偶。人類在開發環境時所應用的適應策略，主要是根據文化的三個面向，一是科技（technology），二是社會組織（social organization），三是價值觀與信仰（values and beliefs）。開發（exploitation）一詞最主要的意義指能夠利用或能夠轉換成經濟利益，一提及開發很容易令人聯想到礦物及動植物，但是有些人，像勞工或奴隸，也被視為環境中的資源。

Inuit 人〔譯註：即愛斯基摩人，Inuit 是其自稱〕的發展完全受限於自然環境，他們矮胖的身材是為了在酷寒的氣候下保存體熱的一種生物適應結果。Inuit 人的文化適應則包括了為迎合北極環境特殊需要所設計的衣物與裝備。

科技指的是人們製造事物或提取資源所需的知識及技術。由於它的具體且實際的效果，它的角色在適應策略中常佔著最重要的一部分。例如，在北極原住民的傳統適應策略中，就包括一系列為滿足生存需求及合理的舒適性所需的專業技術。他們使用矛、叉、鉤及陷阱來捕捉及獵殺動物；為了橫越大陸及海洋，他們建造船舶、雪車並自製雪鞋；為了

保護自己免於大自然肆虐，他們製造了各式獸皮做的衣服並建造由冰及獸皮構成的住所。這種種活動都需要關於當地資源的知識及祖先傳下來的專門技術。

至於人們如何在社會中將成員們加以組織分配，也是這適應策略中同樣重要的一部分。適應策略中一項重大的社會要素就是——**分工**（division of labor），就是指在社會中如何針對社會及技術特性將工作加以組織分配。像澳洲以搜尋食物為生的土著，他們分配工作主要是依據性別，男人狩獵大型動物，女人則負責採集野菜。但到了現代工業社會，分工就更複雜了，而且牽扯各種高度專業化的活動，反映出了另一種完全不同的適應策略。

適應策略的第三項文化要素是人們的**價值觀與信仰**。對於許多獵人而言，能夠正確詳細地唸一段禱文，和知道如何設陷阱、如何潛近動物去獵捕它們是同等重要的。個人與環境的交互關係，也要靠社會的宗教信仰及指導人們行為的價值觀來共同調節。澳洲土著的宗教信仰強調與環境的和平相處，藉著傳說與儀式，這些信仰連結了人們與大自然，使人們與自然景觀保持一定的距離，以及促進動植物資源的休養生息與完整性。

人類的適應也有它生物性的一面，事實上，生物與文化因子是同時影響著我們適應的過程，所以，稱之為生物文化性適應（biocultural adaptation），就是以生物與文化方法來對抗環境壓力的過程。我們獨特的生物起源和身體結構，尤其是我們的大腦，讓我們適應策略中的文化面得以施行；反過來看，我們現代的文化適應之各個面向，如醫療照顧和農業，在舒解環境壓力的同時也影響著人類生物方面的進化。此外，環境污染與人口過多也已為人類帶來相當大的生

物壓力。

文化相對論：

除了科學性的目標之外，人類學也試圖加強對不同文化群體的了解。然而，阻撓這項工作的重要因素就是**民族自我中心主義**（ethnocentrism）——指以自己的文化價值觀與傳統來評斷他人的行為。為什麼他們不吃我們吃的東西，不穿我們穿的衣服，也不按照我們的行為模式去做？更甚者，民族自我中心主義轉成了文化沙文主義，一種認為自己的習慣信仰總是無疑地優於他人的心態。

就某種程度而言，民族自我中心主義的想法是所有人類社會的一項共同特質，因每個人從小就開始學習如何思考及如何表現行為。受自己文化價值感的全面灌輸是一輩子的過程。我們基本的文化價值觀及文化典範在宗教儀式中，在學校裡，在電視上，甚至在一些體育活動及宴會中都不斷地被強化。不論到那裡，總有人教導我們什麼是對的、什麼是真的、什麼是好的以及什麼是重要的。這種深植人心的民族自我中心觀念對於人們自我優越及幸福安全感的建立，具有正面的力量。這正是一些美加土著等弱勢族群在從事意識覺醒社會運動時的主要訴求。不過，民族自我中心的觀念也有它不好的一面，當過分強調時，很容易就流於頑固與種族歧視。而人權的漠視常常就是這種將被壓迫民族視為落後、原始且次等的觀念所造成的。

其實，民族自我中心主義並不能促進瞭解。若想要真正瞭解他人，必須運用**文化相對論**（cultural relativism）的概念，也就是以別人的經驗與傳統為基礎，來判定或解釋他

們的信仰及行為。對某群人而言是對的事物，對另一群人就未必相同，這種對比性的觀念可以從人們對於殺食動物觀念上的差異得到例證。譬如，很多西方人認為印度教徒不吃牛肉是種愚蠢且浪費的行為，但同時卻對於中國人吃狗肉感到厭惡；另一方面，許多印度教徒把西方人屠殺牛隻之行為視為野蠻，中國人也搞不懂為什麼西方人不吃狗肉。

文化相對論的觀念，並不意謂著我們要全盤地接受或贊成某特定人群的一切作為與想法，事實上，它是指從人們與社會、環境與歷史的關聯中，來評估他們的文化型態。例如，在面對土耳其人及伊拉克人給予庫德族（Kurds）人的殘酷對待時，必須考量此一地區的社會經濟和歷史的背景，才能得到充分的瞭解。當然，這樣的瞭解並不代表就贊同如此的對待。同時，這種多方面的考量正是聯合國試圖達成全球人權平等的中心原則。

民族自我中心主義不僅引起人們對文化差異的注意，也包含將其他人視
為不同物種的觀念。這些圖案顯示了十五世紀法國藝術家對於遙遠不知
名土地居民外貌的概念。

人類學是一門科學

7　　　儘管人類學與一些學科，像歷史學及其他人文科學相關聯，但它已經獨自發展成一門科學。既為一門科學，它也是利用系統的方法來觀察或分辨事實，進而建立可一再求證的定律。然而，在人類學的領域中，要建立這種不變的定律仍然需要努力。大部分的情況下，只有一些**理論**（theory）可供利用。所謂的理論，指的是用來解釋觀察到的事實之一般化原理，這些理論會因為測試理論的研究結果而改變或產生新的理論。不過，人類學和其他科學一樣，也依循相同的指導原則，包括科學方法的應用，容許同一領域內有各種不同的觀點，以及主導科學思潮的典範會隨著時間而有所改變。

科學方法

科學方法（scientific method）指設計與進行研究所需遵循的精確方法。它主要包含三個基本步驟：（1）建立假說，一段對於觀察到的事物之發生原委的敘述；（2）決定測試此一假說的方法，將它們整合在一個研究設計中；（3）實際測試此假說，即進行研究或進一步地觀察。然而，你也可以加上一些後續的步驟，也就是根據所發現的事實，再重覆進行研究及修改當初的假說。

不同的觀點

就理想上來看，科學是要不斷地建立一些可反覆求證的定律，來解釋所觀察到的各種現象。然而，事實上，科學家往往只能對於「什麼是真實的」有較深入的了解，而不是最終的真相。科學研究這條路，是漫長而艱辛的，而且是由許許多多小發現共同累積而成的。通常，可能有好幾位科學家同時著眼於一個相同的問題，但基於方法和解釋角度的差異，他們所抱持的觀點論調可能迥然不同，甚至相互衝突。這聽起來也許頗令人沮喪，可是沒有這樣的爭論，科學就會停滯不前。唯有不斷地研究討論，科學家才能從各種觀點中明辨孰是孰非，進而產生進一步的科學知識。

與其他科學如出一轍地，在人類學的領域中也有四面八方不同的觀念。一些比較具爭議性的主題，像人類演化的實際過程，農業的起源問題以及社會變遷的本質原委，都有人持不同的看法而爭論著。例如，部分人類學家認為物質是決定人類文化型態的最重要因素，這物質包括了科技及其產物等；然而，其他的人類學家則強調概念與符號在文化上所扮演的重要性。上述的差異可由物質理論學者 Leslie White 和 Julian Steward 與認知或符號理論學者 Claude Levi-Strauss 和 Clifford Geetz 之間的看法不同得到例證，詳細的內容將在下一章討論。

科學的演進與改革

科學是不斷地在演進的，當科學家們發現了新方法並且蒐集更多的資料時，他們就把舊有的理論加以釐清或摒棄

而發展出一套新理論。這種演變常是小規模地累積，但是，從不斷地累積當中，就漸漸發展出一個重要的觀點。這個觀點也許相當空前，以致於吸引了一群赤誠的擁護者寧願捨棄原先的研究活動，進而採納這項觀點並另起該方向的研究爐灶；並且，這個觀點也開啓了很大的研究空間，足夠讓這個領域的參與者投入解決各式各樣的問題（參考 Kuhn 1970:10）。這個重要的觀點可稱之為**典範**（paradigms）──即指某種概括性的科學解釋可以提供架構做為某些科學思潮與研究的依據。例如：物理學的牛頓運動定律，哥白尼的天文學觀念以及達爾文的演化論。在十九世紀，達爾文的演化論使探討人類社會的研究產生重大的突破，藉著他的這項典範理論，我們對於社會的研究就大都以社會進化的整體概念來進行。後續的研究最後導致人類學家最初提出的演化理論遭到摒棄或大幅修改。事實上，一個典範的存在，常能刺激科學家們設計各項調查研究加以求證，若發展出另一套更令人滿意的典範，這個舊有典範就會步入歷史。

人類學的範疇

　　雖然人類學試圖努力的方向是對人類做一個全面性、系統性的描述，但沒有人能夠對古今人類生活的各個層面都能瞭解透徹。因此，將人類學予以細分並專業化才是較實際的做法。大部分人類學家會選擇人們生活狀況中的一兩項做深入的探討，但同時對於其他研究領域的發現與自己的發現之關聯性也會保持興趣。總之，人類學的主要分支有下列四

種：(1) 體 質 人 類 學（ biological（ or physical ）anthropology）；(2)考古學（archaeology）；(3)語言人類學（ linguistic anthropology ）；及 (4) 社 會 文 化 人 類 學（sociocultural anthropology）。

體質人類學

很多人類學家把焦點擺在人類的生物面。**體質人類學**的各種研究可大致分為兩類：一是研究進化的過程，一是研究現代人類的生物多樣性。

一些體質人類學家進行田野調查之重點是放在人類的進化上。化石搜尋者 Mary Leakey 正著手開始挖掘一個史前人類的化石頭顱，陪伴她的是她的二隻大麥町狗，Sally 和 Victoria。

　　進化方面的研究主要是探討人類進化的過程與原因，這當中包括了形成這廣大世界的整個生物演化過程。有些人類學家專門研究化石（fossils），也就是死了很久的動植物殘留下來的遺跡。從這些人類及相關物種的古化石遺跡中，體質人類學家告訴我們，我們的祖先是何時開始直立行走，我們的大腦是在那一個進化階段達到現代的腦容量。此外，體質人類學家亦與其他領域的專家，像地質學家及考古學家，共同合作以求對我們的老祖先及其演進過程有一個完整的描述。

　　人類屬於動物界中的**靈長類**（primates）。因此，探究人類進化的另一條途徑就是利用**靈長類學**（primatology）——研究人類以外的靈長類動物，如猴類、人猿等。這些哺乳動物，就生物與進化方面而言，是現存動物中與人類的親族關係最密切的。研究靈長類學不僅可以幫助我們瞭解人類是如何成為這大自然的一部分，同時也告訴了我們人類與其他動物間的異同點。此外，它更提供人類學家在解釋化石紀錄與進化的關係時，有一個適當的參考依據。

　　正當一些靈長類學家把焦點擺在這些靈長類的生物特質之時，另外有一群人則苦心調查某些靈長類的社會行為，像非洲黑猩猩與狒狒。他們的研究有助於我們對老祖先的行為有一個新的看法。例如：Jane Goodall（1964）發現野生的非洲黑猩猩（chimpanzees）都一直在製造並使用一些粗製的工具，於是許多體質人類學家便推論工具的使用出現年代比我們原本相信的都來得早。儘管在製造或使用的技巧上有相當程度的差異，但不可否認地，使用工具是人類與非洲黑猩猩都擁有的一項行為，或許，這也是兩者之共同祖先的一項特質也說不定？

部分體質人類學家進行田野調查蒐集關於現代人類生物性差異的資料。這位體質人類學家，Cynthia Beall，正在研究西藏這種靠放牧犛牛及羊維生的遊牧民族。她最感興趣的是這些人如何適應高海拔的環境。

　　體質人類學家的另一個研究領域是探討現今人類的生物多樣性，這個領域與進化方面的研究有密切的關係，因為生物多樣性正是人類進化的產物。這些人類學家試圖找出人類各項差異的型態並加以描述，同時也解釋為何有這些差異的存在。然而，由於研究對象是現在仍活著的人群，所以，可以針對看得見的生物特徵，像膚色及髮質，或一些看不見的遺傳特徵，像血型及基因組成，來做探討。從這樣的研究中，我們也可以發覺出某地區人群的生物體型與其所處環境的關係。例如，許多科學家都深信一個人群體型的高瘦或矮壯趨勢，是基於對環境中氣候因子逐漸適應的演化結果，因為體型影響體熱的輻射散發。另外，這個領域的有些學者也

嘗試去解釋同一人群內的生物差異是如何產生的。

考古學

考古學是利用人類保留下來的遺跡來研究舊有文化的一門學問。古典考古學家（classical archaeologists），研究歐洲與中東的古文明，與藝術歷史學家息息相關。人類考古學家（anthropological archaeologists），則是對舊文化感興趣的人類學家，他們試圖解答所有人類學家所關心的問題。人類考古學家是把文化遺跡擺在一個廣大的角度來看，以一種整合的方式去思考問題，例如：社會是如何與它的環境相互影響？而生活在其中的人們與他們的文化又是如何演進的？當今的人類考古學家最關心的問題，不是如何去描述舊有社會並加以分類，而是如何解釋文化的演進過程。換句話說，他們試著要了解的是，主導人類文化形成與發展的一般性原則。例如，部分人類學家就對「農業的起源是取決於什麼因素或原則」這個問題很感興趣，事實上，這是一個文化上的重大改革，它曾於不同時代發生於世界的不同地區。有一個理論主張農業的起源是基於因應人口壓力的文化適應產物，當一個人群的人口多得自然資源無法餵飽他們時，那份對穩定食物來源的需求就刺激了農業的產生（參考 Boserup 1981）。

學生勞工是考古遺址挖掘工作的重要勞力來源。許多高中生與大學生都替位於 Koster 的考古遺址挖掘提供勞力,這是一個位於美國伊利諾州土著部落南部的史前部落遺址。

　　同時,有另一群人類考古學家專門研究沒有保留任何書寫記錄的社會,這個領域稱之為**史前考古學**(prehistoric archaeology)。史前考古學家除了利用一些遺物來揣測史前人類的生活方式之外,他們也針對某些生活方式與舊社會相類似的現今人群來研究。我們都知道,自古至今,人類都曾經靠著獵捕與搜集野生食物維生,因此,藉著對現存一些靠著蒐捕野生食物維生的人群之研究,史前考古學家就能洞察我們那些同樣靠搜獵維生的祖先們之生活方式,包括他們的狩獵方法,他們的分佈情形,甚至他們的宗教信仰。

相對而言，**歷史考古學**（historical archaeology）的對象則是那些保有書寫紀錄的社會，這個領域跟古典考古學很接近，但仍屬於人類學的這個大架構下。很多舊有社會都有一些描述它們活動的紀錄存留下來，但是這種紀錄卻無法完整反映當時人民的生活。然而，歷史考古學家，他們可以從這些不完整的殘留資料中，擷取每一個重要的線索，試圖了解當時社會中人們的日常生活。例如，在一次位於加州的考古學挖掘中，我們就得到了許多關於昔日西班牙教會日常作息的資料，這些教會的位址也讓我們得知早期美國原住民與歐洲人接觸的情形。

語言人類學

意念與行為模式，這些文化的要素，主要是靠複雜的符號系統來傳遞，這當中亦包括了語言。所有的有機體都有各自的溝通方式；一些動物，像海豚和非洲黑猩猩，也有它們發展良好的溝通方法；人類，當然也演進出一套獨特而極為複雜的系統，那就是我們的語言。**語言人類學**（linguistic anthropology）研究的正是人類生活的語言方面，它又可分為數個次領域。

（1）描述語言學（descriptive linguistics），探討語言的結構以及它的各個部分，像發音及文法等，是如何協同發展出一個連貫的溝通系統；（2）歷史語言學（historical linguistics），探討語言的演進過程；（3）社會語言學（sociolinguistics），研究語言與社會因子間的關係，這些社會因子包括年齡、性別、族群本質及社會階級等，例如，在一個社會中，人們說話的方式會因男女而有所差異；及

（4）語言與文化（language and culture），這是很多語言人類學家很感興趣的主題，主要探討的是語言如何影響我們的思考，或反過來說，我們的信仰與價值觀是如何影響我們的言語表達方式。

社會文化人類學

社會文化人類學（sociocultural anthropology）研究的範圍是現代與近代人類社會的物質、符號及社會生活。體質人類學注重人類狀況的生物面，而社會文化人類學則關心人類的社會與文化傳承。雖然社會文化人類學和考古學在某些方面重覆，像它們同樣把焦點放在文化上面並對社會與歷史付出相當的關注，但是，它們仍然有很多重大的差異。最明顯的不同就在於社會文化人類學的研究對象是可以直接觀察接觸的社會，而考古學研究的卻是那些已經不存在的社會。

文化的概念，對整個人類學都很重要，同時更是社會文化人類學的中心所在。它也可能是我們之所以被定義為人類而有別於其他動物的最重要特徵。人類學家所謂的文化，不是僅指那些歌劇、詩畫、芭蕾或其他的藝術成就而已，**文化**（culture）是一種習俗慣例的生活方式，沉浸其中的人們會學著如何組織他們的思想與行為，以呼應所處的環境。依這種定義方式，文化可分為三部分：行為、認知與物質。**行為**部分指的是人們如何舉止，特別指與他人之間的互動關係。例如，在撫養小孩上，雙親與小孩間的互動，會以相當典型的模式出現。**認知**部分牽涉到人們對外在世界的看法。就像有的父母，他們並不清楚自己該怎麼做，小孩該怎麼做，也不瞭解親子關係對於未來生活的開展有何重要性。最

12

後，文化的**物質**部分則涵蓋了我們所製造與使用的一切物品。

社會文化人類學家 Homa Hoodfar（右）和一位朋友在埃及開羅這個都市環境做田野調查。這種全面投入某種文化的田野工作者，他們觀察並參與當地人民的生活，這也是社會文化人類學的一項重要特徵。

　　文化的構成大多是**學習**（learning）的結果。所謂學習，是指為呼應在某環境中的生活經驗而修改自我行為的一種過程。學習現象普遍存在於各種生物之間，但是，沒有一種生物的學習能力比人類強，也沒有任何生物比人類更需要依靠學習來的行為去求生存。大部分生物的存活是靠它們的本能來保障，人類主要卻是靠文化。人們必須學習如何在一個特定的社會自然環境中生存，在這過程中，本能只扮演一個無足輕重的角色。試想，當一個西方的都市居民突然被困在一個熱帶雨林或不毛沙漠時，他的存活機率有多大？若沒有原本就在這個環境中生活的人之幫助，這個都市居民可能就會面臨死亡的威脅。

　　從名稱就可看出，社會文化人類學除了關心文化外，

也重視人類的社會。文化，並非憑空捏造，也非由獨立個體所產生，事實上，它是人群互動的產物。藉著這種社會互動，人類學習如何以和別人一樣的方式去表現行為與思考。人類是社會性動物，並擁有特別的生物結構促使我們群聚而居。自從人類演化的初期開始，我們一直是靠合作以求生存，因此，文化是眾人群策群力的產物，同時為社會大眾所共享。**社會**是依成員們的互動型態來定義的團體，凡是擁有相同的、特定的文化共識及行為模式的人，就同屬於一個社會。藉由社會中各成員的共同經驗，人們發展出共通的文化屬性。事實上，這是個雙向的過程，社會產生了文化，但同時亦需靠文化方得以茁壯。

社會文化人類學披露各種不同理論的沿革，以及更精細的專科，焦點放在像政治學、經濟學或親族關係等。到目前為止，社會文化人類學的最大分支就是**民族學**（ethnology），這是一個以系統與比較的方法，來研究現存文化的型態及其發展過程的學問。

社會文化人類學建立在以描述資料為主的架構之上，這龐大的資料包含人類的信仰、規範、行為與各種成就。而這記敘各個社會之文化的過程，稱之為**民族誌**（ethnography）。至於資料的獲得，主要靠直接與人民的互動過程或是田野調查。然而，所有人類文化的資料範圍是如此龐大，單靠個人的力量根本無法深入了解，於是，大部分研究民族誌的社會文化人類學家便把焦點縮小，只專注於一兩個地理區域，像非洲撒哈拉沙漠以南的區域或南美洲的亞馬遜流域。通常，一個社會文化人類學家也只對某地區內的一兩個特定人群，做深入性的田野調查，也即住在這群人之中，觀察並融入他們的生活。為了比較並獲悉其生活背景，

13

研究者也會針對此區域的其他人群做調查。這種深入某種文化的作法，正是社會文化人類學的一項重要標誌與特質。

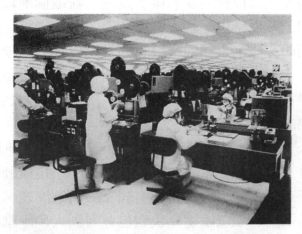

人類學的研究方法，特別是它對整合性的強調，正好迎合了現代紛雜的世界系統。這裡看到的是一群人正在一個乾淨的生產空間內製造積體電路，這是一家位於馬來西亞的美國工廠，他們的產品主要供出口，此等產品連接了亞洲與世界其他各地。

人類學與現今世界的關係

今日，我們面對的是一個前所未有快速變遷的世界。儘管人類不斷地進步，這個世界仍舊充斥著各式各樣令人困擾的問題，包括急速變遷、社會動亂、財富分配不均及環境惡化等。而人類學正處於尋求解決這些問題之道的最前線。基於人類學的整體性，它最適合用於促進我們對人類之發展脈絡背景與各方面狀況的了解，而它對於整合性的強調，尤

其適合現今紛亂的世界體系。在面對危機與不確定性時，我們比以前更需要了解的是：我們來自哪裡？我們是什麼？我們有哪些潛能？以後會變成怎樣？以及，在這個地球上，我們如何互相依賴以維生？藉著研究我們的進化過程，比較我們適應環境的方法，人類學家讓我們得以更進一步瞭解這些問題。此外，人類學長期以來對於普同性與文化相對論的重視，也使得它在這個充斥著種族偏激、仇恨與暴力的世界中扮演了重要的角色。

14

在接下來的章節中，讀者將會看到人類學如何與現代生活相融合。我們會披露一些事實，例如：小規模社會的消失、現代都市生活的難處、開發中國家人民的問題、以及每個社會均需面對的環境困境。我們也會看到人類學家是如何促進我們對於「人類何以為人」的了解，同時幫助我們去認識我們之間的差異。

摘要

人類學，這個研究人類的科學，試圖對人類做一個全面性、整合性的描繪。它是以全人類為對象，致力於發掘人們之間的異同及其形成原因。由於範圍廣大，人類學可分為幾個次領域，而這些次領域都有一些共通的特性。普同性是人類學的基本原則，即指所有人類生而完全平等。整體性指人類生活狀況的各個層面均需加以了解。藉由整合的觀念，人類學家體認文化的各層面是彼此密切相關的。另外二個人類學的重點是適應與文化相對論，所謂適應是指人類為了與

環境狀況競爭，生物及文化方面不斷演進的過程。而文化相對論則主張應站在別人的傳統與經驗的角度上，去判定或解釋他們的信仰及行為。如果以我們的文化傳統與價值為標準來判定別人的行為信仰，那就是反其道而行的民族自我中心主義。

　　既為一門科學，人類學是把事實做系統性地觀察與分類並解說其過程的一門學問。科學的方法包含三大步驟。建立假說、決定測試方法、及實際測試。人類學之所以為科學的另一例證是，它瞭解科學的研究是一個漫長艱辛的過程，是由許許多多的小步驟小發現漸漸堆積而成。因此，人類學包含了廣泛的觀點與概念。此外，科學探索的過程亦代表概念的演進，當科學家蒐集更多資料並發展出新方法時，就會產生新觀念，而舊有的觀念則會遭到更新或整個被淘汰。

　　人類學可分為四個次學科。體質人類學著重人類的生物面，其研究又可細分為兩大類：進化過程的研究及現代人類生物多樣性的研究。考古學是利用人類留存之遺跡來探究舊文化。語言人類學研究人們如何溝通，文化如何傳遞，特別是指藉由語言這項工具。而它又可細分為描述語言學、歷史語言學、語言與文化的研究等。

　　社會文化人類學研究現代與近代人類社會的物質、符號及社會生活。文化是一種習慣的生活方式，沉浸其中的人們學會如何把先人因應環境所產生的思想行為加以組織整理。文化同時也是社會文化人類學的中心所在。在社會文化人類學探討不同的理論沿革及各種細分的專科當中，民族學是最大的分支，它是一個以系統與比較的方法，來研究現存文化型態及其發展過程的學問。

Ch2

社會文化人類學的發展過程

「高貴的野蠻人」是十八世紀的歐洲人對玻里尼西亞人操持的刻板印象，於 William Hodges 的這幅畫作「重遊大溪地」（Tahiti Revisited）中可以看出。這些古典的畫作影響了歐洲人對於探險家發掘的異地文化之看法。Hodges 是十八世紀末隨 James Cook 船長出航的一位藝術家。

1 早期的開端及進化論

- Tylor：理性的演進
- Morgan：科技的演進

2 專業化

- 博物館人類學
- 學術人類學
- 傳播論
- 歷史主義

3 文化是一個整體

- 功能論
- 結構功能論
- 文化與人格

4 專業化：第二次世界大戰至今

- 新進化論
- 文化生態論
- 衝突理論
  1. 新功能理論
  2. 馬克斯派人類學
- 認知結構的研究
  1. 結構論
  2. 民族科學（Ethnoscience）
  3. 象徵人類學

摘要

17
　　人類學不是一門靜止不動的學問，對於我們人類是什麼及我們如何思考與表現行為，它所掌握的概念並非一成不變。它與其他學科相同，是不斷地在演進中。

　　在許多方面，人類學的觀點都能反映出當時的一些社會狀態。當社會狀態改變，人類學家的觀點也隨之變動。例如，長久以來人類學家都輕視甚至忽視婦女在社會中的地位。然而，到了近幾十年，西方文化開始正視這項歧視偏見，迫使人類學家重新評估婦女在其他社會的地位，並重新審查這些社會的舊時記載，看看當時婦女的生活情形。目前，人類學家希望提出一個關於婦女角色地位更正確的觀念，同時也希望進而建立一個對社會整體更正確的觀念。

　　人類學不僅僅是某個特定時代興起發展的產物，它也是逐漸累積與測試關於人類種種知識和概念之一門學問。藉由累積關於人類的行為與信念之正確資訊，以及不斷地對人類文化理論加以質疑與精煉，人類學已發展成一門更精密更複雜的學科與專業。

　　至於在這幾十年來，社會文化人類學又是如何發展成既是一門專業又是一個知識體系呢？在本章中，我們將探討社會文化人類學的演變，也即從一個被認為是由一群關心異
18
地「土著」習俗且以歐洲為中心的業餘家所發展出來的奇門異論，到國際間一群受過高度訓練且對全人類感興趣的專家所發展出來的專業。此外，我們也會檢視社會文化人類學的概念之演進過程，從剛開始對人類社會文化面之演變的一些粗略假設，到相當精密複雜的嘗試，希望去解釋我們如何與世界這個大環境共生共存。當然，故事還沒結束，研究人類的科學仍不斷地在發展中，並且還有很大的擴展空間等待探索。

圖中是十九世紀的英國探險家 Richard Burton 喬
裝成阿拉伯人。身為早期業餘的民族誌學者,
他不僅研究並推崇其他民族的一些「野蠻」習
俗。

早期的開端及進化論

　　社會文化人類學的根源,依據歷史以及西方文化的知
識體系,可以追溯至古希臘,但直到十九世紀中期,社會文
化人類學才形成一個明確獨立的研究領域。在當時,並沒有
專業的人類學家,只有一群對不同民族間的關係,以及對比
較異地民族的習俗感興趣的業餘學者。

在十九世紀這些業餘民族誌學者當中，可能沒有人做得比 Richard Burton（1821-1890）這位英國探險家來得更好。他曾假扮成一位前往麥加朝聖的旅者，並漸漸捲入討論尼羅河起源的爭論，藉此融入當地社會以利研究調查。在西元一八六三年，他與 James Hunt 創立了倫敦人類學學會（Anthropological Society of London），這是大英帝國皇家人類學學會（Royal Anthropological Institute of Great Britain and Ireland）的前身。就某方面而言，Burton 認爲這個學會不同於一些正經八百的學術機構，像皇家地理學會（Royal Geographical Society）。它提供給學者另一個選擇。他與 Hunt 同時也創立了 Cannibal Club，這個俱樂部主要負責學會各項會議開完後的餐點，也因此吸引了不少有不同看法的人參加。根據傳記學者 Byron Farwell（1990:226）對 Burton 在西元一八六三至一八六四年至達荷美(Dahomey)王國的任務記載，他評論道：比起當時他肩負的外交官職務，Burton 比較適合做「野蠻人周遊大使」(Roving Ambassador to Barbarians)。Burton 爲了要嚇嚇中規中矩的維多利亞人，他常常會擁護其他民族那些被視爲「野蠻」的風俗習慣。譬如，他贊同回教人民的重婚制度，認爲一夫一妻、一夫多妻或一妻多夫都只是地理性的事件，而回教人民的重婚制度只是對於「酷熱及耗費體力的氣候」的一種合理適應（Farwell 1990:101）。雖然 Burton 在民族誌方面的觀察品質良好，但是他的理論推斷卻不太合乎科學。

到了十九世紀中期，除了倫敦學會外，一些人類學會也在其他西方社會中紛紛成立。這些組織的成員均一致贊同那些非歐洲民族亦同樣值得研究，可是對於是否所有人類都應視爲「真正的人」（truly human）（而不是某種非人的靈長

19

類），他們各有不同的看法，而且對於人類長相與行為等差異的原因，意見也彼此相左。根據當時的某個理論指出，人類是以一個完美的狀態被創造出來的，但自從亞當被逐出之後便開始退化。凡是相信此項理論的人都主張部分民族（例如：非白人）早已落後原始的完美狀態一大截。而另外一項理論則認為上帝在造人之時，即已將他們分成不同的民族，要解釋非洲人與歐洲人的差異，就跟解釋為何老虎與猴子長相不同是一樣容易的。這兩種理論的最大缺點就是，它們都只根據理論而不根據科學，只一昧參照宗教傳統而不根據系統性觀察。

欲以更科學、更人性化的方式來研究人類，需靠另一類的觀念，也就是所謂的進化論（evolutionism）。進化論者是從十九世紀初期地理學家（如：Charles Lyell）與生物學家（如：Jean-Baptiste Lamarck）所通用的進化理論中得到靈感的。這些文化進化論者深信人類社會如同動物的其他物種一樣，在漫長的時間河流中是一直在更替的，從文化的「原始」（primitive）階段演進到「高級」（advanced）階段。許多這些最早的人類學家被稱之為**單線進化論者**（unilineal evolutionists），因為他們堅信，所有的文化基本上均沿著單一的發展線以及同樣的階段在演變，從野蠻到文明。在當時，野蠻人簡直被視為文化的活化石。這項理論在那個時代顯得格外重要，尤其是對關於非西方民族的研究而言，它讓人類學家領悟到，藉著研究異地民族亦能獲知自己文化的歷史。

這文化演進的觀念，讓有關人類起源的研究開始走向科學化，即運用一些系統性方法，而不再一昧地憑藉理論的獨斷之見。此外，演化論者也在先天遺傳的生物特徵，與後天學習的社會行為之間，做了一個明顯的區隔。關於生物面

與文化面的區分，也替人類學研究長久以來的主要爭論「為何人類看似相似，但表現的行為卻大相逕庭？」，提供了一個適切的答案。儘管進化論者相信人類的生物特徵（如：膚色、髮質、眼型等）存在著差異，但是他們卻強烈支持所謂**心理普同性**（ psychic unity ）的原則，也就是指所有人類均具備相同的心靈能力與潛能。他們覺得人類最重要的差異是來自社會環境影響的結果，而非生物特徵的因素。

在贊同這心理普同性的觀念想法之後，演化論者願意去承認白人與非白人間在基本的能力上是平等的。然而，他們卻不願接受兩者文化上平等的觀念。顯然這些演化論者認為某些文化的確優於其他。他們強調演化最重要的特質是進步，不光只是改變而已。對他們而言，演化代表的意義是一個從簡單到複雜，或從初級到高級的過程。這種觀念有時會造成極端的民族優越感，也就是認為白人的信仰禮俗凌駕非白人之上。

Tylor：理性的演進

演化論學者中最有名氣的莫過於 Edward B. Tylor（ 1832-1917 ）。他是一名英國學者，人稱之「民族學之父」。Tylor 對人類學最重要的貢獻就是他對文化的觀念，他將文化定義為一個包含知識、信仰、藝術、道德、習俗以及其他習慣與能力的複合體，而此種種均是身為社會的一份子所受的薰陶（ Tylor 1891:I:1 ）。同時，Tylor 也是區別先天生物遺傳特徵與後天社會學習特徵的最大功臣。

20   對 Tylor 而言，文化的演進包括「理性的進步」。文明與野蠻的差異就在於，文明人已進化至摒除迷信習俗，轉而

依據科學或理性的原則。然而，對西方文化仍持續保有一些看似不合理性的習俗，Tylor 解釋說這些只是**殘留物**（survivals）。他認為這些習俗起源自初期的演化階段，目前已失去原有的功能及意義，然而卻持續存在著。有個很好的例子，那就是打噴嚏後不忘說「上帝保祐你」（God bless you！）（參考 Tylor 1891:I:98）。這是一個古老的習俗，當時人們認為打噴嚏時靈魂會出竅離開身體，而一句「上帝保祐你」可以免除這個危險。在 Tylor 的理論中殘留習俗的概念是很重要的，因為他深信這些殘留習俗可以做為文化的歷史證據，並進而讓我們得以重建文化的演進。

Morgan：科技的演進

另一位支持進化觀念的學者是 Lewis Henry Morgàn（1818-1881）。這位專業律師是從加入一個位於紐約的青年社團開始他的人類學研究，該社團名為 the Grand Order of the Iroquois，這是 Morgan 仿造伊洛克同盟（Iroquois confederacy）所得出的名稱。Morgan 除了對 Iroquois 族及其親族關係的研究有所貢獻外，他還寫了一本名為《**古代社會**》（Ancient Society）的書。在書中，他發展出一套精良的文化演進模式，根據技術的改良將進化過程分成一系列的階段。比方說，文化的進展是從「中級蒙昧」（middle savagery）階段到「高級蒙昧」（upper savagery）階段再到「初級野蠻」（lower barbarism）階段這樣的一個過程。在中級蒙昧時期，人類是以搜尋及獵捕食物維生，同時他們也懂得漁捕及升火。至高級蒙昧時期，人們開始使用弓箭。再到初級野蠻時期，就有精良陶器製作技術的出現。Morgan 認為這樣的階

段過程和技術革新都與文化模式的演進有關。比方說，他提出家庭經歷過六個不同型式的演進，而這六種型式與他那以技術為基礎的文化演進階段是相配合的。

　　儘管 Tylor 和 Morgan 之類的學者對人類學的發展研究都提供了莫大的貢獻，但他們的研究成果仍有一些缺點。譬如說，雖然 Morgan 將技術與文化做一連結代表了一個重大的里程碑，但是他的模式中仍充斥著民族優越觀念，亦即用西方人的技術觀及社會組織來考量其他的文化。此外，這些進化論學者的階段分類似乎過於呆板缺乏彈性，他們所描述的文化演進階段常與實際的發展有一段差距。還有，他們亦受限於資料的貧乏。他們的資料大多來自旅者、商人、軍人、傳教士及探險家，這些資料有一部分品質不錯，但大多數均為可信度低或根本錯誤的資料。於是人類學家逐漸加強對可靠資料的要求，而將人類學的演進帶入了一個嶄新的階段。

專業化

　　到一八七〇年代後期，人類學逐漸開始變成一門專業。自從西方殖民勢力日益擴展，加上他們渴求瞭解殖民地人民生活方式，於是開始為人類學的發展注入一股巨流。在美國，特別是遙遠的西部地區，政府開始著手研究調查那些位於開墾區及保留區的土著民族。同樣地，在一八九〇年代後期，當美國企圖從西班牙手中奪取對菲律賓的控制權時，它遇到當地部落的反抗。當美國對此展開鎮壓之際，人類學家亦開始協助政府擬訂一些統治這些部落人民的方針。同時，英國

與其他歐洲各國也興致勃勃地欲分食這一塊大餅。

然而，人類學家不僅扮演協助統治殖民地的角色，基

21 於科學目的及人道主義的責任感，他們也著手記錄即將面臨
滅絕或被遺忘的各地風俗習慣。

博物館人類學

人類學成爲專業主要是發跡於博物館。民族誌資料的
收集可追溯至數個世紀前，但目前的民族誌博物館只能溯至
十九世紀。於西元一八九四年成立的丹麥國家博物館民族誌
部門（the Ethnographic Department of the National Museum of
Denmark），是現存最早的民族誌博物館，它的收藏主要是
靠十七、十八世紀的皇家藝術陳列室（Royal Cabinet of Art）
的蒐集累積。許多對於人類學研究貢獻卓著的博物館，都是
在十九世紀後期創立於歐洲、北美及南美。此外，民族誌的
收藏常是自然歷史博物館內的大宗。

人類學與博物館的密切關係影響了它在十九世紀末與
二十世紀初的發展。在美國和歐洲大陸，這種關係即使到了
今天仍具某種程度的重要性。博物館對文化人類學的影響主
要來自兩方面：第一，基於博物館注重那些可供展覽的資料
蒐集，造成人類學將重點放在物質文化。第二，博物館的經
營方針導向，使人類學家傾向利用自然歷史類型學（沿用研
究石頭、蝴蝶的途徑）來將資料分門別類，而不是把焦點擺
在文化的動態面。人類的習慣與概念均被視爲固定不變，而
非處於連續變動的狀態。此外，文化也被看作是各個獨立個
體的總和，而不是由彼此相關的概念與活動所形成的一個系
統。

學術人類學

十九、二十世紀間發展的專業化概念，對民族誌的研究而言，不論是質或量均有重大的突破。質的精進，起始於西元一八七〇年代。舉例而言，在西元一八七九年，美國民族局（Bureau of American Ethnology）延攬了一些專業的人類學家開始對西南部的土著民族進行研究。在美國人類學界執牛耳的 Franz Boas 也於西元一八八〇及一八九〇年代調查加拿大的土著民族。在英國，由劍橋大學組成的一支人類學探險隊，也於西元一八九八至一八九九年前往位於澳洲和新幾內亞間的 Torres 海峽進行探查。

當民族誌研究，一種敘述性的田野工作調查，逐漸精進之時，人類學開始被納入大學課程。最初是由自學的人類學者負責講授，因爲當時並沒有正式的專業訓練。而大學亦與博物館訂定一些共同協定以幫助教學，這項措施同時保障了博物館與人類學學術界的密切關連。至西元一九〇〇年，歐洲和北美投入人類學的學者開始慢慢增加，然而至西元一九四〇年，美國也只有幾十位專業的人類學家，英國甚至更少。但隨著人類學逐步走進校園，開始和其他領域的學者接觸交換意見之後，博物館對人類學的影響便日益消減。

在西元一九二〇及一九三〇年代，人類學研究部門於澳洲、南非及巴西等地紛紛成立，在這些國家中的人類學家幾乎都是在美國或西歐接受專業訓練。他們把焦點擺在蒐集自己國家內的土著民族民族誌方面的資料，而把理論方面的爭議留給那些擁有殖民勢力國家的人類學者去處理。

傳播論

　　當可靠的研究資料日漸累積，人類學逐漸發展成一門專業之際，我們對於早期的進化理論開始不滿，許多新的想法觀念於焉產生。其中之一就是**傳播論**（diffusionism），此一理論認爲文化變遷的過程主要是透過文化採借（cultural borrowing）的作用。Morgan 曾主張文化發展的各個階段都有重要的發明做爲標記，例如：輪子、冶金學及字母。但傳播論者卻懷疑這些重要的發明是否獨立存在於各階段的文化中，他們認爲重大發明鮮少出現。就拿輪子而言，大部分具備此項工具的民族並非自己創造發明的，而是由鄰近的社會模仿而得。既然傳播似乎是依靠某些「歷史偶發事件」（historical accident）得以遂行，傳播論者便逐漸摒棄那些進化論者所深信的進化法則。

　　傳播論最初是於十九世紀後期在德國發跡。德國學者主要研究特定的文化特性（像魚鉤型式或神話），並試圖解釋其分佈狀況。二十世紀初期的傳播論學者主張，在一開始時是有一些文化圈（Kreise），之後文化的演進就在這些起始的文化圈逐漸向外傳播。他們推論古美索不達米亞及古埃及這些高度文明（higher civilization）是產生於適合的地方，傳播論學者相信，文明中具特色的基本發明是產生於這些地區，而其餘地區的文化變革則是這些發明藉由採借、轉移及征服傳播等過程而得。這樣的文化進化觀點稱之爲「Kulturkreis」或「文化圈」（cultural circle）理論。

　　雖然許多傳播論者的主張只不過是一些想像的推測，但傳播論對人類學的確貢獻良多，因爲它填補了早期文化演

進觀所欠缺的對自然環境影響的重視。

歷史主義

傳播論者的觀念由 Franz Boas（1858-1942）帶入北美的人類學界。他認為民族學應該詳盡研究文化特性之地理分布，藉著這些特性分布的分析，人類學家即能描繪出文化變遷的歷史及心理過程大致的輪廓。此項方法稱之為**歷史主義**（Historical particularism）。Boas 不再如同早期演化論者般試圖發掘導引文化發展的一般化法則，他開始鼓勵對個別文化的獨特歷史進行研究調查。與 Boas 的歷史主義密切相關的是，他對文化相對論的倡導及證明文化與生物因素相互獨立的努力。他那生長在十九世紀德國的猶太人身份，無疑是影響他反對依民族來解釋文化的最大因素。他針對這些主題所著的論述，不僅有科學上的重要性，也給予那些在美國甚為流行，將非白人及非西方民族視為次等民族的觀念重重的一擊。

許多 Boas 的支持者開始轉向研究文化區（cultural areas），致力於觀察區域內彼此共享的、逐漸傳播的種種文化特性。位於北美的大平原（The Great Plain）就是這樣的文化區域，當地的土著民族均靠獵捕野牛維生並且崇尚戰爭，而且大部分的社會均將太陽舞儀式（Sun Dance ceremony）融入他們的軍事社會。當人類學家標示出在北美和南美的這種文化區時，他們發現這些文化區均與特定的生態區密切相關，例如：亞馬遜流域及北美大平原等。

受了博物館人類學傳統之影響，傳播論者與歷史主義者也強調須記錄文化特性的分布，並依照型態加以分類。然

而，這些文化特性均被視爲獨立的個體，之間的相關性則很少拿出來討論。

文化是一個整體

在二十世紀的前二十年，博物館的傳統對民族學的影響仍占優勢，但改變已經持續進行著。人類學家正持續將早期偉大的演化模式逐一拋開，但對於傳播論方面的各項研究方法仍有不滿意之處。因此，憑藉著許多完整的民族誌記述之累積，人類學家開始以整合（integrated）的眼光來看文化，而不再將其視爲各種社會文化特性的混合體。至於 Morgan 雖曾企圖瞭解文化各個部分的相關性，但礙於資料短缺，他的進化模型也漸漸不受歡迎。於是，隨著民族誌資料的日益精良，部分人類學家便開始著手對社會各部分如何精密配合做進一步的分析。

功能論

功能論（functionism）是研究文化如何以整體的方式在運作的一項理論。這個新觀念提出了一些與歷史主義者截然不同的問題。例如：功能論者相信在 Dakota 人的太陽舞儀式中，最重要的不是它整個發明和傳播的時地與過程，或是它如何融入某個地區的文化特徵，而是關於這項宗教儀式的功能，亦即它與 Dakota 文化的其餘部分是如何配合運作的。

欲瞭解整個文化系統內各要素的複雜關係，人類學家必須加強田野工作的調查研究。功能論者當中進行密集田野

工作的先驅者，首推 Bronislaw Malinowski (1884-1942)。他
於西元一九一五至一九一八年在 Trobriand 島（東巴布亞新
幾內亞）上展開調查，他的研究指出，比起那些利用隨機訪
談來對舊有文化模式提出臆測而言，長期深入地融入一個進
行中的生活方式，能夠對文化有更深刻的了解。

當 Malinowski 第一次宣布將前往 Trobriand 島研究當地
的道德禮俗時，別人告訴他「那裡的島民沒有所謂的道德，
而且舉止卑劣」。然而，在他那儀式化交換的研究中，他發
現了一個連結迷信、奇術、經濟交易與高度發展的社會規範
之複雜制度。

Bronislaw Malinowski 跟一位 Trobriand 島的男巫師進行交談。
Malinowski 認為巫術與知識、宗教、藝術和遊戲都一樣是整合
性需求的一部分。這些需求跟基本或衍生需求一樣，在所有的
文化中都必須得到滿足。

Malinowski 的功能理論強調，所有人類都有一些相同的基本需求（basic needs），如食物、住所、防禦及繁殖等。此外，還有諸如經濟、法律等衍生需求（derived needs），這些是由人類求生存的基本需求所漸次衍生出來的。Malinowski 認為，文化『一個運作整體』的各個部分，其功能正是為了滿足人類的這些種種需求。

　　Malinowski 試圖去研究的不僅是文化較顯著的部分，同時也嘗試探討西方人認為不合理的文化面向。舉例而言，他發現 Trobriand 島民十分仰仗魔法奇術，但他不將這些信仰解釋成殘留習俗或普遍的文化特性，也不會將這些島民視之為「迷信的野蠻人」。他認為這些魔法對島民所扮演的功能是，減低因生活中的不確定所帶來的壓力與焦慮。因此，他發現在危險的海洋中捕魚的人們會有魔法的信仰，而在安全的湖泊沼澤內捕魚的人則否。

　　基於 Malinowski 對於田野工作的貢獻以及對於 Trobriand 島民生活的完整描述，他絕對是值得襃揚的。他的研究也讓西方人明白這些島民是有思想、有理性的，而不只是迷信的野蠻人。然而，他的功能論仍不免有些缺陷，譬如：如果人類具備相同的基本需求，為何文化不是以相同的方式來滿足這些需求？另一個問題是，Malinowski 強調文化的功能在於滿足個人需求，這樣一來卻無法充分解釋超出個人範圍的生活層面。若說政治或家庭的演進只是反映個人需求的滿足是很難令人信服的。

結構功能論

Malinowski 理論上的缺陷可由當時另一位學者 A. R. Radcliffe-Brown（1881-1955）加以彌補，他也是 Malinowski 在爭取學生支持時的一名對手。Radcliffe-Brown 的學說深受當代一位偉大的社會學家涂爾幹（Emile Durkheim）的影響，這名社會學家是利用整合觀念來發展社會分析的開山祖師之一。涂爾幹強調文化是群體的產物而非侷限於個人，他亦主張人類生活的最終實體是落在社會學而非心理學上。事實上，人類生活是由人們累代以來在群體中互動的社會產物所組成。這種社會學實體，涂爾幹將它名之爲「集體意識」（collective conciousness），其存在超越個人的範圍；個人的行動信仰只不過是這個更大實體的一項表現而已。

Radcliffe-Brown 便承襲他的學說，將社會比喻爲有機體——是整合性的全體，爲了追求生存，須依賴社會各組成部分分別發揮適切的功能。此外，他認爲，社會擁有自己的生命和遵循著超越個人層次的法則。人類學家的任務在於調查社會結構並證明各成分間的互動狀態。不像 Malinowski 的功能論是強調文化如何運作以維持個人的生存，Radcliffe-Brown 的這項結構功能論（structural-functionalism），則將焦點指向社會結構的各項要素（如社會中重要的團體及制度）如何發揮功能去維持社會秩序及平衡。

如果 Malinowski 和 Radcliffe-Brown 曾經觀察到同樣的葬禮儀式，他們可能會用完全不同的方式去分析。Malinowski 會視死者的悲慟爲一種習俗與手段，爲了減輕因死亡對個人

帶來的壓力。而 Radcliffe-Brown 則會檢視涉及的社會團體與制度，解析喪家的行爲如何再肯定社會的價值觀及促進社會團體的團結。換句話說，Radcliffe-Brown 強調的是葬禮如何滿足整個社會系統的需求。事實上，這兩種觀點並非完全互斥，主要的差異在於強調的重點不同。顯而易見的，文化不僅對個人，亦同時對社會有其功能。

這是位於印尼 Sulawesi 的 Toraja 人的葬禮行列。根據 Malinowski 的説法，葬禮有助於死者家屬調理親屬去世後的失落感。而結構功能學者 Radicliffe-Brown 則將葬禮儀式視爲社會結構的要素，有助於維護社會秩序與平衡。

綜合而言，功能論者協助建立文化整合的觀念，他們也儘可能地改良田野調查的方法。他們的概念強調審視產生習俗、制度的社會關係，而不是僅將它們視爲獨立的文化組成部分。此外,他們亦致力於研究正在實際運作的當代社會，而不是只探討過去的社會。

然而，他們所察覺的社會文化系統只侷限在某個小群體或部落，並將它們視爲沒有歷史的孤立單位。這樣的研究方向不僅忽視了殖民勢力侵入統治所帶來的衝擊，也引發了一個常見的問題－無法解釋社會文化的變動，因爲功能論者把社會系統視爲由一群處於平衡狀態但相互支持的要素所組成，於是便很難以此觀點看待社會變遷。而隨著傳播論者及其他學者所施予的巨大壓力，他們開始將觸角延及外面的世界試圖尋求解釋，但大體而言，他們忽視群體部落以外的世界。諸如大英帝國對非洲部落的衝擊，以及如何將這些部落融入世界系統來考量，均超出他們的理論範圍之外。此外，他們的研究也不注重自然與生物環境。

文化與人格

　　結構功能論雖然部分承襲自北美，但主要是在英國發展茁壯。在美國，隨著文化整合的瞭解逐漸轉向心理學方面，於是產生一類新的觀念，稱之爲**文化與人格**（ culture and personality ）論。它認爲人們在與文化的顯著面接觸時，會獲得某些人格特質。而同時，另一個關於先天與後天（nature and nurture ）的爭辯亦隨之而生，討論人的行爲究竟是受學習的影響或只是生物遺傳的結果。

26　　傳播論學者 Franz Boas 曾提出，人們是由文化（教養）所塑造成的個體，他的學生便依此展開進一步的研究。其中一位名叫 Margaret Mead，並於日後成爲世界聞名的人類學家之一。Mead（1901-1978）試圖將心理學帶入研究文化的領域，並把重點擺在小孩如何受到文化的薰陶。在她的一本精典著作《薩摩亞人的成長》(Coming of Age in Samoa)

（1928）中，她極欲證明某種幼時受撫育的經驗如何發展成長大後的特殊人格結構。她並論及一般青少年常見的緊張壓力並不會發生在 Samoa 這樣的社會中，因為根據她的記載，Samoa 是個重視和平從眾的民族，而且對性的看法傾向包容的態度。

Margret Mead，第一個獨立研究太平洋小島薩摩亞土著民族的女性。這份努力在當時（西元一九二〇年）震驚了許多人。Mead 對薩摩亞島上青少年的研究中，強調文化在人格形成過程中所扮演的角色。

另一位同樣提倡「文化與人格」理論的 Boas 的學生是 Ruth Benedict（1887-1948），她把她在人本學科方面所受的訓練帶入人類學。她認為文化可以發展出各種有潛力的屬性來表現其風格，正如個人發展的人格型式般。根據 Benedict 的說法，隨著時間演變，與主導意識衝突的屬性將會逐漸被淘汰，直到整個文化系統達成一致為止。

她最有名的著作《文化模式》(Pattern of Culture)（1934）討論到一些這樣的主題。其中一種文化模式稱爲太陽神（Apollonian）型，她以位於美國西南部的 Zuni 族做爲例證，他們傾向妥協並設法避免心理與情緒上的過激。另一型是酒神（Dionysian）型，以北美西岸的 Kwakiutl 族爲例，他們的文化則傾向於尋求刺激、恐怖與危險。

　　在文化與人格的研究領域內，國家特性（national character）的探討是一個重要的部分。它將 Benedict 所分類的文化型式所涵蓋的特徵（traits）逐一標出，來彰顯不同國家的心理特質。這些研究在第二次世界大戰左右開始變得舉足輕重，因爲美國政府把這些研究成果用於評估參戰國百姓的心理特徵，其中最具影響力的是 Benedict 名之爲《菊花與劍》（The Chrysanthemum and the Sword）（1946）的著作，它把美國政府保留日本天皇的作法加以合理化。

　　這些文化與人格的研究取向並非和博物館派的自然歷史傳統完全切斷，它代表一種自然歷史的類型學要點與現代心理學看法的統合，同時它只是逐漸將依據自然歷史尋找類型的傾向移轉至心理學的層面，並將文化的物質面排除而已。

　　到了一九五〇年代，文化與人格的研究方向逐漸被各方批評的砲火猛轟。由 Benedict 和其他學者所提出的文化分類被認爲過分粗略簡化，而且文化中的歷史感及其他背景脈絡均不見蹤跡。Douglas Haring（1949）曾論及，如果僅以如廁訓練之類的事去解釋日本人所表現的強制特性，不如從日本人幾世紀以來均活在一個警察國家的角度來解釋。此外，是否每個社會真有所謂的心理類型也是一項疑問。

專業化：第二次世界大戰至今

西元一九四五年，第二次世界大戰結束前，足以代表人類學的一些基本研究方法均已建立。人類學家對非西方民族已相當熟悉，他們的文化也被承認兼具整合與符合邏輯等特性。在此時，人類學理論的一些新趨勢開始萌芽，人類學亦漸漸走向專業化。隨著專業人類學家與日俱增，這些新趨勢也開始加速發展。在二十世紀初期，專業人類學家可說是寥寥無幾，他們大多來自類似的社會階層與文化背景，而且彼此熟稔。但到了二次世界大戰後，人才大量湧入，並且來自各個不同的文化與社經背景。如今，人類學界已有數千名專業學者，他們各有各的背景、興趣與人格，共同建立了一個充滿各式各樣觀念、方法與專長的領域。由民族誌先驅者來發掘未知民族的年代已成過去。今天，人類學家已將觸角伸至無人探查的知識領域，並試圖以今日的新方法觀念來解釋昔日的問題，希望為人類學帶來令人振奮的新發現。

此外，這個時代的人類學已深受領域之外的世界影響著。自第二次世界大戰後，文化的交流發展迅速，昔日處於工業社會影響邊緣的人們，已快速地投入這全球經濟，並建立一些新興國家。對許多非西方民族而言，過去的這幾十年是一個充滿著巨大變動的時期，而西方國家亦經歷了一場混亂。能源危機、環境污染及共產世界的重整都一再地迫使我們重新去審視我們的價值觀與制度。無疑地，現代人類學所強調的是，關於變動的研究。

新進化論

　　研究文化進化的狂熱在二十世紀初期已逐漸消退，在第二次世界大戰前幾年中，幾乎沒有人類學家對此問題再做論述。然而，Leslie White（1900-1975）這位美國人類學家卻開始專注於十九世紀進化論者的著作，以及文化進化通則之類的問題。他這個版本的進化論被稱之為**新進化論**（neoevolutionism）。

　　如同早期的演化論者一般，White 感興趣的是全人類社會的整體進化，而不是侷限於某個特定社會。根據 White 的理念，社會進化的原始動力是建立在技術的更新上。他認為原始（primitive）社會和文明（advanced）社會的主要差別，是在於他們可使用的能源數量。在原始社會中，能量來源只有人類的肌力一途，但隨著人類逐漸尋找方法去利用新的能量來源，社會便跟著進化。這些新的能量來源包括已馴服的馱獸以及發明方法自風力、水力、地下原油獲取能量。技術的更新使得可用能量日益增加，而進一步造就了社會與文化的複雜性和便利性，同時促進了社會文化系統的成長茁壯。

　　White 於西元一九五九年出版了他的一本重要著作《文化的演進》(The Evolution of Culture)，該年也是達爾文的《物種起源》（Origin of Species）一書發表一百週年紀念。White 除了將文化進化的研究重新帶入人類學之外，他亦影響人類學家看待文化的方式。對 Boas 及其門徒而言，文化是在學習行為(learned behavior)的標題下，一些要素累積而成的一個鬆散的複合體。但 White 卻認為這項定義過分草率，於是他將文化定義為：由事件（events）所組成的一種現象，這

些事件依賴著人類獨特的技能，即使用「象徵」（symbols）的能力（參見 White 1949:15）。對 White 而言，沒有「象徵」就不會有文化的產生。同時，藉由將文化定義爲一種獨特的現象，他希望能更科學化地研究文化。

文化生態學

戰後初期的另一位重要人物是美國的 Julian Steward（1902-1972）。Steward 的研究成果爲**文化生態學**（cultural ecology）的研究打下基礎。這項研究取向主要探討，當人類在適應自然環境時，文化是如何發揮它的動態功能。與 Franz Boas 的文化相對論截然不同的是，Boas 將所有的文化現象均視爲平等，而 Steward 卻認爲這些文化現象間有因果關係存在。他寫道：文化有「核心」（core）特徵，如工作或權力；文化也有「次級」（secondary）特徵，如魔法或宗教。而他的研究重點便擺在工作與維持生計等活動上，視爲最重要的文化核心特徵。他並強調我們應該了解的是人們做了甚麼而不是人們相信甚麼。

他著名的文化三要素包括資源（resources）、技術（technology）與勞力（labor）。他認爲資源和技術是基礎，藉著人類的勞力使它們得以結合。在人類試圖於環境壓迫下求生存的世界中，勞力是常備的工具，而且幾乎所有的社會都必須面對內在的社會壓力與外在的環境限制。這樣的觀念在他早期的論文《盆地高原區的土著社會政治群體》(Basin-Plateau Aboriginal Sociopolitical Group)（1938）中即已明確地表達出來。在這篇論文中，他描述 Shoshone 這個印第安部落以及他們爲求生存所從事的活動。他的分析同時也把環

境所展現的壓力和人類因應環境所產生的適應納入考量。他認為居民稀少和技術受限，Shoshone 的社會結構已退化至原始的狀態。他的這項研究，就理論與方法的層面而言，都算是個開路先鋒。

Steward 不相信環境壓迫能自動地產生各種文化模式，但在文化形成的脈絡（context）中，環境的確占了一席之地。他認為大部分求生存的活動都有某程度的彈性，讓人類在適應策略的決策上有所選擇。然而，對人類學家而言，確定這些選擇的範圍才是重要的。就因應環境的方案選擇來看，一個簡單的技術所能提供的要遠比複雜技術所提供的少得多。

此外，Steward 也支持對複雜的社會進行研究。在這些研究中，他採用了一種與眾不同的方法，不再將目光擺在社會的獨立片斷，也不再針對國家特性加以綜合歸納，Steward 開始著眼於存在於更大地區與國家內的「次文化」（subculture）。在一九五〇年代初期，他組成了一支隊伍，從事波多黎各社會的研究（參見 Steward et al. 1956）。這支隊伍的成員主要針對波多黎各社會中的某些特殊層面進行調查，像咖啡豆的種植以及民營和國營的蔗糖生產工廠等。他們是以一個整體中互扣的環節來看待這些社會層面。

Steward 的研究重點多半針對變遷。他試圖尋求的是文化在不同的時地中發展的相似順序，這種研究取向稱之為多線進化（multilinear evolution）。舉例而言，在近東和中美洲的農業發展均導致類似的社會與政治發展。他並非如同單線進化論者般，想要發現演化的「共通進程」（universal stages），而是企圖找出「那些有限而平行發展的文化型式、功能及歷程順序」（見 Steward 1955:19）。儘管他瞭解每個文化都有其獨特性，他依舊努力於發掘在各文化間的規則

性，即不同的適應策略導出不同的文化型式之規則性。他研究的範圍包含部落社會及以國家為基礎的社會。然而，Steward 和同時期的傳播論者或其他學者相同，均認為文化在基本上是處於穩定狀態，只有面臨某些外在重大因素時才會有所變動，這些因素包括文化交流、技術傳播、人口成長及自然環境變遷。

Julian Steward 強調文化與環境間的適應關係。圖中顯示 Steward 的研究對象──Shoshone 的印第安人──時值夏天，他們得以聚集成群，但一到冬天，他們又須各自分散，因為資源開始短缺。

衝突理論

至此，人類學觀點的一項基本缺陷是，未處理衝突方面的課題。在第二次世界大戰前，人類學家均假定這是個有秩序的世界，忽視了其中存在的競爭與衝突。這種忽略的背後動機，可能是希望視文化為整合性的系統，以及不願將研究對象看成粗暴的野蠻人，而寧願視之為過著合理、秩序化生活的人類。此外，殖民勢力早在人類學家進行研究之前便已進駐，這些被當成研究對象的人民也已在外來的秩序系統下生存良久。如此一來，由於受雇於殖民政府，使人類學家的研究結果忽視當地人民真實的殖民生活，避免負面地暴露殖民國家的統治制度。

然而，第二次世界大戰期間與戰後，發生在亞、非等殖民地的人民解放鬥爭,已使此一情形大為改觀。衝突四起，人類學家無法再予以忽視。同時，儘管部分學者將他們目睹的衝突視為戰後的特殊景象，並將此一時期解釋為一個動盪不安的全新年代，但仍有其他人類學家堅稱，衝突是人類文化中的一個正常部分。

新功能論

首先試圖將舊有的功能論學說加以改良以迎合戰後狀況的學者之一，Max Gluckman（1911-1975），是一位移民英國的南非人。他的理論稱之為**新功能論**（neofunctionalism）。他批評 Malinowski 未能把衝突視為「社會組織的本質」。Gluckman 認為，家族之間的仇恨疏離、巫術的詛咒以及對權威的挑戰等，都是社會生活中的正常現象。他並強調儘管

衝突不斷（有時是基於這些衝突），社會仍舊保有一定的團
結性。

圖中的英國人類學家 Max Gluckman 是位新功能論
者，將衝突視為社會與生俱來的一部分。這張照片攝
於西元一九四一年，Gluckman 教授正於非洲的尚比
亞從事他早期的田野工作。

在《非洲的習俗與衝突》(Custom and Conflict in Africa)
（1956）一書中，Gluckman 宣稱社會秩序的維持是藉由相
互重疊的忠誠的牽制與平衡來達成的。人們可能在某種忠誠
的脈絡中爭執，但往往在不知不覺中又被另一種忠誠所制
止。而那些在某種狀況下彼此敵對的雙方，到了另一種狀況
時可能又會結爲同盟。例如：彼此互相仇視的一對表兄弟，
在面對外侮時，可能就會聯合起來對抗另一個家族。於是，
憑藉著這些縱橫交織的網，社會結構方得以維持。Gluckman
甚至認爲反叛（rebellions）並不會對社會秩序構成威脅，事
實上，以儀式般嚴謹的方式來遵循禮俗規範及秩序的反叛
者，帶給傳統秩序的不是危害而是再肯定。他們的行爲是一
種「反叛的儀式」（rituals of rebellion）。

Gluckman 成功地將衝突帶入事物的正常架構中，但是
他仍舊強調社會秩序基本上不會有所變動。在這個觀點下，
他也未能處理社會結構變動的問題，也就是有關社會秩序轉
型或解體的問題。此外，社會秩序本身也還是被視爲一項既
有的產物，而不是可解釋的某種現象。

馬克斯派人類學

此時，有另一群人類學家，他們自馬克斯（Karl Mark，
1818-1883）的著作中獲取靈感，也將衝突視爲人類文化的
正常現象。但是，與 Gluckman 不同的是，**馬克斯派人類學
家特別關注社會秩序的變遷與衝突和文化演進的關係**（參見
Bloch 1983: Leacock 1982: Wessman 1981）。在馬克斯的早期
著作中，以及一些後來的馬克斯派學者，都引用了一套單線
的社會進化模式，從最初的「原始公社」（primitive
community），經歷了「古典」（classical）和「封建」（feudal）

階段，到所謂的「資產」（bourgeois）階級社會。然而，在馬克斯晚期的著作中，他發現社會的變遷遠比模式中所提及的更為複雜。因此，近年來，馬克斯派學者已漸漸將進化的途徑視為變動的，不再只是一條單向不變的直線（參見Melotti 1977）。對馬克斯派人類學家而言，瞭解進化的關鍵在於洞察社會內部的變動，也即當新型態的社會經濟組織興起並逐漸具主導地位之際，這些變動會導致愈來愈多的壓力與衝突。

　　為了解釋這些變動發生的原因，馬克斯強調社會關係的剝削性質，而不是像功能論學者注重的和諧性質。馬克斯派學者相信在大部分的社會中都存在資源與勞力分配不均的問題，這種不平衡在生活富足與貧乏的兩群人之間，埋下了衝突的伏因。根據馬克斯派學者的說法，文化進化的特徵就在於生產手段與資源分配的重新整頓。然而，這項轉變的過程很少能順利進行（以十八世紀末的法國大革命及二十世紀初的蘇聯革命為例證），因為那些舊制度下的既得利益者，為了保住自己的名利地位，一定會不惜一切地反對那些希望建立新秩序的人。

　　馬克斯主義的思想於一九六〇年代晚期在法國開始進入人類學界。當時的幾位學者，如 Maurice Godelier（1977）和 Claude Meillassoux（1981），試圖以馬克斯主義強調社會組織之經濟基礎的觀點，去分析一些部落社會與佃農社會的結構。不到短短的幾年內，英語系國家的人類學者也開始採納馬克斯的觀點，注重歷史發展，並以世界系統的觀點來瞭解較小的社會單位。

認知結構的研究

正當馬克斯派學者與新功能論學者尋求解釋衝突在社會中所扮演的功能之際，其他各類新思想於一九五○年代和一九六○年代初期也開始萌芽。這些新思想強調維持文化秩序的認知或心理結構，其中崛起了二種不同的研究取向，分別是**結構論**（structuralism）與**民族科學**（ethnoscience）。儘管有所差異，但它們都同樣深受結構語言學（structural linguistics）的影響，那是一門研究講話方式背後蘊藏的結構原則之科學。

結構論

提倡以結構方式來研究文化的主要學者，是法國人類學家 Claude Levi-Strauss（b.1908）。在他的觀念中，支配我們行為思想方式的一般性原則，必須從人類的思維結構中去尋找它的來龍去脈。儘管他的想法影響著親屬關係與神話學的研究，但由於大部分無法測試正確性，這些想法的價值仍屬有限。此外，他的結構論仍舊將社會視為靜態，並沒有在文化變動的解釋上下功夫。

其他的結構論學者則將矛頭指向比較不那麼雄心勃勃的研究工作，也就是試圖尋求特定文化系統中結構性的運作原則。其中居領導地位的是另一名法國人類學家－出生於 1911 年的 Louis Dumont。Dumont（1970）曾根據印度社會的三大結構原則來解釋他們世襲的社會階級制度，這三大結構原則包括：隔離、階級與互動。隔離可由他們每個階級不同的儀式地位來說明；階級則可由各階層的地位高低順序看

出；至於互動則反映在不同階級者從事不同工作時的相互依賴。雖然這個研究取向有助於指出某些社會行為的認知基礎，但是它並沒有解釋這些結構原則為何存在，也沒有說明這些原則的歷史沿革。再者，它嚴重地忽略文化的適應面，因為它未能聯結結構原則與自然或社會環境。比方說，Dumont 的研究並不太注重政治經濟上的競爭對印度各層面的衝擊，也不太考量英國殖民勢力對其社會階級制度轉變所扮演的歷史角色。

32

民族科學（Ethnoscience）

關於特定社會的結構原則之探討，近來已漸為美國的民族科學（有時亦稱為認知人類學）所改良精進。民族科學論者企圖以詳細分析民族誌資料的方式，來發掘特定文化的結構原則。他們主要的興趣是瞭解人類是如何看這個世界，其中包括社會成員如何藉由語言的範疇來認知並建構外在環境的涵義，以及探討他們在決策時的規律與法則。

民族科學分析的一個早期例子，就是 Conklin 在一九五五年對菲律賓民答那峨（Mindanao）島上的 Hanunoo 族所做的研究。研究中，Conklin 在審視過 Hanunoo 族人對光譜的認知之後，他指出並非所有人類均擁有相同的色彩分類系統。正如我們將在第四章所討論的，藉由對不同文化之色彩分類系統差異的比較研究，能讓我們對於文化、環境及自然因素如何交互作用，及影響人類的色彩認知，有深一層的瞭解。除發現差異之外，民族科學論者的色彩認知研究也注意到某些色彩分類系統的特徵是普同一致的。

象徵人類學

另一個與結構論相似的研究領域，強調文化的認知與意識型態而非物質面的，**是所謂的象徵人類學**（symbolic anthropology）。在這個領域中，視文化爲一個擁有相同象徵與意義的系統。

象徵人類學的主要倡導者，是 1926 年出生美國的人類學家 Clifford Geertz。Geertz 不像民族科學論者，只依賴人們對其文化的描述，他強調諸如儀式、神話及親屬關係等等的文化意義，都是亟待發掘的，尤其是關於它們在社會生活的背景下是如何實際運作的。在 Geertz 的分析中，他把重點擺在一些他認爲足以起示範作用的一些重大文化事件或主題。例如，他將荅里島的鬥雞活動分析爲荅里島文化特性的具體化表現。他認爲人們參與鬥雞所遵循的禮儀以及公雞所暗喻的雄性象徵，均是當地文化主題特性的公開展現，這些主題包括躊躇、嫉妒、野蠻、地位、自傲與機運。此外，Geertz 的觀點中一個顯著部分是他將文化視爲「分離的」（disconnected），他不認爲文化是個整合體，而將它看作是一些往往彼此衝突的情感、信仰與教條的聚合體。

人類學本身並非一門已整合完善的學問，綜觀其歷史，人類學涵蓋了各式各樣的意見與觀念，然而，就人類學的研究領域——人類的種種——這個角度來看，這些差異似乎是可以理解而且不可避免的。在接下來的章節中，我要特別強調文化生態、適應、整合與變遷等方面的觀點。當然，這並非唯一的途徑，因爲真理的追尋過程中沒有任何取向可以代表一切。儘管人類學的觀點眾說紛云，但在所有人類學思想的背後，都存在著一個共同努力的目標，那就是持續地追求

客觀，以及儘可能避免民族偏見來不斷地尋求看待全人類的
各種觀點。

摘要

十九世紀中期，當人類學剛興起之際，它只是一個由
各種冒險家及沒有實際經驗的哲學家所共同耕耘的一個領
域。然而，隨著許多田野工作者的苦心研究，致力於瞭解文
化的運作過程，人類學於是逐漸精進爲一門精巧的科學專
業。當然，這發展的過程是靠一連串的理論革新及重點轉移
所達成的。

第一個對人類學理論具重大貢獻的是單線進化學說
（unilinear evolution），提倡此學說者認爲人類文化是沿著
單一的直線進化，從較原始進化到較高級的階段。Edward B.
Tylor 將這樣的進化歸因爲理性的進化；而 Henry Morgan
則把它歸因爲技術的精進。

當博物館和各大學開始聘用專業的人類學家之後，民
族誌的研究品質亦隨之提昇。在此時，人類學家發現文化中
存在著許多變異，似乎無法用舊的單線進化學說來加以解
釋，於是在十九世紀末與二十世紀初期，他們便發展出一些
得以解釋文化變異的學說。其中之一便是傳播論，這個觀念
闡釋某些概念與發明是透過模倣學習由高度文化發展中心向
外擴展，進而影響與改變周遭的文化區域。另一方面，Franz
Boas 的歷史主義則強調個別文化的研究，注重特定區域內
文化特徵散佈的型態。

不同於早期博物館導向蒐集各式文化標本的研究取向，於西元一九二〇年，人類學家開始試圖將文化視為整合體，並審視其內部各要素之間的相互關係。對 Bronislaw Malinowski 之類的功能論者而言，文化活動的功能是為了滿足個人需求。但對像 A.R. Radcliffe-Brown 的結構功能論者來說，文化各要素的功能卻是在於維持社會系統的正常運轉。至於文化與人格學說，則強調文化能發展出各種具代表性的特徵屬性，存在於文化系統的各層面。

　　接下來，自第二次世界大戰以降，人類學已分化出各種專業的研究領域。新進化論者又再度著眼於文化演進，不過這次的重點擺在對文化變遷的解釋。就 Leslie White 的觀點而言，文化是因為能源利用量的增加而進化。而由 Julian Steward 領導的文化生態學角度視之，則將文化變遷視為適應特殊外在環境的產物。Steward 也強調社會進化是沿多線型式發展，而非單一直線。

　　另有二種理論，將衝突視為解釋文化變遷的中心原則。對新功能論者而言，衝突是維持社會秩序的正常機轉。但馬克斯派人類學者則認為，不同人們之間的利益衝突，會對於現存的秩序施予相當大的壓力，最終會導致制度的變革。

　　此外，尚有一些理論強調文化脈絡下的認知結構：結構論者像 Claude Levi-Strauss 尋求共通的結構原則，而民族科學論者則尋求各種特定的文化型式。最後，象徵人類學注重文化的意義，並將一些事件與制度分析為人類信仰的一種象徵表現。

Ch3

民族誌研究

菲律賓的 Bagabo 婦女在西元一九〇〇年於 St. Louis 舉行的手工藝博覽會表演串珠的手工藝。研究工業化世界週邊的民族,使我們可以在他們滅絕或被工業文明同化之前記錄下他們的原始生活方式。

我們如何能擷取足夠的資料來支持或駁斥某些人類學的理論呢？答案是：在人類學家近百年來的精進改良下，藉著民族誌參與觀察（participant observation）的研究方法，我們對於其他民族的生活已有了更明確的瞭解。運用這項方法，研究者需與受研究的群體住上一段時間，觀察他們的日常活動，直接目睹他們的行為並學習獲悉他們的世界觀。這種全面融入的作法，使得受研究的群體不只是接受分析的抽象體，同時也是一群生存在複雜環境中的真實人民。

為了深入瞭解一群人，人類學家必須花上數日或數週的時間與他們相處，甚至要經過一整年的系統性研究，用他們的語言與之溝通，並儘可能地參與其生活，人類學家才可以開始稱得上能察知並瞭解他們的生活方式。但是，唯有透過此種經驗，我們方能拋開舊有靜態的刻板印象，進而開始真正瞭解他們的文化是什麼。

田野工作的準備

儘管今日的人類學家可能花上數年的光陰與那些被研究的人們生活相處，然而，他們可能要花費更多的時間來準備這項田野調查。這項準備工作包括十分複雜的挑選主題與縮小焦點之過程。

選擇主題：研究大規模及小規模社會

人類學家的研究興趣，通常是受到自己生活經驗之啓發。人類學家 David Maybury-Lewis 提供了以下這段描述，告訴我們是什麼激起他對南美土著民族的興趣，並導致他最後終於親自體驗巴西 Shavante 人的生活：

> 在我大學時代，曾修過一門課，討論中南美洲的開發、征服與整頓的歷史。當時，我十分驚訝於這些早期橫越大西洋的探險家之技術，也佩服征服者大膽的勇氣。然而，最令我感到好奇的卻是那些關於美洲印第安人的早期記述。我不由自主地心生一股慾望想多了解這個群體，一個充滿著多姿多采故事的民族，一個於四百年後旅遊盛行的年代，卻仍保有遙遠神祕色彩的民族（1968:13）。

部分學者由於與不同文化接觸的經驗而投入人類學的行列。然而，研究主題的決定，卻往往需要考量更多與個人無關的因素。例如，有些主題是基於釐清民族誌文獻間的歧異而選定。從過去的歷史來看，研究一些較孤立且非工業化的社會，一直是人類學的主流之一。這些**小規模社會**（small-scale society）的特徵是，能反映當地的社會互動與當地資源開發的某種適應策略。藉著對小規模社會的研究，不僅能讓我們更瞭解人類的生存環境，同時也促進我們瞭解處於擴張中的工業化世界系統邊緣的地區之特殊發展，而這些發展是很難靠其他方法加以瞭解的。而且，正因爲這些小

規模社會的文化我們仍不甚瞭解，人類學家的第一要務便是針對這些社會做一個全盤性的描述，蒐集更多關於他們的自然環境、歷史、科技、生產活動、飲食起居、性行爲、社會政治組織、醫療信仰及宗教等資料，以填補這些區域的「民族誌圖譜」（ethnographic map）。最終的目標便是對其生活求得一個整體的瞭解。

一旦對某個社會有了初步瞭解後，即可開始進行一些深入的研究。在這個階段，除了記載文化的各個層面之外，田野工作者也會把焦點集中在某個特定的主題，像政治領導、宗教信仰或經濟發展的衝擊等。

此外，人類學家也把田野工作的研究對象指向那些幾乎完全融入這整個世界系統結構中的人們。相對於小規模社會，這種**大規模社會**（large-scale society）所在的區域較廣，而且較需依賴廣泛而高度專業化的貨物、概念與人員之交換以維生存。今天，大部分的社會文化人類學之研究均朝這個方向努力，他們不僅對鄉間的農民感興趣，城市居民也是他們研究的對象。

一如那些專注於研究孤立社會的學者，鑽研大規模社會的人類學家起初的焦點亦是放在民族誌圖譜的補充上，並未馬上跳到更專業的主題。而且，近來對鄉村或城市的研究傾向於將這些社區視爲孤立，與外界沒有任何社會經濟上的聯繫。這樣的研究取向是受了傳統對那些偏遠人群的研究之影響。然而，當代最新的人類學研究，已漸漸把受研究社區與外界更大社會的互動納入考量。人類學家不僅將這些社區居民視爲當地環境的主角，亦將他們看作是更廣大的社會系統之參與者。

小規模與大規模社會在此二圖中形成明顯對比。上圖是靠近赤
道位於太平洋 Kiribati 中的一個孤立環形珊瑚礁，下圖是紐約
市的一條繁忙街道。

縮小焦點

一旦選定主題之後，人類學家便開始關注兩個問題：資料的蒐集該從何處下手？而尋得的資料又該如何加以解釋？

設定假說

人類學的一項中心主旨就是試圖解釋人類的思想與行為。為了達到此一目的，人類學家常需不斷地設定、測試並進一步修正各種假說。

如同第一章介紹過，**假說**（hypothesis）是一段對於觀察結果的描述，例如：行為的類型是由一組特殊的因素所導致的。再舉個例子來說，人類學家觀察到部分由鄉村遷移至城市的人們之後，便會產生假設性的解釋試圖說明這項遷徙的背後因素，例如可能是：（1）鄉村農業機械化導致工作機會減少；或（2）城市中勞工與服務業的大量需求引發就業機會突增。

為了測試某項假說，人類學家便搜集並分析各類民族誌資料，而後再根據這些資料，決定此一假說的真實性，也即接受、駁斥或修改原先的假說。另外，在人類學家試圖解釋鄉村城市間的遷徙現象時，可能也會發現一些其他的促成因素，像運輸系統的進步或對良好教育的冀求等，於是便把這些因素同時納入考量，來建立解釋遷徙情形的假說。

人類學家也常會提出一些假說，來測試在某種特定情況下成立的發現是否有更廣的應用性。研究美國西南部 Navajo 族的 David Aberle（1966），便將他的研究發現延伸

至當地人民對特定宗教活動投入的來龍去脈上。在西元一九三〇年代，美國印第安事務局（Bureau of Indian Affairs）發覺許多 Navajo 的牧地都因遭受綿羊過度啃食而變得光禿，當局便下一道命令裁減這些維持 Navajo 人經濟的牲畜之數量。這項行政治命令的施行是爲了保障 Navajo 人長期的利益，但短期而言卻造成了部分牧羊人的近乎破產。Aberle 發現那些受綿羊減量影響的人們開始加入美國原住民教堂(Native American Church)，這是一個提倡使用 peyote（一種具迷幻劑成分的植物）來獲致超自然能力的教會組織。此外，Aberle 亦察覺 Navajo 族人中接受美國主流文化洗禮較多者似乎較少加入這個組織。

根據此項發現，Aberle 提出了一個假說，即基本上這些受壓迫民族的宗教活動形式，與他們如何融入更大的社會經濟系統有密切的關聯。他認爲，這種變形的宗教活動是特殊情境下的產物，就像倡導對世界抱持退縮態度的美國原住民教堂。一旦人民的生活型態遭到嚴重破壞，或因傳統生活瓦解而被迫加入一個更大的陌生社會，卻又未被賦與一個新而適當的社會地位時，這些變形的宗教活動便隨之萌生。但是若欲測試這樣的假說，必須同時在其他環境下進行研究調查，以及須爲進一步的田野工作提供刺激與方向。

決定研究對象

如果一個像 David Aberle 之類的研究者決定探討 Navajo 族時，他必定會先提出一些基本問題：Navajo 族人該如何定義？只針對那些住在保留區域的人，或應包括住在鄰近或更遠城鎮內的 Navajo 人？是否所有認爲自己是 Navajo 族的人都應納入，即使他們不被大部分的 Navajo 族人所承認？

至於那些根據某些標準（像親屬關係）而被視為 Navajo 人但自己卻不承認的人，是否該予以研究呢？總之，研究對象的決定並非想像中那麼簡單。

研究者最後決定納入研究的這群對象，我們稱之為「**母體**」（population）。母體的決定可根據幾個準則，其中一個就是欲探討的問題，例如，如果人類學家感興趣的是人民往城市遷徙的問題，那麼他的研究對象就會擺在那些移民身上，當然他可能也會調查那些未隨著遷移的人民，試圖找出背後隱藏的原因。此外，母體的決定還可依據以下的一項或多項準則：居住的地點或居住時間的長短、出生地、民族、社會階層、宗教歸依及職業等。同時，研究區域內的社會、居住或環境特徵也影響研究母體的篩選。研究者可能選定某個村莊為研究母體，也可能是某個山谷的居民，或彼此有親屬關係的一群人，因為他們在特殊的背景脈絡下似乎是具有關聯性的分析對象。另外一個選定研究母體的基礎可以根據當地的某些分類方法，如民族分類。

概括而言，當我們謹慎界定研究母體的範圍時，必須同時注意它的彈性，而這份彈性的考量是體認到研究某群人時，避免不了會跟另一些人交談，而這些人與該群研究對象可能存在著影響或互動關係。

研究方法

　　人類學家進行研究調查的精確性受到一些因素的影響。第一個是田野工作所面臨的環境考量。在都市研究所引發的問題和在鄉村或獨立山谷從事調查所遭遇的問題大相逕庭。在城市裡，研究者所面臨的可能是研究對象太多及差異太大所衍生的問題；而在山間村落，重要課題可能是找到足夠的食物及避免疾病。第二個影響因素是研究個人的喜好及理論的偏見。一個重視心理或認知觀點的研究者，和強調社會行為與互動的研究者，進行田野工作的方向很可能大為不同。前者會注重研究對象的想法和主觀敘述，後者則會將重點擺在客觀的實際行為上。至於第三個影響因素則是企圖探討的問題。

　　事實上，人類學的田野調查工作並沒有一個單一公式可循，每個問題和研究環境都是彼此獨立分開的，人類學家對不同的研究計劃會選定不同的研究方法。儘管如此，大部分的人類學研究還是有一些共同的特徵，那就是：觀察、詢問和機率取樣。

參與觀察

　　如欲瞭解某個文化，須將注意力放在當地人民對世界的看法，以及他們表現在外的行為。但是，人們對自己從事的活動之主觀描述，往往不一定正確或不足以解釋其行為。一個受訪者在描述某個事件時，常常有意識或潛意識地篩選過或加以曲解。所以，研究者應該儘可能直接觀察他們的行

42

爲。但是，即使是直接觀察仍無法保証絕對客觀，因爲人類學家本身也容易受到自我偏見的限制。

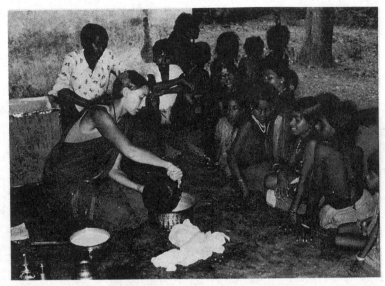

一位人類學家在印度籍完全融入當地文化來從事觀察，圖中她正在調製花生牛奶。這種研究不同文化的方法，稱爲參與觀察。

　　上述觀點在一個爭端中曾受到大肆討論，這個爭端是關於人類學家 Derek Freeman（1983）宣稱 Margaret Mead 對薩摩亞文化所做的研究成果有謬誤。Freeman 堅稱，Mead 對薩摩亞族青少年性自由的記載，是受到薩摩亞族人描述的誇大愛情故事所誤導。此外，Freeman 也認爲 Mead 對事實的曲解是基於她理論取向的偏見，以及她極欲呈現一個扣人心弦的原始生活景象的結果。然而，許多人類學家並不贊同 Freeman 對 Mead 之研究成果的批評，也不支持他的理論概念以及他對薩摩亞社會所做的描述（參見 Brady 1983; Shankman 1983）。這項爭端告訴我們，在記載或闡述民族誌

資料時，要維持一個合理的客觀性是何等困難，即使是對那些訓練有素而且具高度技巧的人類學家而言。

　　爲了顧及文化的複雜性，民族誌學者在一開始必須鉅細靡遺地記錄各種事件、想法與狀況，之後再審視那些相關資料並歸納出一些形式。然而，完整且有系統地記錄人類行爲是需要一些技巧的。學會如何在不甚理想的狀況下快速謹慎地記下某些重點就變得格外有用。人類學家常使用攝影機和錄音機做輔助，但如何讓錄音機在潮溼的熱帶雨林仍能發揮功能也是個問題。此外，不同的社會特性也會引發一些困難，因爲並不是每個民族都能接受被拍照或被錄音。所以，人類學家必須學習如何在不同的環境背景下，選擇最適當的方式來精確記錄人們的陳述與行爲。

　　人們的活動行爲被當作觀察的對象時，常會感到不安而設下某些限制。因此田野工作者必須對受訪者的想法或隱私具有高度的敏感，過份積極地企圖觀察那些受訪者視爲私密的行爲，常常會破壞甚至終止一項研究計劃，而且這樣做也侵害到受訪者的權利。

　　一個社會開放給人類學家觀察研究的允許空間是會隨時間而改變的。舉例來說，許多澳洲的土著社會，已開始嚴格限制外人觀察或加入他們的宗教活動。但在過去，只要事先與他們建立足夠的良好關係，人類學家通常能參與甚至拍攝他們最神聖的宗教儀式；只要不讓他們與其他的社會有太多的接觸，他們並不在乎人類學家對這些宗教儀式做些什麼。然而，近年來，隨著這些土著民族逐漸融入更大的澳洲社會，他們對於這些秘密儀式與聖品的照片在各式刊物上出現深感煩擾。今天，許多土著民族在面臨人類學家要觀察他們的宗教儀式時，都顯得格外謹慎。而人類學家也儘量減少

公佈當地土著視為敏感的資料。

詢問

　　大部分的人類學研究均需針對受訪對象的行為提出一些問題，詢問的深入程度端視研究者先前對這個文化的認知多寡而定。通常在接觸一個新且陌生的文化時，人類學家多半會針對一些基本的問題，例如：食物的處理情形、或親屬間的相處之道等。當研究者覺得對此文化有相當的了解後，會將矛頭指向更深入的問題，諸如：如何處理行為方面的偏差？為何某些行為之間顯得矛盾？或為何某些人會有那樣的飲食習慣？

　　在田野工作一開始時，人類學家也許不懂受研究群體的語言而須仰賴翻譯人員。幸虧，人類學家在前往研究區域之前常會接受一些當地語言的訓練。部分大學的教職員中也會有懂得土著語言者可協助研究者的語言訓練，此外，即使是那些罕見的語言，也會有一些語言錄音帶或書籍能協助學習。在接觸一個陌生的異文化前，事先學習他們的語言基礎，不僅可節省時間並能避免某些最初接觸時的困擾。如果這樣的事前準備不做好，人類學家可能會把田野工作的早期階段全耗在精通一種新語言身上。

　　問題的提出不是光靠基礎的文法技巧就足夠，田野工作者必須學習如何依對象與情況之不同來提問題。大部分的社會對於提問題都有遵循的模式，依據問題的性質及受訪對象的社會地位而定。此外，提出問題時的環境背景也是個重要的考量因素。比方說，某些特殊話題在婦女或小孩在場的情況下是不適宜提出的，以及「本地有無巫術？」這樣的問

題也不宜於正式的訪談中出現，尤其是巫術真的存在於該地區時。

本書作者 Michael Howard 和同為人類學家的 Boedhi Hartono 在印尼 Irian Jaya 訪問一位資料提供者，這也是研究方法之一。通常，精通當地語言和熟悉當地文化在這樣的訪談中是大有助益的。

正式的訪談

雖然某些敏感的話題最好在非正式的訪談中討論，但有些問題仍能更有系統地處理。像人類學家使用設計好的問卷來搜集各種資料，這些問卷所涵蓋的主題包括：居住和土地持有的型態，財富收入的分佈，以及人民對宗教、親屬關係的態度或信仰等。有的問題備有特定的答案（如：你今年幾歲？），有的則是開放性問題（像：你對染上愛滋病的員工有何看法？）。

在使用有意義的問卷之前，人類學家必須先對某文化有概括的認識或接觸的經驗。荷蘭人類學家 Hans Dagmar 將他正式訪問澳洲 Carnarvon 社區原住民之前的準備過程，描

述如下：

> 　　在田野工作調查的最初二個月，我單靠參與觀察的方式（包括非正式交談與未經組織的晤談）來蒐集資料。經過頭二個月，我幾乎可以列出這個區域內的所有原住民家庭。然後，藉此名單我開始篩選一些家庭中的成年份子，……做爲我計劃以開放性問題目訪談的對象。在訪談中，我詢問各種實際情形，包括：對原住民文化的瞭解、親屬關係、居住狀況、教育、工作、收入、參與義工組織的情形、原住民社區的內部關係以及他們對傳統原住民文化的看法。此外，在與更廣大的白人社會和政府組織接觸交流之際，這些原住民的角色地位也是我所關切的問題。
>
> 　　由於訪談進行時能維持溫和良好的氣氛非常重要，所以我特別花心思在如何適切地介紹自己。在我住在 Carnarvon 的頭一個月內，我幾乎熟識了大部分的當地居民，至於不太熟的人，我則要求他們的親戚或好友把我介紹給他們，以建立良好關係（1978:13-14）。

非正式的訪談

　　即使在人類學家運用正式的技巧從事訪談時，他們仍然經常從當中某些非正式的閒聊中得到不少寶貴的資料。Julia Crane 和 Michael Angrosino（1974）指出，人類學家最好的訪談常是偶然的結果。他們其中一位在加勒比海從事研究調查時，曾無意間發現一位老人正在自己的家門前，撿集石頭並將它們排成某特定形狀，他好奇之餘上前瞭解，發現老人的媳婦正在分娩中，老人告訴人類學家，剛出生的嬰兒

特別容易被家族敵人所派出的遊蕩惡魔附身，而這些石頭陣會阻止惡魔進門。經由這次偶然的機會，人類學家對於當地人民的超自然信仰、家族內部的相處情形以及村民間的派系鬥爭，都有了相當程度的洞察。

　　同樣地，當我（Howard 1977）開始在貝里斯南部研究馬雅（Maya）印地安人時，我並沒有花太多的努力就獲得了他們在西班牙人到來之前的宗教信仰之資料。原因如下：根據當時現存的文獻顯示，這種宗教信仰大部分都已失傳，起初這個看法似乎是正確的，因為鮮少有人論及此事。然而，有一晚當我拜訪某位年紀較長的村民時，一個在場的年輕人問及某個故事，而這個「故事」竟然是馬雅族創立時的一個神話。這個事件及其他類似情形都一再提醒我，該多加留意這種西班牙人到來之前的宗教信仰與活動。於是，經由這些非正式的訪談，我對於這些人民的信仰逐漸有了新一層的認識，事實上，在西班牙人到來之前的宗教信仰一直扮演著一個相當重要的角色。

機率取樣

　　經由正式與非正式的訪談獲得的資料，若能訪談整個母體是最好的，不然，至少也必須訪談這個母體中大部分的人。然而，一旦母體人口龐大，想要逐一會晤訪談似乎不太可能，此時為了避免資料的收集來自大母體中不具代表性的部分，人類學家可以運用**機率取樣**（probability sampling）的方法來決定研究對象。這個方法係指從一個母體中篩選出一部分的人，而這群人可以視為整個大母體無偏頗的縮小翻版。

有一種基本的取樣技術稱為隨機取樣（random sampling）。它是指從整個母體中抽取一群有意義數量的人做為研究對象，母體中所有成員被選中的機會均相等，而且篩選的過程應儘可能地隨意且無任何偏頗。例如，我們可以把所有人的名字做成籤放入箱子內，再抽出預定訪談數量的人即可。這種隨機取樣法最適用於同質性較高的母體，像一群來自類似地域與背景的軍隊新兵。就理想的情況而言，研究者訪談的範圍應有相當的廣度，以取得整個母體將如何回應研究者的問題之印象。

然而，當一個母體包含了各式各樣的小團體時，研究者可能希望能分別蒐集到每個小團體的資料，此時，他便須運用**分層取樣法**（ stratified sampling ）。John Honigmann（ 1970:277 ）在研究巴基斯坦的一個小村落時，他根據先前的調查將村民分成六類：不從事耕作的地主（noncultivating landlord）、自行耕作的地主（cultivating landlord）、佃農（tenant cultivator）、工匠（craftspeople）、商人（tradespeople）和僕人（domestic servant）。Marwari，這塊位於回教社會中的印度教領土，村落四周還暫住著許多講 Brahui 話的居民，結果，Honigmann 利用分層取樣的方法自各階層找了四十個人做為研究對象。

在一些特定的研究計劃中，像試圖以口述資料重建某民族的歷史，人類學家會運用**主觀取樣**（ judgement sampling ）。它並非與母體中的每個人或隨機取樣得來的對象直接對談，而是自某些主要的資料提供者處獲取資料。這些資料提供者的篩選是以對該研究而言相當重要的某些準則為依據，例如：年齡、性別、教育程度、經驗、可信賴度以及在某地的居住時間長短。我也曾借助主觀取樣的方法試圖

45

將住在 Perth 這個城市及其附近的澳洲土著之歷史碎片加以串連整合（Howard 1981）。在審視過一些可得的文獻資料（如：報紙記載、日記或政府報告）後，我著手開始調查當地土著部落以發掘可能的資料提供者。經過與那些易於接觸及那些願意提供資料的土著做了初步會談，我得到不少關於一些基本問題的資料。然後，取樣的方向便逐漸縮窄集中於那些看似最博學與值得信賴的對象，就一些特別的主題進行訪談。

田野工作的進行

人類學的田野工作者在個人方面常需要做特殊的調整適應。因為研究的環境並非圖書館或實驗室，研究的對象也非抽象的個體，而是人類學家必須與之共同生活與互動的人們。這種形式的研究所導致的緊密社會關係，常會造成情感的認同並落入特有的道德兩難情結中。此外，人類學家也常需學習新的行為準則，以及新的身心生存之道。

獲准進入

人類學家不是簡簡單單就能前往某地進行他們的研究調查。首先，很多國家的政府機構都會核發某種研究許可證。這種證件的取得可能只是例行公事，但也可能需要通過一些困難且冗長的手續。就正面的角度而言，這種事前的許可篩檢，可以確保那些外來研究者所進行的調查探訪，不僅符合他們自己的需要，也能滿足受訪國家或群體的實際需求。

研究許可證除上述明顯的用途外，也可做為一種檢查的工具，來預先防止某些可能危害社會利益的研究之進行。例如，菲濟（Fiji）長久以來一直由來自該國東部的優秀菁英所領導統治（參見 Howard 1991a）。為了鞏固他們的主導地位，這些當權的菁英份子試圖將關於菲濟的研究著作，導向讚揚他們對菲濟的社會與歷史所扮演的重要角色。達成此一目的的方法之一便是篩選外來研究學者的主題。如果你的研究對象是菲濟的東部社會，而且研究主題是利於這些東部當權派所主導的社會秩序時，研究許可證可在短時間內取得。然而，若是研究某些敏感問題，像是以菲濟西部土著民族為對象的研究，許可證可能就很難拿到，因為這些菲濟西部的土著曾頑強抵抗東部當權派的統治。這種對研究方向的控制，已導致菲濟的民族誌資料充滿偏差，一昧地偏袒這個國家的統治當局。

　　有時，即使正式的研究許可已取得，但研究計劃卻未必成功。因為人類學的研究常需深入人類文化的最深層，這必須仰賴研究者與被研究者之間建立良好的關係。人類學家須坦誠佈達其研究目的，同時要說服人們相信這樣的研究對其生活並不會造成任何威脅，並給予他們機會表達自己是否願意接受研究調查，如此一來，他們才不至於事後有受騙的感覺。總之，誠實在這樣的過程中是相當重要的，尤其有利於未來在該地區進行研究工作。

　　欲使受訪的民眾信服研究者不會帶來任何威脅並不是件容易的事。Gerald Berreman 發現，住在北印度山區的 Pahari 人對外來者的戒懼心非常高。大部分與 Pahari 人接觸的外來者都是政府官員，他們心存輕蔑並深怕這些 Pahari 人敲詐勒索或干擾當地政務。Berreman（1972:xx）記載道：「當

各種政府官員人數激增時，任何一位陌生人，…都可能是政府官員，而被視爲相當麻煩甚至危險。」於是許多人都將外來者歸爲幾個類別，不是政府官員就是傳教士或強盜，這樣的分類使得他們與外來者的互動僅限於表面的物質交換。

　　爲了避免這種負面的刻板印象，田野工作者必須跳脫外來者的角色，進一步深入當地社會。完全的融入通常不太可能，而且就維護客觀性的角度來看也不是我們所樂見的。但是，人類學家可設法取得一個介於外來者與當地人之間的位置。Berreman 發現在他住進 Pahari 的四個月內，由於他扮演一個幫助印度人與美國人達成進一步語言溝通的角色，漸漸地，反對他居留當地的聲浪開始消褪。「儘管我仍是個外來者，然而，我被允許擁有相當程度的研究自由」（Berreman 1972:xx）。一旦田野工作者的行爲不再顯得那麼陌生突兀，而受訪者也瞭解到研究者的存在並不會給他們帶來任何傷害時，許多初期所遭遇的困難都將迎刃而解。

生存問題

　　當田野調查在一個貧窮且孤立的區域進行時，連基本的生存溫飽都會成問題，即使情形不是很糟，但吃甚麼住哪裡的決定卻可能對研究產生某種程度的影響。

　　身處於一個與外界市場隔離的區域常使得食物的獲得相當不易。David Maybury-Lewis 就是個很好的例證，他把在巴西 Sherente 從事研究時，和妻子靠當地某村民提供採集的果物米食維生的經驗，描述如下：

> 我們飢渴貪婪地吃者，完全無視於周遭聚集的小孩異樣的眼光。我可以感覺到當我不斷地將食物強塞入口時胃部的漲撐，但這已成為我們到達此地後所養成的習慣。一旦有食物時就儘可能地吃，因為你無法得知下一餐要等到何時。在經歷一段食物匱乏的日子後，我們不得不相信這句暗喻的警語。如今，我們已能體會 Sherente 人最為珍惜，也是他們的活動中最常被慶賀的：那份肚子填滿食物的飽漲感所帶來的歡愉（1968:52）。

其實，有時可以將大量食物運往研究區域，但如此一來又衍生了其他的問題。過分強調人類學家的相對財富常會破壞他們與當地人之間的良好關係，此外，一個擁有過剩物品的人常被期望能把這些物品拿出來與大家分享，若不這樣做會被認為沒有禮貌。然而，如此一來，本可以貯藏供數月使用的物品，可能很快就消耗殆盡。而在某些情況下，研究計劃的目標也可能與食物的分享相互衝突。例如：當 Richard Lee（1969）在 Kalahari 沙漠研究 San 族的某群人時，他的主要意圖是想調查他們覓食的方法與分配食物的情形，因此若想要蒐集到精確的資料則需拒絕族人分享他所囤積的食物，可是這樣的做法違背 San 族的分享習俗，於是 Lee 就被扣上了「吝嗇鬼」的帽子，並使得他的研究計劃在其他方面推展困難。

另一個作法就是採用與受研究者近似的方法靠土地維生，這個方法的一項難處是田野工作者可能會使過度開發的環境受到更大的壓力。然而，這樣的問題通常只有在極度貧

乏的環境下才會發生。基本上，大部分的田野工作者均能自給自足，不會經歷嚴重的困境。

在 Kalahari 沙漠研究 San 族的田野工作。研究對象如果是一個貧瘠或孤立的地區，這意味著你必須親自用手洗衣，正如圖中人類學家 Nancy DeVore 所示的。她的洗衣用水來自六哩外的水源，飲用水則需經過煮沸。

在田野調查的過程中，居住地點與過活形式是決定於某些因素。首先，是受研究的社會之類型。大部分住在沙漠的澳洲土著現在都有個安定住所，而與他們共同生活的人類學家常使用拖車。碰到那些較為機動的覓食者，像住在南美亞馬遜河區域以搭設臨時帳蓬為屋的民族，人類學家常被迫

仿照他們的方法來選擇住所，並儘量將隨身財物減至最低。

　　當人類學家研究村莊或城市的居民時，他必須決定寄住當地家庭或獨居。與當地家庭同住可以讓田野工作者對他們的日常活動起居有更深入的認識。但是，這種密切的關係卻會影響田野工作者與他們建立起其他的社會關係。在某些情形下我們可能無法選擇寄宿或獨居，像碰上同住在單一大型長屋的森林居民，或住在公用冰屋中的 Inuit 人時。然而，即使是身處一個擁有很多獨立家庭的村莊，也可能由於沒有人願意與外來人共住而找不到寄住家庭，有時候連多餘的房舍都欠缺。Breerman（1972）就曾描述他在從事研究時和幾頭水牛共住的牛舍，比起當地村民的住屋可真是差了一大截。有的時候，研究者甚至必須自己動手建造房屋。

　　此外，人類學家還可能會遭遇到健康上的問題。飲食或氣候上的驟變常需花上好一段時間適應，並可能伴隨一些腸胃疾病。另外，某些嚴重疾病，像瘧疾或肝炎，肆虐於某些研究區域。雖然疾病可提供第一手資料，讓我們瞭解當地人民的醫療技術或憐憫心的表現，但除此之外幾乎沒有任何好處可言。事實上，疾病對人類學家而言一直是個威脅。Charles Wagley 在巴西的 Tapirape 進行研究時發現了一個現象：「Tapirape 人對於那些生病的外來訪客，態度上並不是充滿同情，反而會使他們變得緊張起來，害怕萬一病重去世是否會回來報復，同時也害怕那些訪客的疾病開始擴散開來」（見 Wagley 1977:16）。人類學家可以藉著事前瞭解及一些預防的方法來降低健康問題所帶來的威脅。

　　田野工作者常會承受許多心理壓力。對許多人而言，進入研究區域的初期常是困難重重且充滿焦慮的，他們害怕失敗也害怕無法與當地人民建立良好互動的關係。研究者可

能不太瞭解受訪社會中的行為模式，也可能對受訪人民看待自己的言行舉止之方式覺得難以理解。因此，一個田野工作者在起始之初，很多方面都像個什麼都不懂的笨拙小孩，這是大部分受過高等教育的成人很難接受的一種狀態。

這種由於適應完全不同的新文化而導致的精神壓力，稱為**文化衝擊**（culture shock）。它是由於快速地融入一個不同於自己本身的文化，因而遵循不同的行為規則及對言行舉止之意義做不同的詮釋後所產生的現象（參閱 Meintel 1973; Nash 1963）。

雖然開始的這份焦慮會隨著對當地文化的瞭解加深而日益消褪，但是心理的壓力卻持續著。因為在一個小而緊密的社會中從事參與觀察所需的社會互動程度，是一個在講求個人自主與穩私的大規模社會中成長的人所難以接受的。因此 為解除長期處於這種環境所造成的壓力，研究者通常每隔一段時間就會離開一陣子，以防疲乏倦怠。

當然，並非所有的人類學家都遭遇此種問題，有些人調適壓力的能力就比別人好，也有些田野工作面臨的環境沒有如此困難。然而，即使是最難堪的研究，不論是對個人或知識而言，還是會有一些報酬的。好比說，一旦人類學家被大部分的受訪民眾接受時，他們之間常能建立起良好的友誼，並能減輕那份心理壓力。此外，學習不同文化也能讓我們對人類多樣性方面的瞭解更深一層。

48

拓寬世界觀

在本世紀初期，田野工作在 Frans Boas 和 Bronislaw Malinowski 的影響下，已漸漸成爲那些有抱負的人類學家所必經的儀式歷程，因爲它可以使生手轉變成羽翼豐滿的專家。而學生自課堂書本所學的也可藉由田野工作而獲得實際的應用，並且自學校以外的現實世界獲取許多基礎知識。今日，許多人類學家認爲他們的研究不再只是一項工作（job），根據 Claude Levi-Strauss 的說法，它是「伴隨音樂和數學，少數眞正的職業之一」。同時，也正是民族誌的田野工作將人們引進此一職業領域。

除了提昇專業技能和蒐集民族誌資料之外，田野工作還扮演一個提昇自覺（consciousness-raising）的角色。在理想的情況下，參與觀察能促使田野工作者去審視他們對這個世界所做的假設，進而拓寬他們的世界觀，顯示人類存在的複雜性以及對於情境解釋的多樣性。藉由田野工作，原本陌生或只具抽象觀念的人們都變得真實起來，這是無法經由影片、書本或電視而獲得的。

在突尼西亞（Tunisia）南部一個名爲 Shebika 的貧窮村莊，一群年輕的突尼西亞研究者在得知這些村民在沙漠的邊緣爲了生存而奮鬥的事實後，發現他們自己的教育和信仰遭受到嚴酷的考驗。在大城市中看似簡單而且合乎邏輯的發展計劃，到了 Shebika 卻完全行不通。這群研究者「失去了大城市那些統治階級所慣有的樂觀自信，並且瞭解到在政策與社會實際狀況之間仍存在某種程度的差距」（見 Duvignaud 1970:213）。他們的田野工作同時也告訴他們，改革計劃如

果沒有以對人們藉參與觀察所得的全面性了解來做基礎，是
很難成功的。

人類學家 David Maybury-Lewis（左二）在巴西與 Xavante 人相處的
情形。Maybury-Lewis 博士是文化長存學社（Center of Cultural
Survival）的執行長，這是一個把研究成果付諸行動，試圖保護原住
民文化資產及保障其未來生活的組織。 Maybury-Lewis 博士延伸他
在瞭解其他文化之後所引發的責任感而有了此一組織。

　　Shebika 生活的嚴酷事實也使得「四海本一家」的觀念
更為具體。Shebika 的居民同是有血有肉的人，這項認知下
使研究者產生了一種責任感：「我們必須對同屬於我們一部
分的人民負起責任」（參見 Duvigraud 1970:218）。因此，田
野工作不僅可增進研究者對貧窮及改革困難這些事實的認
知，還會迫使他們將人民渴望改革的需求儘速告知有關當

局。不像那些遙遠的知識份子的人道關懷，這些從事田野工作的人類學家之人道關懷是建立在親身體驗並瞭解實際狀況的基礎上的（參見章末的「人類學家特寫」一文）。

　　人類學家那些探究性與系統性的訪談，亦能將他們的研究主題導向仔細地審視反省自己的文化。研究人員這種意識的覺醒，可以從哥倫比亞人類學家 Gerardo Reichel-Dolmatoff 與 Antonio Guzman 的合作過程中得到啓發。Guzman 是來自哥倫比亞偏遠孤立的 Vaupes 區的一位 Desana 印第安人，他受教於傳教士並唸到了高中，然後加入軍隊，最後搬到哥倫比亞首府波哥大。他不像大部分的印第安人努力掩飾自己的印第安血統，他所試圖追求的是「一種平衡，一種生活方式能讓他成爲哥倫比亞克里奧爾(Creole)文化中的一份子，並保有原來的印第安人身份」（見 Reichel-Dolmatoff 1971:xiv）。在與 Reichel-Dolmatoff 合作試圖闡釋 Desana 信仰系統的同時，Guzman 開始察覺到「一種存在他內心與本身文化之間以前從未有的特殊關係」（見 1971:xix）：

　　　　無疑地，對一個資料提供者而言，這項研究牽涉到深度的自我分析，以及對他的傳統文化和實際教育他的城市文明做一個詳細的重新評估。在我們的訪談中所論及的每件事，必然都會再次確認他的傳統態度，以及使他陷入一個矛盾點，跟他目前的生活方式和對城市教育的渴求產生衝突。如今，每當論述到他本身的文化時，他發現其中的一些價值觀和目標，是他在先前的學校教育之影響下所曾否認的，但是存在的事

> 實卻是愈來愈明顯（見 Reichel-Dolmatoff 1971:xx）。

在這個例子中，這個資料提供者不僅對本身的文化有了深一層的瞭解，同時他也更懂得欣賞本身的文化在現代社會中的價值，這是他所受的西方教育常試圖忽視的部分。

田野工作者的道德課題

一般而言，人類學家總希望他們所蒐集的資料能多多少少對人類有貢獻。同時，他們也覺得有義務要幫助那些他們所研究的人們，那些曾以朋友之情相待並協助他們訪查工作的人們。然而，要分辨人類學家的所作所為是否真的有幫助並非一件容易的事，而且一些長期的影響也很難去預測。

Cora DuBois 曾在西元一九三八年於印尼的 Alor 島上針對 Atimelang 的村莊進行研究。在他離開之前，他並未給這些村民帶來任何明顯的傷害，而且他還告訴他們一些關於外面世界的事物，給他們的生活提供了些許的興奮刺激。但在西元一九四二年日本人佔領 Alor 島後不久，DuBois 回憶道：

> Atimelang 的村民領袖宣稱美國將會贏得這場戰爭，這話傳進了在 Kalabahi 的日軍指揮部。對於我那些 Atimelang 的朋友而言，這可能只是個單純的奇想罷了，因為在我造訪當地之前他們根本沒聽過美國。但是對日本人而言，由於他們是處於陌生、險惡環境的

佔領勢力，難免會感到緊張，於是這番話就被解釋爲反叛的意思，……所以日本人派遣軍隊逮捕五位我在 Atimelang 的朋友，……之後他們在 Kalabahi 遭受斬首示眾。

即使是最秘密的社會研究，在進行過程中所牽扯的罪惡感與責任感，這種複雜的鍊鎖關係將是永無止境的（見 1960:xiv-xv）。

人類學家必須對他們的研究工作可能帶來的負面效應具備高度的敏感。藉著扮演一個告知者的角色，將蒐集的資料傳達給政府官員或一些想要瞭解某個國家的孤立區及其弱勢文化團體的企業人士，人類學家可以爲這些受訪民族提供一些貢獻，糾正那些錯誤訊息並站在這些受訪民眾利益上講話。但是，有時候一不留心，他們也可能會提供一些有害於這些原住民的訊息。此外，人類學家偶爾會將一些非法活動，像走私、逃漏稅和非法釀酒，給隱瞞起來。於是，這提醒了我們，對於這些敏感資料的來源要保密以及不要公布一些可能危害這些人的資料。

慎思明辨也是公布田野工作結果時所需具備的一項要件。雖然大部分的人類學在報告中都會避開可能對受訪人民有所危害的部份，但仍有例外存在。在一個廣泛發行關於某個社會的研究報告中，那些可能會影響此社會之生存的資料最好儘量捨去。例如，一項關於東非某個被迫離開家園的貧瘠社會之研究中發現，其人民主要的經濟來源是偷運盜牛。這項報告的內容將可能促使政府當局起而緝私，因而會引發嚴重的研究道德問題。

上述這個例子主要的關鍵在於研究報告的訴求對象。

今日，不僅學術界和那些工業化國家的人民是人類學著作的主要讀者，愈來愈多的受訪民族及其毗鄰人民也可能會閱及此報告。許多從前被認為是「文盲的原始民族」現在開始學會閱讀，而且大部分舊有的殖民地也開始擴充高等教育機構甚至包括人類學系。因此，這些來自工業國家的人類學家應該把他們的資料提供給這些人民。現今，大部分的人類學家都小心翼翼地注意著他們的研究成果能納入他們所研究的國家之檔案文件中，以及可能的話，也能披露給受研究社區的居民。有些人類學家甚至以當地的語言文字著書，以便其人民能廣為閱讀流傳。這一切種種都意味著人類學家在撰寫研究報告時，應以比從前更謹慎敏感的角度來考量。

在大部分的情形下，人類學家的研究經費來源很少遭遇道德的兩難困境。然而，對幾位於西元一九六〇年代在泰國從事研究的人類學家而言，卻是個例外。這些人類學家是由美國政府當局資助去泰國研究一些孤立的山地居民。這項計劃相當具吸引力，因為當時的民族誌資料很少關於這方面的。但是，後來這些人類學家得知他們努力蒐集的資料將用在軍事用途上時，其中的幾位就退出這項研究計劃，因為他們認為研究成果的應用應以人類學本身或這些受訪人民之利益為著眼點（參見 Jones 1971）。

上述這項泰國事件所引發的一項爭議是，關於人類學田野工作之保密的合宜性。對人類學家而言，向受訪民眾隱瞞研究經費來源，或不告訴他們這項研究背後的真正目的或可能用途，這種做法真的適當嗎？大部分的人類學家認為，自一開始就提供給受研究的對象一個關於這些事情全盤的瞭解是非常重要的。對這些事項保密不僅在道德上會受到質

疑，而且會危害到人類學的聲譽。

摘要

文化人類學家主要的研究進行方式是靠參與觀察，這需要研究者和他所研究的人們住在一起。人類學家從挑選一個感興趣的領域開始，然後針對某些較孤立偏遠的小規模社會，以及一些大規模社會的次團體來蒐集資料，之後會再將焦點專注於某個特定的主題和地區上。

初步的研究通常是概括性的。一旦人類學家對某個區域有了新的構想概念，他們才會開始將注意力集中於研究中較特定的問題。他們接著會設定假說來解釋他們預期發現的事實，並確立研究母體。

在實際進行參與觀察的研究過程中，人類學家常會面對記錄資料時的自然限制，以及各種社會壓力。田野工作有很大一部分是放在訪談工作上，因此人類學家必須學習以社會可以接受的適當方式去發問。人類學家的訪談可以經由正式的問卷調查或非正式的晤談。因為若想要與母體中的每一份子交談是不太可能達成的事，人類學家常藉助於一些機率取樣的方法，其中包括隨機取樣（母體中所有成員被選中的機率均等）、分層取樣（自特定群體中篩選出研究對象）和主觀取樣（由特定的少數人提供研究資料）。

人類學家在進行田野工作之前，必須取得這些研究對象的同意，有時還需要政府機構或官員的同意。因為人類學家需要與這些研究對象同住上一段時間，所以他必須事先與

他們建立良好的互動關係。

　　住在研究區域中可會遭遇吃、住、健康和心理壓力等方面的問題。然而，田野工作卻有助於年輕的人類學家經驗的成長，同時它也能實際拓寬他們的世界觀。

　　要評估一項人類學研究所帶來的影響是相當困難的。為了避免對這些接受研究的居民產生負面影響，人類學家必須特別注意其所蒐集的資料之發佈。此外，人類學家亦有責任讓接受研究的對象得知所有研究的結果。

人類學家特寫

瑞比（Rabi）島上的田野工作：

一個發展中的實驗 Hans Dagmar

　　Hans Dagmar 是荷蘭 Nijmegen 大學研究方法與統計學系（the Department of Research Methodology and Statistics）的一位資深教授。於西元一九七二至一九八四年間，他分兩次花了各一年的時間和另一些短時期研究澳洲西北部的土著民族。在他進行田野工作的過程中，他參與了這些土著民族的長期努力，試圖重新獲得對土地的控制權及設法改善他們的生活狀況。在西元一九八五年，Dagmar 博士和他的妻子小孩住在菲濟的瑞比島上整整一年，之後亦於西元一九八六和一九八八年兩度返回當地造訪。在他最後一次的造訪中，他與瑞比的首長議會（the Rabi Council of Leaders）及當地漁民共同研發出一個小規模的商業性捕漁計劃。

Hans Dagmar 博士（右三）和瑞比首長議會的成員于瑞比島上合照。

在菲濟首都 Suva 的一條繁忙街道上，一塊黃銅招牌標示著「瑞比首長議會」的入口。西元一九八五年，我從這裡開始一段田野工作調查，針對位於這個國家東北部二百多公里遠的瑞比島之發展探討各式問題。

這個議會的辦公室座落在一大棟由瑞比人民所擁有的商店與辦公室組成的建築物中。在辦公室的電傳打字機上，一些由議會所聘雇位於澳洲的經濟顧問會傳來訊息，指出他們在海外投資股票債券的結果。

瑞比首長議會是由 Banaban 人選出的代表們所組成。Banaban 人總數現已超過四千人，他們在七十二平方公里的瑞比島上靠種植和捕魚維生。在西元一九四五年，Banaban 人自一個私人的椰子種植開發公司手中買下了瑞比島，自那

時起，這個島上就不再有土生的菲濟人群居住。在瑞比島定居之後，Banaban 人就遺棄他們原本居住、小而偏遠的 Banaban 島，或稱海洋島（Ocean Island）。此島距離菲濟超過二千公里，是在現今太平洋島國 Kiribati 的領域內。至西元一九〇〇年，磷礦開採在 Banaban 島上逐漸興盛，使這些以捕漁採果維生的 Banaban 人迅速捲入殖民地經濟中。而這些人民接下來的歷史是個蠻特別的故事，他們的領導者開始學會對礦場開發權索取費用，最後導致了一場於西元一九七〇年代對英國政府提出的訴訟，要求英國政府賠償他們家園所遭受的破壞。

因為磷礦的收入自西元一九八〇年採礦停止後就跟著銳減，議會便開始尋求新的謀生方法以因應快速增加的 Banaban 人。我的研究被視為可能對此努力帶來一些貢獻。雖然我很清楚這樣的期待所伴隨而來的壓力，但我從未想過退縮，因為完整的人類學調查研究會是發展計劃最有用的後盾。

議會明確希望我能把焦點放在人民對議會在整個發展過程中所扮演的角色之觀感上。在一些訪談後，我很快發現，這些在瑞比島上的 Banaban 人對於他們的低生活水準以及議會為改善現狀的表現感到不安與憂心。如同一位資料提供者的說法：

這裡的發展似乎太遲了些，早在多年前就應該開始推行。我們這些 Banaban 人一直都只注意過去，每件事似乎都總是繞著法庭案件在兜圈子。我記得英國曾做過一個關於瑞比未來發展計劃的研究，但研究過後亦未見任何實際行動。在那段時間裡，議會所關注的只是維持正義。

在到達瑞比島之後，我和妻子及二位 Banaban 助手（一男一女）開始針對當地家庭的社會與經濟結構做調查。我們分成二隊分別造訪島上的每一個家庭，當然，這種方式只有對瑞比這種人口不多的島才可能施行。經過了近五百個晤談，我們不僅蒐集到許多有用的普查資料，也讓島民逐漸認識我們，同時我們也向島上四個村莊及一些小開墾地的受訪民眾們解釋我們所從事的研究。除了蒐集一些事實性資料，像農作物種類、種植捕魚方法以及收入支出型態等狀況之外，我們也試圖詢問他們對所處社區未來發展情形的態度與期望。之後，根據這些調查所得的推測為基礎，我們開始進行另一項較不正式且題目較廣泛的訪談計劃，當中我們接觸了 Banaban 生活不同層面的一些家庭和專家，試圖求得更多的資料。

在訪談期間，由於我家人的幫助，藉著參加家庭聚會、社會活動以及與他們逐漸建立的友誼，我有了很多不錯的機會能夠進一步了解 Banaban 人的生活。藉由替議會推展各種行政工作及參與它們的會議，也使我對議會的運作有了更深一層的體認。

經過一年的田野工作調查，不同於一般菲濟人民的看法；我發現很多證據顯示，即使以開發中國家的標準來看，Banaban 人有一半以上都相當貧窮。但是若欲提高他們的生活水準，光靠記錄瑞比的社會自然資源，和影響發展的廣大地區障礙，以及人民或議會經營資源的能力限制，難道就夠了嗎？

從人類學的觀點來看，除了記錄事實外，還需提供一個圓滿的解釋。事實上，那位具有特殊領導特質的議會主席

早在我的田野工作進行之初，就要求我提供這樣的一份解釋。他的這種想法是：

我們可以解釋過去，我們也可以告訴你我們的經濟企業如何沒落，這一切的種種我們都能告訴你。而你亦能問我們問題，從議員或長者口中，來得到你想要的答案。然後，你可以根據這些答案給我們一些關於未來的建議。

雖然不敢說知道 Banaban 人該如何經營他們的生活，但從這項研究中我很清楚得知，過去對他們而言仍是個沉重的負荷。儘管移居至瑞比島，Banaban 人仍保有對 Banaban 島的所有權，而受到人民四十多年來全力支持的瑞比議會也努力維持同時擁有兩座島的狀態，藉此議會方得以保障一個確切的權利去獲取磷礦開採的大筆權利金。但是，議會技巧性扮演的政治角色卻也產生反作用，那就是一昧地將焦點放在瑞比以外的世界，因此，需強烈依賴外面的專家（包括我）以及只講求經濟上的發展。尋求大量現金流入 Banaban 人手中已成了主要的發展方針，爲達成這項目標，議會展開海外企業的投資，然而，這一切都失敗了。

超越「純研究」的界線，我開始構思一個適宜的實驗計劃，目標擺在將發展重心移至由議會與人民合作的地區性中小型企業。和議會成員相聚之際，我發現有一家機構願意贊助一項商業漁捕計劃。於是在西元一九八八年，我返回瑞比，經過數月的時間與 Banaban 漁民們嚴密的諮商後，我發表了關於此計劃的詳細工作流程。當計劃發表後，隨之而來的是新資訊的湧進與特殊設備和漁民的加入，此後當地的管理當局之控制管理方針能否不時地做出適當的調整，將是影

響計劃成功與否的重要因素。

　　但是，歷史又再度給了 Banaban 人一擊。當這些計劃的基金到手後，議會並未用於替當地漁民擴充設備或成立組織，反而選擇將這些錢投資在首都 Suva 的一些大規模漁業公司。最後，這項冒險是以經濟災難收場。

　　然而，實驗計劃尚未結束。西元一九九一年初期，在我著手寫這篇論文前不久，收到一封瑞比議會主席的來信，他告訴我議會打算將新一批的基金確實用在最初構思的漁業計劃上。

Ch4

文化與溝通

左一：貝殼／星星圖案，代表對抗某個城市或家族的戰爭。左二：貝殼／星星結合徽章圖案，意指「對抗 *Seibal* 人的戰爭」。左三：動詞圖案，讀做 *chucah*，是指捕獲的犧牲者。左四：斧頭圖案，代表戰爭中所使用的武器。

右一：動詞結構與盾／石器圖案的結合，泛指武器。右二：代表「捕獲者」意義的圖案，用做首長名號的一部分。右三：此圖案讀做 *bak*，意指「捕獲者」。右四：*nawa* 圖案，意指「使嗜血（*to let blood*）」

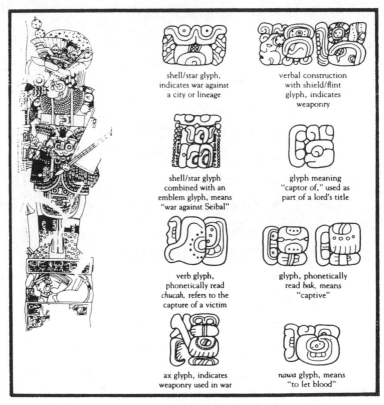

shell/star glyph, indicates war against a city or lineage

verbal construction with shield/flint glyph, indicates weaponry

shell/star glyph combined with an emblem glyph, means "war against Seibal"

glyph meaning "captor of," used as part of a lord's title

verb glyph, phonetically read *chucah*, refers to the capture of a victim

glyph, phonetically read *bak*, means "captive"

ax glyph, indicates weaponry used in war

nawa glyph, means "to let blood"

墨西哥和中美的古馬雅（Maya）民族做爲紀念的馬雅石碑和雕刻石柱。解讀如圖的這些碑文之辛勤研究有助於我們瞭解馬雅人民的文化及其社會組織，特別是有關戰爭方面。

1 溝通過程
- 發送與接收信息
- 冗餘信息
2 溝通與社交性
3 人類的溝通
- 記號與符號
- 語言與言語
- 語言的組成要素
    1. 音韻學
    2. 詞法學
    3. 句法學
- 其他的溝通模式
4 語言和文化
- 文化對語言的影響
- 語言對文化的影響
5 語言的差異
- 不同的語言
- 方言
- 性別與語言的差異
- 洋涇濱（Pidgins）和克里奧爾語（Creoles）
6 語言的接觸
- 接觸模式
- 雙言現象及多語現象
7 歷史語言學
- 進化的過程
- 重建語言的發展史

57　　　　資訊的交換是生活中最普遍的特徵之一，也是任何物種在適應環境的過程中不可或缺的部分。有機體幾乎無時無刻都在傳達和接收訊息。如果缺乏有效的溝通方法，老鷹可能無法精確地捕捉獵物，花朵也不能吸引蜜蜂，鮪魚可能也難以找到產卵地點。食物的獲得、避開危險及找尋配偶，這
58些種種均需倚賴適時地發出適當的訊息以及自環境中捕捉重要的資訊。溝通上的失敗可能導致資源流失、受傷甚至死亡。

　　　資訊交換亦是人類適應過程中的一項特徵。不像其他動物，它們調適環境的能力大部分是天生且固定的，人類還具備一項特殊才能，那就是能夠學習以及進而改變行為。人類藉助技術、社會組織、價值觀和信仰的適應策略是相當獨特的，這主要拜我們在生物進化過程中大腦的擴充和重新組織所賜。人類的智力讓人們彼此間訊息的交換變成生活中相當講究的一部分，其中最重要的一點是，人類發明了語言。若沒有語言，文化將不存在。

　　　到底人類的溝通和文化、社會以及人類的適應策略等等之間有什麼關係？這個問題的答案主要是**語言人類學**（linguistic anthropology）討論的焦點。在本章中，我們將披露人類學家為進一步全面性了解人類的生存，對溝通的各個層面所進行的研究。這其中包括：溝通的一般特性、溝通的複雜性與團體結構的複雜性之間的關係、人類語言溝通及非語言溝通的結構、語言和文化間的關連、單一語言本身的變化、使用多種語言的傳統、以及語言進化所需的重建過程等。

溝通過程

　　每當資訊在發送者和接收者之間發生互換時，溝通就開始了。資訊是發送者藉由發出符號的方式來傳送，這些符號可能是一首歌、一個句子、一個捶胸的動作或是一種氣味。而在另一頭，這些資訊就以信息的方式被接收。

發送與接收信息

　　我們從個人的經驗得知，發送者對於某個符號所下的定義有時會與接收者所認定的有所出入。例如，某個人可能對另一個人微笑表示認同或友好，但對方卻可能解釋爲「你在嘲笑我」或「你認爲我像個傻瓜」。這種誤解在所有的溝通過程中都可能發生。

　　發送出某種符號常是不可避免的。單單只是存在著，動植物就會洩露出關於本身大小、形狀和存在地點的訊息。即使試圖掩飾，生物體仍會不斷地散發符號。就像一些鰈類及比目魚雖能隨著海底的顏色背景而改變體表的顏色，但是卻無法掩飾自身的氣味及電場，這些對鯊魚而言都代表"大餐"的符號，只要鯊魚游得夠近還是可以偵測出來。

　　既然不可能完全避免發送某些符號，重點就在於如何適時地將適當的訊息傳給適當的接收者。就發送者的觀點來看，成功的關鍵便是有效地運用印象管理（impression management）：即如果符號必須傳送，就讓它儘量有利於發送者。在許多情況下，良好的印象管理要求傳送的符號是正確的，但在某些時候，發送者也會故意傳送一些誤導的訊息

以圖利自己。

藉由印象管理，符號的發送者多多少少會希望能控制接收者的反應，然而，這種能力還是有些限制。像鰈類，這種生物無法控制它所發出的符號。此外，另一個難處是發送者無法每次都得知接收的對象是誰。例如：毒販必須讓潛在的顧客了解他的生意性質，但這種訊息一旦散發出去也可能招致警察的注意。至於第三個問題則正如我們先前所提及的，對於同一符號，發送者與接收者可能有完全不同的解釋。

59

冗餘信息

對發送者或接收者而言，在所有的溝通中都帶有某些不確定性，他們都無法對於互換的訊息之真實意義完全掌控。然而，這種不確定性可藉由**冗餘信息**（redundancy）來加以改善，冗餘信息就是對於符號或訊息給予重覆或加強。例如，一個生氣的人除了藉由語言符號「我對你快氣瘋了」來表達他的憤怒之外，他還可以搭配其他的一些符號，像強而有力的聲調或激動的手勢。

收到混淆或前後矛盾訊息的人，亦可藉助冗餘信息來加以分辨判斷。譬如，若我們不確定某個人的誠意，我們可以小心地注意他所發出符號的一致性，例如如果對方談話內容並沒有任何加強表達的線索，我們很可能會懷疑這個人缺乏真誠。此時，即使出現很多重複的線索，仍舊很難達成清晰的相互瞭解。

溝通與社交性

　　有效的溝通對所有生物的生存而言都是基本要件，但是某些生物需要比其他生物更複雜的資訊交換系統。就章魚而言，它並不太需要複雜的溝通系統，因爲章魚間的互動很少而且相當單純，當它們相遇時，不是驅趕對方就是撤退或交配，這些簡單的互動關係所需的符號並不用太講究。

　　然而，在一些社會性動物身上，溝通就變得複雜多了。這包括螞蟻、蜜蜂、企鵝、大象和靈長類，像狒狒、猩猩或人類等。他們是聚集成群共同應付環境而非單打獨鬥，生存並非光靠個人的適應能力，還需仰仗群體中的各個成員彼此間行爲協調與活動整合以追求共同目標的能力。這種團隊合作需要靠有效的溝通才能達成，也就是群體中每個人都必須知道彼此要做什麼，以便有效地共同努力達成目標。

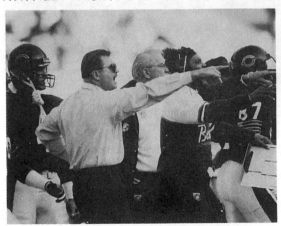

冗餘信息（redundancy）在美式足球中扮演的角色。教練 Mike Ditka 大喊並比著手勢來加強他的語言符號。

溝通的複雜程度不僅會隨著互動關係的重要性而提高，也會跟著每個溝通成員所扮演的角色之多寡而異。一些獨來獨往的生物，像章魚，只在遭遇時扮演一簡單有限的角色。但對於那些社會性動物，角色關係就會變得複雜。在同一個社會背景下，兩個個體可能會在不同的時候扮演許多不同的角色。他們可能是性伴侶、新婚夫婦、共同防禦的伙伴或是一同覓食的搭檔，以及可能也是資源的競爭者。當它們在不同的情況下相互合作或彼此競爭時，它們的行為就必須隨情況之不同而有所改變。角色關係的複雜性需要精巧的溝通方式來配合。

一群關係親密的母恒河猴（rhesus macaques）坐在一起，很輕鬆的身體接觸中彼此梳理毛髮。像這些靈長類的社會動物，其角色關係往往相當複雜，因此在溝通方面需要相對應的精巧性。

　　雖然社會性動物的溝通系統都會得到良好的發展，但是我們會發現某些動物的溝通系統較其他動物的來得精緻複雜。例如，狼的訊息交換系統就比螞蟻的來得複雜。螞蟻的行為大部分都由遺傳控制，而狼的行為則較不受天生本能這個框框的限制，至於人類則完全脫離遺傳本能的牽制，而主要靠文化來學習行為模式。

　　靠學習來的行為去適應環境之優勢就是具有彈性。因為人類具備學習能力，所以我們能快速改變我們採行的活動與措施，以迎合多變化與不穩定的環境狀況。但是，光靠個人改變自己的行為是不夠的，需要將最大的行為彈性訂在群體的層次上，才能做到成功的適應。為了以群體合作的方式來改變它們的活動，社會性動物需要擁有一個具彈性的溝通系統。像螞蟻之間，大部分的訊息交換都以一種特定的化學物質（稱為費洛蒙，pheromones）來傳送，每一種費洛蒙可能都只代表一種意義。這種一對一的對應關係對於溝通的彈性而言，有相當大的限制。相對而言，人類的溝通主要靠符號，如同以下將提到的，符號是維持彈性溝通的最佳工具，因為它們所代表的意義並非固定不變或自動設定的。

人類的溝通

　　人類注重學習，從事各式各樣的活動並且扮演比其他動物更多樣化的角色。在所有的社會中，人類可說是最複雜的。因此，無疑地，人類的溝通系統非常具有彈性而且高度發展。人類的訊息交換可透過許多不同的管道，如：眼神、

聲音、氣味和觸感等，但其中最重要的仍是語言的溝通。

　　如果有任何東西可稱之為文化的最基本要素，那將是非語言莫屬。語言讓我們得以交換內部及外部情形的詳細資料；文化也是藉由語言的形式得以代代相傳；而且一個人的語言也會大大地影響他對這個世界的看法。實在很難想像人類的生活如果少了語言會變成什麼模樣。

在 Navajo 文化中，反十字徽代表太陽，如左上圖這張十九世紀 Navajo 毛毯的圖案。但相對地，德國納粹黨的崛起及接下來對世界的影響——包括右上圖所示美國的新納粹族——已使得反十字徽被視為邪惡的象徵。

記號與符號

　　所有的溝通均以記號為基礎。**記號**（Sign）指的是任何能傳達訊息的東西，包括具象的物體、顏色、聲音、氣味與運動等，甚至沉默也是一種記號。對許多動物而言，記號的意義常是與生俱來的（biologically determined）。像蟋蟀，它從不需要學習如何唧唧叫，也不需學習其他蟋蟀的叫聲到

底代表什麼意義，因為各種唧唧聲的意義已是遺傳生物結構的一部分。此外，大部分動物的記號系統是封閉的（closed），也就是指不同的記號無法組合以產生新的記號。例如，這種動物無法將代表「我要交配」的記號和代表「危險」的記號加以結合。對這些動物而言，每個記號是各自獨立運作的。這種記號系統將會對於訊息交換的範圍及彈性產生相當大的限制。

並非所有動物的溝通都屬於這種封閉且固定的記號系統，有些靈長類的溝通是靠象徵性的符號（symbols），人類便是一個很好的例子。**符號**（symbol）是一種具有任意性（arbitrary）定義的記號，它的定義並不是由基因遺傳來決定，而是藉由社會的傳統與學習。詞（words），不論是說的或寫的，就是一種符號。其他像十字架、盾徽或旗幟等均屬於符號。

因為一個符號所代表的意義是多變的，所以不同的符號可能代表相同的一個東西或一件事。例如狗在英文裡是dog，在德文中是 ein Hund，在印尼話中則是 anjing。另一方面，一個特定的符號在不同的文化中也可能代表不同的意義，譬如反十字徽(swastika)在西方文化中有相當負面的含意，因為它令人聯想到納粹；但對印度教和佛教而言，卻意謂著和平與好運；而對 Navajo 人來說，則代表與太陽有關的事物。因此，任何符號的意義是取決於文化，而非基因。

人類的溝通因符號的另一特性而更具彈性，那就是符號的多重意義（multivocal）性，也就是說它們常有許多層次的意義。例如，十字架對基督徒而言就是一個具多重意義的符號，它可以代表對未來生活的希望，也可以意味著目前苦難生活的解脫，或是對道德行為的讚揚。藉著針對不同的

經驗提供一個單一焦點，這樣的符號可以幫助整合各種概念。

62 　　符號的溝通系統是開放（open）的。不像那些記號，符號能彼此結合而產生一個全新的意義。不受限於有限的記號，人類運用符號可以自由發明新的名詞與概念，就像如果把煙（smoke）和霧（fog）融合在一起，就成了煙霧（smog）－一個具有新意義的新符號。

　　符號也是抽象（abstract）的。書（book）這個名詞不僅是指你所讀的這項物品，也包括其他類似的東西。符號在這方面的特性讓人們得以綜合歸納一些東西及事件，其程度遠超過其他動物的能力所及。

　　因為人類社會涉及相當複雜的關係，而且人類的適應需要集體去因應快速變遷的狀況，所以人類的溝通系統必須同時具備複雜與彈性兩項性質。而符號正是現存最複雜且具彈性的溝通工具，讓人們能夠將它們應用在各種必要的用途上。

語言與言語

　　語言（language）和言語（speech）這兩個名詞常被混用，但它們之間還是有所分別。言語是由各種形式的口頭行為所組成，是具體可觀察到的一種現象。而語言是一種運用符號來做資訊交換的溝通系統，是抽象的。語言只存在於人的心中，因此它是看不見的。正如文化中的價值觀、信仰與假定能引導與制約文化行為，語言的法則也會產生言語行為。

人類的語言和言語能力是與生俱來的。事實上，所有正常的人之語言溝通能力是早就設定好的，父母並不需要以訓練小孩如廁和餐桌禮節的方式來強迫他們學習說話，他們的說話能力是很自然就學會的。人們的大腦組織一開始就被設定為能夠「運用符號」（symboling），能夠使用一些具有任意設定意義的符號來溝通。此外，正常人天生都有一個特定的發音器官，讓他們能夠發出寬廣的聲音以便運用任何語言。

這個說話所必須具備的複雜構造組合，包括了唇、齒、顎、舌與喉，是人類所特有的。但是人類並不是唯一具有語言能力的動物，其他的一些靈長類，像非洲黑猩猩（chimpanzee），已被證實精通一些初步的語言技巧（請參考 Fouts and Budd 1979; Patterson and Linden 1981; Premack and Premack 1983）。

語言的組成要素

人類的語言有兩個主要結構：語音（sound）和語法（grammar）。分析語音的科學稱為**音韻學**（phonology）。語法又可分為二個領域：**詞法學**（morphology）及**句法學**（syntax），詞法學是指如何將簡單的語音排列組合成有意義的詞彙單位；句法學則是指如何將字詞結成一段文句。

音韻學

要描述一種語言，語言學家必須先確定它運用何種語音。人類的語音範圍很廣，但是沒有一種語言使用到全部的語音。有些語言可能會用到較多的語音，像英語總共有四十

五個不同的音，而大部分的玻里尼西亞語言則只有十五個音左右。

　　語言學上具有意義的最小語音單位稱為**音素**（phonemes）。它是一種可以改變字彙意義的單位，像在英語中〔p〕和〔b〕就是不同的音素，因為它們無法互相替代而代表同樣的意義，例如：pat 和 bat 就分別代表不同的意義，輕拍和球棒。

　　一個音素可由一個單一語音或一群密切相關的語音組成。譬如，在 pike（矛）中的〔p^h〕音和在 spike（長釘）中的〔p〕音發聲上有些差異：在 pike（矛）中的〔p^h〕音是送氣音（aspirated），也就是說發此音時要伴隨一些空氣的呼出，而在 spike（長釘）中的〔p〕音是非送氣音。但是，在英語中這個差異並不具任何重大意義，所以很多人都沒有察覺到。這種並不影響意義的單一音素的不同發聲，稱之為**音素變體**（allophones）。

詞法學

　　單一的語音可能在語言學上是有意義的，但是在大部分的情況下，它們本身並不具意義，只有靠不同的語音組合成一個語素時，才能產生意義。**語素**（morphemes）是指具有意義的最小語音組合單位。

　　我們前面已提過，在一個特定的語言中，並非所有的語音都具有語言學上的意義，而且有些是不同的音素，有些則屬於單一音素的音素變體。同樣地，在詞法學的層次上，具有相同意義的不同構詞被認為是一個單一語素的**語素變體**（allomorphs）。例如，在英文中的字首 in-、un-和 non-都代表負面的意義，因此都屬於語素變體而非不同的語素。

63

句法學（syntax）

　　所有的語言對於如何將字組合文句，讓使用同樣語言的人得以理解都有標準化的規定，這些規定稱為*句法規則*（*rules of syntax*）。例如，這句英文 "If you use the light meter properly, you'll get a good picture"（如果你好好運用測光計，你就能拍出一張好照片）可以藉由將英文字轉換成德文字將它翻譯成德文，但是若要讓一個講德文的人懂得它的意思，這些字必須要重組。於是，在德文中，這句話就該說成 "Wenn Sie den Belichtungsmesser richtig gebrauchen, dann muss es ein gutes Bild geben." 但若翻回英文而保持德文的構句，就成了 "If you the light meter properly use , then must it a good picture give." 這種奇怪的英文。

　　這些句法規則並不是完全在有意識的狀態下學習的。所有以英語為母語的人，他們都「知道」英文中的句法規則，但幾乎沒有人能明確講出有哪些法則。但是，一個七歲的小孩就能講並且別人也能懂，這個事實告訴了我們，他可能在下意識中就已經獲得一些基本的構句知識。

其他的溝通模式

　　語言並非人類互換資訊的唯一工具。例如，在對談的過程裡，人們不僅靠話語溝通，其他像面部表情、音調和手勢都有助於溝通。此外，穿著打扮也能透露出一些訊息，甚至連人們如何安排周遭空間都隱涵著某種溝通上的意義。

　　體態學（kinesics）主要是研究藉助手勢或姿勢（gesture）來溝通，或稱為「身體語言」(body language)的一門學問

（Birdwhistell 1960）。因爲所有的人類基本的身體結構都很類似，所以大部分的身體語言都有各地一致的意義。譬如，微笑所欲傳達的訊息可能在世界各地都大致相同。然而，動態溝通也會受到文化的影響，導致某些身體語言在不同的文化中可能蘊含著不同的意義（見 Morris et al 1979）。在西方文化裡，當你要給人家一塊糖果時，用左手或右手遞送並沒有太大的差別；然而，對許多亞洲文化而言，用左手拿東西給別人會被認爲是蔑視他人，是不禮貌的行爲。同樣地，不同的身體語言在不同的文化中也能傳達著相同的意義。在義大利北部，如同美國，人們以左右搖頭來表示「不」的意思；但在義大利南部或希臘，「不」的表達方式卻是下巴向上一振。

雖然大部分的人們都了解人類彼此間的互動多多少少會受到身體語言的影響，但是我們可能較少察覺到有部分資訊是藉著空間配置的型態來交換的。**近體學**（proxemics），這是一種探討空間在文化上的應用之研究，焦點主要在「互動的幾何學」（geometry of interaction）（Hall 1966）。空間的配置有助於界定互動關係，諸如涉及的親密程度或正式化程度。在某些互動關係中，例如求職面談，人們通常會保持一段相當的距離。另一方面，若是兩個好朋友討論一些私人的事情，他們的距離可能非常靠近。

如何使用空間才算「適當」以及空間配置的各種意義，不同的文化均有不同的定義。例如，在倫敦的郵局裡，買郵票的人會在窗口站成一排，前後保持一定距離避免有身體上的接觸，耐心地等候自己的順位。然而，在西班牙的郵局，你幾乎看不見任何隊伍，人們擠在窗口前等候櫃台人員作業，身體的接觸在所難免，有時甚至以手肘互推。

64

空間使用的定義在美國和日本文化中有所不同。在美國,洗
澡傳統上是不會在公眾場合的。但注意圖中的日本公共澡堂,
他們雖然在公眾場合中共浴,但洗澡者仍會試圖採取一些巧
妙的方法在彼此間建立一個距離。

　　非言語溝通的另一個面向是身體上的裝飾。舉凡一個
人外表的各種裝飾,如衣物、髮型、化妝或佩帶的珠寶,都
會影響與他人之間的互動。傳統中,穿著打扮是一個人社會
地位的指標。此外,它們亦會影響行為,尤其是陌生人之間
的互動關係。一個穿著警察制服的人所表現出來的行為,會

不同於穿著小丑服裝的人。因此，身體上的裝飾有助於界定文化傳統中的特殊情況。

穿著打扮上的差異對於跨文化間的互動是頗為重要的。例如，在瓜地馬拉高地，每個印第安部落都有自己獨特的身體裝飾習俗，但是這種種穿著樣式都符合於一個概括的類型，稱為「印第安型」，並且足以突顯出印第安人與非印第安人在文化上的明顯分別。Scott Nind，一位早期住在澳洲西南的歐洲人，他發現若不瞭解其他文化中身體裝飾所代表的意義時，很可能會混淆對跨文化的瞭解。在討論歐洲人及土著之早期接觸的著作中，他指出歐洲人對於土著的裝飾和社會組織之先入觀念，已導致了相當程度的誤解：

65

> 我們努力地想知道他們是否有首領存在，經過一段時間之後我們相信有。事實上，我們已鎖定了二、三個對象，認為他們其中之一可能擁有這項頭銜。我們篩選的土著是瘦高、優秀、有活力的男人，而且身上有很多個圖騰或裝飾物，……但我們最後終於發現他們身上之所以一直佩掛著許多裝飾物，只因為他們仍是單身（Nind 1831:40-41）。

語言和文化

　　如欲充分了解一個文化，而不將語言納入考量是不可能的，因為語言可能是文化最重要的一個因素。另方面，想完全精通一種語言但絲毫不考慮它與文化之間的背景關係，也是不可能的。正如人類學家 John Beattie（1964:31）所說的：「人們的思想範疇與他們的語言形式是密不可分的」。但是，儘管文化和語言在很多方面都相互影響，它們之間的整合卻不是絕對的。事實上，它們各自都有很多獨特的性質，不會受到對方直接或甚至間接的影響。有著相同文化背景的人們可能說著不同的語言，而說著類似語言的人也可能來自不同的文化。

文化對語言的影響

　　過去很少有研究探討文化是否會影響語言的語法結構，但是，要證明社會和文化的因素能影響語言字彙運用，卻不是件太難的事。一些住在接近北極一帶的原住民，像 Inuit（Eskimo 愛斯基摩人）、Saami（Lapps）等，他們的生活與生計全靠雪，所以他們必須具備分辨各種下雪狀況的能力。相對而言，菲濟的土著民族傳統上並沒有雪這個字，直十九世紀歐洲人入侵之後，才創造了雪這個字。然而，菲濟人卻有不同的字針對不同種類的椰子，而椰子成熟過程中的各種階段，他們也有不同的名稱（Clammer 1976:31），因為椰子是他們主要的經濟作物。

就任何語言而言，字彙的類別範圍與它對社會的重要性，以及它在實際生活中的多樣性和應用性，有著密切的關聯。例如，菲律賓南部的 Samal 族，他們的字彙中有超過二百五十種的魚類名稱，這部分的原因是由於魚是他們主要的食物和經濟的來源，另一方面則是因爲在 Samal 人居住的海邊可以捕捉到許多不同種類的魚。

　　所有的語言都有高度抽象以及相當特定的概念。然而，在這方面各種語言是有出入的。就像中文和英文，因爲它們的使用者數量龐大，而且社會的分工細膩，所以會發展出廣博而精細的字彙系統。像英文字 administrator （行政者）、mammal（哺乳類）、society（社會）和 rights（權利）在一些小的覓食社會的字彙中是找不到的，但是中文則都有相對應的字眼。

　　同時，研究亦指出字彙可能也受到文化、環境和生理因素的影響。例如，從色彩的名稱中似乎可以得到證實。雖然所有的語言都有相當獨特的字來形容顏色（像 peach 是指桃色），但並非每種語言都能分辨各種顏色或擁有相同數目的色彩名稱。例如，東南亞的 Hmong 人用同樣的名稱來表示藍色和綠色。同時，有的語言只有二種色彩的名稱－暖亮色（warm-light）和冷暗色（cold-dark）。而其他像英文和匈牙利文則有十一或十二種色彩的名稱。Berlin 和 Kay（1991）發現，語言中色彩名稱的數量是隨著經濟和科技的複雜度而增加的。Kay 和 McDaniel（1978）也早已證實社會發展中色彩名稱增加的順序反映出眼睛的生理與神經功能。例如：「橘色」從未在一個未同時擁有「紅色」及「黃色」語彙的語言中出現，這就反映出人類眼睛的一些神經特性（neurological characteristics）。「橘色」的出現不僅是神經

的反映，同時也跟社會是否擁有標準化染料與顏料及其學校推行色彩訓練教育有關。因此，色彩的字彙不僅反映了全人類對於環境中各種色彩的接觸以及對色彩的認知，也顯示各個社會在談論色彩時的不同需求。

語言對文化的影響

就語言和文化之間的關係的另一層面來看，語言可能對文化的某些方面具有決定性的影響。至少語言顯然有助於文化運作的形成，因為語言有助於塑造我們對世界的認知。語言樹立了一些分類標準，讓我們能藉以分辨那些相同或類似的事物以及那些不同的事物。沒有那二種語言的分類方式是完全相同的。在英美文化中，一個人的母親是以親屬名詞 mother 來稱呼，而媽媽的姐妹則有另一個稱呼 aunt。然而，伊洛克人（Iroquois）則以同樣的名稱來稱呼母親及阿姨。這種語言差異影響了他們的文化行為，亦即英美民族對母親及阿姨有不同的對待方式，但伊洛克人則以相同的方式去對待。

有些人類學家進一步宣稱，事實上我們已成了語言的囚犯，這種說法稱為 Sapir-Wharf 假說，是以提出此一假說的二位語言人類學家 Edward Sapir（1884-1939）和 Benjamin Wharf（1897-1941）的姓來命名的。根據此一假說，思想結構和語言結構是密切相關的：

> 　　人類並非單獨地活在這個客觀世界中，亦非如一般
> 人所瞭解的，獨自活在充滿社會活動的世界裡，而是極
> 度地受制於在社會中擔任表達媒介的某種語言……。事
> 實是這個真實世界在很大程度上是不知不覺地建立在這
> 個團體的語言習慣中。沒有那二種語言相似的程度足夠
> 代表同一個社會實體。不同社會所居住的世界都分別是
> 不同的世界，而不是貼著不同標籤的同一世界（見 Sapir
> 1929:209-14）。

　　Sapir-Wharf 假說認為，語言的肆虐已經不僅止於影響
人們經驗的方式而已。更迫使人們從語言的內涵來感受這個
世界。如果這種觀點正確的話，那麼說著不同語言的人將會
對這個現實世界如何建構有著不同的概念。

　　當然，語言多少會限制一個人表達其想法的方式。例
如，動詞時態是英文的一項基本結構，幾乎所有的英文句子
都必須指出事件是目前正在進行，或已經發生過，或未來會
發生。但是印尼話並不會依據人稱、單複數或時態來決定動
詞用法。說印尼話的人不需像說英文那樣將發生的時間做一
個清楚的界定。像印尼話中，人們不會說 "I went to the store
（我去過商店）"，而是說 "I go to the store（我去商店）"，
不管這個動作是發生在現在或是過去。根據 Sapir-Wharf 假
說，這兩種語言在結構上的相對差異會讓說這兩種語言的人
對時間的本質有不同的觀念。英文強調周期性地把時間分成
不同的過去、現在和未來三種；而印尼文則將時間視為流動
且連續的。然而，即使它們其中之一可能在造句時比較容易，
但似乎沒有何種想法或概念是這兩種語言所無法表達的。印

度話雖然沒有動詞時態變化，但是可加一些時間副詞如「昨天」或「今天早上」來說明動作發生的時間。

　　雖然語言與文化在許多方面，不管是明顯的或細微的，都相互影響著對方，但是若想要試圖證明文化決定（determine）語言或語言決定文化，困難就會產生。這個 Sapir-Wharf 假說已經吸引了人們對於語言與文化之間關係的興趣，同時也產生許多的爭論。直到目前為止，此一假說仍未能證實。

語言的差異

　　為發掘跨文化的影響而比較各種語言是很複雜的，因為各種語言之間缺乏明確的界限。此外，有些語言還有不同的方言，以及有些語言的表達結合了其他的語言。所以，語言學家發現要確定目前使用中的語言到底有幾種，實在是一件困難的事。

不同的語言

　　試問，今日這個世界上到底有幾種語言在使用中？大概的數目約為五千至六千種，但是沒有人能真正確定（看表 4‧1 所列的世界主要語言的使用人數）。光是在南美洲的印第安人，他們就有三千種不同的語言記載在文獻上，但是這個驚人的數字並不正確。因為要確定兩種語言是否真的不同會牽涉很多問題。在針對南美語言的研究當中，我們發現一種語言常會有不只一個名稱。此外，要分辨兩個語言學家所

描述的語言是否相同也不是件容易的事。而且有些文獻上記載的語言現已死亡，有些語言的種類則有重覆和不當之處。一旦把這些有問題的種類去掉，目前在南美流傳的印第安話就只剩三百至四百種。而且正如 Sorensen（1973:312）所做的結論：「南美洲的語言圖充其量不過是根據印象罷了」，類似的問題也存在於其他地方。

表 4．1

世界上主要語言（1992）	
名　稱	做為第一語言的人口數（百萬計）
1.　漢語（中國）	885
2.　英語	450
3.　印度語（印度）	367
4.　西班牙語	352
5.　俄語	294
6.　阿拉伯語	202
7.　孟加拉語（孟加拉、印度）	187
8.　葡萄牙語	175
9.　馬來印尼語	145
10.　日語	126
11.　法語	122
12.　德語	118
13.　烏爾都語（巴基斯坦、印度）	94
14.　旁遮普語（巴基斯坦、印度）	87
15.　韓語	72
16.　泰盧固語(Telegu)（印度）	69
17.　坦米爾語（印度、斯里蘭卡）	66
18.　馬拉地語(Marathi)（印度）	65
19.　廣東語（中國）	64
20.　義大利語	63
資料來源：Sydney S. Culbert（1991:573-574）	

任何希望將世界各種語言彙集成表的人（例如：見 Ruhlem 1987 和 Voegelin 1977）都會碰到一個問題，那就是定義不同語言的判斷準則。一般而言，不同語言的主要判斷標準就是相互可理解性（mutual intelligibility）。在任何群體中，每個人的語言能力可能有別，但是就大部分使用同種語言的人而言，他們應該能夠相互理解溝通。通常要評估兩種語言間相似或差異的程度，一個常用的方法是比較它們的字彙。雖然光靠字彙無法完全告訴我們兩種語言的關係，但是字彙卻是影響相互可理解性的主要因素。字彙的比較常藉由每個語言中仔細建立的核心術語（core term）來達成，這些核心術語諸如女人、頭和雨之類的。於是，我們針對每種語言的核心術語之對應用字來尋找相似性。但是，即使運用這樣的系統方法，界限的確定仍是個問題。多大的相似性可視為同種語言？及多大的差異方可稱為兩種不同的語言？Morris Swadesh（1971）根據共同字所佔的百分比發展出一份量表來界定各個語言。然而，儘管發展出這套方法，關於如何決定是否為不同的語言之判斷準則仍然爭論不休。

方言

另一個使區別不同語言更加複雜的問題是，每個語言本身的說講或使用方式並非完全一致。任何語言傳統都會有一些變異，**方言**（dialects）就是語言的定型化變體，是因為地理性與社會性的差異，而發展出不同的語言社群或言詞內容。說著同一種語言中之不同方言的人應該能夠彼此瞭解，若無法溝通則應視為不同的語言。但是，這種區分往往不太明確。一個來自阿拉巴馬州和一個來自波士頓而同以英

文為母語的人，儘管彼此覺得對方的發音和語法有點怪異，但他們仍能相互溝通。這種單一語言上的差異，我們稱之為地區性方言（regional dialects），它們通常很容易辨別。

　　社會語言學家（sociolinguists）專門研究語言與社會因素之間的關係，他們指出各種語言用法習慣的不同可能與某些社會因素，如階級、種族或情境有關。這些因素產生的方言稱為社會方言（social dialects）。倫敦貧民區的英語和英國上層階級所講的英語，就是所謂的社會方言。與階級相關的社會方言在一些階級制度明顯的社會中都存在著。事實上，這種語言差異常常是為了定義並強化不同階級間的分野。任何來自低階層社會而希望提升社會地位的人，都從經驗中得知「沒有其他東西比語言更能代表一個人的社會地位」（見 Bolinger 1968:138）。能夠「得體地說話」是提升社會階層的重要因素。

　　其他的社會方言可能與宗教、職業和年齡等因素有關。例如：牧師的言語方式就和船塢工人有所不同。美國青少年的特殊講話習慣則提供了一個典型範例，指出許多文化均會因年紀不同而產生方言。

　　此外，社會方言也常與某些特殊的社會情境有關。在許多文化中，人們會在公開的正式場合使用一種方言，而在私下的談話則使用另一種方言。例如美國故總統林肯（Abraham Lincoln）和家人閒聊時的語法一定與他在蓋茨堡演說（Gettysburg Address）中所使用的不同。由此可見特殊社會情境對言語方式的抉擇有相當重要的影響力。

　　每個人在不同的情況下可能會使用不同的方言，而這些方言的數目多少反映出他所參與的團體之多寡，以及這些團體是否使用不同的方言。這些方言加上個人所使用的語言

構成了所謂的**個人方言**（idiolect），也就是每個人在語言社會中的自我語言系統。這種個人方言差異的範圍在大規模社會裡較爲明顯，因爲大規模社會有更多不同種類的人們，包括不同的族群、不同的階層與不同的次文化。

英語的社會方言有一個很典型的對照發生在「窈窕淑女」（My Fair Lady）一劇中。圖中 Higgins 教授正在指導這個倫敦貧民區出身者（cockney）Eliza Doolittle 如何講 "合適" 的英文。倫敦貧民和上層階級的不同語言模式在階級意識很高的英語社會常表現顯著。

性別與語言差異

　　男性和女性也有不同的講話方式。這種差別也許只是區別在純女性或男女混合的群體中講話的「文雅」，以及在純男性的群體中講話的「粗俗」。但是，這種差異也可能更深入。例如，在日本的社會中，男性和女性有明確的講話風格。而在美國社會裡，男人和女人間的溝通一直被描述為跨文化的對談。根據 Tanner（1990）的說法，女性語言的說與聽強調關係和親密，而男性語言的說法則強調地位與獨立。由於說著不同的「性別方言」（genderlects），美國的男性及女性都深為這兩種顯然不同的談話風格所帶來的不良影響所苦。

　　中美洲加勒比海海岸的 Garifuna（Black Carib）人也有不同的男性和女性方言。Garifuna 人的起源來自逃亡的男奴隸和說加勒比話的印地安女性之結合。這不同的起源持續影響著當地男性與女性說話的方式。女人除了說與男人相同的方言外，還有另一種語言只用於女人之間。這兩種方言的差異已導致研究人員錯誤地認為它們是不同的語言。事實上，在這些擁有性別方言的語言中，方言間的差異雖然具有社交上的重要性，但就語言學的角度來看，這種差異通常相當膚淺。

洋涇濱（Pidgins）和克里奧爾語（Creoles）

在語言中除了有方言的變異之外，還有稱爲洋涇濱和克里奧爾語的語言變體，它反映著不同語言的接觸交流。直到最近，有關洋涇濱和克里奧爾語的研究才在語言分析上占了一個小小的地位。通常語言學家和非語言學家都將它們視爲邊緣的或次等的語言形式，許多外行人也認爲這些語言只是那些心智低下的人們爲模仿高級人士的言語所做的粗野生硬的嘗試罷了。然而，今天已經很少有語言學者抱持這樣的看法。克里奧爾語目前被認爲是好幾個國家的主要語言，而且在海地、巴布亞新幾內亞、Vanuatu 和 Sierra Leone 等地，它們已取得正式的地位。John Holm（1989）在他的調查中列舉了九十四種洋涇濱和克里奧爾語。因爲克里奧爾語在今日世界中所扮演的社會政治地位日益重要，再加上它們能告訴我們許多關於語言接觸與變遷的過程，所以已漸漸成爲許多語言專家研究的對象（見 Thomason 和 Kaufman 1988）。

洋涇濱是一種簡化式的混合語言，其發展是爲了滿足一些沒有共同語言的人之間溝通需要。洋涇濱的運用只侷限在某些特定情況，如不同文化間的貿易往來和四處移居的工人。在正常的情況下，洋涇濱並不是任何人在自己的國家中所使用的當地語言，然而，有時候卻是一些處於社會邊緣地帶人民的母語。洋涇濱這個名詞最初是在十九世紀用來形容中國人與歐洲人互動後在中國所產生的特殊語言形式。而現今它已經被認爲是一種普遍的現象，發生在兩種不同語言的社會成員之間有持續性的接觸時。

儘管差異頗大，但大部分的洋涇濱仍有一些共同的特徵。所有的洋涇濱都強調明確有效率的溝通。洋涇濱常會將性別或單複數簡化，並儘量減少重複贅述。例如，"the two big newspapers"（兩份大報紙）在巴布亞新幾內亞的洋涇濱中就成了 "tupela bikpela pepa"（two big paper）。然而，洋涇濱也會發展出一些原始語言中所沒有的特徵。大部分洋涇濱的字彙都相當有限，並且反映著特定的文化接觸情境。

　　當一種洋涇濱成為一個社會的母語時，就可稱為**克里奧爾語**。洋涇濱變成克里奧爾語有兩個主要原因。第一種情形是當人們被迫脫離母語的環境時，洋涇濱就順理成章地成為他們的首要語言。這可以拿那些被帶到加勒比海國家的非洲黑奴來做例子，因為在加勒比海國家中除了他們自己之外並沒有任何說他們母語的人。另外一個原因可能就是當講某種洋涇濱被認為是提昇社會地位的進階時，就會促使人們常說洋涇濱而不再使用自己的母語。這種情形發生在美拉尼西亞部分地區所使用的洋涇濱上，尤其指那些由鄉村遷徙至城市的人們而言。

　　在克里奧爾語的形成過程中，語言會漸漸改變，因為一旦成為克里奧爾語，就必須「廣大至足夠應付所有使用者的溝通需求」（見 DeCamp 1971:16）。它也必須具備足夠的複雜性與細膩度以滿足各種社會狀況之所需，這個過程很自然就包括了字彙的擴充和詞句結構的精進。在近幾十年來，當克里奧爾語取得合法地位後也改變不少，特別明顯的是書寫形式的發展，並應用在報紙、書籍甚至廣告上。在一些試圖更正確地表達本身經驗的開發中國家裡，克里奧爾語做為一些詩、小說和戲劇的文學表達媒介已獲得更多人的認同。

語言的接觸

　　至此，我們已經瞭解語言學家研究變異所面臨的許多挑戰。此外，要標示出世界上使用不同語言的各個區域，對他們而言也極為不易，因為有太多重疊的部分。即使是在一個很小的社團內，也有很多彼此語言不同或操各式不同方言的人住在一起。再者，每個人本身也可能不只使用一種語言。

接觸模式

　　社會互動的方式帶動了語言社群的產生。**語言社群**（linguistic community）是由一些彼此可相互溝通且具有可辨認的溝通界限之群體所組成（Gumperz 1962）。例如，在貝里斯南部的語言社群就由六個主要的族群構成，每一個族群都有各自不同的文化傳統和語言：來自瓜地馬拉與宏都拉斯講西班牙文的 Hispanic 人，說 Mopan 語的馬雅人、說 Kekchi 語的馬雅人、說貝里斯克里奧爾語的克里奧爾人、說 Garifuna 語的 Garifuna 人以及一個大部分說英文而流亡國外的混合群體。因為有時候缺乏語言能力（事實上仍有些人能流利地運用這地區的所有語言）、學習興趣以及經濟上的必要性，所以不是每個群體的所有成員都會與其他群體的成員溝通。但大致而言，這些群體仍有定期的溝通與互動，而且隨著教育機會的增加、道路的開拓以及此區域經濟整合的發展，這種溝通的頻率亦與日俱增。特別值得一提的是，愈來愈多百分比的人口將英文視為他們的第二語言。

在一個語言社群中還存在著許多次單位，特別是所謂的**言語社群**（speech community）。Dell Hymes（1972:54-55）將其定義為「對於語法的使用與解釋，以及對於至少一種語言變體的解釋擁有同一套規則的社群」。單一言語社群中的成員對於語言及其使用都有一套相同的概念，這其中包括交談的話題禁忌、提出請求的程序、表達幽默或諷刺的方法、沉默時間長短之標準以及談話中的音調高低等。在貝理斯南部，許多小型而混說著 Mopan 語和 Kekchi 語之村莊的居民就可視為單一的言語社群，因為他們對社交中語言的使用具有相同的認知。但並非一開始就是這種情形，幾年前講 Kekchi 和 Mopan 語的村莊是不同的言語社群，而經過這些年的通婚與移居，他們已經融合成單一的言語社群了。

不同言語社群之間聯繫，是由於人們跨越社團界限而進行的互動與社會往來。這種聯繫稱為**言語網**（speech network），通常是經濟因素促成的。譬如，在巴布亞新幾內亞 Viataz 海峽中的 Bilibili 島，島上住著約二百五十位商人與陶罐製造者。每位島民在其他島上均有說著不同語言的商業伙伴，但是他們之間仍能溝通。因此，儘管每個島民的言語網只限於一些商業伙伴，整個島民組成的社團卻能由許多不同的言語社群建立起聯繫關係。

殖民主義也是語言散播的一項重要機制。在過去幾個世紀內，歐洲的殖民主義已使得英文和法文成了地球語言，它們是行政和商業上的最佳語言。在殖民地的居民中，會講英文或法文已成了在經濟與政治領域獲得成功的必要條件。而對於一些地方菁英，像在印度，這兩種語言也漸漸取代他們的本國語言而成為溝通的主要工具，也因此同時加大了這些菁英與社會其他成員間的距離。

在後殖民主義社會中，英文和法文繼續在這些舊有的殖民地國家扮演一個重要的地位，特別是提供了一條管道讓這些社會整合成為一個更大的世界社團。大英國協（British Commonwealth）就將這些明白他們共同擁有某些英國統治遺產的國家結合在一起，這種遺產中最清楚的就是語言－英語。另外一個類似的結合體，稱為"La Francophonie"，是於西元一九八六年由舊有的法國殖民地所組成。包含超過四十個的國家，像 Vanuata 和越南等。它們基於共同的殖民地和語言遺產，聚集起來建立了一個論壇供政治、經濟、教育與文化等經驗的交換及相互的合作。

雙言現象及多語現象

經常接觸其他語言會使一個人能講某一種語言的多種形式或多種語言（見章末的人類學家特寫）。Charles Ferguson（1959）發明了一個名詞「雙言現象」（diglossia）來描述一個言語社群在不同的情況下運用一種語言之兩種變體（包括標準形式、方言、洋涇濱或克里奧爾語）的現象。這種使用兩種以上語言變體的情況可能具有重要的文化意義。例如，在海地，大部分的人們運用所謂的海地克里奧爾語（衍生自法文）來交談，但是中產階級和社會菁英卻同時使用海地克里奧爾語和標準語言。很明白地，標準法語在海地的地位被視為高於克里奧爾語，而且講標準法語的能力也被認為是晉升社會階層的必要條件。至於社會菁英份子間，這兩種語言形式的運用，必須取決於說話者的相對社會地位以及說話時的環境狀況而定。對雙言的海地菁英份子而言：

> 　　克里奧爾語只用於私下的非正式場合，例如在小孩或青少年的同伴間以及在家中的父母之間；法語則只用於正式的公開場合，例如在行政手續或官方語言中。至於在私下的正式場合（如接見或與一位只是相識的人之間的對談），和公開的非正式場合（在商店中或與朋友間的對談），則是兩種語言交替使用（Valdaman 1975:66）。

　　當法文和克里奧爾語並用時，使用的方式能顯露出說話者之間微妙的相對角色和態度。

　　在大多數的社會中，會講超過一種語言的人是相當常見的，而在美國說英文的學生修習第二外國語的情形也非常驚人。多語現象的發展是基於下列幾種理由：家庭環境中使用著不只一種語言，求學、求職、旅行或基於其他理由必須到一個使用別種語言的地區，以及住在邊界地區或民族混合地區。雖然能夠講一種以上語言的能力對運用者而言只是一項方便，但是它也具有某種社會與心理意義。當使用母語會導致經濟機會與政治權利遭到剝奪時，使用另一種語言（優勢文化的語言）就可能大大地提昇一個人的社會地位與福祉。

　　為了調查不同語言的使用是如何影響人的態度，Wallace Lambert（Lambert et al 1960）於西元一九五〇年代晚期，在蒙特婁針對同時會講英文及法文的加拿大人進行了一連串的測試。Lambert 要求這些人透過聽錄音帶去評估一些說英語和說法語的人之人格特質，但他並沒有告訴他們這些錄音帶是由同一批會說英、法語的人利用英語和法語分別講述同樣

的內容所錄成的。後來他發現這些加拿大人對於那些說英語的人給與較高評價，他認為這項結果正反映出法語加拿大人在社會上的次等地位。很明顯地，他們認定那些說英語的人會擁有較高的社會地位，並且似乎已吸收了英語加拿大人對這兩種群體所持的許多刻板印象。

　　Lambert 很仔細地慎選實驗中的說話者，使其在運用英語或法語時儘量不受另一種語言的干擾，這樣一來，一個以英語為母語的說話者所講的法語，將不會透露出他英語加拿大人的族群本質，反之亦然。**語言干擾**（ linguistic interference）是指當一個人熟悉多種語言或方言後，講話偏離標準語言的現象，這種情形會使人出現一種很有趣的口音。語言干擾也常是人們學習第二種語言時容易碰到的問題。通常學習第二種語言是為了社會地位的提昇或被接受，一如 Saami 人試圖同化於挪威社會。Saami 人是一個不同的族群，擁有自己的文化傳統，並說著完全相異於挪威語的語言。因為挪威人不友善對待及賦予他們的次等地位，許多 Saami 人便想盡一切辦法在公開場合隱藏自己的族群身分。他們不穿 Saami 傳統服裝，不說 Saami 話，同時也儘量避免暴露 Saami 人的行為模式。但是，他們所說的挪威話跟從小就講挪威話的人所說的似乎很容易辨別。這種語言干擾使得 Saami 人很難完全掩飾自己的族群出身。

　　至於這些會講多種語言的人使用各種語言的時機，通常是基於某些社會與文化因素的考量。在一項關於挪威北部一個 Saami 人與挪威人混居的城鎮調查研究中，Harald Eidheim（1971）發現他們有三個社會互動的圈子：分別是公共圈、封閉的 Saami 圈及封閉的挪威圈。雖然 Saami 語言是百分之八十家庭的主要語言，但是在公開的場合中，挪威

的文化和語言仍然佔優勢。即使在一個公眾場所，在場的所有人均是 Saami 人，他們最常使用的還是挪威語。而在 Saami 人所經營的商店內，老闆對於以 Saami 交談的顧客也是以挪威話回答之。至於 Saami 話，只在封閉的 Saami 圈中使用，像在家中和家人或同樣也是 Saami 人之間的交談、在鄰居間或偶爾在一些稍微公開的場所。可是，一旦有挪威人進入這個圈子時，他們馬上轉為以挪威話來交談。關於此一現象，Eidheim（1971:60）解釋為：

> 挪威人不僅普遍視 Lapp（Saami）語為一種次等語言，並認為在挪威人存在的場合中使用 Saami 語是一項不宜且極具挑釁意味的行為。當 Saami 人想在公眾場所說 Saami 話時，他們會小心地避開他人並以一種較低的語調簡略地講述，而每當有挪威人或不明身份者接近時，他們便立即改口以挪威話交談。

歷史語言學

研究語言的另一項方法是檢視它的變遷型態。如同人類文化的其他部分一般，語言也是天生就具備動態的本質，沒有任何語言能維持固定不變的狀態。同時，就像不同的社會和不同的文化傳統會融合、分歧或甚至完全分離一樣，語言亦然。換句話說，語言是逐漸在進化的：它們會經歷系統性的變革，部分是因應環境的狀況（特別是社會環境），部分則是基於語言本身內部的力量。

進化並非一成不變的過程，即由簡單到複雜。任何現存的文化都同時具有簡單面及複雜面，語言亦然。例如：印尼語中沒有動詞時態，而標準的英文則包含相當多的時態變化，至於美國黑人的英文則甚至擁有比標準英文更複雜的動詞時態。

除了洋涇濱之外，世界上所有的語言現在均已發展完全，完全到足以滿足其使用者的溝通需求。也因此，我們可以看出一些進化趨勢。雖然小規模社會的人民溝通觀念的廣泛程度不亞於那些大規模社會的人民，但是在他們的正常溝通中並不需要太多的字彙。而隨著社會複雜度的增加，表達新觀念的需要，一些既存的字彙可能被賦予各種附加或不同的意義，或甚至結合其他字彙而成為全新的詞。

研究語言變化的學問稱為歷史語言學（historical linguistics）。一種語言的命運和它變化的方式主要反映在使用者的歷史進程，尤其是他們與其他語言使用者之間的接觸情形。

進化的過程

死亡（extinction）是已證實的語言進化過程之一。一個群體在戰爭征服或其他形式的強迫變遷下，其語言可能就此不用，進而逐漸消失。例如，在不列顛群島中，Pict和Cornish語即因為使用者不是去世就是融入英國社會而逐漸沒落荒廢。語言的死亡並非絕對表示原本使用它的社會或人民已不存在，儘管大部分的情形可能如此。而隨著書寫技術的傳入，使得語言能夠以文字的方式保存下來，因此死亡的語言亦可復生，如果社會因素支持這樣的發展的話。在一種語言完全

消失之前常會有一段使用雙言的時期 而至死亡的地步可能需花上好幾個世代的時間。今日，在世界上使用的約五千至六千種語言中，有大概一半的語言只有大人會講，也就是說，這些語言可能在未來的數十年內就會步上死亡的惡運。事實上，真正有未來保障的語言少得可憐，僅約三百種。

　　取代死亡的語言可能是一種新發明的語言（如克里奧爾語化的語言）或既存的語言。後者是**語言擴展**（ linguistic expansion ）的現象，亦即語言散佈至一群新的人口。當語言擴展時，他們會擷取鄰近語言的片段。這種自其他語言借取字彙或其他言語現象的情形，在語言進行廣泛擴展時特別容易見到，就像一些主要的歐洲殖民地語言。當歐洲人征服南美或北美的某些土著民族時，他們會擷取一些當地的字彙融入他們的語言中，而產生了類似 tabacco（菸草）、potato（馬鈴薯）、chocolate（巧克力）、hammock（吊床）、racoon（浣熊）之類的字。

　　語言繁衍（ linguistic multiplication ）是指一種語言內部的分化過程，亦即語言變體形式的發展。通常這是語言擴展後的副產物。例如，當拉丁文的使用隨著羅馬帝國的勢力擴展時，各式的方言也開始出現發展，這其中部分的原因是由於接觸其他語言的影響。接著，當帝國瓦解時，說著不同方言的群體也逐漸隔離，而漸趨加深彼此的差異，直到產生完全不同的語言，即產生所謂的羅曼語族（ Romance languages ）。

重建語言的發展史

　　語言學家 Derek Bickerton（1990）認為，當人類或其他物種的心智試圖瞭解周遭環境時，原始的語言便開始演化。他並指出小嬰孩與成人之間溝通時所使用的單字或雙字的牙牙之語，為人初步溝通的一項殘留之跡。至於充分發展的語言之出現則與擁有必要構造的現代人類之出現同期，大約在二十萬年前。這最初的語言群體似乎是居住在非洲，到了約五萬年前，當現代人類開始散布到整個地球之際，新的語言也隨之演進。

　　追溯人類語言的歷史是困難的。第一個有系統的文字－楔形文字（cuneiform）——發展於大約西元前三千二百年，而且今日有許多語言甚至不存在書寫的形式。然而，儘管缺乏一些確切的資料，要重建原始語（protolanguage）的語法字彙，或是重建語言發展進化的過程也不是一件完全不可及的事。假說中的原始語可以藉由比較原始語言所傳承下來的各種後代語言之語法與字彙來加以重建。這樣的重建是基於某項認知，那就是語言的建構具有系統性，因此它的改變也相對應地具有系統性。這種比較法（comparative method）運用了大量的**同源詞**（cognates）——來自於同一字源的字。像英文中的 hound 與德文的 hund 就是同源詞，其他如 to 和 zu、mine 和 mein 也是互為同源詞。藉著研究分析具有些微差異的同源詞之間的規則性，便可得出原始語的主要類型。

　　正如有可能重建已死亡的語言，同樣也可能推測兩種語言自同一語源分出的確切年代。基於此項目的，Morris Swadesh（1971）發展出一套方法，稱為**語言年代學**

（glottochronology）或語音年代定位。這種方法根據的假說是，語言的變化具有規則性，以及語言演變的速率基本上是相同的。如果比較兩種相關語言的核心字彙並指出其中的差異性，我們就可以粗略地推算兩種語言開始分歧的年代。這項年代定位的能力對於重建人類早期歷史，包括早期人類移居的型態以及和其他人群接觸的情形，具有特殊的用途。就這一點來看，語言年代學有時候也會與考古學研究相結合來確認殘留的遺跡所顯示的生活方式或年代，或是針對考古學的發現提供可能的解釋。

　　儘管並非所有的學者均贊同 Swadesh 的方法與假設－語言年代學的主要批評者懷疑語言變換的速率是否如 Swadesh 假設的爲恆常不變－但大體上而言，人類語言歷史的重建已因此有了相當的進展。例如，現有的證據顯示大部分歐洲語言的原型（稱原始印歐語，Proto-Indo-European）是起源於土耳其一個叫安那托利亞(Anatolia)的地方。約八千年前，這些說原始印歐語的人開始向外擴散遷徙至歐洲和西亞時，新的語言形式亦隨之發展。舉例來說（見圖 4-1），吾人可追溯現代的英文和德文是來自所謂的西日耳曼語（Western Germanic），它和北日耳曼語（後來發展出斯堪地那維亞語 Scandinavian）同樣演變自波羅的斯拉夫日耳曼語（Balto-Slavo-Germanic）。波羅的斯拉夫日耳曼語也是波羅的斯拉夫(Balto-Slavo)語（拉脫維亞語、俄語等）的前身。而波羅的斯拉夫日耳曼語則是原始印歐語系的四大分支之一，其他分支分別爲 Celto-Italo-Tocharian、Arayano-Greco-Armenic 和 Anatolian。

有計劃的語言變遷

　　語言的變遷不僅是社會文化間接壓力的結果，也是某些政策刻意執行下的產物。基於語言在創造或拒絕機會與試煉忠誠上所扮演的角色，它和經濟與政治生活面均有密切關聯。因此，凡是欲建立國家或帝權者，欲提升經濟發展或改變人民特殊信仰者，均會著手制訂語言政策以求目的之順利達成。

建立國語

　　大部分的國家均出現相當程度的語言分歧性，尤其是那些開發中國家，因為它們的國界大多是殖民地征服而非文化或語言密切結合後的結果。這種分歧性能以**語言密度**（linguistic density）的術語加以衡量，而語言密度則是指人口中使用的語言之數量。在西南太平洋中的美拉尼西亞群島就擁有全世界最高的語言密度。居住於巴布亞新幾內亞、所羅門群島和 Vanuatu 的三百五十萬居民中，有超過九百種的原住民語言被使用著，這還不包括各種當地的洋涇濱和殖民國語言（和法語和英語）等。同樣地，印尼的一億七千五百萬人民中說著多達六百六十種原住民語言，而新幾內亞印尼部分的一百萬美拉尼西亞居民也有著二百五十種不同的語言。即使在一些開發更完全的大型國家，語言的分歧性仍舊存在。像在美國，儘管大部分的人都講他們的主要語言——英語，但依舊有其他各式語言在不同的地方廣被使用，其中包括不少移民所講的西班牙語、廣東話和印度話，此外

還有爲數不少的原住民語言，如 Navajo 語、Hopi 語等。面對這種情形，政府通常會提倡一至二種語言做爲國語（National language），以協助建立並加強人民的國家觀念。

然而，國語的建立通常極爲不易。而且對一些語言異質性高的國家而言，這常會帶來深遠而不公平的衝擊。Vanuatu 就是一個很好的例子，它擁有比任何國家都複雜的語言分歧性，十二萬人口說著約一百種本土語言。此外，Vanuatu 是由兩個具有不同的國語之殖民勢力（英國和法國）共同統治長達百年之久。這樣的狀況使得當地的語言分布更加複雜化，因爲每個殖民勢力都試圖倡導自己的文化和語言。加上 Vanuatu 的人民在這樣的困難環境中也一直是在夾縫中求生，結果不僅是社團甚至家庭都區分爲英語和法語兩派。因此，就會發生以下的狀況：在一個家庭中，小孩分別就讀英語和法語學校而逐漸習慣並流利於該種語言；儘管回到家中他們可能有共通的語言——地方性的洋涇濱或某種原住民話，但一旦出了家庭進入社會，他們就會很自然地分屬不同的社會、不同的文化甚至不同的政治領域。

在西元一九七〇年代，Vanuatu 爭取獨立的奮鬥是由英語系的團體所主導，並在西元一九八〇年取得獨立政權。這導致法語人口在政治與經濟上都居下風，但畢竟他們佔三分之一強的人口，故還不至於被完全忽視。雖然自獨立後，英語已成爲他們的主要語言。但是基於政治分歧和文化效忠，英語仍然無法成爲唯一的國語，至少就目前而言。爲了妥協及瀰補英語系和法語系人民間的鴻溝，並克服眾多本土語言所造成的分歧，政府已開始提倡使用當地的洋涇濱 Bislama。政府文件和當地報紙均以法語、英語及 Bislama 等三種語言來發行，而 Bislama 語也很快地變成政治演講的語言。

77

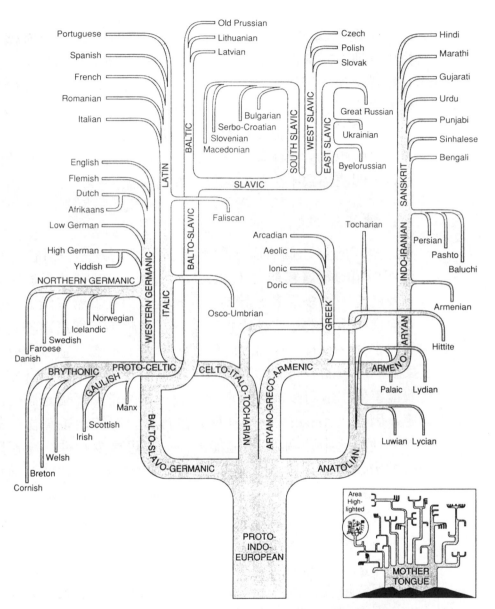

圖 4 · 1　現代語言的起源。圖中語言學家所建立的語言樹是以
原始印歐語系爲主幹，它可能只是古時的「母語」這棵大樹所
分出來的小支幹而已。

在建立國語時，政治與民族的考量有時會迫使當權者找出一種方式來保障那些次要語言使用者所應得的尊重，並且同時能達成國語統一的目標。在 Vanuatu 所達成的妥協便是解決這項問題的不二法門。在加拿大，英語人民和法語人民的分歧在政治經濟上均有重要涵義。近年來，加國政府不僅以反歧視政策來保障法語人民的權利，更主動地倡導雙語政策，即使招致不少英語人民的反對聲浪。

讀寫能力

語言的另一個層面，與社經發展變遷及語言計劃主題密切相關的是**讀寫能力**（ literacy ），亦即對某種語言同時能讀及能寫。許多學者、計劃者及政治家均強調讀寫能力是社會發展中重要的一環，因為有助於各項政治和經濟事務的參與。根據 Blaug（1966）的研究，世界上不識字區域的分布與貧窮區域的分布有顯著的重疊。不僅政府、學者或計劃人員能察覺出這對政治與經濟的涵義，其連帶關係更是廣受認定。因此，Amadi（1981:178）在有關非洲統治菁英份子的批判性論述中強調：「讀寫能力……仍舊是少數進入統治階級的方法之一」；它「讓人們能獲得所謂的三個M：洋房（mansion）、女主人（mistress）和賓士車（Mercedes）」。一個人若識字，這些東西不會自動奉上，但若是不識字，就完全沒有機會得到。

雖然上述有關讀寫能力的定義可以提供一個大致的概念，但依舊沒有回答一個重要問題，那就是一個人在何種情形下才可認定為識字。這個問題在聯合國教科文組織(UNESCO)（1957）所做的擴大定義中曾提及，認為一個人要被視為識字必須「他已獲致某些基本的知識與技能，讓他

能夠參與所有需要語言讀寫能力的活動，使在所屬的群體或團體中能有效運作。而且他的才能……使他足以繼續運用這些技能。」就這一點來看，稱為功能性讀寫能力（functional literacy）似乎比僅稱為讀寫能力（literacy）來得合適。此外，聯合國教科文組織的定義還強調一個人若被認為是識字，他必須具備獨立運用語言的能力，必須在離開課堂之後仍能讀能寫。至於要精確地衡量出讀寫能力的程度，無庸置疑地，將極為困難。這困難處跟 Amadi（1981:178）所指的表面性讀寫能力（cosmetic literacy）有關，例如，有些人可能藏書萬卷或擁有學位或學術頭銜但卻缺乏深層的瞭解。

讀寫能力與社會經濟的發展與變遷有關。圖中一位 Inuit 婦女在冰上釣魚時讀著當地語言的報紙。

讀寫能力的限制來自各種原因。在西元十四世紀印刷機發明之前，讀寫能力有其技術上的限制，因為當時的書寫資料全是手謄的，因此資料很少並且無法廣為流傳。在 Jack Goody（1968:11-20）稱為限制性讀寫能力（restricted literacy）的討論中，他指出在某些情形下書寫內容須保持隱密，像提到舉凡與魔法或神聖之物有關時。Saberwal（1991:733）在探討印度的讀寫能力調查中也指出，當地的語言讀寫能力有經濟上的限制，像貧窮；同時也有規範上的限制，如賤民被排除於識學範圍之外。因此，一個社會讀寫能力的分佈型態反映著技術、經濟與文化等因素。

在建立國語時，提倡某種特定語言的讀寫能力具有重要的政治涵義。在十九世紀期間，菲濟的基督教傳教士擔負著教導當地人民讀寫能力的責任，他們將聖經譯為十五種當地的方言，然而，他們只選用其中一種，這種方言的使用群體跟英國的合作最為密切。之後，此方言也被用來書寫菲濟語，這對那些使用其他方言的人無疑是一項傷害，同時顯示其語言被選為國語的群體將能提高在政治與經濟上的優勢地位。此外，各殖民勢力（如英、法和西班牙）對於其本國語言讀寫能力的提倡，也有助於維繫這些國家與其舊有殖民地間的關係，即使是在後者獨立很久之後。有些國家對此情形的反應就是提倡使用一種更本土化的語言。

在十八、十九世紀，讀寫能力的提昇倡導在世界許多地方都仰仗著基督教傳教士的努力。讀聖經被認為是散布教義的基本步驟，同時也能促進人民接納那些有利於殖民勢力的價值觀。部分評論家亦認為，在殖民統治勢力的擴展中，基督教的傳教士實扮演一個相當重要的角色。到了二十世紀，傳教士繼續在各部落從事同樣的工作，但是提升讀寫能

力的責任往往落在國家政府的身上。因此,在西元一九一九年,蘇聯的新政府頒布了一項法令,規定年齡在八到五十歲之間的人都必須學會讀跟寫;接著,政府開始著手在各地設置中心並舉辦一些群眾活動來倡導識字。近幾年來,許多大型的識字活動已在一些開發中國家,如巴西、古巴、尼加拉瓜、坦尚尼亞和越南等地熱烈展開,而這樣的活動通常與加速國內社會經濟發展的訴求密切相關。

提倡識字的活動,像上述國家中所進行的,對於基本讀寫能力的提升常有很高的成功率。例如,尼加拉瓜於西元一九八〇年舉辦的一項尼加拉瓜全國掃盲運動,共約有五萬人參加,結果他們成功地將不具備基本讀寫能力的人由大於50%降低到約 13%。然而,即使以一些非常基本的讀寫能力來看,在很多開發中國家中仍然有相當大比例的人口是不識字的。在非洲,這個問題最嚴重,人口中平均有 54%是不識字的,而有些國家甚至高達 85%到 90%。此外,很不幸地,根據聯合國教科文組織最近的資料顯示,許多國家人民識字的計劃無法趕上人口的遽增。

摘要

人類的智力和記號性思想因生物方面的進化而增長,進而奠定人類溝通的基礎。溝通是我們的文化及適應策略中一項高度精巧的特徵。

雖然溝通在社會生活中是基本且重要的,但是在訊息的傳送與接收之間也可能會發生謬誤。而試圖控制其欲傳達

之意念可利用重覆加強的訊息來確保重點之正確傳達。

儘管對於孤獨者之間而言，溝通可能是很簡單，但社會動物需要更複雜的溝通系統。人類擁有最複雜及最具彈性的溝通系統，其彈性來自符號的使用。雖然人類的語言和言語是獨一無二，但是其他動物也多多少少具備一些語言的能力。

我們人類的語言是一個由各種定型的語音所構成的複雜系統。它包括音素（phonemes），具有意義的最小語音單位；和語素（morphemes），具有意義的最小語音組合單位。語言也包括句法學（syntax），指將語音組合成具有傳遞訊息意義的句子。此外，人類也能藉由身體語言（體態學）、空間的利用（近體學）和身體裝飾來輔助溝通。

語言和文化是密切相關的，雖然它們彼此不能完全決定對方。文化影響語言是多方面的，總括來說，凡是具有最大文化意義的事物都會獲得語言最多的關注。反過來看，語言雖然也許不至於如 Sapir-Wharf 假說所強調的能決定我們如何思考事物，但確實會塑造人們的生活。

今日這個世界上存在有數千種的語言，但是確切的數量不易決定，因為除了資料短缺之外，尚有不同語言之間的界定問題。除了不同的語言以外，還有一些地區性和社會方言，以及洋涇濱（為了滿足那些沒有共同語言的人之間的溝通需求所發展出的簡化混合語言）和克里奧爾語（成為某地區母語的洋涇濱）。決定語言界限的另一個問題是有關於語言的交流。有許多人是多聲帶的，在不同的情況下他們需使用不同的語言，像某些地區的雙言現象（diglossia）就是個很好的例子。這種語言交流有時候會干擾一個人運用某些語言,同時也可能造成語言本身的改變。藉由交流與其他方式,

語言是經常處於變化中。語言變遷的某些面向也許能經由歷史語言學的研究來發掘。而歷史語言學主要探討語言的擴展、採借、繁衍及死亡等過程，以及原始語的重建與語言變遷型態的探尋。最後要說明的是，今日世界的語言變遷大多是為了倡導國語及提升全民的讀寫能力而刻意計劃下的產物。

人類學家特寫

摩洛哥的多語現象　Joan Gross

Joan Gross 是奧勒岡州立大學（Oregon State University）的一位語言人類學家。她曾於北京、波多黎各和摩洛哥等地從事民族誌的田野工作，重點放在當地的多語現象及口語藝術形式的角色。她與丈夫 David McMurray，也是一位社會人類學家，總共花了兩年待在摩洛哥，在那裡她也產下了一子。她的研究專注於語言的使用上。

　　對一個在單一語言環境中成長的人，大概很難想像生活在一個必須瞭解並使用多種語言的社會中會是何種情形。在此等社會中，語言的使用必須根據所處的情境、所談的話題以及所面對的人而有所不同。大部分的美國人對外國語言的瞭解均來自學校中多年的訓練，但世界上有許多人他們並沒有上學就自然學會其他語言，只因為那是社會及經濟上的必備技能。此外，美國人習慣將某種語言和某個國家劃上等號，但是世界上有許多地方，同一個國家內的人民並沒有使

用單一的共同語言。

當我和我的先生於西元一九八五年冬天首次來到摩洛哥的 Rabat 時，我們立即開始接受一連串摩洛哥阿拉伯語的密集課程。這是一種稱為 Darija 的阿拉伯方言之變體，也是摩洛哥的阿拉伯部分之主要語言，其中包括所有摩洛哥的主要城市。Darija 和正統的阿拉伯語（或稱 Fusha 語）是以雙言（diglossia）的狀態存在於摩洛哥。Fusha 語是傳統中讀寫的主要語言，被認為是神聖的語言，因為人們深信上帝是以 Fusha 語將可蘭經傳授給穆罕默德的。人們禱告時用 Fusha 語，雖然有時候可能以 Darjia 語來討論。然而，小孩直到上學才開始學 Fusha 語，在此之前他們都是視 Darjia 語為母語。但 Darjia 語言很少用於書寫，而 Fusha 語也從未出現在非正式的交談中。

這兩種不同的阿拉伯語於八世紀左右隨著阿拉伯人的入侵而進駐北非。在當時，住在北非的是 Imazighen 或稱 Berber 人，幾個世紀以來，這些人大多受到阿拉伯文化及語言的同化。然而，目前仍有許多 Imazighen 人住在摩洛哥的鄉村部分，特別是在山區。他們的語言，Tamazight 語，大部分是口傳而沒有書寫體。雖然在史前時代就已發展出書寫體，但 Tamazight 語的書寫形式目前只殘存在一些地區的魔咒使用上。偶爾，Imazight 人會使用阿拉伯的字體來書寫 Tamazight 語的私人信件或詩。但是，並沒有任何的書或報紙來幫助這種語言的傳承。

在 Rabat 待了六個月之後，我們終於獲准可以將研究的範圍延伸至摩洛哥東北部。相當自豪於我們的 Darija 語能力以及這個國家阿拉伯部分人民對我們的反應，我們於 Nador 繼續進行研究。當地人民大致說來都願意回答問題，但是並

不太欣賞我們說的 Darija 話，因為那對他們而言就像是另一種外國語。於是，我們很快地將語言訓練課程的內容由 Darija 語轉為當地的 Tamazight 語。

　　在摩洛哥南部人口稠密的阿拉伯區域使用的語言趨勢和北方顯著不同。Fusha 語所扮演的角色是類似的，但 Darija 語的角色卻被 Berber 語（當地稱為 Tamazight 語）的 Tarifit 變體所取代而成為當地人的母語。然而，因為學校是由南部阿拉伯區域的政府所經營，所以，用來解釋 Fusha 語寫成之正式讀本的語言反而是 Darija 語而非 Tamazight 語。因此，當地說 Tamazight 話的人在入學之前必須同時學 Fusha 語和 Darija 語。

　　另一個在摩洛哥學校系統中廣泛使用的語言是法語。法國的殖民勢力從西元一九一二年至一九五六年統治摩洛哥的主要部分，獨立後，摩洛哥學校仍然以法國人的模式為基礎，大部分的學科也以法語教學。雖然政府已漸漸嘗試以 "阿拉伯語化" 的過程來改變此一狀況，但法文在大部分人的教育過程中仍占有相當重要的角色。至於摩洛哥北部，以前是西班牙的殖民地。在 Nador，不少說 Tamazight 語的人也已和鄰近的西班牙城市 Melilla 有貿易往來達數個世紀之久。此外，摩洛哥北部有許多人均離鄉背井前往歐洲賺取更高的工資。一般而言，他們把大部分的家人都留在摩洛哥並以在歐洲賺得的錢來養活他們，隔一段時日後再返回家鄉。就因為這種情形，當你在路上遇到一些除了講西班牙語、Darija 語以及他們的母語——Tamazight 語外，還會講法文、德文、荷蘭話或甚至某種斯堪地那維亞語言的人是不足為奇的。但是，他們可能從未受過教育，也可能並不知道如何讀寫這些語言。

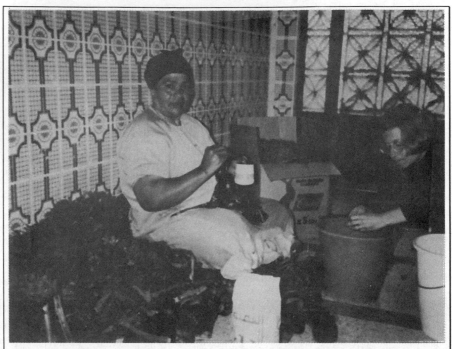

語言人類學家 Joan Gross（右者），花時間在摩洛哥與家庭婦女相處，來探討當地的語言情形和它們的社會地位。圖中她正在幫忙女主人爲兒子的命名宴準備食物。

　　在摩洛哥，語言是個相當複雜的問題。Fusha 語被認爲是最豐富而且最華麗的語言，但是卻很少有人對它瞭解透徹。雖然人們對於歐洲殖民地語言都存在著一種可以理解的反感，但不精通其中一種實在很難在經濟上有所進展。至於當地的土語（因地區而有差異）則被認爲在美學上及表達上均較粗劣而且少有書寫形式存在。於是，摩洛哥人便儘量學習各種語言來適應此一社會的語言狀態。每個人在受教育的過程中至少都精通三種語言，除了當地話之外，大學生必須

能夠讀寫 Fusha 語和法語，而且通常還會再學習一種歐洲語言。近來，英語也以國際語言的姿態進駐此一區域，特別在那些電腦科技方面，同時，美國產品和音樂也促進了英語勢力的擴展。

在 Nador，我大部分的時間都花在與家庭主婦相處上。語言常是對談的主題，即使在這個被認為是脫離群眾生活最遠因此單語現象最強的地區。他們常提及儘管 Imazighen 人學習南部的阿拉伯語（Darija 語），但政府派來的一些阿拉伯語官員卻從不願花工夫去學 Tamazight 語。他們也常自誇自己的小孩在學校學到多種外國語言。某些中年婦女和小孩一樣曾上過西班牙學校，因此會講西班牙語；年輕一點還在學的會說法語；其他的則從未受過教育，但他們通常具備一些西班牙文的知識，以及會以 Fusha 語來念禱文，儘管其中有些字他們自己也不懂。

受歡迎的文化有時候比地緣關係更能影響語言的發展。通常到了下午，當房子打掃乾淨晚餐也準備好了之後，婦女們會和他們的朋友聚在一起喝喝甜薄荷茶並吃吃點心，偶爾他們會用指甲油彼此塗塗手腳的指甲，或為即將到來的派對準備甜點。但是，在大部分的時間裡，她們只是閒聊和看電視，而最受歡迎的節目往往是連續劇。連續劇是通俗走向因此其中的對話大多屬於非正式情況，所以在這個阿拉伯世界中，語言大多是方言而非 Fusha 語。然而，阿拉伯語的連續劇似乎都來自埃及，亦即以埃及的阿拉伯語而非摩洛哥的阿拉伯語播出。有一天，在觀看連續劇時，我告訴身旁的婦女說我完全聽不懂，另一位剛自鄉下來從未看過電視的老婦人也表示有類似的困擾，但是其他的婦女都深感震驚。他們高聲問道：「你不是會說 Darija 語嗎？」我重新審視我的

語言能力並說道，我懂摩洛哥的阿拉伯語，但這是埃及的。
他們答說：「噢，你懂摩洛哥的，那太難了，我們只會埃及
的阿拉伯語。」

Ch5

維生的方式

　　這幅選自 G. C. Muster 西元一九八七年「巴塔哥尼亞人之地(At Home with the Patagonians) 」一書中的版畫，顯示了巴塔哥尼亞的騎馬覓食者在名爲 Rio Chico 的山谷，一面揮動 bola（一種末端綁鐵球的繩索），一面追捕獵物的情形。馬匹的運用讓這些人民有較大的活動力，並能組成較大型組織的群體。

為了生存我們必須進食。但是人類不像其他動物，不會因偶然間採集或獵捕到食物而感到滿足，我們除了吃之外還冀望食物來源的安全性及穩定性。因此，我們花了許多時間學習如何獲取食物以及設法增加可得的數量。在某些情況下，食物的取得只單憑個人即可，但大部分的時候則都需要群體的努力。與獲取過程關係密切的是工具的生產，因為有助於我們採集、捕捉或生產食物。雖然有些動物已發明了一些簡單工具來協助獲取食物，但人類卻已發展出比任何物種都更為複雜精緻的覓食工具。

當然，人類的生存不是只為了吃。我們希望獲得更廣泛的事物，要活的像「人」而不光是停留在「動物」階段。所謂的生活必需品也不只是那些賴以生存的東西，還包括文化中一些令人感到愉快的事物，如友誼、衣物、住所及交通工具。當然，我們也生產一些非必需品之類的東西，像錄影機、凍酪乳和耐吉球鞋。這些東西並沒有辦法維持我們的生存，儘管我們有時候不這麼認為。但即使是一些只具備簡陋工具而且並沒有太多物質財富的人，他們也會生產各式各樣的玩具、飾品或其他的非生活必需品。

人類到底發明了什麼方法來獲取他們所需要的基本事物？而這些維生活動又是如何與自然及社會環境相關聯？在本章中，我們將會探討主要維生方式的各項特徵，以及維生方式的變遷，特別是世界體系建立後人類相互接觸所造成的改變。

小規模的覓食社會

自從人類（Homo sapiens）在三十萬年前出現並逐漸遍佈全球之後，在大部分的時間裡，人類社會的經濟基礎都是靠**覓食**（foraging），亦即靠搜集野生植物和獵捕野生動物維生。至於積極運用資源、農業和飼養家畜之類的適應方式，要到約一萬年前才開始發展。在過去這一萬年間，靠覓食維生的社會數目已逐漸減少，目前世界上只剩下為數很少的幾個覓食社會。

覓食者往往無法與那些非覓食者競爭。特別在過去幾個世紀以來，歐洲勢力的擴展已經造成許多覓食群體的滅絕。今日，幾乎只有在世界上最艱困，最荒涼的地區才找得到覓食群體，因為這些地區沒有人想去佔領，也因此非覓食者的競爭降至最低（例如：北極地區以及澳洲和非洲南部的沙漠地區）。而且，現代的覓食社會和早期的在很多方面都有很大的差異，這是因為數千年來他們與非覓食者接觸並受其影響之後，逐漸發展進化的結果。這些現代的覓食者不再只是石器時代的遺跡，他們的生活型態已受到現代社會的影響，而且他們也是現今世界體系的主動參與者。

一般人對覓食者的一個普遍看法是，他們幾乎是在面臨絕跡的邊緣求生存。然而，現存的覓食社會符合這種景象的，像 Inuit 族、San 族、澳洲中部的土著社會以及其他類似社會，在他們和非覓食社會接觸之前，都不是典型的覓食社會。因為，從前大部分的覓食社會都住在物質較充裕的環境中，很容易就能獲得足夠的食物來源滿足維生需求，而且每天只需要幾個小時的工作即可，同時很少有真正饑荒和艱

困的情形發生。

考古學家近年來在歐洲及中東的研究矛頭開始指向前農業革命（preagricultural revolution），也就是指農業出現之前在覓食者身上發生的文化精進。這項「革命」包含食物貯存能力的進步、長距離的貨物交換、居住穩定性的提高以及部分的社會階級制度（見 Henry 1988）。舉例來說，考古學家已經在西歐挖掘出三萬二千年前的小珠子以及其他代表社會階級的東西，同時也發現二萬六千年前堅固住所的證據。在俄國中部，他們也發現二萬年前的人住在相當耐用的住所內，並且運用長毛象（mammoth）的骨骼來建造大型建築物，以作為避難或貯藏場所。

覓食有三種基本型態（Martin1974）：徒步覓食、騎馬覓食和水中覓食。雖然這些都屬於小規模社會，但是人民生活的各個層面卻大相逕庭。

徒步覓食者

大部分的覓食者均屬於徒步覓食者（pedestrian hunters and gatherers），也就是只運用雙腳來獵捕野生動物和採集可食用的野生植物。現今與近代的徒步覓食者包括大部分的澳洲覓食者，非洲中南部的 BaMbuti 族和 San 族，加拿大北部的 Cree 族和類似群體，以及東南亞的 Punan 族和一些偏遠部落。

在這些社會中，大部分是男人狩獵女人採食，這樣的勞力分配很少有出入。雖然狩獵和採集的相對重要性在每個社會均不同，但通常採集是大部分的食物來源。在這種方式下，女人通常會對食物的獲得貢獻較多的心力，也因此使得

這樣的社會中性別間的平等性較其他社會來得明顯。女人常負責準備食物，雖然男人偶爾會負責料理獵物。然而，在覓食社會中男性與女性的角色很可能會重疊。例如，在 San 族中，不同性別的角色，如採食或取水，常是可以互換的（Draper 1975）。

圖示為 Kalahari 沙漠的!Kung San 婦女與小孩，在採集食物和水之後徒步歸營。今日的人類學家正在詳細研究覓食社會中負責採集的婦女所扮演的角色及其影響力。

大部分的徒步覓食者會組織成一些小型的游牧團體，稱之為隊群（bands）。他們在各處遊走而不是居住在某個定點來滿足維生需求。為了經濟有效地運用資源，隊群的最佳

規模是介於十五到二十五人之間，可依據環境狀況來上下調整。親屬關係在招募隊群成員時扮演一項很重要的角色。事實上，親屬關係是維繫社會和經濟活動的主要媒介。而且極有可能是透過親屬關係，他們才能獲得在特定區域內覓食的權利。

　　覓食隊群成員的活動範圍可以從小於一百平方哩到幾千平方哩，端視環境狀況和人口密度而定。然而，並非所有的覓食者均是流動的。在一些環境良好的區域，覓食者也可以過著定居的生活。譬如，住在美國加州海岸主要以採集橡樹果實維生的群體，就能夠住在固定的村莊中。但是，大部分的覓食者似乎仍需以游牧方式維生。

　　雖然隊群是社會互動、經濟生產和貨物交換的主要單位，但是大一點的社會群體也很重要。通常幾個隊群之間會彼此結盟，他們具有共同的文化特徵，說著類似的語言，並以結婚的方式互換成員。當食物來源足夠時，彼此結盟的隊群會定期聚會。在這些聚會中，他們舉辦重要的宗教儀式、安排婚禮、交換貨品並解決糾紛，偶爾也會起一些爭端。

　　徒步覓食者所應用的技術並不複雜。因為，大致而言，他們的活動能力是根據他們攜帶物品的能力而定，所以相對地他們很少囤積物資。這樣就限制了財富分布上的不均，也控制住社會不平等的發展，同時淡化了個人財產權。覓食者確實瞭解個人技能方面的差異，所以在工具的生產及社會和宗教功能上會有某些程度的分工。但是，在這種小規模社會中，一個人實在很難成為一個全天候的專職人員。

騎馬覓食者

除了將騎馬視爲一種運動之外，騎在馬背上狩獵在今日幾乎是難以想像的。但是在西元十七到十九世紀之間，歐洲人將馬引進這個新大陸之後，它是美加大平原地區以及南美大草原一帶居民廣爲使用的維生方式。

騎馬覓食者（equestrian hunters and gatherers）和徒步覓食者主要差別在於社會單位的大小，社會經濟上不平等的程度，以及他們的活動性。騎馬覓食者的群體通常人數較多、活動性較大而且社會及政治上的階級制度可能較明顯。

在十八世紀末期，阿根廷南部的巴塔哥尼亞人（Patagonians）引用馬爲獵食工具之前，他們是住在海邊的一個地區性群體（見 Williams 1979）。爲了增加其活動範圍，他們開始運用馬爲工具代替徒步，這也使他們的食物來源從原本的海岸資源轉移至獵捕 rhea（三趾駝鳥）和 guanaco（一種駱馬）。爲了適應這些動物一年一次的移居習性，巴塔哥尼亞人每年從海岸平原橫越巴塔哥尼亞高地，並進入安地斯山脈區。而當巴塔哥尼亞人組織大型且高度結構化的群體時，他們的社會也歷經了一些變革。這些群體的大小在一年之中會有所改變。當橫越高地時，他們會組成一個十到十五個男人的隊群，加上這些人的家屬總共約七十人。這個規模恰可滿足在獵物稀少的高地上從事狩獵活動所需的勞力需求。而在他們移動路線的兩端，由於獵物較密集，所以一些隊群會聚集組成一個約三百五十人的群體，並擁有共同的身分認同感。

水中覓食者

　　水中覓食（aquatic hunting and gathering）的人主要仰賴捕魚維生。他們的社會往往更大，更不平等並擁有一個較精緻的物質文化。這些覓食者不是靠徒步或騎在馬背上來追捕獵物，而是定居在富含各類海中生物的海邊並以船隻來捕獲獵物。在今日，這項謀生方式仍為北美洲西北海岸的一些土著民族（如 Kwakiutl 和 Haida）所採用，不過他們現在會花錢請來勞工以及利用商業性捕漁設備來輔助他們的覓食活動。

　　Haida 人的歷史記載清楚地描寫了這種生活適應，以及伴隨著水中覓食活動而來的社會不平等現象。傳統上，Haida 人捕魚（主要是鮭魚及大比目魚）、誘捉獵物並採集莓果和根菜。他們具備精良的捕魚技術和工具，其中包括超過五十呎長的獨木舟。藉著這些船，他們的活動範圍可遠達數百哩外，但這不僅僅是為了捕魚維生，有時候他們也會搶奪他人財物。他們的社會是以親屬關係為基礎來分群體，同時階級也很明顯，有頭人、僕人甚至奴隸。這種生活型態的形成，主要是由於資源豐富，而且他們有精良的技術可以建造堅固的木屋讓許多人住而形成村落，其中有些村落甚至可以容納超過百人。在西元一八四〇年，有約八千個 Haida 人是住在這些永久村莊內。

小規模農業社會

雖然覓食維生的生活方式在某些情況下能夠建立良好的社會結構及精良的技術，而且就簡單面而言，覓食能以有限的努力來滿足生存的需求，然而大部分的人們卻已經捨棄這項維生方式，改而從事農業生產。比起覓食而言，這種靠種植農作物維生的方式可養活更高密度的人口，而且可以使人們過著更安定的生活。

食物生產實務

在小規模社會裡，以農業維生的人主要依賴人類或動物的勞力並運用簡單的工具。這種生產方式有時可稱作**農藝**（horticulture），泛指各種園地栽種。這種靠農業維生的方式出現在掌握農作物栽培法之最早期，大約距今九千至一萬年。於過去幾千年來，隨著大規模社會與市場經濟的發展，型式更密集的農業開始興起。但是，到今天，農藝性的生產對那些處於現代世界經濟邊緣的人們而言，仍舊是一項重要的維生活動。

小規模社會農民所經常運用的一項農藝方法是**山田燒墾**（slash-and-burn cultivation），這是一種輪耕（shifting cultivation）。這種栽種方式早在數千年前就廣爲全世界的人們所利用，直到今日，儘管其他的農業技術已經在世界的大部分區域佔優勢，但山田燒墾仍持續維持著數百萬人的生計，這主要是在赤道附近的熱帶區域。

山田燒墾的技術是指將一塊地的天然植物砍伐之後加以燃燒，之後在這塊燃燒區域上栽種作物。因爲大部分的熱帶土壤均相當貧瘠且養分流失快速，燃燒野生植物產生的一層灰則恰可提供作物生長所需的養分。然而，土壤肥沃度仍會快速減低，所以在一、兩期的栽種之後，農地會荒置數年直到自然植物再度長出並茂盛到足夠肥沃此土地爲止。休耕期（fallow period）的長短從數年到數十年不等，視環境狀況而定。而在焚燒之後，人們常會將各種不同的農作物種在一起，成爲所謂的混耕（intercropping）。通常，根菜類農作物、一般穀物以及灌木會以仿效原始森林遮蔽物的方式混耕，來防止土壤受到侵蝕。然而，一旦種植完成後，不再對耕地做任何處理直到收成來臨。

並非所有小規模社會的農民都實行這種輪耕的方法。例如，在海拔稍高的墨西哥中部就運用一種修正過的耕種方法，包括耕耘、除草和較短的休耕期。至於處於一些環境更肥沃地區（如河岸、湖邊）的農民會應用更密集的方式。他們也會以動物排泄物來做肥料或以農作物輪栽的方式來延長耕地的使用壽命。

許多小規模社會的農民會在他們的飲食中添加一些野生的獵物和植物。此外，他們常會飼養各式的動物以供食用或運輸用。飼養的動物不僅在生計上扮演重要的角色，就整個社會系統來看，也有其特殊功能。例如，新幾內亞高地的 Tsembaga 人只在某些特殊情況下，如重要儀式或身染疾病時，才吃豬肉（Rappaport 1967），因爲豬有助於 Tsembaga 人清除周遭環境的垃圾，而且在休耕地區以鼻翻掘覓食的活動可以加速土地的改良。此外，它們也是主要的交易貨品之一，而那些分配豬肉的宴會活動對於建立與維護社會與政治

聯盟有相當大的重要性。

在亞馬遜河區域的山田燒墾，如圖中顯示的 Yanomami 人，將一大塊地上的植物加以砍伐並焚燒，再將作物種植在這片焚燒區域上。這種輪耕式農業，曾遍佈全世界，如今則大部分侷限在赤道一帶的熱帶區域。

社會組織

實行輪耕的人們住在各種大小的營地或村莊中。這種定居群體的規模大小及穩定性主要受當地生態和人口壓力的影響。那些住在發展農業不易或休耕期較長區域的人們通常住在小村莊，每隔幾年就遷居以求靠近他們的耕地。至於位

於土地可以實行較密集耕種的人們，則通常住在較大及較穩定的村莊內。此外，村莊的成長也可能基於外在的壓力，這可以拿亞馬遜流域的土著為例。由於歐洲人的入侵使他們更緊密的結合在一起，村莊亦由小融合為大。

　　如同覓食者一般，大部分小規模的農業社會也以親屬關係為組織的基礎，親屬關係同時也在社會經濟關係的維持上佔有一個重要的角色。土地的擁有者通常是某個村莊或一個家族，而且個人的住所及土地取得全靠親屬關係的聯繫。在這樣的社會中，家族往往是生產與消費的基本單位。不過，有許多工作仍是共同完成的，例如：耕地整理、農作物收成和房屋建造等重要工作，大部分都是由許多家族共同合作而非由單一家族獨力完成。

　　小規模社會的農人所運用的技術，比起覓食者而言並沒有複雜太多，精細的分工並不多見，年齡和性別仍是人們從事活動種類的主要決定因素。例如：巴西亞馬遜河區域屬小規模農業社會的 Mundurucu 群體中，婦女負責那些較呆板枯燥的工作，但卻是生計基礎的主力。她們的工作包括大部分的農業耕種、家中各類雜事以及食物的調製與分配。而男人除了打獵和捕魚外，就負責一些較粗重的農地工作，並處理整個村莊對外的事物。

　　雖然在農藝的社會中，女人似乎做了較多栽種的工作，但是她們的地位則取決於她們對勞力產物的控制程度而定。而親屬關係中的常規（像到底由男人或女人繼承土地）和男人脫離社區的程度（例如：離鄉赴戰而將生計大任留給女人）均會影響兩性的相對地位。

因為小規模農業社會的生活型態較覓食者安定，所以他們可以囤積較多的物資。然而，許多輪耕的農人所處的熱帶潮溼氣候卻不利於囤積，因為很多物品在那種環境下很容易分解敗壞。由於缺乏耐久性貨品，社會財富不均的現象便相當稀少。而且，他們相當重視食物與財產的共享，因為唯有共享方能保障每位村民吃得飽，並能促進群體團結。儘管財富分配並無不均，但這些社會的成員亦非完全平等，因為耐久性物品的囤積雖然受限，但社會地位的差異仍會由物品或勞務的互換而造成。

畜牧社會

　　在一些降雨量少而且不穩定的區域，農業的生產並不合適，此時放牧動物，或稱**畜牧**（ pastoralism ）就是另一個很好的適應方式。畜牧在亞、歐、非等洲的許多地方都一直存在著，但在美洲則直到歐洲人入侵之後才引進這項維生方式。在某些畜牧社會，只有牧者跟著放牧動物遷徙，其他的家族成員則住在固定的村落中栽種各項農作物；而部分畜牧社會則是所有人均隨著畜群遷移。在下文中，我們將會分別討論這兩種不同的畜牧型態，因為它們的文化形成也會不同（參見章末之人類學家特寫）。

季節遷徙

在這種適應型式中，只有牧者隨著獸群移動。**季節遷徙**（transhumance）包含了村莊附近有限的作物栽種及移動性的動物放牧。這樣的生活方式主要分布在某些地中海社會、美洲西南與歐洲人接觸後的 Navajo 社會、非洲南部乾燥地區的一些人群以及亞洲南部喜馬拉雅山麓丘陵區的人群。對這些畜牧者而言，農業和放牧的相對重要性差異頗大，某些畜牧者較依賴放牧的動物，某些則恰相反，例如，在蘇丹南部的 Nuer 族，Turton（1980:78-79）估計放牧的牛在日常飲食中所占的比例不到 20%，而剩下的 80%主要是靠農耕和漁獲。然而，這並非否定了牛隻的重要性，在一些降雨量不穩定使農作物可能無法收成的環境中，放牧的牛群仍是一項重要的濟急食物來源。

在地中海沿岸，由於氣候型態是夏日的久旱加上多日的潮溼，當地的生產系統就發展成以大、小麥之類的穀物為主，加上一些喬木及藤蔓類作物，如橄欖及葡萄，同時也有蔬菜水果的農藝栽培，此外，他們也放牧綿羊及山羊。至於在一些更為貧瘠的地中海環境下，綿羊及山羊的放牧則扮演更重要的角色。這些羊群在潮溼的春、多兩季被放牧於海岸平原，到了夏季當低地的草都枯乾時，他們就移往高地。這些人大部分住在固定的村莊中。至於那些位居低地的人，男性牧羊人就會有好一段時間離開村莊，帶領羊群至遠處尋求草地。放牧主要以家族為單位進行，超越家族層次的社群合作則相當少見。此外，當家族之間競爭稀少資源及試圖維護家族榮譽及福祉時，許多衝突也會因之而生。在這種畜牧社

會中，男人通常控制著工作、財產與政治，一家之主也往往是父親，女人的地位只不過是個配角。

游牧

在農藝及季節遷徙均不合適的區域，人們以跟隨畜群的游牧活動來建立另一種屬於自己的維生方式。**游牧**（Pastoral nomadism）是一種經濟上的適應，它的生活方式主要是仰賴動物的放牧維生，但卻居無定所。

游牧的發展，是緊隨著西元前三千年左右亞洲草原開始飼養馬匹以及阿拉伯西南開始飼養駱駝之後而來的。在接下來的約二千年內，他們佔據了高山、低地沙漠以及乾燥草原，這些原本是少數過固定生活的民族定居的地方。由於馬匹與駱駝能用於運輸和食用，使動物的放牧能以比以前更機動的方式進行。游牧在世界的其他地方亦可發現，像北歐的Saami族，他們的經濟以放牧麋鹿為主。

生計活動

遷徙是游牧的一項核心特徵。由於季節變換加上天氣的不可預測，流浪牧者必須帶領其畜群四處移動，尋求各處草地之最佳利用。在中東，許多游牧社會在廣大多變的土地上會遵循一條傳統路線行進，這路線又稱為「部落路線」（tribal road）。基本上，行進的模式是從一處低地，通常相當靠近他們定居的村落，逐漸遷移至高且遠的山區草地。

93

埃及開羅附近的山羊放牧者,過著移居性的生活,並靠放牧山羊維生。

　　游牧者所放牧的動物種類和農業生產在他們的維生活動中所佔的比例,通常在不同的群體中均有相當大的差異。而他們自給自足的程度也彼此不同:非洲的游牧民族專注於滿足日常食物的需求;而中東的游牧民族則試圖生產一些過量且具市場價值之物品,以交換一些其他貨品。但是,幾乎所有的游牧民族多多少少都需仰賴非游牧社會的產物,例如:穀物和水果。

社會組織

在游牧社會中，動物通常由個人或家長所擁有，而生產與消費的最基本單位則是家族(family)。然而，為了更有效地運用資源及尋求保護，家族必須與更大的群體合作。家族通常只是各個游牧群或稱為牧營（camp）的一部分。游牧群體規模大小的取決因素包括那些會影響畜群最適數量及其組成的因素，以及群內年齡性別分佈的差異。游牧群的組成也經常在變動，除了季節變換導致放牧人手的需求不同之外，游牧群也會隨著成員和畜群的長大成熟而有所改變。

在牧營這個組織層級之上，游牧者常會聚集成一個更大的社會聯盟，通常以親屬關係為基礎。而這種聯盟的主要形式就是部落（tribe）。部落有時是由擁有共同祖先的後代子嗣所組成，或是彼此有親屬關係的群體結盟而成。部落的大小不一，從幾百人到幾十萬人均有。在過去，主要由於中央政府的影響，以及基於戰爭目的需組成更大群體的壓力，有時部落會聯合成更大的聯盟（confederacies）。但是，這種聯盟常呈現高度的不穩定性。

至於游牧社會中勞力的分配主要根據年齡及性別。儘管大部分有關放牧及農耕的工作是由男性完成，但女性在放牧活動中也扮演著重要的角色。在一項有關東非游牧社會的研究中顯示，婦女偶爾也參與大型動物的放牧；同時參與某些與放牧有關的事務，如：餵食及飼養、照顧生病及年幼的牲畜、擠乳等工作，均由婦女負責（見 Weinpahl 1984，Dahl 1987）。除了放牧活動外，這些社會的婦女還需負責一些家居雜務以及家庭用品的生產，像：手工編織地毯。群體中的專業分工相當少見，但他們也需依賴某些非游牧者所生產的

貨品及提供的服務，這些非游牧者包括流動商人、工匠、定居的勞工和貿易商。

　　雖然游牧民族移動性大，但他們仍能囤積財物，因為他們能藉由具備馱運能力的動物來幫助攜行。同時，由於大部分的游牧者均已融入國家的經濟體系，所以他們能以具流動性及廣泛用途的金錢形式來貯存財富。累積財富的能力，整合大群人畜移動的需要，加上稀少資源的取得不易，這種種均導致游牧社會中階級地位的差異遠比其他小規模社會來得明顯。地位差異之部分原因則來自和中央當權者的接觸。

　　自西元十九世紀以來，由於更密集的土地使用方式之擴張，和中央政府要求定居下來的壓力，使游牧民族的數目大幅減少。然而，仍有數百萬的游牧民生活在北非和近東等較貧瘠的區域。對這些人而言，游牧生活仍舊是艱困環境中最佳的適應方式。

大規模社會、世界體系與工業化

到目前為止，我們所探討的維生型態主要針對小規模的人類群體。大規模的社會則較多以密集式的農業維生。密集人口的產生是在西元前八千至六千年間，當農業生產在某些地區受到強調提倡後，隨著村莊式農業社群的建立而出現的。這當中只有少數人口密集中心形成了早期的國家，它們包括近東、遠東和美洲大陸等地所謂文明的搖籃。在這些地點，原本自治的村莊彼此融合成了更大的政治單位，城市逐漸成長，以及超越村莊層次的商業貿易也擔負起更多重責大

任。而在西元元年至一千年間，這些人口中心自地中海地區擴展到歐洲北部、中國的長江以南，並進入非洲南部。在新大陸中，墨西哥和南美的文明也散布至鄰近區域。這些人口中心的成長大多數與更密集和系統化的農業生產有關，同時伴隨著人口的成長。

在西元十五世紀初期，歐洲人的探險、勢力擴張和殖民政策建立了一個更為整合的世界體系，也進一步地改變了人類社會。人們彼此間的接觸達到史無前例的頻繁程度。務農和耕種技術遍佈廣泛的區域，而商業交易和都市化也快速成長。

工業生產技術的發展更進一步地促進大規模社會的形成。在西元十八世紀後半葉，英國的經濟以及西歐和新英格蘭的部分經濟，在一系列的機械發明（特別是蒸汽機的出現和紡織工業的革新）之後，開始漸趨轉型。這項**工業革命**（industrial revolution）──係指從緩慢的手工生產方式演進至機械式的工廠和農業生產的過程－造成了重大的社會變革，其影響力最後也延伸至全世界。

當社會採用機器技術時，傳統的維生活動轉為更新的方法，以提高單位人工所能生產的食物及貨品的量。那些在食物生產過程中不需要的人們則能夠專精於其他活動，他們從鄉村地區遷徙至工作機會較密集的都市地區，並用所賺得的錢來從事交易以滿足生計需求。運用這個普遍方針的現今大規模社會，與小規模社會比較起來在很多方面都有程度上的差異。大規模社會的主要特徵包括：藉助機器而捨棄人力或獸力，積極的資源運用，人口的成長集中，分工專業化，交易之強調，群體的相互依賴以及財富和社會地位的不平等。

在工業社會中，婦女只擔任較卑微的工廠勞工，或被排除擔任工業性工作，因為一般人認為女性的生理結構並不適合體能或機械工作。然而，在另一方面，當二十世紀中期，資訊性與服務性的經濟出現之後，體力不再是工作從事者的決定因素，女性在這些工作崗位上的地位乃日益提昇。此外，女性也能以比男性更低的薪資受雇從事技術性工作。

雖然在大規模社會中，許多生產均由機器或高度專業化的技工完成，但卻不是唯一的生產方法。事實上，許多大規模社會所採行的一些適應策略，可以說是那些小規模社會適應方式的現代版，乃是它們為了與周遭新的社會經濟環境整合，所逐漸演變而來的適應之道。

大規模社會中的覓食活動

野生食物的採集在大規模社會中仍持續存在，只是採集與分配的方式與小規模社會所使用的不同。這對於那些仍承襲過去小規模覓食社會生活型態的人們而言，情形亦然。例如：今日的 Cree 族靠採集野生稻米和獵捕海狸維生，但同時他們也將覓食所得的一部分賣掉，去購買一些工業產品，像鏈鋸和來福槍。

有一項特別的活動在大規模社會中仍舊相當重要，那就是捕魚。儘管某些捕魚活動還是使用相當簡單的工具（例如：在北美洲西北沿岸的 Haida 族中的某些原住民從事的漁捕），但現代的捕魚，吾人可稱之為工業化漁捕（industrial fishing），已大量運用工業技術且普遍機械化。例如：在太平洋上捕鮪魚的船隻，價值數百萬美元，擁有精密的電子設備甚至還備有直昇機。

上圖所示為美國華盛頓州 Yakima 人用網舀撈捕鮪魚的傳統方法。相對地，下圖則顯示工業化規模的捕魚，這是一艘在薩摩亞群島作業的韓國漁船正準備將漁穫運往工廠加工成鮪魚罐頭。

　　另外，還有一些在大規模社會所獨有的覓食適應模式，也就是指那些被主流的經濟社會生活排拒在外的人們所從事的適應策略。這些人包括乞丐，所謂的袋女（bag ladies）（譯註：指大城市中無家可歸的女流民，她們把自己所有的東西都放在隨身攜帶的手提塑膠袋中），以及那些靠一般人已摒

棄的生存方式來維生的人。

農民及其農耕型態

在非洲、亞洲、拉丁美洲甚至歐洲的某些地方，大規模社會中數億的耕作者可以歸類為農民（peasants）。家庭農莊是農民的生產和社會組織之基本單位。雖然他們偶爾會花錢雇用勞工，但大部分的勞力來源仍是家庭中的成員。而且他們的農耕只運用一些相當簡單的技術，並且不太依賴機械化工具。農莊供給整個家庭的食物需求，同時也經由販賣納稅和一些其他的方式將剩餘的食物重新分配給那些非農民。

農民是周遭層級社會中的一份子。農民的生活中有一項很顯著的特徵就是他們的次等地位，即受外來人的統御控制。他們是提供貨品給都會市場及鄉間名流的主要生產者，但是他們卻無法控制產物的分配方式，而且也不具任何政治勢力。這最後的結果常是貧窮。然而，並非所有農民都一樣窮。農民社會本身也會依據土地、市場和取得其他財富來源的差異而分出階級。

由於農民在融入這個廣大社會時是如此不利，他們與非農民之間的關係也因此富含防衛色彩。他們認為自己必須不斷地防範外侵的勢力，有時這種防衛性轉而向內，造成彼此間的強烈猜忌和妒嫉，這個現象進而導致了農民社會中高自殺率和其他形式的暴力。不過，農民不是僅止於防衛性高，或將他們的挫折憤怒發洩在彼此身上而已。農民們還會週期性地聚集起來反抗那些已建立的社會秩序，正如我們在二十世紀中所看到的革命活動。

圖示為寮國接近 Vientiane 地區的一個家庭正在種植稻米。在亞
洲，這個世界上早期農業發展的中心之一，每個農業家庭仍持
續務農，所種植的稻米部分供自己食用，部分則在市場上販賣。

農場經營式農業

　　就某方面的意義而言，農民是整合至大規模社會中的
小規模農民。然而，現今世界上的農業生產大部分是靠大規
模的農產企業，而不是這些農民微薄的勞力 。有一種大規
模農業企業的型式，Philip Curtain（1990）稱之為農作綜合
體（plantation complex），是一種大規模且商業化的農業生
產系統，能將產品供應至不同社會中的遠方市場。這個農作
綜合體的另一項特徵是它的人力無法自給自足，必須向外招
募一些勞工（藉助武力的使用或合約的簽訂）。

98

在這個哥斯大黎加的農場，甘蔗的收成同時需要機器和大量的
勞力，機械化的拖曳車已代替獸力運送這些甘蔗。

　　農作綜合體源自西元二十世紀地中海東部一帶的蔗糖
工業。隨著西元十六世紀歐洲殖民勢力在美洲及緊接的亞、
非洲的擴展，農作綜合體也有了進一步的發展。農場的角色
主要是供應一些能單獨種植或成本低廉的作物給北半球的重
要工業中心；而在熱帶及亞熱帶，則種植橡膠、蔗糖、椰子、
咖啡以及瓊麻（一種可做纜索及各式繩索的纖維性植物）等
作物。這些作物大多數從種植到第一次收成需耗時數年，而
且在幾次收成之後產量便會開始減少，此時便需要重新栽種
新苗。農場的所有產物均供出口，賺得的錢部分用來購買各

項機器，部分則用來維持農場人員的生計。

　　農場式的生產需要大量的勞工，他們必須接受訓練但不需要太特別的技術。在北美和南美，這些勞工最初由非洲輸入的奴隸擔任。而在一些其他區域，以及後來十九、二十世紀的美洲，勞工不是找當地的人們就是改由印度和中國等國輸入。農場的工人可能住在農場內的某個固定區域，或鄰近的村莊或城鎮。他們的居住範圍常會和管理階層者分開，這也反映出農場中社會經濟關係間的階級制度。

大規模機械化穀物農場

　　大規模的農業並非都需要大量勞工，大規模機械化穀物農場就是個例子。它已是非熱帶地區農業的主要型態，而且近來也散布至熱帶區域。在這種農場型式中，通常只專心種植一、兩種穀物，而且收成的產物大多數輸出至更遠的市場。然而，這些穀物農場和前面所提的一般大農場（plantations）不同的是，它們屬於資本密集而非勞力密集。換句話說，須仰賴資本投資來購入肥料及機器設備，因此只需較少量的勞工。

　　這些農場企業的擁有形式及社會組織隨著周遭的經濟系統而有所不同。在許多二十世紀的社會主義國家中，這些企業大多數是共有或國有的；而在市場導向的國家中，這些企業則常由公司或個人擁有。然而，也有一些是由一群人所擁有，像北美的 Hutterites。

牧場經營

大規模社會中的另一種維生方式是經營牧場（ranching）。所謂的牧場是指在一個大型農地中畜養與放牧牛、馬或羊。牧場經營起源於中世紀的歐洲，特別是西班牙牧羊人的種種活動。這些活動形成了牧童競技會(rodeo)，也產生了各式各樣牧場的設備、服裝與字彙。現今的牧場主要分布在世界上較乾燥的區域，是過去數個世紀以來歐洲人遷入經營起來的。如同農場耕作農業（plantation agriculture）一般，牧場型態擴展背後的動機主要是北方的工業國家對貨物的需求，希望這些貨物能以更低的成本在別處生產。

大部分牧場所在的土地並不適於農業活動，而且供養能力（carrying capacity）很差，換句話說，就是每公畝所含的牧草只能供少量動物維生。然而，隨著農業技術日益革新，使得在相當荒蕪的地區也能建立農場，所以情況也開始改變。某些貧瘠地區已是農、牧混合發展，有的甚至完全被農業取代。

牧場的經營是高度分工的。大部分的牧場通常只畜養單一種類的動物，像牛或馬。而今日的牧場亦有別於那些以往技術上較不完備的牧場，開始運用大量的工業產品。牧場土地的低供養力造就了低密度人口以及相當程度的社會孤立，從牧場文化中的強調個人主義、孤立主義及好客就可反映出這些狀況。牧場很少有長期居民，大部分的勞工是依季節聘雇而來從事動物驅集和羊毛修剪等工作。在小型較不富裕的家庭式牧場中，勞工數量有限，彼此較能以平等的方式對待。相對地，在大型企業所屬之牧場中，工作通常需要大

量的勞工與高度的專業化，故社會關係中較注重階級制度。

非食品的生產型態

大規模社會中，貨物生產的數量和種類均較小規模社會來得可觀。同時，生產和分配的過程也更為專業化。大規模社會有兩種主要的生產系統：手工生產和工業生產。手工生產（craft production）能夠在很小的社會單位中進行，即使是在單一的村莊內。但是，他們對外的交易很少。相對而言，工業生產（industrial production）則代表生產規模、專業化程度以及依賴廣泛交易網路的一次大躍進。

工業生產運用人力、獸力以外的能量來源去運作機器，及進一步擷取並轉化資源。這通常需要大筆資金以及大量且多元化的勞工。小型的工業生產（例如：冶金術）在數千年前就開始存在於各個社會中。然而，唯有十八世紀英國工業革命之後的這二、三百年間，工業才成為經濟生產的主力。自從那個時期開始，工業化也就成為這個世界體系擴展與創新背後的一大動力。

工業生產只能藉著檢視這個更廣大的世界體系以及它擴展的歷史來獲得瞭解。工業生產在西歐及北美以外的地區均是歷史很短的現象。而許多開發中國家，甚至到了第二次世界大戰後的幾年中，才開始工業化。但是，無論工業生產發展於何處，隨著鄉村的人們不斷地湧入城市尋找工作機會，均造就了城市的茁壯。一個國家的工業型態首先反映出這個國家在國際分工中所佔的地位。另外像天然資源的取得、交通運輸、技術和勞工情形也會影響工業發展型態的差異。在高度發展的國家中，工業生產傾向於強調高度機械化

及專業技術;而在發展較不完全的國家中,工業則仍然較依賴較不具技術的勞工。

工業化的隱憂

雖然工業化提高了生產力,但同時也使世界蒙上了一層隱憂,特別是對那些無法分享其產物的人們,以及那些從事單調且危險工作的人們而言。今日,世界上許多政治與經濟上的問題,其癥結大多數和工業有關,例如工業所帶來的財富分配不均、工作環境問題和工業污染等。事實上,近年來電腦和電子等高科技產品的使用雖導致生產力提升,但在很多方面卻往往使事情更糟。儘管新科技的確創造了不少利益,但同時也造成了財富大量集中,和就業結構的巨幅變化,並加重了環境的污染問題。

摘要

生計活動是人類群體為生產及獲取他們所需的基本事物而採取的策略。生計型態受到環境因素的影響,包括社會與自然因素,以及社會規模的大小。至少在過去,小規模社會的生計型態似乎較少,而大規模社會則較為多樣,並形成國際分工體系的一部分。

小規模社會的生計型態主要有三種。第一種是覓食,亦即野生食物的搜集。而覓食活動又可細分為三類:徒步覓食,指徒步狩獵野生動物和採集野生食用植物;騎馬覓食,指運用馬匹代替徒步;和水中覓食,它的重點在捕魚。第二

種型態是小規模農業，包括人力、獸力和簡單工具的使用。
輪耕是一種常見的小規模農業方式，特別是在熱帶區域。其
中有一種廣為流傳的輪耕型式，就是山田燒墾。人們將一塊
土地上的自然植物砍伐後加以焚燒，然後在焚燒區域上種植
作物。第三種型態是畜牧，即依賴放牧的動物來維生。這其
中又有兩種不同形式：季節遷徙（在村莊附近生產少量的穀
物及移動式地放牧動物）和游牧（沒有永久居所且完全依賴
放牧動物維生）。

在大規模社會中，覓食（特別是指漁捕）仍持續是某
些民族的重要活動。農業常見的型式有小農耕作（peasant
farming）、農場耕作（plantations）、大規模穀物耕作（large-
scale grain farming）和牧場經營（ranching）。而兩種主要的
生產系統是手工生產和工業生產。

人類學家特寫

世界屋脊的游牧民族

Mwlvyn C. Goldstein 　和　 Cynthia M. Beall

Melvyn C. Goldstein 是 John Reynolds Harkness 講座教
授兼 Case Western Reverse 大學人類學系主任，同時也是這
所學校的西藏研究中心（the Center for Research on Tibet）
主任。 Goldstein 教授的研究曾觸及印度、尼泊爾和中國，
目前正專注於進行探討西藏和蒙古人民共和國的研究計劃。
Cynthia M. Beall 是 Case Western Reverse 大學人類學系

體質人類學方面的教授。他曾深入研究人類的生物構造,以及人類如何適應高海拔的秘魯和玻利維亞的安地斯山區及尼泊爾的喜馬拉雅山區。他目前也在西藏和蒙古人民共和國〔譯註:現已改稱蒙古〕一帶從事研究。

Beall 和 Goldstein 教授合著了一本名為《西藏西部的牧民:一種生活型態的保存(Nomads of Western Tibet: The Survival of a Way of Life)》的書(University of California Press,1990)。

西藏的游牧民族 drokba 過著一種古老但很成功的生活模式,就是利用畜養的動物將野生的自然植物轉化成食物、衣物甚至庇護所。這些游牧者不從事農耕,也不餵養這些動物,而是連同帳蓬和畜群一年遷徙數次,來確保這些動物能獲致足夠的牧草和飲水。

在西元一九八六年至一九九〇年間,我們花了約二十個月的時間待在西藏(中國的西藏自治區),和 Phala 的一群游牧民族同住,並對他們進行研究。Phala 是西藏首都拉薩西方三百哩遠的一個地方。在農業掛帥的世界,加上有敵意的政府不斷地將游牧民族趕向日趨荒蕪的環境,西藏的游牧民族很幸運地仍能在他們傳統的棲息地-西藏的羌塘即「北方高原」-安然生存著。

在那裡,這些游牧者和犛牛、山羊、綿羊等畜群共同生活了許多個世紀。他們並非僅止於維持糊口的生活,事實上尚能產生實質的盈餘,這也是西藏精緻的宗教文明背後的支柱。我們的目標之一便是研究他們如何能在不破壞牧地環境的情況下成就這樣的生活。

這險峻的北方高原的確是「世界屋脊」。紮營通常在海拔一萬六千到一萬七千呎的高度,而氣溫則低達華氏零度以下。在冬季,氣溫甚至低到華氏零下三十到五十度,而夏季的氣溫也只回升到華氏零度左右。冬天待在帳蓬中,我們仍深為天氣的惡劣所苦-儘管熊熊烈火溫暖了我們身體的前半部,但無情的冰冷仍侵襲著我們的背後,似乎提醒著我們這火只是廣大的寒冷世界中的一個小熱源而已。

人類學家 Cynthia Beall（左）和 Melvyn Goldstein（右）,在寒冷的天氣與西藏的游牧民合照。

　　然而,這種酷劣的生活條件恰能幫助這些游牧者防止農耕者為擴展農地而引起的競爭,因為這樣的地方是完全不適合耕作的。這塊土地若沒有這些游牧者,就只剩下那些野生動物了。

生活在世界屋脊並不容易，因為西藏的牲畜完全依賴自然植物維生，所以這些動物每天都需要放牧，不論晴雨。同樣地，泌乳類動物也必須天天擠奶。常常，遊放民族的婦女在大風雪中替犛牛擠奶而搞得背後積了一層厚厚的雪，或是牧者在傍晚歸來時均已冷得四肢麻木以致於連打開帳蓬都深感困難，這種種景象都是世界屋脊的游牧民族艱困生活的寫照。

　　不過，在 Phala 的游牧者對事物卻有另一番的看法。當我們提及他們生活上的艱困處時，他們笑著說他們的生活方式遠比那些需犁田播種的農人們容易得多。正如其中一位的解釋：「看！生活容易是很明顯的。這些牧草自己會生長，而這些動物也會自行繁衍，他們提供肉類和乳汁給我們，我們完全不需要做任何事。所以，你怎能稱我們的生活方式困苦呢？」

　　這些 Phala 的牧者的確有很多空閒時間，但他們絕非坐享其成的旁觀者。他們的成功是基於主動地尋求適應周遭多變的環境。他們無力改變氣候的冷熱或風雪，但他們可以藉著調整放牧方式與地點來彌補。

　　沒有農場（同時也沒有人出外求職），這些人們完全仰賴他們視為永恒財富的牲畜維生。他們心存一個很簡單的概念，就是假如他們供應足夠的牧草和水分給這些動物，這些動物也會相對地提供游牧者各項維生之所需。而這些游牧者所豢養的動物也的確能產生各式產品來滿足其主人的維生需求。

　　這些牲畜可提供肉品和乳汁做為食物來源。但是，乳汁的生產完全視季節而有所不同。例如，山羊和綿羊（約占

牲畜的 87%）只在六月至九月產乳，所以夏季的乳品供應豐富，但到了冬季和春季供應便會不足，因為此時只有犛牛仍能產乳。為了彌補此一供需落差，這些游牧民族便把鮮奶加工，將夏季會迅速腐敗的鮮奶轉變為可貯存的奶油和起司。

在夏季產乳的高峰期，婦女們把每日的鮮奶煮沸，並放置隔夜使其變為酸而滑溜的酪乳，並攪拌剩下的部分約一個小時來生產奶油。當這些奶油被裝在足球大小般羊胃製的袋中並緊密地縫閉時，它們便可以存放超過一年。而剩下的乳狀固體則再度煮沸將其製成柔軟而酸的起司，部分的起司也會趁新鮮吃，但大部分都放在太陽下烤乾。這種晒過後硬如岩石但脆的起司則能無限期地存放。因此，這些游牧者早已發展出一套有系統的乳品加工過程，將夏季豐富的鮮奶熱量平均分配到一年四季。

肉類——游牧者飲食中另一項重要成分——也是以利用最大熱量價值的方式獲取。這些游牧者宰殺動物取食通常選在秋末，而非一年四季都進行。這是由於夏、秋兩季牧草肥碩，動物吃下後恰能貯存最大量的脂肪。這些游牧者宣稱宰殺牲畜的時間過早或過晚，都會造成肉量和脂肪量的降低。此外，在秋末也沒有貯存大量肉類（每個家庭約宰殺二十隻動物）的問題，因為此時的氣溫已降至華氏零度以下。

這些放牧的動物也提供基本原料供做衣物、住所和燃料。生活在羌塘需要一個可移動的住屋，來抵擋這個區域常見的狂風與冰雹。這些住在 Phala 的人們將犛牛腹部粗黑的毛編織成布塊，並將它縫在帳蓬上以求防風及耐久。至於衣物，他們則利用八到十隻的山羊或綿羊的獸皮，製成厚重的防寒大衣，內面並以羊毛襯裡來保暖。他們的褲子也是由粗

的羊毛線或獸皮製成，靴子則由犛牛皮製的底和羊毛製的護脛組成。同樣地，冬帽大多數來自羊毛製品，而繩索、袋子和控制馬匹的韁轡也都由取自放牧動物身上的皮毛製成。

此外，這些動物也提供煮食和加熱所需的燃料，這主要來自牠們的糞便。在羌塘並沒有樹，甚至連矮小的灌木也看不到，若不靠這些動物的糞便，日子將會變得很困難。也因此，這些游牧便有了免費且取之不盡用之不竭的能量來源，而且得來全不費工夫。

這些游牧民族有一項重要的工作，就是轉換營地。在西藏，犛牛、山羊和綿羊均可用作交通工具。而擁有自己的交通工具同時也意謂著能夠與社會的其他部分輕易地進行貨物交換。事實上，他們有一半左右的熱量攝取是來自大麥，而這些大麥是他們走上一個月的路程與住在東南方的農人交易得來的。在他們傳統的交易模式中，這些游牧者會攜帶各式各樣的產品去交易，其中包括羊毛、山羊鬃、犛牛皮或羊皮、奶油和活的牲畜。回來時，則滿載大麥、茶和食用油等食品。此外，他們交易品來的貨品還包含木製用品、金屬器皿、刀劍和珠寶。

這些用做運輸的動物還有另一項功能，即幫助這些游牧者開發利用位於西藏高原上的眾多鹽池。從遠處看，這些鹽池像是大片的雪地，但靠近看才會發現那是積了一呎厚的鹽。照理說，鹽就在那裡等著取用，但是這項工作也並非如想像中的容易。這些西藏的牧者傳統上是在春季取鹽，而從 Phala 到西北方的鹽池來回需費時七十天。之後，這些鹽再以一個月的路程被運往南方出售。

野生動物在游牧民族的生活適應中也佔有一席之地。Phala 的野生動物包括羚羊、瞪羚和藍羊(blue sheep)，這些

均可供食用，但是人們通常不會大量捕捉它們。當環境良好時，大部分的游牧者都遵循他們的佛教教義不殺生。但若環境惡劣時，則幾乎人人都開始狩獵。因此，就某方面意義而言，這些野生動物像是他們的儲備糧食，唯有在環境惡劣的時候，他們才會少量地動用。

位於 Phala 的游牧民爲游牧的生產模式提供了一個很好的範例。藉由完善而高效率的牲畜哺育、飼養及殺取制度，他們確保自己在不佳的環境下仍擁有穩定而滿足的生活。

Ch6

經濟系統

　　現代世界的生產系統利用著這個世界裡大部分的資源與市場，
但同時也造成了環境破壞的危機。圖示為 Serra Pelada 的金礦現
場，巴西的 Klondike〔譯註：1896 年 8 月在加拿大發現的一
處金礦，導致 1897-1898 有 25,000 人湧入淘金〕，男人努力地
攀爬著滑溜的梯子，在挖掘大地的過程中背負著一袋袋的廢土。

到底人類學家是如何看待經濟型態的？除了前一章提及的較明顯特徵之外，生計型態主要是依據一些較抽象的原理，包括：生產、所有權和交換。在本章中，我們將探討基本的經濟系統，一種由人類創造之有組織的結構。它可以提供人們生活中各項美好的事物，但同時也限制著人們的行為與信念。

生產系統

當我們的遠古祖先撿起一塊石頭，鑿琢並裝在一根棍棒上，讓它成為一項打獵及戰鬥的工具時，他們便生產了一種武器。**生產**是指為了滿足文化目的而將物體作有意義的轉變。生產的行為通常包括在物理上改變物體，但也可能只是加以重組而改變其本質或功能，例如堆石成牆。然而，生產不只是一種轉變的行為，它更是一連串在特定的社經環境中有系統有秩序的行為。生產在整個生態的結構中，需要招募勞工，同時也和社會組織彼此相互影響。人類學家不僅關注生產行為本身，更注重整個生產系統。生產行為會隨著社會之不同而不同。在我們的社會中，武器的生產遠比在棍棒上繫鑿石更為複雜，當中包含一連串物體轉變的過程，以製造出我們所要的器具。就像那些製造飛彈的人，他們訓練和組織的方式就與製造矛的人有所不同，而這差異就在於技術複雜度和分工精細度的不同。

環境與生產

　　生產系統不僅受到當地生態的影響，同時也受到社會、政治與經濟環境的左右。尤其是小規模的生產系統更是需要與當地的生態相互配合，因為它們大部分均須仰賴天然的原料，例如：澳洲 Mardudjara 的覓食者和新幾內亞 Tsembaga 的小規模農民，他們的食物獲取以及製造農獵工具之天然原料來源均需取材自周遭環境。而生產亦受限於人們對當地資源的瞭解程度，以及他們將這些資源轉換為所想要物品之能力。在過去數千年來，這些社會已藉由增進對當地資源的認識和技術的更新，來逐漸精進他們的生產能力。更新的技術包括製造矛形投擲器來增進狩獵能力，像澳洲的土著；以及製造新的帶圈馬鞭，像新幾內亞的農民。然而，這樣的轉變對整個生產系統的影響極為有限，而且也無法改變生產與當地環境之間的密切關聯。

　　隨著商業的發展，為適應生態環境，大規模社會的生產系統變得更具彈性。商業讓他們可以利用更廣大區域的資源與市場，並且滿足他們對於更多技術的渴求。這樣的生產系統能夠攫取更多的環境資源，例如：菲律賓北部的 Kalinga 人 和其他民族，運用一些簡單的技術，就能夠在歐洲人入侵之前從山間的土壤及河流中掘取少量的金礦。然而，自本世紀初期以來，現代的技術已促使採礦公司能挖掘更多的金礦，讓菲律賓成為世界重要的產金國之一。

　　他們那些深具彈性的技術使得大規模社會對當地環境的依賴性較低。事實上，有時候他們已調適成大部份仰賴環境以外的資源，例如在北極的許多群體均倚靠外來的資源來

製造加熱燃油、衣物、建築材料、食物以及一些機械發明（如：雪車）。然而，他們的技術能力也同時造成了對環境的破壞。Kalinga 人數世紀以來開採金礦對環境的危害還算微小，但是，在過去數十年來，新式的採礦卻對環境造成了莫大的傷害。由於污染性化學物質會隨河流四處散布，故採礦事業對遠方低地的農場及魚池危害不淺。

生產系統的維護

09　　不論是小規模或者是大規模社會，要維護生產系統的運作並非如想像中的那般容易。除了要處理戰爭及環境危機所造成的系統瓦解問題之外，還必須維持勞工來源的穩定，此外，勞力與報酬的分配也必須以一個令人滿意的方式進行。

系統瓦解問題的處理

　　生產系統針對暫時性或經常性的瓦解通常有其因應之道，一如面對乾旱或是其他大自然的災難。覓食者會彼此結成聯盟以便在自己的資源用盡時可以利用其他群體的資源；小規模的生產者也有幾種食物來源是平時不會取用，只供危急時使用的代替糧食；在我們的社會中則是依靠尋求不同的食物來源及儲備糧食來應付此一難關。此外，我們也針對基層生產者——特別是農民——提供糧食和金錢方面的災難救助。

圖示為一個不太複雜的生產過程之範例：這個 Inuit 人正以一個弓形鑽洞器在堅硬的海象牙上鑽洞。

許多導致生產系統瓦解的外力均來自大自然，可是這些問題的因應之道通常不會對生產系統造成長期的影響。然而，有時候卻是人類本身的行為所造成的生態問題會威脅到生產系統的維持。在過去，許多社會均濫用他們所居住的土地以求王位繼承能順利進行，例如：在新墨西哥 Chaco 峽

110

谷的 Anasazi 文化（西元 1000 至 1200 年）就是當時此等行爲的先驅，但最後乃因環境之退化而滅亡（見 Gumerman 1988）。突然大量地砍伐森林來作爲燃料及建築材料，會導致土壤的流失，如此一來不僅會沖走許多表層的土壤，也會破壞灌漑用的水渠，最後，整個農業系統就因此瓦解。今日，土壤流失及森林濫伐在世界上的許多地方仍是個相當嚴重的問題，我們社會的安定普遍受到農業系統瓦解的威脅，也許正如我們所預料的，這項威脅終將影響到整個地球社會。

人類的行爲可能導致一些生態問題而威脅到生產系統。新墨西哥的 Anasazi 文化無法成功地處理土地侵蝕問題，以致於表面土壤流失而破壞了 Anasazi 農業所仰賴的灌漑系統。

勞工的更替與補充

生產系統的另一項基本需求就是人力的更替。所有的生產系統都有它自行的一套方法來維持生產人力的穩定供應。這也意謂著確保人類的繁殖是擺在第一順位，而且維持適當的數量。然後，這些人必須具有生產力，這通常需要經由一段社會化的過程以適當的知識與價值觀去教導他們來達成。許多小規模社會曾試圖藉由殺嬰、墮胎及各種節育方式來限制人口的成長，這些政策加上當時相當高的嬰兒死亡率，造成數萬年來世界人口的成長一直是以很慢的速率進行，因而降低不少在經濟轉型時人口所帶來的壓力。然而這近百年來，特別是四〇年代以後，情況已大幅改變，人口的快速成長已經成為許多貧窮國家所必須面臨的重要課題之一。

正當許多貧窮國家因為人口的快速成長而必須面對嚴重的經濟問題時，一些已開發國家反而因為低或甚至負的人口成長率而困擾著。基於某些因素，今日愈來愈多處於富裕環境中的現代人不想有太多的小孩，因此許多歐洲和北美的國家必須倚靠來自世界上其他地方的進口勞工來滿足他們的勞力需求。勞工的引入是經濟不平等和勞力需求差異造成的結果，而這項措施始自歐洲人在新大陸開發農場時，為滿足勞力的需求而自非洲引進數以千萬計的黑奴。到了十九世紀末期，奴隸制度廢除之後，則由印度和中國提供勞工，以滿足殖民地資本經濟擴展中的一切農業、礦業及建築之所需。勞工移入所帶來的長期效應，即是目前散布在世界各地遠離祖國家鄉的這些外勞的大量後裔。

在德州南部，墨西哥的外勞正在收割蘆薈。美國的勞工需求加
上墨西哥嚴重的經濟問題，導致大量的墨西哥勞工湧入美國。

　　然而，勞工移入的問題在近代仍相當盛行。歐洲繁榮
的經濟吸引了不少來自南歐與中東的藍領階級；七〇年代與
八〇年代初期，盛產石油的中東國家也自印度、菲律賓、南
韓等地招募了大量的工人；西元一九九一年的波斯灣戰爭也
讓世界注意到中東有五百萬外勞（其中有超過一半是在沙烏
地阿拉伯境內）；而像美國、加拿大、澳洲、甚至日本等國
也陸陸續續接納數以百萬計來自世界各地貧窮國家的工人。
事實上，美國在一九八〇年代所接納的外勞創下歷史的新
高。一如以往，這些外勞並非全都會定居下來，但是定居下
來的外勞會不斷地加注新的東西到民族的大熔爐，而形成大
部分現代國家的特色。

近年來，儘管美國、加拿大、澳洲的外勞大部分來自
歐洲，然而，隨著形式的轉變，到目前反而是由歐洲以外的
人們構成外勞的主力，而其中有一大部分是來自中國和印
度。雖然第一個前往美國的印度人是在西元 1770 年左右（從
Madras），但大部分都是在 1960 年代中期後才陸續移入的。
今日，他們的人數已達八十萬人，並且以每年二萬人的速率
增加著。其中大部分是受過專業訓練或是具備生意頭腦的
Gujarati 人及 Sikh 人，他們形成美國境內最成功的移入民
族之一。不過，雖然這些人對於地主國經濟上的貢獻絕對無
庸置疑，但對他們祖國的影響又是如何？事實上，這樣的勞
工遷移已經剝奪了許多貧窮國家的技術人員，同時也影響到
這些國家招募本身所需技工的能力。

分工、報酬與性別

人們工作的種類和各種工作所賦與的價值通常不是自
然產生的，分工和報酬常是所處之社會文化環境的產物。生
產系統的連續性需要人們接受或至少默認他們的工作性質，
而這份接受性在小規模社會要比大規模社會來得常見。在現
代大規模社會中，此起彼落的工會運動和女權運動正說明了
人們對於現存勞資報酬形式的疑惑與不滿。然而，即使是在
小規模社會，人們對其工作也並非完全的順從，正如美國社
會中的 Mundurucu 和 Mardudjara 婦女就常抱怨她們的工作
總是最枯燥與最低賤的。

不過，無論是大規模或小規模的社會，人們的抱怨其
實並不多。而那些抗議者也不會將問題視為系統本身的一部
分，反倒是把焦點擺在個人身上，腐敗不公的領導者、工頭、

國王、甚至總統。人事的變遷也許能夠舒解這樣的狀況,但卻無法有效地改變生產系統本身。事實上,這種階段性的改革往往是強化了我們的生產系統而非改變了它。

　　儘管如此,有時生產系統仍會發生顯著的變化,這可能是環境改變的結果,例如:外在市場的改變,使一個不具太大重要性的事件,卻可能在生產系統的變遷上扮演重要的角色。在瓜地馬拉的許多高地社會中,男人藉由農業來生產大量具高度經濟效益的作物,而女人則從事一些家中雜務或是市場性的工作。此外,女人也從事編織工作並製造陶罐,一種在這個社會中投資報酬率極低的手工藝品。然而,隨著運輸系統和發展計畫的日益增進,以及觀光客的湧入,外面市場對於陶器及針織品的需求也隨之出現。因此,女人的活動在社會上的重要性跟著提高。譬如,在某些地方,陶器生產的日益吃重已使得成群的婦女取代在田裏工作的男性,而成為生產系統的主力;而男性則扮演起負責交易的角色。這項變革已大幅降低男性在家庭中的地位,此外,它也加強了從事陶器生產的婦女間彼此的關係。

　　生產系統的變遷也可能來自於系統本身的問題與環境變遷之間的交互作用。在第一次世界大戰和第二次世界大戰期間,英美等地因徵兵造成男性勞工短缺,就曾暫時性地在一些傳統的男性工作領域替女性造就了許多工作機會。這些改變造成勞工性別分配的重新分佈,而也是現代女權運動的一項催化劑,以及對於現代社會的勞工性別分配導致重大變革。事實上,所有的生產系統都有其本身內在的問題,而在壓力下會導致系統的根本變遷。

分配與交換

　　物資不是光靠生產就足夠，還必須有一套良好的分配系統來支持。人類有各種不同的需求、喜好和慾望，因此常因物資流通不足而造成短缺或過剩需要處理。於是，如何做好物品與資源的分配就成了所有社會必須面對的一項基本問題，而物資的分配也往往是人類衝突的最大根源。

所有權

　　欲了解物資的分配與交換，須先明瞭**所有權**的觀念。它是一項公認的主權，而非物件、過程或想法。不過，在任何社會中所有權很少是單純的觀念。例如：在我們的社會中，我們可以說人們房屋的所有權是屬於自己，但由於各式各樣的法律條例與社會規範，國家和家人或鄰居都對這個房子的所有權具有某種程度的影響力。例如在許多情況下，警察和政府官員都可以自由進出民宅而不須主人的同意；擁有房子抵押權的銀行也有全權處理的權力；而未繳納稅金也會造成所有權的喪失。其他像石油公司可以在你的房子底下鑽油井，礦產公司可以在底下掘礦，甚至政府機構可以為了築路、建造公園或國有建築物而將你的房子完全鏟平。

　　在澳洲沙漠地帶一個名為 Pintubi 的覓食群體中，所有權是以 kanyininpa 這個字來表示，可以翻譯為「擁有」、「持有」或「照顧」（見 Myers 1982:83）。這個名詞可用來表示擁有一項物品（像：我有兩支矛），或代表親子間的關係（像：我父親照顧我並撫養我長大），或代表一項權利讓個人或群

體可以保有一些神聖之地（可能是水窟、巨石或洞穴）。此外，亦可用來指稱某些宗教的儀式、歌曲或目的。在 Pintubi 族中，所有權同時包含了掌控與責任，一個人可以控制或擁有一個小孩或聖地，但同時也對這些資產具有責任。這種所有權的觀念隱含著一種道德規範，也就是我們所熟知的，明列人們權利與義務的「法律」。

　　Pintubi 人土地所有權的產生是經由聖地與相關領土的繼承而來。它同時也承襲一份義務，即必須舉行某些與這些土地有關的宗教儀式，如果無法履行這些義務，將不僅影響到一個人相對於土地與社會的關係狀態，同時也會威脅到整個 Pintubi 社會的道德秩序。因此，吾人可以很容易地看出他們的觀念與那些移民澳洲的歐洲人存在著差異，也因此導致彼此的衝突和誤解。

財富之分配：不均與發展

114　　無論所有權如何定義，在社會中總是有人擁有的物質財產比別人多，**財富**的分配不均（包括所有具有交換價值的物品與資源）始終是人類社會的一項普遍現象。在許多小規模社會中多少會有某些不公平的現象存在，特別是比較男性和女性時。而且隨著社會生產力的提昇，財富不均也跟著加大，因此就會出現一些社會控制系統（如：警察和軍方）來平衡這些不平等的累積。

　　在一般趨勢下，也有某些例外存在。譬如：住在澳洲西部荒涼沙漠的 Mardudjara 族人，其社會財富的分佈，就

115比遠在澳洲北部富沃土地上的 Tiwi 人來得平均。同樣地，就現代工業化國家來說，社會不均的程度也會因地而異，像

美國就比丹麥嚴重。但是總括而言，即使在一些講究平等主義的現代化工業國家，其財富不平等的差距也遠比 Tiwi 這樣的小型社會還大。

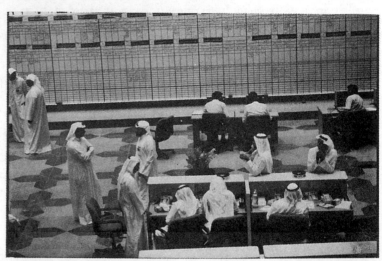

中東國家分配財富為帶的交易商為這個國家帶來了大量財富；下圖的巴勒斯坦人就較窮了，男男女女擠在一個小型廚房裡。圖示為阿拉伯之財富不均。上圖是科威特交易所內的商人，石油為這個國家帶來了大量財富。

在今日世界中，國與國之間的財富不均已將各國分成所謂的「已開發國家」和「低度開發國家」（又稱開發中國家）。已開發國家包括歐洲與北美等工業化國家以及日本；而開發中國家較富裕的一群則包含已進入工業化的前東歐社會主義國家、擁有大量天然資源的石油生產國家（像：沙烏地阿拉伯）、以及一些經濟蒸蒸日上的現代化國家（像：新加坡）。其餘的低度開發國家約有一百二十個，境內人口充斥，而其特色便是生活水準低落和人口成長率高，而且其經濟和技術均需仰賴工業化國家的協助。在這些低度開發國家中，財富分配極為不均，少部分有錢的菁英份子控制大部分的國家財富，大量的金錢都在他們的掌控之下，而許許多多城市或鄉村的窮人則只能勉強養活自己。

交換的型態

在一個社會中，財富的分配是彼此**交換**的結果，這些交換的型態存在於資源、貨品、想法或服務上。經濟上的交換也是人類社會的一個普遍現象。每個在社會崗位上的個人或多或少都需要仰賴他人來滿足自己的慾望或需求，而且從我們出生到死亡的整個過程中，資源和概念都必須不斷地更新以因應多變的環境，這些均需要靠交換的方式來完成。交換的過程是建立在**互惠**（reciprocity）的基礎上，它可以透過各種不同的方式，像再分配系統或市場交易。

互惠

人類學家 Marshall Sahlins (1965) 曾描述過三種形式的互惠：一般性互惠、平衡性互惠和強迫性互惠。一般性互惠（generalized reciprocity）係指送禮，並不會立即要求回報，就像家族中食物的交換。而平衡性互惠（balanced reciprocity）則是明確地要求能夠馬上得到相對應的交易品，就像 San 族人以一個觀察野生動物的隱秘場所來與 Tswana 人交換一定量的煙草，或像馬雅的農民彼此之間交換等量的勞力。至於強迫性互惠（negative reciprocity）則是試圖以武力的方式來強迫他人交換對方所不願交換的東西，或是以少換多，佔別人便宜。

再分配

交換的再分配系統包含起初的財富累積和之後的再分配。再分配可以採許多方式來進行，像課稅或贈與。所有由政府統治的大型社會都設有行政機構來負責一些基礎建設的進行（像：造橋與鋪路），而這些行政機構也發展出一套辦法來徵集人民的財富以支持建設能順利運行。在我們的社會，一如許多其他的社會，是以**課稅**的方式來達成此目的。社會中的每個人依據不同的標準，將其財富的一部分繳交給政府，來換取政府所給予的回饋，像：社會福利、基本建設（築路及其他永久工程）、法律與秩序的維持以及對外在威脅的防衛。

贈財宴（Potlatch）是一種資源再分配的形式，見於北美西北海岸的土著民族。在這種形式中，個人和群體都會想盡一切辦法藉由精緻的宴會或贈禮的儀式來提昇自己的社會地位。而在一些小規模的農業或漁捕社會中，類似形式彼此暗中較勁的贈禮或宴會也相當多，通常這樣的聚會正提供一個場所讓不同社會階層的人在此進行各項經濟交易。

圖示為英屬哥倫比亞 Alert 海灣的 Kwakiutl 贈財宴與贈禮儀式（照片攝於西元 1910 年）。藉著財物的再分配，贈財宴的贊助者得以確保他的階級，提昇他的社會地位，並強化他的政治關係。而這些易壞物資的再分配也使它們不至於浪費。

在英屬哥倫比亞的 Kwakiutl，於贈財宴中可以見到的贈禮通常包括奴隸、獨木舟、地毯、各式手工製品以及價值匪淺的銅盾牌。Hudson Bay 公司出產的毛毯是十九世紀末期及二十世紀初期最常見的贈禮（通常一個贈財宴中就可見到數千件毛毯），而且這種毛毯常被視為交易的基本單位，因此，各項貨品的價值均以毛毯數量的方式來表示。宴會通常由個人藉由某種特殊的名義來贊助，這些名義包括生日、產下頭胎或是小孩進入社會的成年禮。贈財宴為贊助者所帶來的則是一項高社會地位的頭銜。

通常一個人在準備一次贈財宴時，都是以向親戚們借貸（需付利息）的方式來囤積各項必需品。在贈財宴中，物品會分配給自己的家族成員、受邀請的其他親族、甚至也常包括那些來自其他社群的人們。這意味著物品的再分配不僅發生在社群內部，也會散布到社群以外的地方。藉由贈財宴所達成的在社群之間的食物分配，使得那些過剩而易壞的食物不致於浪費。這些舉辦贈財宴的社會菁英不斷地在贈禮活動中想盡一切辦法去勝過別人，而透過贈財宴也可使一個人117 的社會地位大大提昇，至於那些被邀請的人也不僅是贈禮的接受者，他們同時也欠贈財宴主人人情。

市場交易

市場交易包含貨品的買與賣。市場交易的主要特徵就是價格已定，而價格的設定主要是依據無關個人的經濟因素，像：供應量及需求量；而非根據一些人際因素，像：親屬關係或相對社會地位。特別是當交易活動在陌生人之間進行時，市場交易就顯得格外活絡。在今日社會中，它也已成了最基本的物品交換制度。

交易的媒介

在市場交易中，錢（money） 常是一項最好的媒介。金錢這個東西並沒有太多物質上的意義，重要的是它有某些特性，像是可保存性、可交換性以及可接受性，而使得它具有廣泛的功能。一如 Belshaw（1965:9）所述，金錢的功能主要是仰賴它的流通性（liquidity），「藉由金錢，一些日用必需品便可以很輕易地交換」。

圖示為厄瓜多爾的印第安人正在一個市場內買賣貨品。在市場交易中，無關個人的經濟因素，像供應與需求，其重要性遠超過親屬關係和社會地位。

118　　　　錢有兩種基本型態：特殊用途（special-purpose）的錢和一般用途（general-purpose）的錢。**特殊用途的錢**是指那些可以用作交換媒介的物品，像牛、豬、珠寶和布匹，但它們只用於少數特定場合並且只能交換到一部分特定的物品和工作勞務。例如：在 Irian Jaya 的 Bird's Head 區域的人們，布匹就是一項具有多種功能的交換工具（Elmberg 1968）。這種布匹只用來交換，不拿來穿。它是婚姻的交換活動中所不可或缺的一項物品，而那些在婚姻活動中必須給予他方布匹的人常在婚禮前就必須以交易的方式準備齊全。布匹也可以用來付罰金，因此，當 Karondori 因為與別人的老婆私通而被視為背叛時，他就被判了一百五十匹布與二頭豬的罰金。此外，布匹也是財富的象徵，有些富有的人似乎就喜歡故意偏離正軌去背叛婚姻，因為罰金的繳付正是一個「展示個人財富的大好機會」（Sanggenafa 1990:96）。

　　一般用途的錢與那些只具部分用途的布匹或珠寶，最大的不同點就在於它的普遍性（comprehensiveness）。在一個使用一般性金錢的社會中，大部分的物品或工作勞務都可以藉由這種交換媒介來買或賣。這種形式的金錢使得陌生人之間的交易可以很容易地進行，而一個人的財富、工作價值或甚至構想都可以用這種廣為大眾所接受的金錢形式來衡量。

　　將這種具有一般用途的金錢形式帶入一個從來沒有這種觀念的社會中，必會導致某些變革。比如說，在東非，一般用途的金錢取代牛隻成為婚姻行為中的交易品之後，年輕人在婚姻的選擇上就有了更大的自由。而這樣的過程也漸漸地損害了父母的權威，以及以家族聯盟為基礎的政治系統。此外，它也瓦解了親族之間的畜群管理制度。不過，將使用

一般性金錢的市場交易型式帶入全球經濟已是現今世界的一項趨勢。一般用途的金錢是讓社會融入世界經濟系統的一股最實際的力量，它的廣為流通已對人類各方面的生活產生了直接或間接的影響。

雖然一般用途的金錢已成了大部分經濟系統的主要交換媒介，但平等互惠的交換以及特殊用途的金錢型式仍持續在一些已開發工業國家中扮演部分的角色。有一個很明顯的例子，就是美國哈雷（Harley-Davidson）機車騎士們之間零件的交換。雖然這些騎士們在很多方面都融入了這個廣大的世界經濟，但是在這個小群體內哈雷零件的交換仍扮演一個很重要的社會與經濟角色。哈雷機車，是這個群體的一項重要的共通點，它的保養與維持主要就是依靠這種以物易物的系統，而此一系統亦降低了他們對於周遭市場經濟的依賴性。在德州，有一個哈雷群體稱為 Bandidos，常拆裝或檢查成員的機車，騎士朋友

> 常會相互拜訪，儘管有些並不是 Bandidos 的成員。而他們的機車零件大多來自與其他哈雷騎士們的交易。至於某些零件像活塞環，他們也會向代理商購買，然而，他們並不喜歡這樣的交易。因為，在他們的眼中，哈雷代理商只不過是一些營利販子罷了（Reaves 1978:214）。

至今，哈雷機車能提昇至如此高級的地位，有一部分的原因就是它與其他機車不同，它可以輕易地擺脫市場束縛而自給自足地保養與維護。而且，目前世界上只有三種型式的哈雷機車，這也使得哈雷騎士們可以輕易地在群體間維持

零件的供應。

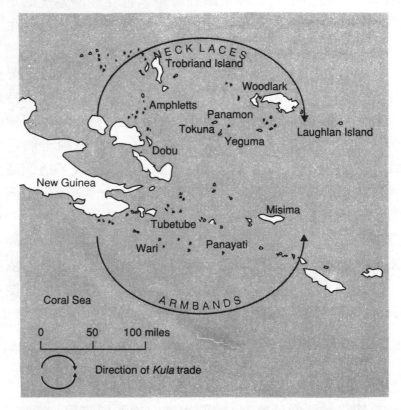

圖示為固拉圈交換系統，或稱交易圈。在這個存於 Trobriand 島民間發展良好的交易系統中，項鍊是以順時針的方向在每個島之間傳遞交換，而臂章則恰恰相反，是以逆時針的方向流通。

地區性和世界性商業

經濟是很難完全自給自足的。**商業**（commerce）現象，是指兩個不同國家及地區間貨物的交換，也是所有經濟系統中一個不變的特徵。在自己的社會範圍以外尋求資源及市場

是長久以來就存在的現象，但是今日世界貿易的規模卻是史無前例的，它的影響遍及人類生活的各個層面。即使是在小型偏遠村落的人們，亦生產各項物品賣至遠處的市場，並且使用著來自世界各個不同角落的各式貨物。

　　雖然商業關係是如此變化萬千而且複雜度與日俱增，但在過去，一些小規模社會的成員與其他社會的成員間所從事的交易活動也是相當複雜。例如，在新幾內亞東部群島上的固拉交易圈（Kula），就是一個很精細的貿易交換系統（參見 Leach & Leach，1983）。人們乘著獨木舟艱難地航行著，去和其他島上的商業伙伴從事項鍊和臂章的交換。臂章和項鍊的流動循環方向是完全相反的（見圖 6-1），如此一來便能維持各個島間廣泛的商業交易網。所以，Trobriand 的島民會將臂章給 Dobu 的島民，並接受他們的項鍊。商業中的伙伴關係是由親屬關係直接延續下來，它亦建構著重要的經濟與社會關係。而項鍊與臂章的交換是在精緻的宴會中、禮物的贈與下或伴隨著一些其他貨品的交換而完成的。

　　至於在大規模社會中，因為缺少正式的儀式，商業的進行模式便以貨品的快速大量流通為主，貨品的數量、種類以及流通的廣度也都較小規模社會來得大。而早期帝國的成長也大都經由這樣的商業網路來促成。例如，早期的腓尼基人（Phoenician）在西元前一千二百年就已經在地中海沿岸建立完整的商業網，最遠並可延伸至印度。印尼東部島嶼上的丁香，就由阿拉伯的航行家以及經由陸路的旅行者以極大的代價帶至羅馬帝國，用作烹調或宗廟內之噴灑用途。在新大陸裡，墨西哥中部的阿茲特克族（Aztecs）是位於一個大型商業網的中央，當地的交易貨品遍及墨西哥與中美洲，甚至遠及南美洲北部。

歐洲人的海上開發主要著眼於商業路線的擴展，以確
保來自世界各地的貨品資源能不虞匱乏。所以哥倫布之航向
新大陸不只是出於好奇，大部分的原因還是爲了擴展商業貿
易。歐洲人對於原料以及產品新市場的尋求已造成世界的轉
型，並形成現代世界體系的基礎。在過去的殖民地時代，殖
民勢力常試圖建立一個符合他們經濟需求的世界，而今日，
這些後殖民社會在人類學家的眼中，就成了殖民勢力影響下
轉型的結果。

圖示爲印度的 Goa，阿拉伯的帆船正在卸下他們的貨品。海中
航行的交易網，已經連結印度洋、太平洋和西方世界有數世紀
之久。

一些名詞像全球化（globalization）和全球經濟（global economy）都強調現代世界經濟中商業的相互交流（參閱章末的人類學家特寫），其中最明顯的就是電子工業。今日，我們已經很難發現這個世界上還有那個地方沒有收音機、錄音機，連電視機都快接近完全普及的地步。那些生產收音機、電視機的原料，像：金屬、石油製品等，可能來自許多國家。而各項零件有的產自馬來西亞、有的來自台灣或墨西哥或其他國家，但組合成一個完整的機器時，又可能在另一個不同的地方。一旦組合完成後，這些收音機或電視機還必須穿越數個國家才能到達它們最後的目的地，這可能是巴布亞新幾內亞高地上或亞馬遜雨林區內某人的家中。

生產系統間的相互關係

生產系統間的相互關係主要可分為三種：共生性互補、階層性互補和開放性競爭。這些分類並非完全獨立，兩個生產系統之間的關係可能同時包含這三種。但是這樣的分類代表重點強調上的基本差異，它們同時也和群體之間的社會與政治關係息息相關。

共生性互補

共生性互補（symbiotic complementarity）是指兩個生產系統間的互補關係大致上是在一個平等的狀態下，並沒有那一方特別佔優勢，彼此都提供貨品與勞務供對方使用。這些處於經濟上共生互賴情況下的群體，通常是政治獨立而且

社會發展程度相差不大的兩個實體。共生性互補是小規模生產系統的主要型態，因爲一旦規模變大，就容易導致更多的不平等或競爭關係的出現。

共生性互補以很多種不同的型態存在著。有時兩個群體在不同的季節會基於不同的原因而使用同一塊土地。例如，一些在中東的游牧者，夏天時他們在山上放牧，而到了冬天他們就將畜群帶下山，讓它們在那些定居農民秋收後充滿殘梗的田地裡覓食。這些動物藉此得以飽足的同時，它們的糞便也肥沃了這片土地。此外，游牧者會以羊毛及乳酪來與農民交換農產品，這也是另一項互補的表現。

至於那些佔據不同區域的群體，則藉由提供彼此環境所無法取得的物品來進行互補。一些居住在森林的覓食者，像南美的 Macu 族和非洲的 BaMbuti 族，就以他們的森林產物，像具有醫療用途或供食用的植物或獸類，來與住在森林區域以外的農民換取他們的農產品或工業製品。

不過，這兩種情況都可能導致不平等的發生。游牧者有時候會藉著土地所有權的取得試圖去操縱那些農民；Macu 族和 BaMbuti 族也常會被他們的鄰居欺侮，因爲他們總被認爲是次等民族。但是，這兩個民族仍能維持一個良好的社會與政治自治。只是此種關係也並非長期固定不變。BaMbuti 族的居住環境已漸漸被那些商業伐木者以及渴望土地的農民們所破壞，Macu 族人亦發現他們的土地也逐漸被那些移民者、政府官員和傳教士佔據。

階層性互補

當彼此互補的生產系統之間的關係發生了不平等，通常以操控或剝削爲主要特徵，這時候，就產生了一種**階層性互補**（hierarchiacal complementarity）的關係。通常，這種模式與社會規模的增大以及國家或帝國的出現有密切關聯。有一種常見的模式是，一個具備高度經濟發展的強國會對一個經濟發展和富強程度都不及的國家，試圖去操縱它的資源、產物與市場。這樣的操控可能是直接的，像殖民政策；或間接經由戰略物資的管制和當地政治的控制來達成。

在西非，他們提供了一個階層性互補結構的範例。在歐洲人入侵之前，西非是由一些小型帝國和城市型國家所組成，他們從事長距離的貿易，並擁有許多靠農業維生的獨立村莊。到了十六世紀初，歐洲人進據西非沿岸，開始與當地的西非國家進行貿易，以歐洲的工業製品（特別是武器）來交換內地抓到的奴隸，而這些奴隸主要是輸往北美洲與南美洲供殖民地經濟之用。於是，從事這項貿易的非洲國家在軍事方面開始變得組織化，有些甚至擴展他們的勢力範圍到其他國家和供應大部分奴隸來源的農業村莊。到了十九世紀，當奴隸買賣被禁止後，西非各國便將貿易方向轉爲供應農業產品給歐洲市場。而到了十九世紀後半段，歐洲的列強已開始認定他們逐漸能直接控制這些國家，並能主導當地的經濟使其完全符合歐洲人的經濟需求。

開放性競爭

開放性競爭（open competition）通常發生在兩個不同的生產系統追求同樣的資源而造成衝突時，這種模式也和社會規模的增大有關，而且常會造成其中的一個生產系統併吞並破壞另一個生產系統。今日，這樣的衝突現象常發生在大規模工業社會欲尋求資源時，並因此威脅到一些小規模社會的經濟。

在巴西亞馬遜河區域的印第安人，像 Mundurucu 族和 Yanomami 族，直到最近才能過著比較有自治權的覓食或農業生活。在過去幾十年來，他們的居住環境一直被視為富含木材、礦產、牧地和農地的地方，而吸引了不少外界的注意。許多試圖反抗外人入侵的土著，不是被殺死，就是被迫退至叢林的更深處，或被放置在保留區（reservations）。在保留區內，他們可以維持部份傳統的生活方式，有的還會擁有一些緩衝時間能對新環境做更好的適應，但是卻少有保留區可以成為真正安全的避難所。至於那些不在保留區內而存活下來的人，隨著傳統經濟型態的消失，也就被迫去尋找新的維生方式，像：當傭人、賤僕、乞丐或甚至妓女。

摘要

經濟系統是由生產、所有權以及交換的各種型態所組成。生產，是一系列有秩序的動作，在特定的社會或環境情況下，為了某些文化的目的而將物體做種種轉變的過程。但

人類學家感興趣的常是整個生產系統,因為生產系統不僅要因應瓦解和環境危機等問題,還必須妥當地處理勞工的更替、適當的社會分工與報酬分配。

所有權－即眾所公認對於自然物件、程序、想法擁有權利的概念－似乎不是絕對的,往往相當複雜。在不同社會之間與同一社會內部多少都會有財富數量的差異,而大規模社會這種財富分配的不均常會較明顯。

財富的分配在社會間或社會內部是以交換的方式來完成的,其中有三種基本型態:互惠、再分配和市場交易。在互惠中,人們以貨品或勞務來與他人交換;再分配則是以納稅、贈與或贈財宴的方式進行;至於市場交易,則是藉由特殊用途或一般用途的金錢來買賣貨品。

群體間常常藉著商業而彼此接觸。而生產系統之間的關係則可能是共生性互補(每個系統彼此提供對方所需)、階層性互補(一個系統操縱或剝削另一個),或開放性競爭(涉及因追求同樣的資源而產生衝突)。

人類學家特寫

全球經濟中的北蘇門答臘手工織布者

Sandra Niessen

Sandra Niessen 於西元一九七九至一九八○年間首次造訪北蘇門答臘的 Batak 地區,從事博士論文的田野調查工作(Leiden 州立大學),並於西元一九八六和一九九○年再度造訪。她的研究內容包括當地手工織布業的社會重要性,以

及他們的生產、設計與織構技術。但近年來她的研究重點漸漸轉向以歷史的角度去瞭解手工織布業者維生的動態變化。目前，她任教於 Alberta 大學的服裝暨紡織品學系。

在印尼的北蘇門答臘，Toba 湖南部 Silindung 山谷的一個名叫 Tarutung 的市集小鎮，周遭聚集了許多以織布維生的小村落。我一個接著一個去造訪並記錄他們的織布生產，發現每個村莊均有特別的織布型式。要找出這些織布者並不難，因為他們通常會坐在陽台或走廊的地板上，織布機則緊緊地繫於扶手與膝部之間。如果他們在室內織布，他們敲打經緯交錯的織布線時所發出的木頭敲擊聲也會透露出他們的位置。紡線的準備是一個漫長的過程，通常在室外屋旁或屋後進行。在星期五之前，織布的工作便會完成。星期六清晨一大早，這些織布者或他們的市場經紀人便將這些產品帶往市場，在那裡他們將剛完成的新布賣給那些市場的擺攤者。於是在稍晚的時刻，市場的造訪者便可以在這超過六十個的攤位中逛覽選購，而攤位上所披掛的各式各樣五顏六色之織布不僅來自 Silindung 山谷，也有遠自廣大的市場網之其他各個據點所運來的。遊客常會忍不住誘惑而買一兩件做為紀念品，並將它們縫在夾克或各式流行的衣物上，但大部分的織布主要還是賣給巴達克（Batak）自己人。某些型式的織布被視為他們生命儀禮中所不可或缺的禮服或禮物，有的則被做成華麗的衣服供他們在教堂或政要造訪的場合中穿著裝扮。

Silindung 山谷的人口過剩，使得它的可耕土地隨著人口的擴張而相形減少。缺乏稻田讓他們更加依賴市場上手工織布的販賣。經由織布販賣所得的錢幾乎全部用作購買下一批

織布的紡線，只有少數盈餘用於購置一般日用品。在市場上一週的收入經常用於償債，有時候甚至無法填飽肚子。在 Toba 湖中央 Samosir 島的北部，以及湖的西北岸，農地向來就屬貧乏，於是那些住在貧乏土地的人們就從事織布以供應鄰近肥沃土地的群體，這種經濟型態至少已經存在了一百年或甚至更久。對他們而言，農耕期的空檔他們就從事織布，一方面可能是土地的貧瘠，另一方面則可能因為農耕的收成無法維持他們的日常生計至下個農耕期。

圖示為北蘇門答臘，人類學家 Sandra Niessen 和一位 Silindung 山谷的手工織者合照。

當我到達當地手捧著筆記本在觀察他們工作時，有好幾個手工織布者以狐疑的態度看著我。這也難怪，因爲像我這樣的一位學者在他們當中總是顯得格格不入，於是她們便開始懷疑並害怕，怕我在得知他們的編織技術返回祖國之後會將巴達克的編織製品大量製造，而阻斷了她們的市場。這些婦女（所有巴達克的手工織布者均是女性）絕非愚昧，她們是擔心自己所熟悉的編織型態會被仿冒或翻新，這樣的提防顯得格外小心。

　　在十九、二十世紀交替之際，工業革命發展到高峰時，英國的商人航向東南亞爲他們日益擴張的織布產業尋找新的市場。他們蒐集當地的織布樣品並試圖發現何種式樣最爲流行，並積極尋找地點以供其工業化機器運作，嘗試以低價來與當地的手工織布產業競爭。於是，在東南亞的貿易中歐洲人生產的布漸漸佔優勢，造成許多印尼當地的織布生產機構紛紛倒閉。而巴達克人也開始穿用便宜的、進口的布，傳統日常穿著布料之生產最後便全面叫停，只有在某些宗教儀式中尚可見到這些傳統織布。這便是巴達克的編織工業如何被外來強調品味與技術的入侵者所壟斷的一個明顯範例。

　　在本世紀的前半段，巴達克人自他們的市場競爭者手中偷了一些東西回來，開始運用荷蘭殖民當局在某些巴達克城鎮所設置的半機械式織布機。有了這種機器他們便可以生產較便宜、日常穿著的沙籠布料。然而，近來這些機器的擁有者開始改良他們的織布機要和傳統的手工織布業者競爭，而改良後的機器便開始大量生產某些重要、以前藉由手工編織的儀式布料。此外，巴達克當地的貧窮也迫使大多數的人們逐漸開始購買這些品質低劣但卻便宜的工廠製品。因此精

於這些特殊織布樣式的織布者就必須與機器競爭，儘管當中的品質差別頗大，但競爭的結果往往是獲得的利潤遠不及付出的勞力。事實上，有好幾種布料樣式在市場上已經再也無法找到它的手工編織版本。

　　這個現代工業壟斷巴達克人謀生方式的例子是每一位巴達克編織者都清楚瞭解的，特別是每當她們瀏覽當地市場的織布攤位時，這個血淋淋的事實就又浮現腦海。在西元一九八○年代初期，一位來自 Silindung 山谷的巴達克人試圖爲文化中的手工織布尋求新的潛力市場。在和一位設計專家合作下，她以當地的手工織物製造了一系列流行的衣物，甚至包括各式鞋類與手提袋。接著她開始成功地將這些產品推銷到日本與歐洲，並獲得了一個省級獎章以表揚她在協助北蘇門答臘的婦女方面所做的努力。然而，隨著訂單的逐漸增加，使得她既無法囤積足夠的手工編織成品，也無法快速生產如期去滿足購買者的需求。於是，她開始考慮以機器來生產她原本購自許多小型生產者的織布。當我在一九八六年離開當地時，她尚未作出決定。但自那時起，在北美各地我就發現用機器印製的爪哇人蠟染圖案開始以夾克、襯衫、洋裝及手提袋等形式進佔西方的國內市場。而當我於西元一九九○年返回蘇門答臘時，我也注意到某些華人的工廠開始將巴達克人的編織圖案印在 T 恤上，並在巴達克地區的主要觀光點大量販賣。我無意中聽到許多手工織布者在討論，是否這將是另一次把她們逐出貨品市場的噩運。

　　巴達克的織布者對於外國人搶奪他們製衣工業利益的猜疑，很明顯的也出自他們自身的經驗，因爲他們知道他們本身布料設計上的成功對於向外推銷具有明顯的重要性。但巴達克的織布者同時深知過去一昧反抗的作法只會給他們自

身的生產帶來不利的影響。於是，在這近一百餘年來，她們已將編織的內容轉向昔日 Aceh 人所生產的不同形式之棉布。Aceh 人的棉布質地細緻且布料柔軟，是所有巴達克人所希望獲得的，但往往只有最富有的人才買得起。今日，這種布料的巴達克款式已相當常見，並成爲巴達克人儀式中不可或缺的物品。此外，亦有證據顯示巴達克的織布者曾向位於海邊的馬來人盜用他們的織布樣式，並加以修改使其融入巴達克傳統織布的多種形式當中。目前許多巴達克布料形式的變異很可能是他們盜用鄰近民族的設計再加以改良製成的。

　　Nai Ganda 是一位我所認識住在 Silindung 山谷的織布者，她常會受到符合她個人美學標準的新設計圖案之鼓舞，並以她自己的織布機來加以複製生產。至於她以自己的一套方式來解析外來的設計也頗具市場眼光。每逢週末，在她自己的市場攤位上，她會很仔細地觀察何種設計的布料賣得最好，以及何種設計已經褪流行。當然，她總是希望她最新的設計在當地市場上能被一掃而空而給她帶來一筆豐厚的利潤。

　　我從巴達克博物館所蒐集的各式布料之圖案照片，原本是我隨身攜帶爲了辨認用的，但它們卻成了一些織布者設計靈感的來源。一些舊式的、已被遺忘的或來自鄰近地區的設計主題都被她們仔細地審視著，有時候還會小心翼翼地刻意隱藏以避免周遭的其他織布者看見，因爲她們總以爲唯有第一個將新設計帶入市場的人方能獲利最豐。

　　現今，巴達克手工織布的暢銷品包括披肩（slendang）和沙籠（sarong）等配件。這些配件是由 Silindung 山谷最優秀的織布者以最精細且品質最高的紡線所製成，而且這些

巴達克版的配件是鄰近的馬來人和爪哇人常用的樣式。這些配件價格之昂貴往往只有最富有的都市巴達克人才負擔得起。但這些產品在當地具有很高的尊榮性，甚至連印尼總統的夫人也購買這樣的配件，而人民也引以為傲。這些配件不僅能與當地高度流行的衣物競爭，而且配件的製造者也認為其市場將能擴展到巴達克以外的地區並能贏得一些爪哇人的市場。

巴達克人在市場上的成功很明顯源自豐富的衣物設計之樣式寶庫，但是在商業的歷史上卻不如其歐洲的競爭者之成功來得顯著。贏得當地的流行趨勢是目前這些織布者最重要的維生方針之一，因為他們既無法取得便宜的原料，也無法獲得高度快速的技術來擊敗鄰近的機器生產。然而，Ganda明瞭，一旦具有這些能力的人決定製造這些傳統的巴達克布料並將它們打入市場時，大部分傳統的巴達克織布者就會失去工作機會並陷入萬劫不復的貧窮當中。

Ch7

社會

這幅畫是十九世紀末期由 Sioux 族印第安人所繪,畫中記載了
他們的日常社會生活——獵水牛、捕魚和宗教儀式(以植物性
染料畫於棉布上,大小為 1 × 3 公尺)。

1 透視社會

● 社會結構的分析

● 社會功能的分析

● 個人與社會

● 社會關係

● 制度

● 社會網絡

2 社會羣體

● 歸屬群體

1. 以年齡為基礎的群體

2. 以性別為基礎的群體

● 自願性組織

1. 小規模社會中的自願性群體

2. 自願性群體與都市化及工業化

摘要

人類學家特寫：都柏林的非法街頭販售者

以婦女為中心的互助羣體與社會網絡

Diane Z. Wilheim

　　儘管這個社會有所謂的由狼撫養長大的小孩，還有一些隱士、及囚禁在獨立環境中的人，或那些居住在遠方偏僻小島上的居民，但基本上大部分的人們會花很多時間學習如何與其他人相處。通常我們是群體而居，致力於適應環境並尋求一套能夠滿足我們維生需求的生活方式。我們對這個世界的看法和表現出來的行為，都會深受我們與其他人之間種種關係的影響。而**社會**（society）就是人類互動方式的抽象概念。

　　在上一章，我們討論了人類如何生產、分配和交易各式的東西。而本章將把焦點擺在社會適應的層面上：人們如何利用各種方式來與其他人或環境維持一個有秩序的互動。

透視社會

　　為了了解社會如何運作，人類學家研究著社會事件或歷程的結構和功能。在分析的過程中，他們仔細地審視各種不同層次的互動，從小至兩個個人之間到大至整個社會與世界系統之間的都有。

社會結構的分析

　　社會結構（social　structure），這個名詞是指社會形成一個複雜的整體後，各個部分之間定型化的交互關係。當我們觀察整個社會的結構時，會發現追求類似謀生方針的兩個群體，大部分會有類似的社會結構，儘管這份相似性多少會因當地的狀況以及歷史的環境而有所差異，像特定自然資源的

取得性和氣候狀況。舉個例子來看，在瓜地馬拉高原和貝里斯南部低地的 Kekchi 馬雅社區,他們有著相似的親屬關係、經濟和宗教等社會結構，但是由於貝里斯南部的土地較富沃，所以他們的結構就比瓜地馬拉有彈性。然而，儘管存在著這樣的差異，這些社會仍和其他小規模社會一樣，有其特定的方式將人們分配納入各個社會單位中，而這種方式不同於較大規模的社會。

　　總括來看，我們發現小規模社會常表現出高度的內部凝聚力，而這份凝聚力主要是基於這些社會中人們的互動大部分建立在面對面的基礎上，以及他們的分工不細所致。由於每個人彼此都相當熟識，大部分時間都做著同樣的事，經歷著類似的經驗，故社會內部的同質性很高。除了這項同質性之外,社會結構的各個單位之間也有不少重疊的部分,像：在 Shoshone 族中，家族團體和覓食團體事實上幾乎完全一樣。

　　相對而言，當社會規模變大時，他們就開始漸漸失去那份同質性，社會結構會由更多更專業的部分組成。在傳統的亞馬遜流域之印第安部落，其食物的生產與交換大部分是在單一的家族中進行；但反過來看我們今日的社會，食物的生產涉及了農地、牧場、製造工場和許多支援機構，而食物的交換與運輸又是由其他專業的單位負責。

社會功能的分析

　　我們所謂的功能（ function ），是指特殊信念或行動的目的和效果，含意圖達到與實際的結果。儘管某種信仰和行動可能具有它單一獨特的功能，但大部分的信仰和行動都同時

扮演著多重功能，視其參考點而定。例如，結婚這件事，對
於男女雙方、彼此的家族以及社會整體，都具有不同的功能。

圖示為西藏的女孩在篩選著小米。這項活動的外顯功能
是使穀物與外殼分離；而隱藏功能則是訓練一個小孩成
為大人。

　　社會學家將社會功能分成兩種：外顯的（manifest）、
和隱藏的（latent）。**外顯的功能**是指目的和結果都非常明顯
而且很詳盡地陳述，像洗衣服的外顯功能就是使它們變乾
淨。**隱藏的功能**則是指那些目的較不明顯的部分，像婦女洗
衣服可能代表的一項隱藏意義就是，把它當成一種工具，來

和同儕就洗衣所展現的技巧和勤勞度做一較量，並藉此評定
彼此的社會身份。但另一方面，若把它當成一種卑賤的工作
來看，它也可能象徵著這個社會歧視女性的一種心態。

個人與社會

在審視社會的各個部分時，吾人可以從個人開始著手。
個人是一個社會建構的基礎，因為就某意義而言，社會是其
成員行為的產物。然而，社會中的成員並不單獨行動。每個
個體均是社會行動者，而他的行為深受社會環境的影響。換
個方式說也許更明確些，也就是社會事實上是其成員集體行
為的一種表徵。這些行為大部分都已高度定型，並受到社會
力量的控制，而這股社會力量不僅源自個人同時也超越個人
的層次。

因為社會並無存在的實體，故它所展現的恒久性與規
則性均需落實於人們不斷重複的行為中，也即事實上社會必
須由個人持續地加以重新創造。例如，我們所了解的日本鄉
村之家族模式，只有在他們持續地群聚在一起並依其特殊的
家族結構的相關方式來表現行為時，它才會存在。

社會是人們對於他們將發生互動關係的人、事、時、
地、物所做的決定之產物。這些個人決定受許多因素的影響，
而有些因素是以現存的社會模式為基礎。其中有一項因素就
是個人的認知問題：他如何看待周遭的環境，如何看待他所
須面對的狀況，以及如何看待他所做的選擇。另一項因素則
是過去的慣例，因為一個人的所做所為通常會受到過去經驗
的影響。人們在衡量這項持續性時，總會考量他們對於過去
行為和現存環境之間的關聯程度，以及長期和相同的人們與

社會環境發生互動的經驗如何。第三個影響因素是個人或團體的目標。我們與別人產生互動是爲了要達成某種結果，一旦個人或團體的目標改變了，我們的社會行爲模式也會跟著改變。

社會關係

我們用關係（relationship）這個名詞來指兩個個體之間呈規則性的行爲模式。若把這種模式放到社會的角度來看，就是所謂的社會關係的概念。一個婦女和其女兒之間的互動可稱之爲母女關係，這種關係在特定的社會中通常會有一定的規則性。然而，我們不應以一種理想化的角度來考量社會中的母女關係，而應該瞭解這種母女關係也會因兩者的生活圈和所處的環境而有各種可能性。像在美國一個母親和她學齡前的女兒之關係，就會隨著這個小女兒成爲青少年的成長過程而有所改變。這份關係會有多大的變化很可能取決於社會規模的大小，但即使是小規模社會也會存在著某種變異。

論及社會關係時，有兩個基本問題必須提出：關係雙方是誰？以及他們做些什麼？（參見 Beattie 1964: 36）這兩個問題的答案通常必須以身份和角色的觀點來回答。**身份**（status）是指一個人的社會位置，這是就他與社會上其他人的相對關係而言，像老師和學生就分處不同的社會身份。社會學家試圖將天生既有的社會身份和努力得來的社會身份做一個分野。歸屬身份（ascribed status）是被賦與的，通常自出生就開始，像一個由 Nuer 族的父母所生出來的女孩，一出生就具有 Neur 人和女生這兩種社會身份。而獲致身份（achieved status）是個人藉由選擇性的行爲或決定所獲致

的，像一個人要成為老師，首先他必須要立下志向，然後能順利地接受一系列的訓練，最後再設法找到一份工作方可達成。社會身份可能同時具有天生既有和後天獲得兩種成分在內，生下來就繼承皇冠的人並不代表他以後一定會自動地成為國王。

圖示為穿著傳統披風和頭飾的夏威夷酋長。雖然夏威夷的酋長是經由血統的關係來傳承，但並非完全生來就賦與，因為他們實際領導人民的功績也會有助於酋長身份的建立。

32　　　社會期待個人在既定關係中去扮演的部分就是所謂的**角色（role）**，即在特殊脈絡下有某種目的和功能的系列活動。像國王理應從事統治的工作，而庶民則應臣服於國王的權威之下。然而，這種被期待的角色無法孤立起來瞭解。國王和庶民被期待的行為有多精確須由歷史傳統與當時狀況來定義，而社會中親屬關係的身份也是一個影響因素。一個國王可能不僅被要求扮演統治的角色，還代表庶民跟神打交道，或甚至需將他的祝福恩賜於某種廠牌的餅乾或茶。這些期待並非固定不變，像女王伊莉莎白二世所扮演的角色和身份就與亨利八世有極大的出入，而這樣的差異反映著英國經濟的變遷、新社會階級的出現以及英國社會狀態的轉型。

　　　角色並非全然以成對的方式出現。國王也會與庶民以外的人發生關係，而這些關係會影響到國王與庶民個別的角色。此外，每個人通常都會扮演著一種以上的角色，並依此角色佔據著不同的社會身份。像國王，可能同時是個父親，是個丈夫，是板球隊的一員，也是個飛行員。

　　　社會的規模大小是影響其內部成員角色與身份的一項重要因素。在小規模社會中，由於專業分工的不精細，以致於每個個體所能扮演的角色和身份就比大規模社會來得有限。例如，居住在沙漠中的覓食民族 Shoshone，區隔角色和身份的因素就是年齡、性別和親屬關係。此外，角色與身份也會有重疊的可能，而形成一些直接跟個人有關的群體。譬如，在 Shoshone 的社會中，幾乎所有中年男子大致都扮演著同樣的角色，也處於類似的社會身份中；但在大型的工業社會中情況就完全不一樣，一個中年男子可以是個有錢有勢的企業領導者，也可以是個窮得一文不值的流浪漢。

制度

制度（Institutions）是指以類似的原則爲基礎並表現出某種規則性的實務。雖然制度與當中的原則有許許多多，但人類學家把焦點放在四種制度上面（參閱 Beattie 1964）。有些制度處理經濟與財產關係之類的問題，即人們如何生產與分配各項事物，這一類的制度有農場、銀行和市場等。有些制度關心社會控制的問題，亦即政治與法律，其中包括政府、法庭和警察單位。第三種制度則與超自然現象有關，也就是巫術或宗教方面的事，這類制度有教堂、修道院和女巫道場。第四類是指像家庭這種建立在親屬關係上的制度，而親屬關係主要是經由繼承和婚姻來建構。人類學家對於以親屬關係爲基礎的制度特別感興趣，因爲它們在小規模社會中常扮演中堅角色。我們將在下一章詳細討論親屬關係。

任何制度很可能都會牽扯一個以上的建構原則。例如，家庭這個制度不僅與社會控制有關，也必須處理經濟與財產關係，甚至在許多社會裡，還會跟某些超自然的制度相關。然而，在家庭這個例子中，除了基本的建構原則外，其他均屬次要的考量。

規則性型態的建構過程，吾人稱之爲**制度化**（institutionalization），或是聯合活動型態之標準化。例如，當一個宗教預言家或信仰領袖根據他的教條，成功地規範了人們的信仰與行爲時，這種宗教信仰和隨之形成的社會團體就可說是完成了所謂的制度化。至於社會關係的制度化常是藉由親屬關係來達成。

社會網絡

　　儘管社會會塑造人們之間的各種關係，但個人並不會
完全地按照定型的、一成不變的模式來行事。個人絕非僅是
扮演社會角色的被動演員，也可以有創意地從事一些行為，
而這種創造性有一部分關係到社會環境的運用。為了更進一
步地瞭解人們如何運用社會環境及如何受其影響，人類學家
便藉助社會網絡的觀念（參閱章末論及團體與社會網絡之人
類學家特寫一文）。

　　無論找新工作或希望尋求伴侶，我們都會不斷地動員
個人在社會網絡中可能有的那些連結關係。分析社會生活——
——亦即人們之間的連結——的這個構面是研究制度化關係的
一項重要課題。這不僅讓我們看清官僚組織或親屬團體的正
式結構，也使我們更清楚地瞭解這些制度實際上如何運作。

　　社會網絡的建立模式因社會而異。在貝里斯南部的小
型馬雅村落，一個人的社會網絡主要是建立在親屬關係和
compadrazgo（一種在受洗禮與堅信禮等場合擔任小孩的教
父之社會關係）的基礎上，另外有少數則以較不正式的友誼
為基礎。但在村落這樣的環境中，關係的建立常是多重的
（multiplex），也就是不單單建立在單一基礎上。例如，一
個人可能同時因為親屬關係、友誼或 compadrazgo 而與另一
個人建立關係。這種關係基礎的多重性可以強化連結，也可
以提高人們盡義務的意願，並使他們感受到更多隱藏於各種
關係之下的權利與自由（參閱 Mitchell 1969:27）。貝里斯南
部的馬雅人覺得要求一個與自己有多重關係的人來幫忙農
事，會比要求一個沒有什麼關係的人來得較安心。

在大規模社會中，人與人之間也會形成多重的關係，但是個人的關係網同時很可能偏向由各個建立在單一基礎上的關係所組成，像很單純的勞工與雇主的關係。我們將這種關係稱為單一的（simplex）。單一的關係也會發生於小規模社會中，但人們似乎會藉由一些其他的因素來強化這種關係。在貝里斯南部的馬雅人常會在商人或政府官員中尋求贊助者（patrons）來幫忙處理貿易事宜或是與政府之間的各項往來（參閱 Howard 1977）。然而，他們也會藉由 compadrazgo 的關係，亦即要求者贊助成為他們小孩的教父，來強化彼此間的關係。不過，這種 compadrazgo 的關係和群體內部的 compadrazgo 關係並不盡然相同，因為他們不會要求他們的贊助者來幫忙清理農地或是替屋頂舖新茅草。故我們可以說這兩種情況下的 compadrazgo 關係是不同的。

₁₃₄

社會群體

我們在日常會話中經常很廣泛地用到群體（group）這個名詞，但是人類學家在使用這個詞時就較為謹慎小心。當用到群體這個詞時，通常人類學家是專指有合作性質的團體。一個共同群體（corporate group）在理論上是恒久不變的，其成員的招募是透過彼此認同的原則作為基礎，他們擁有共同的利害關係或財產，並且有規範約束著成員及利益或財產方面的權利和義務。父系世系群（patrilineage）是一種由親屬關係組成的共同群體，其成員就是在一個共同的祖先之下以男性繼承者為主軸衍生而來的後代（詳閱第八章）。

商業上的公司也是種共同團體，但他們招募成員則有較特殊的目的，有的會要求成員擁有公司所要的技術，有的則希望他們接受某種特殊的行為模式。

　　雖然父系世系群和商業公司均屬共同群體，但前者的成員身份是賦與的，後者則否。這項重要的差異也使得這兩種群體有明顯不同的特徵。

美國社會中以年齡為基礎的群體大多屬自願性質。圖中這幾個美國城市的年輕人所形成的群體表現出街頭幫派的行為作風。

歸屬群體

在**歸屬群體**（ascribed group）中，其成員是出生時即已決定而非出於自願。以此原則爲基礎將人們聚集分成各種功能的群體，是小規模社會形成群體的最主要方式。但隨著社會規模的逐漸加大，形成的群體就會更專門化並且有更多的自願性。歸屬群體最常見的分類基礎有年齡、性別和親屬關係。

以年齡為基礎的群體

年齡一直是決定社會行爲的重要因素。所有的社會都擁有一系列眾所周知以年齡爲基礎的群體，或稱之爲**年齡等**（age grades）。大部分的社會至少將其成員依年齡區分爲年青人、成年人和老年人三個部分，甚至有許多社會還會就這些年齡等再詳加細分。社會期待個人的行爲會因年齡等而異，有時也會賦與某些特權，不過，相同年齡等的人不一定會視此群體爲共同團體而表現其行爲。

在部分的小規模社會中，特別是在非洲，屬於同一個年齡等的人常會組成共同團體，這樣的群體稱之爲**年齡組**（age sets）。他們是由年紀相近、性別一致且具有共同身分的人所組成，彼此生活維持著一種很緊密的聯繫，並共同經歷一系列因不同年齡而獲致的不同身份階段。年齡組的結構因社會而異。有的遵循一個線性的進展，在某個特定期間內出生的人就隸屬於某年齡組，隨著成員年齡逐漸增長，他們也一路走過各個階段。有的則是依據循環的模式，在這種方式下，新成員是定期地吸收。在某些社會，年齡組這樣的群

體並沒有太大的重要性，不僅功能不強而且對整個社會的影響力也不大；但在其他社會中，年齡組卻極為重要。

　　非洲東南部的 Nyakyusa 族就有一個發展良好的年齡組系統（參閱 Wilson 1963）。在十二歲這個階段，男孩子們就已長成，他們聚在一起工作並離開他們的雙親搬到一個屬於他們自己的村莊居住。一直到二十五歲他們結婚而且建立起自己的家室之前，他們都會持續地以食物來回饋父母並且在父親的田地上幫忙工作。這些村莊建立者的年輕弟弟也會加入他們，如果成員規模夠大他們便會決定停止招募成員。而過了十年左右，當這個區域存在著一定數量的新年齡組之村莊時，他們的父親就會舉行一項正式的儀式將政治大權完全移交給他們的小孩。

以性別為基礎的群體

　　社會也會依據性別來將成員分類，如同根據年齡一般。在小規模社會中，人們會自動地形成性別群體來執行許多社會功能，像：依性別從事不同的生計活動等。而大規模社會也具有不少以性別為基礎的群體（像：婦女選舉聯盟、男童軍、兄弟會和姐妹會等），但是其成員性質大多出於自願，而且這種群體所扮演的功能與角色之範圍也較狹窄。例如，在過去的數十年來，社會對於婦女政治權利和福祉的關心，已形成了數千個自發的婦女團體，她們注意的重點包括男性對婦女的暴力、工作上的性騷擾、單親媽媽的需求以及工作機會的均等之類。

　　同樣地，在小規模社會中，以性別為基礎的不同群體，其結構和重要性可能有極大差異。在巴西亞馬遜河區域，Mundurucu 的家族中包含一個由兩代數個關係密切的婦女

所組成的性別群體。通常這些婦女大都來自同樣的村莊而且是一起長大的，她們以群體合作的方式來從事大部分的生產工作，像園藝和食物的準備工作。這是一個很穩定的群體，因爲她們大部分都能自給自足。

至於在 Mundurucu 村莊中的男性，大多數是結婚之後自其他村落遷來的。在從事維生活動以外的時間，他們會花許多時間待在某個重要男性人物的家中，這是小規模農業社會的一項共同特徵。這些男性群體的融合度低於女性群體，因爲這些男性均來自不同的村莊和不同的親屬群體。此外，男性的經濟活動幾乎是獨力完成或以小團體的方式進行，這也進一步降低了他們的團結性。

然而，隨著一步步融入大型社會所帶來的變遷，破壞了 Mundurucu 原先以性別爲基礎的群體。Mundurucu 人開始愈來愈依賴橡膠的採集來滿足他們的經濟需求，特別是可以藉此賺錢向商人購買消耗性物品。由於橡膠樹的生長散布各地，故許多 Mundurucu 人現今都以獨立的核心家庭方式居住，以求距離橡膠採集區更近些。有些 Mundurucu 人也已遷往教會開墾區，這樣的遷移造成了先前的性別群體模式之瓦解，但同時也產生了一些新的社會組織型態。

自願性組織

特殊目的的群體，其成員的招募並不是以天生賦與的方式做爲基礎，這是大規模工業社會生活中常見的一項特徵。這些自願性組織在小規模社會可能較難發現，因爲小規模社會的群體大多具有賦與性。然而，某些型態的自願性組織仍可能在小規模社會中找到。

兩個不同文化中的性別
群體：大規模社會中性
別群體的一個範例就是
兄弟會（fraternity），圖
中入會宣誓蛋糕的製作
演變成一場會員與宣誓
者之間的食物大戰。下
圖是 Kuikuro 的印第安
人進行身體彩繪以備在
他們的男舍內開始一項
部落舞蹈，這是小規模
社會性別群體常見的景
象。使用男舍（女性不
准入內）是為了維護男
性對於特殊儀式或知識
之控制能力。

圖示爲自行組成的組織：上圖是 Cheyenne 長矛隊（照片攝於一八八〇年代末期）。這是一個社會兼軍事組織，長矛隊也稱作郊狼（Coyote），是由酋長帶領的統治組織，同時也擔任水牛狩獵的警戒任務。下圖是美國第二次大戰後的榮民組織，他們在社會上所扮演的功能與 Cheyenne 大不相同，但他們也是出自自我意願來組成這個組織以紀念那個時代的一些人。

小規模社會中的自願性群體

專業性的軍事團體（military association）會在某些小規模社會中自願形成，從事於經常性的戰鬥活動，雖然親屬關係群體和年齡組是主要的軍事單位。Cheyenne 傳統上就有五個這樣的組織：狐、狗、盾、麋鹿（蹄聲）和弓弦（或矛盾），每個組織都有自己的首領、服裝、歌曲和舞蹈（參閱 Hoebel 1978）。

秘密社會（secret society）是小規模社會中另一種自願性群體。在賴比瑞亞及 Sierra Leone 的 Poro 社群就是一個很好的例子（見 Little 1965/66），據說這些 Poro 社群的成員和超自然的神靈有密切的接觸並擁有神奇的魔力。其領袖來自那些擁有公權力的人，而組織本身也會對他們的身份提供支持的力量。初入組織的年輕男性必須在位於森林隱密處的「叢林學校」受訓達數年之久，在那裡他們學習一些秘密的儀式和關於這個組織的歷史以及一些有用的求生技巧。

此外，也有一些宗教崇拜（religious cults），像早期的歐洲探險家和移民所提到之巴西 Tupi-Guarani 族的宗教組織（參見 Lanternari 1963:171-181）。Tupi-Guarani 的預言家會召集一大群信徒，然後出發去尋找一個理想的聖地。位於南太平洋所謂的船貨運動（cargo cults）（參閱第十四章）也是另一個自願性群體的範例。

自願性群體與都市化及工業化

在大規模社會中發展的自願性組織主要是爲了因應兩個歷程：都市化和工業化。現代大規模社會的混亂、疏離和非個人化（depersonalization），已經促成一些爲滿足社會內

部個人之不同利益的自願性群體之形成。人類學家已就這樣的群體做了廣泛的研究，其中他們特別感興趣的是那些由少數民族和都市新近移民所構成的群體。

都市新移民通常會根據地區、族群、宗教和工作性質來形成組織。這些組織有時候在確保成員的工作機會和社會福利上扮演一個重要的角色，但是它們確切的角色可能有相當大的差別。此外，人類學家會詢問組織內的成員關於這些組織對他們的實際重要性。Abner Cohen （1969）在一項針對西非某個族群組織的研究中發現，所有的移入者當中只有很少比例的人會加入這些組織，而對於那些加入者而言，組織的活動也跟成員的日常生活搭不上關係。Cohen 的研究提醒我們，要將現代的自願性組織放在大規模社會的生活中來考量，是需要格外注意的。

當然，自願性組織並不需要直接與成員的日常生活有關係，或對他們產生很大的影響力。我們可以舉工會來當例子，工會是大規模工業社會的新工作環境下所產生的自組團體。在許多國家，工會對於勞工的日常生活有著間接的影響力，因為它會致力於改善勞工工作環境，以及更專業地協調有關於勞工工資給付與工作標準。但勞工只有在協調發生或爭端興起時才會想起工會的重要性。另一個類似的例子是政黨。同樣地，在現代國家中，政黨間接地影響人們生活的各個層面，但社會上的人們不會主動地去加入政黨組織，只有當選舉來臨時他們才會開始關心政黨的一些事務。依此角度來看，我們可以發現這些和小規模社會中具賦與性的群體比較起來有很大的差異，因為在後者的社會群體中，日常生活與組織之間的關係更為直接與固定。

摘要

身為社會性動物，人們與社會環境是交互影響的。這種交互作用可藉由觀察人類社會的結構與功能來加以分析。社會結構指的是在社會這個複雜整體中各個部分之間定型化的相互關係。至於功能，我們指的是特殊信念與行動的目的和效果，含意圖達到和實際的結果。在一個社會內，信念與活動可以具有某些特定的、明顯或外露的功能，或較不明顯、隱藏式的功能。

個人是建構社會的基石。社會是人們對於他們將發生互動關係的人、事、時、地、物所做的決定後之產物。社會關係，指存於個人彼此之間的行為模式，常會根據當事者的社會角色與身份而加以制度化。身份指的是社會位置，即一個人在與其他人發生關係時他是站在什麼樣的立場；而角色則是指一連串在特殊場合下被認為有著某些目的與功能的行為和活動。

個人可以自行組成各式群體或是被動地被編入不同種類的群體中。人們一生下來就進入以年齡、性別和親屬關係為基礎的被賦與、非自願性的群體。這樣的群體似乎與小規模社會有較嚴密的相關性，而且它們是多功能的。自願性的群體在大規模社會則較為常見，而且具有多種功能。

人類學家特寫

都柏林的非法街頭販售者：

以婦女為中心的互助羣體和社會網絡

Diane Z. Wilheim

　　Diane Z. Wilheim 於西元一九八七年針對愛爾蘭的街頭販售者做了一系列的田野調查。她也研究了阿根廷和智利的 Araucanian 族，以及北卡羅來納州阿帕拉契山脈的民族。目前，她是紐澤西州 Middlesex County College 的人類學教授，也是該大學關於新墨西哥 Picuris Pueblo 地區文化人類學田野教室的指導教授。此外，她也是社區大學人類學學會（Society for Anthropology in Community Colleges）這個組織的會長。

　　愛爾蘭都柏林的街頭販售者，數世紀來一直是當地社會的一項重要景象。她們在當地的工作階層中構成了一個獨特的職業次文化。傳統上，都柏林的街頭小販向來是由婦女擔任的，她們可能從小就生長在商業家庭，或是嫁入這樣的家庭。這些小販操著平坦單調的都柏林口音，一週中除了星期天以外，不論晴雨，她們都會大聲地吆喝販售她們的物品。
　　在不同的歷史時期裡，這些小販或合法或非法，主要是依據當時的社會環境而定。今日，小販當中有的合法從事有的非法進行。合法的販賣者有執照和固定的攤位，她們其中有許多都和非法的販賣者有親屬關係，但她們不會涉入非

法販賣者的社會網絡中，因為這兩個群體常會為了執照問題起摩擦。由於市議會所定的限制，凡是曾因無照營業而被捕的販賣者將永遠無法申請執照，而那些非法販賣者大部分都曾被捕，所以現階段也無法獲得執照。

愛爾蘭的街頭小販，形成一個以女性為中心的網狀關係，在都柏林的街道上叫賣著她們的貨品。

　　我的研究把重點擺在某個群體上（群體 group，和網狀組織 network 不同的是，它具有明確的角色結構和界限），這個群體是由二十個從事非法街頭販售的婦女所組成。她們沒有固定的攤位，但卻以手推車的方式販售她們的水果、蔬菜和花卉，這些婦女正代表著奇特的都柏林次文化下的生存法則。雖然她們的販售行為只是家族傳統行為的一部分，但實際而言，在如此惡劣的經濟狀況下，也成了少數她們可以

維持生計的方式之一。至於這些婦女的丈夫則大多沒有職業而領取社會救濟金。他們是實用主義者，因爲他們的街頭販賣代表著他們對於經濟狀況所產生的一種合理的因應之道。

這些非法的都柏林街頭小販也捲進了一個與其他販售者有互動關係而且緊密結合的網狀組織中，同時大多是他們的親戚。（網狀組織是以自我爲中心而且沒有群體的結構和界限。）這種網狀組織爲販賣者的成功提供了物質與情感上的援助，也能協助販售者解決在艱困的市中心環境下求生存所需應付的種種問題。和美國的市中心居民（大部分是新移民）相較而言，愛爾蘭的街頭販賣家族，根據他們的口述相傳，已經住在那裡將近有五百年的歷史。這項事實也反映了他們的網狀組織之強韌度與耐久性。

雖然在都柏林可能存在著數百位的街頭小販，但那些非法的販賣者大都集中在繁榮之城區購物商場內的一條主要街道和一些鄰近的市街。正常的情況下約有七十五位，但到了週末時偶而會增加。然而，對每個販售者而言，可提供協助的最佳群體成員數量約爲二十個。此外，每位販售者也還有更廣的網狀關係，可在需要時提供適當的援助。

我所研究的群體，其群體範圍的界限是在當地小咖啡館的日常午餐場合下被劃分的。

咖啡館內的對談顯示各個成員均清楚地瞭解彼此互成一個群體。例如，每當有不甚熟識的人名進入她們的談話中時，總會有人轉而向我告知：「她是我們的一員」或「她不屬於我們」。

藉著討論其他群體的販售者，或是從閒談中強調那些販售者並不屬於這個特定的群體，這項每日的例行會面提供了一個機會讓她們可以再確定群體內成員的狀況。事實上，

並沒有其他群體的小販曾在這個時段進入這個咖啡館來加入她們的談話。

群體的成員關係、相互的責任義務與合作關係都在午餐中所進行的活動裡受到進一步的強化。例如，每個婦女所賺得的錢會在這個時候拿出來數，這個工作常會落在一位固定的婦女身上，她是我的重要資訊來源，而很顯然她也是這個群體的領導者。同時，在用餐時間，離大門最近的婦女會起身照顧外面手推車上正吸引顧客的物品之販售事宜，而賣得的錢她會轉交給該手推車的主人，這個現象也再度展現了這些婦女間的合作關係。

群體成員之間的緊密結合以及相互責任的履行可以從下面的例子中得到再次的證明。這些婦女的小孩或其年輕的弟妹也會造訪這個咖啡館，通常是為了向母親或姐姐要錢。而如果他們的母親或姐姐不在那裡，其他的親屬就會掏錢給他們，但經常也會派一些差事給他們。這也強調了在這個網狀關係內，除了經濟合作關係之外，還有很強的親屬關係聯結。

這個由二十名婦女所構成的群體，展現的社會凝聚，除了基於經濟上不可分之因素外，也是彼此間社會互動的結果。因為所有的婦女幾乎都住在同一條街的公寓內，離她們的賣場只有數街之隔。在家的時候，她們會有某些固定的活動，像：串串門子或煩勞別家的小孩幫忙做些雜工。譬如，每天早上該群體的大部分成員會聚在其中一個人的家中，喝杯茶並討論一下這一天的販售計劃。

此外，在一個特定的週末夜晚，幾位婦女會於晚上七點左右以很時髦的裝扮在她們領導者的家中會面，然後開始一項儀式來為她們的裝飾或頭髮做最後的整理。身為一個女

人，我也加入了這項儀式。整個過程包含了前往不同的其他婦女家中試用新品牌的香水或髮膠，這樣的裝扮儀式在這群婦女之間建立了一份格外強烈的親密感。

之後，約有五位婦女組成的小團體會前往位於街角的一個小酒吧，在那裡，她們可能遇到來自其他不同群體的販售者，當然也包括她們自己群體的婦女。在場的沒有任何一位男性，婦女們不斷地四處遊走，在不同的桌前做短暫的駐足與交談。一些重要的資訊，像：批發市場的販售價格、利潤、警察和家庭等話題，都在這樣的場合中談論分享著。另外，也有少許的募款活動會在這裡進行以協助那些陷入經濟困境的婦女。很顯然，這樣的社交活動說明了我所研究的那群婦女團體也有一份延伸至其他街頭小販群體的網狀關係。這對於整個街頭販賣群體以及個人的利益都有不可抹滅的助力。

過了大約一小時，這五位婦女又會轉移陣地至幾條街外的另一家更大的「歌唱吧（singing pub）」。這個吧無論是佔地或空間均較大而且當中有男士在場，在經過介紹後才曉得原來在座的男士都是這些婦女的兄弟，並且意外發現有些還是她們的丈夫。

此外，這個歌唱吧還提供另一個增進群體成員間相互關係的機會。每當有人被點名要求上去唱歌時，在各個群體間會形成一種友誼性的競爭，而且每個群體會對於其成員的優異表現感到格外驕傲。同樣地，在這樣的吧裡面，也有一些針對援助窮困婦女的募款活動。

在這些街頭販賣者的經濟風險中，最常見的就是無照

被捕。所處的罰鍰可能會相當重，但更重要的是，連小販的手推車和商品都有被沒收的危險。在罰鍰付清之後手推車才會歸還，但上面的商品往往已被一掃而空。除此之外，在警局的那段時間也是處於無收入狀態，而且如果需要上法庭的話，還必須犧牲一天的時間無法上街叫賣賺錢。若罰鍰太高這些販賣者無力負擔，她就可能需要接受一段時間的牢獄之災。最後，這些被捕的無照小販尚需支付坐上警車後那一段路程的費用，即相當於計程車的收費。

另外，這些非法的街頭小販本身也有一些基本的劣勢，那就是由於她們必須推著手推車四處叫賣，因此車上無法裝上太多太重的貨品。也因此，她們無法在批發市場以大量低價的方式批下大量物品來販售。很顯然，這必定會減低她們的利潤。為了降低這項困境所帶來的衝擊，這些販售者採取了各式的因應之道。

其中，最基本與最重要的方法就是和另一位販售者建立起合夥關係。兩個婦女將彼此的資本合在一起，以求能在批發市場中以較高的折扣購買物品。一天下來之後再平均分攤各自賣得的錢，不論誰賣得多或誰賣得少。雖然大部分的小販似乎都有一個固定的合夥人，但有時她們也會與其他人合夥販賣。

合夥的另一項好處就是在販賣時她們可以互相照顧。如果警方將矛頭指向其中的一位時，另一名小販就會迅速地將她車上大部分的商品拿走並離開現場，這樣便能保住她們的投資。這樣的情形常會發生，然而，有時可能某位合夥人警覺性不高，或是當她看到警察後並沒有試圖拿走貨品就逕行離開。儘管這會引來一些抱怨，但似乎並不會造成合夥關係的結束。

另一個降低被沒收的危險之方式便是只保留部分的貨品在推車上而將其餘的貨品藏在附近隱密處。如此一來，使得販售者可以自批發市場購得較多的貨品而不須冒著全盤被沒收的危險。然而，這樣的做法會讓販售者必須常來回於街道與貯存場所之間，而減少了叫賣的時間。

　　當某個小販已經賣完她當日的貨品後，她會幫忙販售其他朋友（通常不是她的合夥人）的貨品，而賣得的錢她也會全數地轉交給那些貨品的主人。這樣的行為進一步地鞏固了彼此間的關係，也給予這些販售者一個更廣泛的資助網以便不時之需。而販售者之間亦會彼此交換警察出沒地點的資訊，以試圖規劃出一條適當的行進路線來減少與警察照面的機會。

　　由於這些販售者仍然經常被捕，故這些方法顯然並不能完全奏效。然而，若沒有這些販售者所建立的經濟與社會網絡，非法街頭販售根本不可能存在，也只有靠著這種以婦女為中心的網狀關係才能使非法的街頭販售能夠延續。

Ch8

親屬關係與繼嗣

這些印尼的 Savu 島民正為了一項儀式舞蹈而裝扮。他們衣物上的圖案和色彩象徵了穿著者的社會地位與階層。

1 親屬關係圖譜及其縮寫

2 親屬關係的分類

- 雙親、兄弟姊妹和堂（表）兄弟姊妹的定義
- 繼嗣原則
- 親屬稱謂系統

3 繼嗣和親屬羣

- 單系繼嗣群
  1. 世系群
  2. 氏族
  3. 聯族
  4. 半偶族
- 雙系繼嗣群
- 雙邊繼嗣群

親屬關係的重要性

摘要

人類學家特寫：*New Caledonia* 的政治、土地和系譜
　　　　　　　　Donna Winslow

　　當人類學家 Laura Bohannon（1966）在西非與 Tiv 族人住在一起時，某個下雨天，她在三罐啤酒的助興下嘗試告訴當地的酋長和其家族中的男性，有關哈姆雷特的故事。但是她遇到了一個大問題，那就是如何以 Tiv 族人對於親屬關係以及親屬間適當行為的觀念，來將莎士比亞的故事做一個合理的解釋。她試圖說明為何哈姆雷特對於母親在父親死後不久立即再婚這件事情一直感到悶悶不樂：「我們的習俗是寡婦必須在服喪兩年之後才能進一步尋找下一個丈夫」。但這些聽眾卻質疑地說，「兩年太長了‥‥這段期間誰來幫你的農地從事鋤耕的工作呢？」而且當 Bohannon 談到哈姆雷特躲在窗簾後面誤將他未來的岳父 Polomius 當成她母親的新丈夫，即其叔叔，而把他刺傷時，聽眾們憤怒地說：

> 　　對自己的叔叔或即將成為自己父親的人做出攻擊的行為，是一件很可怕的事。如果你父親的兄弟殺了你的父親，你必須求助於你父親的同輩好友，他們會替你父親復仇。沒有人可以對他的長輩施以暴力（見 1966：207,212-213）。

　　雖然 Bohannon 和 Tiv 族人無法用相同的方式來看待哈姆雷特的故事，但他們都瞭解在這個故事中親屬關係的重要

性，因為親屬關係——這種在文化上以結婚和繼承的方式為基礎的社會關係——是所有人類社會的一項重要特徵。

　　這種普遍性是基於某些生物性因素。人類的嬰孩出生後便全然無助而需仰賴他人照顧達很長的一段時間，彼此間的聯繫就在這種情況下產生。不過，儘管生物性因素提供了

親屬關係的建構基礎，但人們定義與運用親屬關係的方式仍取決於社會文化的考量，而非生物因素。當人類學家在研究親屬關係時，他們也是以探討社會關係與文化定義為主。這些並非固定一致，而是在不同社會間會有很大的差異。我們接著解答在不同的社會中，有著相同的生物性與婚姻關係的人們，如何以不同的方式來定義、標示或區分何者為親屬與何者為非親屬。

親屬關係圖譜及其縮寫

　　在我們要開始解開對於親屬關係在解釋上之差異的複雜性前，我們必須先有一些初步的知識，像親屬關係圖譜的基本元素和人類學家在描述親屬關係時常用的一些縮寫。人類學家通常不用家族樹的方式來描述親屬關係，因為這種方式雖能顯示數代之間家族成員彼此的關係，但是在表達親屬系統的種種複雜性時會顯得不太實用。在經歷過一些離婚或再婚的情形之後，這些樹的分支就會變得相當混亂。此外，許多家族樹除非我們搞清楚製圖者製圖時的特殊邏輯，否則將很難瞭解其中的含義。

　　人類學家為了瞭解與比較各個不同親屬制度的需要，已經發展了一套標準的符號系統（參閱圖 8.1）。這個符號系統的核心有六個基本符號：
1. 三角形代表男性。
2. 圓形代表女性。
3. 正方形代表性別未定。

4. 垂直線代表子嗣關係，像雙親與小孩。
5. 一條水平線與兩條下行垂直線代表同源子嗣，像兄弟姐妹。
6. 一個等號或是一條水平線與兩條上行垂直線代表婚姻關係。

　　除此之外，也常需要用到一些其他的符號。對於那些去世的人，表示的方式可以將符號塗黑或是在符號上劃上一條斜線；離婚則是以在等號或水平線上劃上斜線來表示。親屬關係圖可以針對一個特定的人為中心點，這個人稱為自我（ego）， 再以他的觀點來看周遭親屬的關係而加以繪製。

　　此外，人類學家也發明一些短的文字符號來替代某些親屬關係的狀態：

F是父親（father）　　M是母親（mother）　　S是兒子 （son）
D是女兒（daughter）　B是兄弟（brother）　　Z是姐妹（sister）
H是丈夫（husband）　W是妻子（wife）　　　C是小孩（child）

　　至於其他的親屬關係也可以採結合這些縮寫的方式來表示。由於這些親屬關係的命名常模稜兩可，故這種表示方式便顯得格外重要。因此，被稱為 uncles 的人可能包括舅舅（ＭＢ）、叔伯（ＦＢ）、姑丈（ＦＺＨ）和姨丈（ＭＺＨ）。在許多其他的親屬制度中，這些分別是很重要的，所以一些關於這種繁冗稱謂的簡易縮寫就變得特別地有用。圖 8.2 是一個假設的家族圖譜及其親屬關係的縮寫符號。

親屬關係的分類

在親屬關係的研究中，人類學家所關心的主要是兩種不同型態但彼此相關的關係：分別是血親關係（consanguinity）與姻親關係（affinity）。**血親關係**指的是生物性的關係，是以血緣為基礎的，以這種方式連結的親屬我們稱為血親（consanguines）。**姻親關係**則是指因婚姻而建立起來的關係，以這種方式產生的親屬則為姻親（affines）。並非所有的社會均以相同的方式來看待血親關係，有些社會把小孩的血緣關係視為只來自母親，而有的卻認為小孩的血緣關係是和父親有關。

150

在歸類其血緣關係的來源時，社會之間常有不同的觀點，而在論及更遠的親戚時，就會有更多的歧見產生。就拿我們的叔伯，亦即我們父親的兄弟為例：有些社會在分類的時候並沒有把他們和我們的父親做明顯的區別；有的甚至使用相同的稱謂來稱謂父親、叔伯和我們的表兄弟（ＦＺＳ）。人們分類親屬的方式可以說彼此差異相當大，但這些差異也不是大到沒有限制。無論如何，大部分的親屬分類系統在建構時還是有某些一般性的原則。

雙親、兄弟姐妹和堂（表）兄弟姐妹的定義

任何一個親屬制度中有兩種基本的關係架構：一個是父母與子女之間的關係，一個是兄弟姐妹之間的關係。畢竟，這些是跟我們最直接的生物性連結。然而，生物性只是提供這些關係的基礎，其定義仍需要以文化的角度來加以建構。

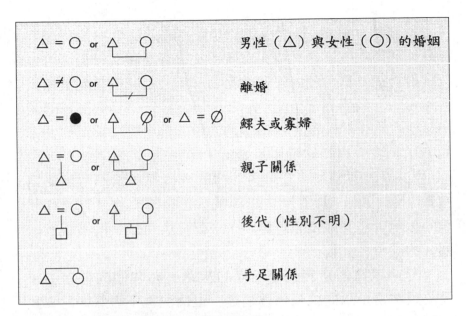

圖 8-1　親屬關係圖譜上的標準符號。

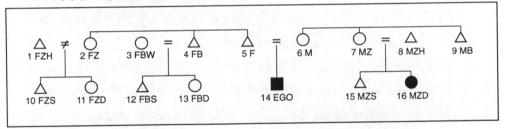

圖 8-2　假設的家族圖譜。自我（14，位於圖的中央）沒有兄弟姐妹。自我的父親（5）有一個姐妹（2）和一個兄弟（4）。自我父親的姐妹（2）和其丈夫（1）已離婚。自我母親有一個姐妹（7）和一個兄弟（9），但只有其姐妹已成婚。自我母親姐妹的女兒（16）已去世。

在我們的社會中，父親這個角色可分為生物性父親、社會與法律上認定的父親與母親的丈夫等三種。一個人可以同時扮演這三種角色，但並非絕對一定。當我們談到某個人的父親時，我們通常是指他社會上的父親，這個人可以是或不是他生物上的父親。而當離婚的雙方再婚時，為了釐清上的方便，我們有時候會使用繼父（stepfather）或生父（real father）這樣的名詞。在一些其他的社會裡，情形可能更為複雜。像：Neur 族人允許母親或甚至鬼魂來擔任社會性父親的角色；在某些南亞社會中，一群兄弟可以共同被視為一個人的社會性父親。

兄弟姐妹的定義也是同樣的複雜。在我們的社會中，兄弟姐妹常是以血緣關係為基礎，但情況也不盡然如此。我們對於一個人的親生子女或是收養子女之間並沒有做太大的分別，而同父異母或同母異父的兄弟姐妹之間也沒有太大的區隔，儘管這樣的區分是可以做到的。至於那些允許一夫多妻制的社會，情況更加複雜。此外，部分社會會依據兄弟姐妹的相對年紀來做分類。而有的社會，他們會將兄弟姐妹與堂（表）兄弟姐妹歸為同一類，在這種情況下，姐妹和堂（表）姐妹會被賦與同樣的稱謂，而兄弟和堂（表）兄弟會被賦與同樣的稱謂。舉例而言，Cheyenne 族對於兄弟姐妹和堂（表）兄弟姐妹就未做分別，但在同一家族中，他們會區分年長與年輕的兄弟姐妹。

堂（表）兄弟姐妹（cousins）， 是指父母的兄弟姐妹之小孩，這也是每個親屬制度的基礎。事實上，在我們的社會中，唯一的區隔在於分隔那些親屬關係過於密切而不適合有性或婚姻關係，以及那些親屬關係夠遠而可以結婚或發生性關係。雖然這項區隔的原因是基於生物上的考量，但事實

它也代表一種文化的型式。在其他的社會中，父系的堂兄弟姐妹和母系的表兄弟姐妹是有差別的。它們甚至還會分**交表兄弟姐妹**（cross-cousins），係指與雙親性別相反的兄弟姐妹之小孩（像：父親的姐妹之小孩）；和**平表兄弟姐妹**（parallel-cousins），係指與雙親性別相同的兄弟姐妹之小孩（像：父親的兄弟之小孩）（**參閱圖** 8.3）。至於這樣的區別並非隨意建立，而是深植在人們的文化傳統和社會結構中。此外，許多社會在針對堂（表）兄弟姐妹間做區隔時可能跟他們的繼承方式和政策有關，而且這些區隔有許多也是特殊親屬制度的產物或是追溯繼嗣的方式造成的。

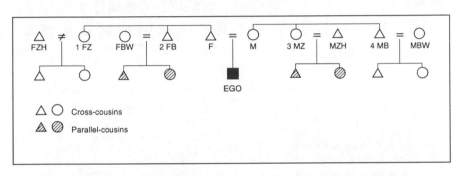

圖 8-3 交表兄弟姐妹和平表兄弟姐妹。自我的交表兄弟姐妹是自我父親姐妹（1）和自我母親兄弟（4）的小孩。自我的平表兄弟姐妹是自我父親兄弟（2）和自我母親姐妹（3）的小孩。

繼嗣原則

親屬制度的結構包括**繼嗣**（descent），即這個社會認定某一個人和其祖先之間的聯繫。藉由繼嗣關係，使我們的親屬範圍能擴展到兄弟姐妹、雙親、及雙親兄弟姐妹之狹隘範疇以外。

151

許多社會都會對於繼嗣關係的追溯做一些限制，其中最重要的一項原因就是要控制資源的取得。在這種方式之下，繼嗣關係便成了社會之適應策略的一部分。限制性最大的繼嗣方式就是**單系繼嗣**（unilineal descent）——只循一條單一的線，以男性或女性為主。單系的繼嗣規則使得一個人與整條線的親屬都具有關係，這些親屬可以溯及數代之前也可以推及未來，但僅限於沿著這條男性或女性繼嗣線的相關親屬。我們把沿著女性主線所追溯的繼嗣稱為**母系繼嗣**（matrilineal descent）。根據這個原則，每一代的小孩是從他們的社會性母親來追溯他們的繼嗣，而且只有與這條母性繼嗣線相關的親屬才被視為同一個親屬群（參閱圖 8.4）。同樣地，經由男性主線來追溯的繼嗣則稱為**父系繼嗣**（patrilineal descent）。

圖 8-4 母系繼嗣。此圖中以有斜線的符號代表自一個共同祖先循母系繼嗣而下的所有親屬。

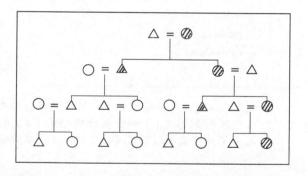

單系繼嗣的模式較常存在於那些較富裕或穩定的覓食群體、某些小規模的農業群體以及一些游牧民族。採用何種繼嗣規則有一部分要視環境而定。例如，堅守母系繼嗣原則的農業社會，通常是座落在森林區域的邊緣或其外圍（見 Aberle 1961），以及在一些缺乏大型家畜的地區。人口的壓力和因為資源貧乏而引起的競爭在這些社會中非常少見，因

152

此，戰爭幾乎不會發生。同時，基於上述因素所引發的一些心理與社會狀態，像：攻擊性、競爭性、公有和私有領域的強烈分化、貶低女性和屠殺女嬰等情形也很少見到。然而，在過去數世紀以來地球上容許這種母系系統存在的環境已經日趨減少。在一項針對以山田燒墾方式為主的農業社會之調查中，Martin 和 Voorhies（1975） 發現其中只有百分之二十四是屬於母系繼嗣。他們表示在過去較穩定的環境中這個比率更高，並強調當人們遭遇擴張、競爭或須強化生產等問題時，母系繼嗣的制度可能就會面臨瓦解。

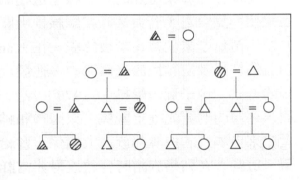

圖 8-5 父系繼嗣。此圖中以彩色框邊的符號代表自一個共同祖先循父系繼嗣而下的所有親屬。

　　部分小規模社會在定義親屬關係時會採取一種限制較小的方式，但仍維持線性的觀念。像有些社會在追溯繼嗣時是沿著男性及女性的主線分別進行，這樣的原則可稱為**雙系繼嗣**（bilineal descent），又稱為雙重繼嗣（double descent），一個人可能為了某種理由而遵循父系繼嗣或基於其他原因而採取母系繼嗣。有些社會則同時承認父系與母系的繼嗣，每個人可自由選擇其中一種，這樣的原則稱為**自由選系繼嗣**（ambilineal descent）。最後，還有些社會是女性追溯母系繼嗣，而男性則追溯父系繼嗣，這是所謂的平行繼嗣（parallel descent）原則。

　　另外一種型式的繼嗣追溯方式稱爲**雙邊繼嗣**（cognatic descent），讓一個人可以從他所有的祖先中無論男女來追溯繼嗣，兩邊的親屬都可視爲親類。這種方式主要存在於大規模社會、地處嚴厲環境或深受來自非覓食群體壓力的覓食社會、以家族爲導向的季節遷徙者以及那些住在相當貧乏環境下的農人。

　　無論繼嗣的追溯是運用何種原則，所有社會的人們都會根據其環境狀況來提昇或減低與他人的關係。如果有繼承的可能性存在於某特殊的繼嗣線，這相關的聯繫就會變得相當重要。反言之，若與某條繼嗣線扯上關係會造成負面效果的話，這份聯繫就會逐漸被忽視。在 Jean Duvignaud 對突尼西亞的村民及遊牧民族之研究中，他發現人們運用和處理族譜的方式「像是玩一盤棋」（1970：72）。突尼西亞人會試圖與未經證明的祖先扯上關係，只因爲和神聖的家族以及十二世紀來自埃及的掠奪部族連上關係，會給他們帶來不小的威望。這些人在列舉族譜時會敘述得非常詳盡，試圖營造一個

153　「非常合理，以一連串婚姻聯繫與繼承的明顯結合爲基礎的事實」（1970:1450）。但是這些宣稱往往只是空穴來風，而且過一陣子就會有所變動。另有一些情況是，家族樹是購買或經由協調得來的。有時候年輕的男子會在不同的家族之間遊走，而在整個過程中宣稱自己與一系列不同家族的關係。

　　這種情形在其他社會中並不像突尼西亞這般盛行。有些社會很小心地維護其族譜的完整性。然而，在大部分的情況下，吾人最好將人們追溯繼嗣的方式視爲對當時現實環境的一種反映，而非對過去歷史的精確闡述。

親屬稱謂系統

各個社會不僅對繼嗣做不同的區分，而且把他們的親屬貼上不同的標籤。儘管在世界各地可以發現許多種親屬稱謂，但人類學家已能歸納出有限的幾種型式。我們現在就來看看幾種較常見的型態。

美國文化中所運用的系統稱為愛斯基摩系統（Eskimo system）（見圖 8.6），它常和雙邊的繼嗣系統結合。在此一系統中，堂（表）兄弟姐妹（cousin）和親兄弟姐妹是有分別的，但所有的堂（表）兄弟姐妹是被歸為同一類。姑姨（aunt）與叔伯舅（uncle）也與父母親不同而且根據其性別有不同的稱謂。它與其他系統不同的是，在愛斯基摩系統中，沒有任何其他親屬是和核心家庭的成員——母親、父親、兄弟、姐妹——使用同樣的稱謂。這樣的限制可能是由於使用這種系統的社會通常沒有以親屬為基礎的大家族，於是便轉而強調小型家庭群體。

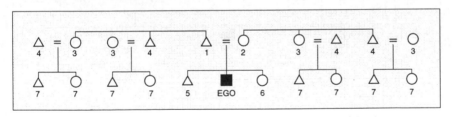

圖 8-6　愛斯基摩親屬制度。有相同數字的符號代表和自我有相同的關係。

夏威夷系統是複雜度最低的系統，運用了最少的親屬關係名稱。同一代的相同性別之親屬都用同樣的稱謂來稱呼，於是，所有的堂（表）姐妹都和自己的姐妹稱謂一樣，

而所有的堂（表）兄弟之稱謂也和自己的兄弟沒有差別。同理，與父母屬同一代的男性親屬與女性親屬亦分別只須一種稱謂即可。

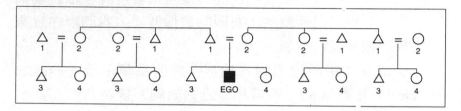

圖 8-7　夏威夷親屬制度。

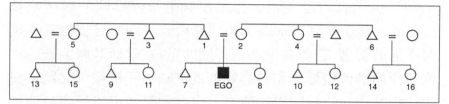

圖 8-8　蘇丹親屬制度。

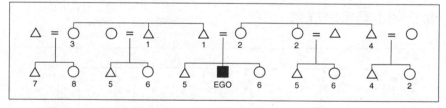

圖 8-9　俄哈馬親屬制度。

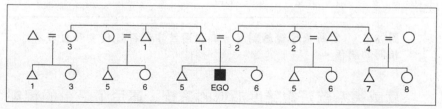

圖 8-10　科洛親屬制度。

這種系統常和選系繼嗣或非單系繼嗣有關，因為前者可以讓一個人和父系或母系的親屬群體連上關係。另一個極端是蘇丹系統（Sudanese system）（見圖 8.8），它儘可能地將親屬做最詳盡的分別。例如，它對於堂（表）兄弟姐妹就根據他們與自我（ego）的關係之不同而有不同的稱謂。這種蘇丹系統的產生可能與那些有精細分工、社會階層制度分明以及強調父系繼嗣等特色的社會有關。

俄馬哈系統（Omaha system）（見圖 8.9）是父系繼嗣社會中常見的一種親屬稱謂系統。它對於父系繼嗣群體中同一代的各個親屬會使用相同的稱謂。譬如，自己的父親和父親的兄弟就有一樣的稱謂。然而，對於大部分的母系親屬就會不論其輩份而採相同的稱謂，像：自己的母親、母親的姐妹和母親的兄弟之女兒就被賦與同樣的稱謂；對母親的兄弟與母親的兄弟之兒子亦然。至於自己的同輩中，則是根據性別來給予不同的稱謂。對自己的兄弟和堂表兄弟（屬平行同輩）有同樣的稱謂，而對自己的姐妹及平行的堂表姐妹則籠統地也給予同樣的稱謂。

科洛（Crow system）系統（見圖 8-10）多多少少像是俄馬哈系統的母系對等系統。兩者的主要差別在於，科洛系統中父系的親屬是統合在一起給予稱謂的（Ｆ、ＦＢ和ＦＺＳ有一個稱謂，ＦＺ、ＦＺＤ則是另一個稱謂），而代與代之間的分別只存在於母系親屬間。因此，自己的母親和阿姨是同一個稱謂，自己的兄弟和平表兄弟是一個稱謂，而自己的姐妹和平表姐妹則又是另一個稱謂。

最後介紹的是伊洛魁系統（Iroquois system）（見圖 8-11），它對於自我雙親那一代之稱謂方式和前兩種系統類似：自己的父親和叔伯使用同一稱謂，而自己的母親和阿姨也使

用同一稱謂。而主要的差別在於對交表兄弟姐妹的稱謂。在前兩種系統中，交表兄弟姐妹有的是融入其上一代給予相同的稱謂，有的是另有不同的稱謂。而在伊洛克系統中，則是將交表兄弟和交表姐妹分別集中採用同一稱謂。像：ＦＺＳ和ＭＢＳ稱謂就一樣，ＦＺＤ與ＭＢＤ也是相同的稱謂。這種稱謂方式可能與社會中交表婚有關，因為交表婚常與伊洛克稱謂系統同時存在（見 Goody 1970）。

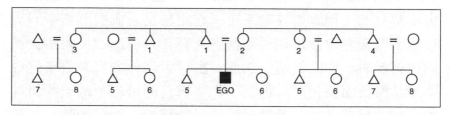

圖 8-11　　伊洛魁親屬制度。

繼嗣和親屬群

156　　　人們之間的親屬關係主要有二種社會功能。第一是，親屬關係提供了社會地位與個人資產在數代之間傳承的最佳媒介，我們將這個過程稱為**繼承**（inheritance）。事實上，幾乎各個社會的人們在死時都會將一些受垂涎或需要分配的東西留給下一代。為了避免相爭時的混亂，社會的成員均會替社會性或物質性的資產繼承設立某些可供遵循的規則，而這些規則常以親屬關係的角度來陳述。第二，親屬關係是社會群體建立與維持的根本。在小規模社會中，親屬關係往往是形成群體的主要或唯一方式。而在大規模社會裡，親屬關係

也逐漸成為形成群體的數種方式中最重要的一項。

　　親屬群本身的形成可能基於各種不同的目的。通常，它們是財產共有體，擁有土地、動物、儀式用品和各式其他資產。它們也提供互助的功能，因為成員之間從農事到喪事禮儀都會互相幫助，盡一己之力。此外，它們的形成也可能基於軍事目的、宗教儀式目的或甚至有政治或行政上的功能。親屬群最基本的單位是家庭，我們將在下一章中討論。接下來，我們將探討家庭層次以外的親屬群。

單系繼嗣群

　　以親屬為基礎的社會群體之形成過程中，單系繼嗣是最常見的原則之一。單系繼嗣的親屬群之成員關係是與生俱來的：即某人出生後就是成員。這項生而賦與的特性使社會群體形成時的界限明確，可以很容易地將社會中的每一份子分為成員和非成員。如圖 8.12 所指出的，以單系繼嗣原則為基礎的社會群體主要有四種基本型態：它們分別是世系群，氏族，聯族和半偶族。

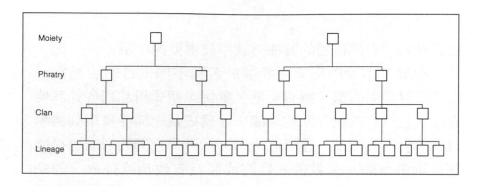

圖 8-12 　單系繼嗣群。世系群、氏族、聯族、和半偶族這些群
體可以形成一個有組織的階層關係。世系群是氏族的分支，氏
族是聯族的分支，而聯族又是半偶族的分支。然而，所有社會
並非總是擁有這四種群體，有些社會只具有其中的一到兩種。

唐氏世系群組織的總部設於香港的這棟辦公大樓內。這間辦公
室是該世系群會員的商業、社會和文化中心。唐氏世系群由少
數香港的地主商人之類的名流所把持，但是其團聚的力量部分
藉由強調會員價值的儀式而達成。

世系群

世系群（lineage）是指一群血統上溯自共同祖先而且血緣關係明確的親屬。若繼嗣的追溯是循男性這條線就稱為**父系世系群**（partilineage），但若循女性這條線，則為**母系世系群**（martilineage）。

世系群常會形成具合作性質的團體。在許多小規模社會中，世系群在財富與政治勢力的分配上扮演著一個主要的角色。像在 Nuer 族中，他們最重要的財產「牛」之繼承毫無例外地只限於世系群成員，由父親傳給兒子或兄弟相傳。而土地在大部分社會中也是由世系群的成員共同持有，這些成員常常維持經濟上相互合作的關係。此外，世系群中生活富足的成員對於族內老弱貧窮者之生活照顧也常會負起一份責任。至於這種世系群社會的宗教生活，則強調膜拜共同的祖先。

8

世系群也存在於大規模社會中。就歷史而言，世系群一直是中國社會的一項共同特徵。香港的唐氏世系群就是在十八世紀中期，基於和周圍群體之間的經濟競爭而形成的（Watson 1985）。這些群聚而成一個世系群的人均生活在同一個區域而且彼此關係密切長達三百年以上。但是要促成他們共同組成一個世系群仍需某些特別的環境，尤其是經濟方面。像這個唐氏世系群就是由少數地主商人之流的菁英份子所領導。儘管成員間存在許多明顯的不平等，但由於身為大群體的成員有既存的利益，加上有強調平等主義的宗教儀式扮演著強化成員間關係的角色，故此世系群仍能緊密結合。

世系群又可往下細分為更小的單位，這細分的過程稱
為分支化（segmentation），發生於後代與其開山始祖間的距
離漸增時。分支化常是世系群日益茁壯後所帶來的壓力所
致，這也是許多世系群社會中常見的現象。例如，奈及利亞
北部近一百萬的 Tiv 族人相信他們的共同祖先是一位活在十
四到十七代之前的一位男性（Bohannon and Bohannon
1953），這位祖先的兒子以及相繼幾代的男性後裔被認為是
一系列次世系群的創始成員。其世系群分支化的過程止於自
現存最老的長者起算的前三到四代。最後的次分支叫做最小
世系群分支（minimal lineage segments），是 Tiv 族中最基礎
的政治與居住單位。

圖 8-13　分支化的模式。A
代表一系列次世系群（B到
O）的建立者。H到O是最
小世系群分支一世系群分化
的最後產物。在 Tiv 族中，
最小世系群分支是最基本的
政治與居住單位。在分支化
的過程中，每個次世系群都
將自己視為單一世系群的一
部分。

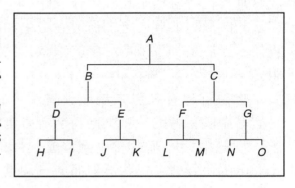

次世系群間的聯盟與競爭，像在 Tiv 族內是以彼此親戚
關係之濃淡為基礎。我們以圖 8-13 為例來說明，圖中每個
最小世系群分支（從 H 到 O）都是一個自主單位。在 H 與 I
中的成員平常彼此並沒有太大的關聯，然而，若它們兩者當
中有某位成員遭受第三世系群分支（比方說：J）的成員攻
擊，H 和 I 的成員便會聯合起來對抗共同的敵人，只因為它
們擁有共同的祖先 D。同樣地，所有傳承自 B 的成員也會

結盟起來對抗那些傳承自 C 的成員。

　　當世系群的成員分裂成不同的世系群分支時，他們未必會繼續視自己爲母世系群的一部分，而各自形成獨立的世系群。在某些社會中，這種世系群分裂的過程會定期發生，一旦每一代的同輩們彼此毗離而建立新的世系群。在世系群分裂常見的社會中，後代子孫在追溯祖先時往往只限數代，也許最遠僅及某一代目前還活著的長者代表。

　　社會中究竟是以分支化（segmentation）或分裂（fission）爲主，有一部份是基於環境上的考量（Onwuejeugwu 1975）。例如，在西非雖然兩種型態均存在，但通常各存在於截然不同的環境中。在人口成長快速需向外擴張但卻遭遇到外來抵抗的地方，分支化型態可能較容易發展出來。因爲在面對外在反對勢力的威脅下，群體若過於獨立自主會較不利。在分支化模式的系統下，每個次世系群能在和平的時期中追求自己的利益，同時也能立即形成更大的組織以抵抗威脅或威脅他人。至於在不需擴展與外在威脅鮮見的地區，採世系群分裂的模式可能會較多。

氏族

　　相對於世系群，**氏族**（clan）是一群相信他們來自共同的祖先卻無法明確釐清血緣關係的親屬群體。在某些社會中，氏族成員會形成跟世系群無異的緊密群體。然而，今日的氏族一如大多數的蘇格蘭氏族，其成員分得非常散，以氏族爲基礎的互動很少。爲了彰顯氏族成員的團結，通常會有共同的**圖騰標記**（totemic emblem）──動物或植物圖案（可參閱第十四章圖騰部分）。

戴著 Tsimshian 狼冠（氏族的圖騰標記）的酋長們（Giltadamaxs
1903：Andrew Nass）穿著縫有銅片的上衣；John Nass，穿著白
色服裝；James Skean，披著 chilkat 毛毯；Philip Nass，披著 chilkat
毛毯並佩戴項鍊；Charlie Brown 穿著印有倒臉圖形的外衣且手
持鼓。

　　認同氏族的成員會肩負起對彼此的責任，但這些責任
的範圍不大，僅止於有需求時提供相互的援助。例如，西阿
帕契族（Western Apache）便是以母系繼嗣為主，而且住在
小型農業居留地。過去在這些農業居留地工作的人們會以該
特定地點來命名。隨著人口的成長，那些移出這些農業居留
地的人們仍持續被外人以其原始住處之名加以稱呼。這些人
所形成的氏族便透過居留地之名來確認其共同的祖先。偶爾
氏族的成員有權利運用該氏族的土地，但氏族的主要功能還
是以相互援助為主（Kaut 1957）。

160

氏族常包含數個地區的世系群。譬如，奈及利亞東部的 Yako 族就擁有幾個小型的擁有土地之父系世系群（它們也有母系世系群扮演著其他功能）。這些擁有一小片村莊的父系世系群常藉著共同的氏族關係而結合。每個氏族有一個儀式領導人負責管理氏族的神龕、聖祠等事，他也是各世系群的長者、名流間非正式會議的主席。在一般的情況下，Yako族的成員會承認他們共同的祖先。然而，一旦有住所或農地的爭論時，世系群的成員就會傾向強調彼此的獨立分別性（Forbe 1964）（見章末的人類學家特寫）。

聯族

聯族（phratry）是一個由若干彼此應該有關係的氏族所組成的繼嗣群，但其間確實的血緣關係往往無法確認。例如，北美西北海岸的 Haida 族就擁有一些聯族並進一步細分成許多氏族。每個聯族都有它自己供辨識的圖騰標誌。Haida 族主要的二個聯族是烏鴉聯族和老鷹聯族，分別以殺人鯨和老鷹做為其圖騰標誌。聯族的成員具有專屬的權利可以將其圖騰標記於所屬的各項資產上，如：房屋、船舶、器皿、帽子等。而 Haida 的各個部落中往往同時包含這兩個聯族的成員。

聯族在社會上通常沒有扮演任何重要功能，但亦有些例外。像阿茲特克聯族，不僅具有重要的政治功能，同時也是共同宗教活動的組織基礎。

半偶族

許多小規模的社會會區分為二個半偶族（moiety），它們分別是不同的單系繼嗣群，但彼此間扮演著共同合作的功

能。在半偶族存在的社會中，成員結婚的對象必須是另一個半偶族的成員，而且半偶族的附屬關係常是宗教或儀式活動的一項重要考量。Mardudjara 土著有以父系繼嗣為基礎的半偶族，而藉著大型儀式活動的聚集，他們將自己分組為二群，每一群均在儀式中扮演著不同的角色；在北美的 Seneca Iroquois，每個半偶族會替對方舉行葬禮儀式；而某些北美的土著社會，半偶族也會彼此舉行曲棍球比賽相互競爭。半偶族常和宇宙的二元性相關：土和水，晝和夜，天和地，戰爭與和平。因此，半偶族便可以根據這些二元性來命名。

雙系繼嗣群

在雙系制的社會中，繼嗣同時經由父系與母系來追溯，故一個人同時是其父親的世系群及其母親的世系群的成員。可以想像地，這必會造成一定程度的混淆，但是，在大多數的情況下此二者各有其不同的功能。例如，在西非的 Lodagaba，一個人自其父親方面繼承不動產（如土地），而動產方面（如金錢、穀物）則承自其母親（Goody 1959）。

雙邊繼嗣群

比起線性繼嗣互不重疊的成員關係，雙邊繼嗣（cognatic descent）就混亂得多。在雙邊繼嗣中，個人可以同時是多個繼嗣群的成員，而且任何人均可視為一個繼嗣群的創始者。因此，自我的祖父母及外祖父母均可能是不同繼嗣群的建立者，而自我也是所有這些繼嗣群的成員之一。就個人的觀點而言，這樣的繼嗣基於其彈性可以提供適應上

的方便，讓個人有多種選擇。不過，這種系統亦加深了形成
統一性群體的難度，同時資產與忠誠也會稀疏散佈，甚至任
意分散。

在雙邊繼嗣的基礎下，群體的形成有兩種方式。一個
是以祖先爲中心的方式，群體藉由自祖先處追溯繼嗣而形
成。另一個則是以個人爲中心的方式，群體是環繞著某個共
有的親戚而形成，但此人並非該群體共同的祖先，以這種形
態組成的群體稱爲**親類**（kindred）（**參見圖 8-14**）。親類的
一項專有的特徵爲，除了兄弟姐妹和第一代堂（表）兄弟姐
妹以外，沒有任何兩個人擁有相同的親類。此外，親類無法
延續至該核心個人去世之後。

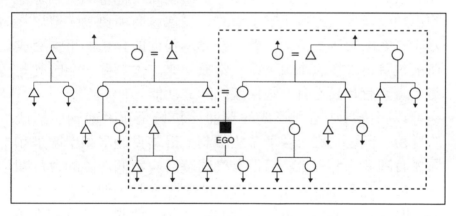

圖 8-14　　親類。親類是以個人爲中心採雙邊繼嗣原則所組成的
群體：其中的親屬均經由父系或母系的繼嗣線來和某位尚存的
人連上關係。這個圖形顯示這個自我的親類，而其母親的親類
則只有虛線所框住的部分（箭頭表示繼嗣線的延續）。

親類很少有群體的功能。親類內的成員通常有不同的忠誠度，他們與自我的聯繫關係主要還是仰賴後者的人格力量，或應後者的要求而定。故親類所扮演的角色似乎是一堆鬆散的人群，只有在特殊的場合爲著某種特殊目的因自我的促使才聚集在一起。親類並不擁有土地也與各種資產的分配和所有權之繼承沒有太大關係。

在東南亞各個島上的部落民族，因爲傳統上缺乏國家制度，故親類是相當常見的群體。在這些社會中，他們強調家族贈禮與責任的觀念。男性的威望主要建立在戰鬥，特別是獵捕人頭的活動上，而親類則常是人頭獵捕小隊招募的對象。在過去，婆羅洲 Iban 一帶的親類有一項主要活動便是獵捕人頭。當某人決定要發動一次襲擊時，他會四處招募他的親類成員，而每次襲擊小組的成員都會有所更動。至於在菲律賓北部的 Kalinga 一帶，親類所扮演的角色則是當有成員被殺時組成復仇小組，或是當獵捕來之肉類要分配時的基礎，當然有時候也有一些相互協助的功能。

162　　　以祖先爲中心所形成的群體比較像是單系繼嗣所形成的群體，但是它還包含了某些限制。最常見的限制型態是和居住有關，一個人也許可以有權同時擁有數個群體的會員關係，但唯有當他居住在某個群體的領土上時，他才能享受該群體的權利。例如，在紐西蘭的毛利人，他們可能擁有許多統合性群體所承認的祖先，或可能同時隸屬好幾個不同的繼嗣群，但事實上一個人只能選擇其中一個群體來居住，而對男性而言，通常選擇的就是他父親的群體。

親屬關係的重要性

雖然總括而言，面對社會規模的逐漸增大以及世界系統的整合，親屬關係的重要性有逐漸下降的趨勢，但就個別而言，它還是會因社會的不同而不同。在單一社會中，親屬關係的重要性會因不同的人或分支而有不同，並且情形也會隨著時間而有所改變。

在西方社會中，親屬關係的重要性無論就家庭或個人而言，會依外在環境或內在想法之不同而有相當大的差異。對處於這些社會的人們而言，親屬包含了祖父母、叔伯舅、姑姨嬸以及堂（表）兄弟姐妹，他們當中有些從未謀面，有些只有在少數的場合中會遇到。然而，有些親屬可能對我們在過去生命的某個時期有著某些重要的意義——像曾在假日探視的祖父母，曾是小時候玩伴的堂（表）兄弟姐妹，或曾給予暑期打工機會的叔伯舅——但是，在大部分的情況下他們只在人們的生活中扮演邊緣性的角色。當然，情形並非總是如此。對於和祖父母或甚至曾祖父母住在同一城鎮或鄰近區域的人而言，可能擁有一大群親戚能夠經常碰面並在生活中扮演重要的角色。如果家族相當富有，或某個遠房的堂（表）兄弟姐妹去世時留下一筆財富，這時親屬關係就可能變得格外重要。在白人家族中，親屬之間所建立的關係網絡是影響財富和權力之流通的重要管道。

西方社會中親屬關係的重要性不能單就財富、權力或甚至友誼的角色來看，雖然這些因素絕對是在考量的範圍之內。對大多數人而言，親屬關係的重要性主要是在於它的持久性。一如其他的社會組織，親屬關係具有一項恒久性的特

質讓它可以超越個人及其行為。在這樣一個多變的環境下，一個常令我們深感疏離的社會中，它給與我們一份安全感，一份根的感覺。對於和國內各地上百甚至上千人有親屬關係，我們亦深感欣慰，雖然我們可能對這些人一無所知。而我們之中也許有人曾有過這樣的經驗，當我們受困於某個陌生的城市或機場時，我們會樂於翻開電話簿去尋找和自己同姓的人，也許撥個電話問問彼此是否有親屬關係而可能得到一些協助。此外，假若我們的車在 Gila Bend 的郊外拋錨了，我們也可以嘗試求助於某一位堂（表）兄弟姐妹，如果所需的幫助並不大，獲得協助的機會應該是很高。

越南家庭在他們加州家中的情形。雖然融入現代世界系統可能會削減親屬關係的重要性，但對美國某些社區而言，像許多亞洲移民群體，親屬關係仍提供一份很強的安全感來源，並給予他們一份根的感覺，甚至親屬關係還能決定一個人在社會中的角色與地位。

親屬關係可藉著將我們和過去的一些祖先連上關係而提供我們一份安全感。幾乎所有的家族都會宣稱自己和某些國家英雄有親屬關係，儘管其中的連結常是模糊不清。許多家族也會向郵購公司購買盾形徽章，當中會附有一本小冊子告訴你某些鼎鼎有名的祖先。這種盾形徽章以及和過去的富人名人之間的關係宣示，本身並沒有太大的實質意義，但卻能提昇人們的自我價值。不過，一個人的祖先也可能有其實質的意義。例如，在美國或加拿大，身爲早期移民的後裔常具有某種社會優勢，即使這名談論中的祖先是惡名昭彰的。此外，美國革命之女會（the Daughters of the American Revolution）和其餘類似組織的成員也都認爲他們的祖先具有相當程度的重要性。而在美國東南部，土地的所有權大多數也都是藉由和早期被西班牙賜予土地者親屬關係而得以繼承。

　　儘管親屬關係在西方社會有其一定的重要性，但和其他社會比起來卻仍顯遜色。在亞洲、非洲和第三世界的許多土著社會，親屬關係是大多數社會互動的基本原動力。對這些社會中數以百萬計的人民而言，親屬關係乃是影響他們生活最多的社會因素，它決定了人們在社會中各方面的角色和地位。在這些社會中，若沒有親屬關係將會使一個人陷入無家可歸的窘境，不僅失去擁有正常生活的希望，連結婚、滿足基本維生需求和年老時得到照顧的權利都會受到威脅，因爲這種種都需要親屬關係的支持。在小規模社會中，一個人常被二分爲不是親屬就是陌生人。親屬關係在這樣的社會中是政治、經濟、或甚至宗教組織的基礎。而在這些社會和某些非洲與東亞的大規模社會中，祖先也扮演著維持社會秩序的基本角色。祖先被視爲主動參與其後裔的生活，如果子孫

給予尊敬會帶來好運，但若加以忽視或不敬則會有惡運上身。

在西方社會中，親屬關係偶爾會發揮功能但鮮少成為社會生活的重要部分；而在其他社會中，親屬關係反而是社會生活的基本特徵。這其中的差異反映了這兩種社會適應策略的差別。例如，在以親屬為基礎的社會中，親屬關係操控著貨物的生產和勞役的分配。人們基於親屬關係而共同工作並彼此交換產物，而行為表現也大多符合親屬關係的預期。因此，親屬關係和經濟角色少有隔離。

但在西方以都市化和工業化為主的社會中，親屬關係在核心家庭範圍外的生產與交換上所扮演的角色就少得多。生產活動與物品交換所根據的原則並非和親屬關係緊緊相繫。工人的招募儘管部分仍受親屬關係的影響，但主要還是依據個人擁有的技術和專業知識而定。而且，似乎有種趨勢認為家族角色和經濟角色應該各自保持獨立，人們應儘量避免將私人問題帶至工作場合，也不應對自己的親屬徇私。當然，角色還是會有重覆的部分，而且親屬關係也常會影響到人們在工作場合中的行為表現。

隨著那些將親屬關係視為其適應策略之關鍵因素的社會逐漸融入現代的整合世界系統，親屬關係的角色也漸趨黯淡。譬如，在歐洲殖民勢力入侵之前，非洲的許多鄉間都是由小型的農業社會或游牧社會所組成，而且每個社會都是一個親屬群的集合。群體的成員大多基於共同合作的原則來工作，土地和其他資產也是由整個群體所共有，並由該群體的年長成員管理。但在歐洲殖民勢力的統治下，非洲各地的這種制度便開始式微，轉以薪資勞工和市場導向生產來代替群體消費。隨著人們一心追求個人的資產和累積財富，其生活

164

中親屬關係的重要性也跟著遞減，親屬群體的穩固性便開始面臨瓦解。

融入世界體系並未完全抹殺親屬關係的重要性，但親屬關係卻開始愈來愈趨向一種選擇性的社會關係。不過，對那些因融入世界體系而變得貧窮的人們而言，親屬關係仍持續在他們的生活中扮演相當重要的角色。藉由相互協助，親屬關係成了他們少數可用的安全資源之一。此外，社會菁英份子也常把親屬關係視為保障和提昇其財富與權力的一項有效工具。

摘要

雖然生物性因素提供了親屬關係的基礎，但親屬關係的運用和定義仍需取決於社會文化因素的考量。不論是血親或姻親，或是和父母、兄弟姐妹及堂（表）兄弟姐妹的關係，在不同社會中都會有著不同的定義。

欲瞭解各種不同的親屬型態最好的方法便是去研究人們如何看待繼嗣的問題。有些社會以單系繼嗣的方式來追溯其群體－經由男性（父系）或女性（母系）的祖先及後裔；有些則依據雙系繼嗣原則（父系繼嗣和母系繼嗣各有不同的目的）；另外還有選系繼嗣（讓個人自父系繼嗣和母系繼嗣中做一選擇），以及平行繼嗣（男性循父系繼嗣而女性循母系繼嗣）。在許多大規模社會和部分小規模社會中，還存有一種繼嗣型式稱為雙邊繼嗣，允許個人經由所有的祖先，不論男性或女性，來追溯其繼嗣。

相同的親戚於不同的社會中會賦予不一樣的稱謂。例如，同稱為堂（表）兄弟姐妹（cousins）的眾親屬在某些命名系統中就會被賦予更詳細的稱謂來分別。主要的親屬命名系統包括愛斯基摩系統、夏威夷系統、蘇丹系統、俄哈馬系統、科洛系統和伊洛魁系統。

親屬關係有兩種主要的社會功能：繼承和群體形成。以涵蓋性逐漸增加的次序來看，單系繼嗣所形成的親屬群可分為世系群、氏族、聯族和半偶族。世系群是經由確定的連結得知溯自同一祖先的親屬群；氏族則是由一群相信彼此承自一個共同祖先但卻無法明確指出其中確實連結關係的親屬所組成的聯族；聯族這種繼嗣群是由數個假定相關的氏族所組成，但確實的連結關係已無法證實；至於半偶族則是指具有互利共生性質的兩個相互依存的單系繼嗣群之統稱。運用雙邊繼嗣原則的社會可形成以祖先為中心的雙邊繼嗣群體，或是以個人為中心的親類。

親屬關係重要性的差異反映了各個社會不同的適應策略。在以親屬群為基礎的社會中，親屬關係是貨物生產和勞役分配的基本組織原則。而隨著逐漸融入世界系統，親屬關係的重要性也逐漸轉弱。

人類學家特寫

New Caledonia 的政治、土地和系譜

Donna Winslow

Donna Winslow 是蒙特婁大學人類學系的助理研究員。

她在南太平洋的 New Caledonia 從事她的博士和博士後研究，主題是族群和國家認同，她已發表了數篇有關這塊法國領土獨立運動的文章。目前她正著手於一部有關社會習俗和獨立的關係之著作。

　　當 New Caledonia 於西元一八五三年被法國併吞為殖民地以來，它的發展就與移民者的殖民政策、礦產的開採、以及囚犯拘禁地的建立扯上關係。這種種開發都需要利用到大幅的土地。在 New Caledonia 這個仍是法國的一塊海外領土的歷史上，土地問題一直是移民者與當地土著──卡納克（Kanak）人──之間衝突的核心。

　　對卡納克人而言，土地不僅是生產工具，也與當地人民的系譜制度，亦即家庭繼嗣記錄，有著錯綜複雜的關係。卡納克人的系譜記憶是以一系列的父系的名字和地名來表示。父系名字這系統的功能在於規範人們之間的行為。而人們通常會將自己的繼嗣追溯至年紀最長而且尚存的父系親屬（通常上溯三代），至於平行方面，則是追溯至祖父兄弟的子孫及其後裔。

　　除此之外，系譜也有空間性的關係。專有名字的系統常和地名系統相對應，延伸出去的家庭會依據來自共同的發源地（家園塚）而聚集成更龐大的親屬群（世系群或氏族）。這些家園塚的地點是以早期移民者的凸起墓塚為中心，建有大型建築物供其家族的首領及成年男性居住。

　　氏族起源的參考點是那些氏族祖先所建立的氏族家園塚，而且每個氏族均能藉由家園塚之傳承而清楚地瞭解該氏族數代以來的歷史。每個氏族的歷史均描述著一連串的遷移，而且氏族之內，世系群彼此間的階級高低是根據它們在

氏族系譜上記載來到此居住地之時間早晚。因此，土地就成了氏族的物質象徵。

在 New Caledonia，全面收復祖先的土地是卡納克人獨立運動的首要目標。

　　土地也被視為具有生與死的性質。氏族起源的神話描述著祖先是生自於岩石、樹木、泉水或是葉子上的一顆小雨滴，而卡納克人也提及土地一如死者的血肉。在早期的葬禮儀式中，死者會被暴露於空氣中並陳放在樹林或洞穴內，這樣一來氏族的祖先便能回歸大地。這種儀式把氏族和土地不僅是象徵性地也是永久地結合在一起，所以即使氏族成員離開它的家園，仍和這塊起源地維持一種精神上的連結。

土地的後續佔有者必須對這份土地與祖先的神話性連結有所認知，他們也須舉行某些儀式和交換活動來尊崇第一代氏族的崇高地位並承認這些祖先與該土地的連結性，如此一來才能使新進駐的群體為這塊土地的靈魂所接受。在這種狀況下，土地不再是一項物品或資產讓人們可以自由地移轉所有權，它成了主動的參與者，為了運用它的土壤，新進駐的氏族必須和第一代的氏族祖先接觸以取得許可。

　　傳統上，社會地位和土地是根據個人的名義來分配，因為個人有權利運用其祖先所佔領的所有土地。然而，這種土地運用方式卻被法國的殖民主義給破壞殆盡。法國當局認為由於冗長的休耕期，卡納克人是在浪費這片土地而沒有適當地運用，故應該把尚未使用的土地釋出以便殖民。法國的海軍與殖民地部長在一封給外交部長的信中表達了法國官方的看法：

　　　那些未開發國家的人民對該國應只有有限的統治權，或稱為一種佔有權……。在這樣的國家中建立殖民地的文明勢力需要對該國的土地具有決策權，換句話說，必須具有根除原始土地產權的權力。

　　於是，卡納克人的土地被沒收，氏族被趕入小型的保留區內，傳統的生產制度與土地所有權制都被破壞無遺。

　　當我在一九八〇年代於當地進行田野調查時，在節日中氏族仍不斷唱著他們的進行曲，先提到他們起源的家園塚，接著描述每個氏族分支的遷移路線。這項活動將其社會秩序中的各個世系群合法化，而每個世系群亦以其祖先所佔領的

第一個地點的地名命名。近來，一位卡納克人的首領論及：
「一個民族的文化或習俗是他們存在和自我表達的方式，也
是社會、政治與經濟組織的基礎。在這個組織內，每個人被
賦予一個名字以和土地連結，和氏族連結，並以其社會階級
與功能和系譜連結。」（Leopold Joredie 的私人來信，16
October 1991）。

　　不過，一九八○年代的這些公開歌詠活動具有雙重意
義。除了上述功能外，也是卡納克人民族自尊的重要展現。
因為自那時起，祖先土地的全面收復已成了卡納克人四處蜂
起的獨立運動之首要追求目標。一如某位卡納克人的首領所
述：「對我們而言，獨立是一項尊嚴問題，而尊嚴是不容許
有任何妥協的。」（Yelwene Yelwene 的私人來信，25
September 1988）近十年來，收復土地的訴求已和政治獨立
的訴求合而為一，卡納克人在其氏族重新宣稱的土地上設置
路障並建造傳統的小木屋。在我和卡納克人的獨立陣線共同
合作將他們的情形上訴給聯合國的廢除殖民地委員會
（decolonization committee）時，我瞭解到獨立對他們而
言所代表的意義是對土地和種族歷史之主權的追回。

　　在一九八七年三月卡納克人的獨立陣線呈給聯合國的
草創憲法之序文中強調了以下的事實：

　　我們，卡納克民族，以我們的過去和我們起而反抗壓
迫並為了爭取自由犧牲生命的祖先為榮。我們堅守傳統，並
以團結不同的各成分為基礎，將建立一個自由、聯合及自主
的國家主體。我們崇敬地恪遵我們的社會習俗，尊崇文化價
值，並以此為我們社會生活的根本。我們也強調氏族，這個
卡納克人社會的基本成分，根據習慣法並就國家整體利益來

看是我們土地的傳統擁有者。

　　在這個例子中，祖先的生活方式——亦即與土地間的關係——已被卡納克人獨立運動的領導者所引用，而且它在政治上的影響力是不容忽視的。土地已成了建立文化認同與要求政治權力的解放運動中一項基本的政治元素。

Ch9

性、婚姻和家庭

日本婚禮世聞室著中許的新意，婚日本禮世聞室著多許的新意，皇室界界，這禮本多室吸各的個象文重皇室界界，的引地注皇徵化要的價值觀。

1 文化中對於性的看法與態度

- 性的限制
    1. 限制程度
    2. 可接受之性伴侶的定義
    3. 規避限制
- 性是一種權力
    1. 性和神權
    2. 性和世俗權力
- 賣淫

2 婚姻

- 婚姻是一種適應策略
- 婚姻是一種聯盟的形成
    1. 婚姻是一種交換
    2. 內婚制和外婚制
- 配偶數目
    1. 一夫一妻制
    2. 一夫多妻制和一妻多夫制
- 婚姻的過程
    1. 選擇配偶
    2. 結婚條件的協議
    3. 現代社會的聘禮習俗
    4. 結婚典禮
    5. 新人住所的選擇與建立
    6. 再婚

3 家庭羣體

- 家庭群體的型態
- 家庭群體的發展循環

● 小孩之獲得

摘要

人類學家特寫：一個印度北部村莊的婚姻安排、家庭

　　　　　　　和性別關係

　　　　　　　Miriam Sharma

171　　　　在人類當中，男性與女性之間的互動關係不僅止於偶而的性交行為或食物的分享而已。事實上，男女的關係已是社會生活大部分層面的核心所在。每個人類社會均已發展出各種制度來規範這種關係，其中最常見的兩個便是婚姻和家庭。這些制度在所有的社會均可發現，然而，它們不僅形式互異，扮演的功能角色亦不同。兩性關係如何由社會來調節？婚姻和家庭的功能又有那些不同形式？本章將把焦點擺在解答這些基本的人類學問題上。

文化中對於性的看法與態度

　　　　當 Bounty 號緩緩駛入 Point Venus 時，所受到的歡迎儀式是玻里尼西亞群島的一項特徵。大溪地的男男女女紛紛成群結隊地自他們的獨木舟擁上 Bounty 號，有的爬上繩索，有的急忙地衝下梯子，有的在甲板上亂成一團，他們叨叨不休地談笑著、尖叫著…。不久，他們便開始忙著交易，一些小酋長也開始交換贈禮，以活豬和果物來換取斧頭和鏡子。由於椰子的產量到達了高峰，故當他們一面進行交易以及自那些熱情無比展現誘

172　人胴體的女孩中作一挑選時，船員們也同時大口啜吸著可以提振精力的椰奶…。隨著太陽逐漸西落，那些男性的當地土著就被要求回到岸上，只有一些幸運被挑中的女孩——有時可能兩個同時被一個船員挑上——能夠留在船上，與他們共睡一張吊床，或和她們的情人緊緊地抱在一起躺在甲板上共渡興奮的夜晚（Hough 1972:106-

107）。

大溪地人對於性的態度和歐洲人相差甚遠，這種態度大大取悅了在西元一七八八年隨 Bligh 船長來到大溪地的這群船員。大溪地當地女性對於這些船員自動投懷送抱是歐洲人無法想像的，這也是爲什麼 Bounty 號的水手們，特別是歷經了十個月海上航行的枯燥生活之後，深覺大溪地簡直就是個天堂。就大溪地人的觀點來看，他們對 Bounty 號的到來亦深感興奮，但他們這項對歐洲人的行爲態度並非格外禮遇。事實上，這和他們傳統的好客觀念有密不可分的關係。

歐洲人和大溪地人在上述情況下的觀念與行爲同樣都指出了性關係在社會與文化層面上的本質。性也許是一項原始的生物性衝動，但也受到人類的操縱與控制。性關係深受個人喜好之影響，但這些喜好絕非僅止於品味而已。我們發生性行爲的對象，性行爲所代表的意義，以及整個進行過程與方式都會因社會與文化之不同而異。人類學家在不同文化間針對性方面所做的研究已揭露了許多西方社會的民族自我中心偏見，並證實了那些看似脫離正軌的非西方式的性行爲，事實上也存在著理性道德的架構（David and Whitten 1987）。

性衝動和此衝動所形成的附屬物是形成人類社會的根本。它們是生物繁衍的基礎，亦是促使社會緊密結合的部分力量。然而，性衝動也扮演著某些相互矛盾的功能，因爲它們不僅會加強個人之間的結合，同時也會帶來競爭、沮喪和罪惡感。爲了避免產生混亂，我們必須在這些壓力與矛盾中建立一定程度的秩序。這樣看來，我們似乎在對抗性混亂的思想，儘管這份狂亂有逐漸系統化的趨勢。雖然某些十九世

紀尋求人類行為根源的學者假設人類的原始狀態是任意交配的，但沒有任何證據支持在人類社會中有「原始雜交」的行為存在。就我們所知，所有社會中的人們都試圖去控制這項生物性衝動，並嘗試建立一個由社會性來決定而非由生物性來決定的性秩序。

在這樣的過程中，性已經被視為一項稀少資源，在策略上用來因應社會環境所創造的目標與狀態。不過，對 Inuit 的男性而言，傳統上他們妻子的性可用來加強他們與其他男性之間重要的社會關係。而對 Mundurucu 的女性來說，她們的性行為是獲得與擁有丈夫的工具，婚外的性行為則可用作復仇的工具，希望改進現有的婚姻關係或甚至毀了它以建立一個新的婚姻。這種運用性交來建立關係或當做策略的方式無法獨立於個人所生存的社會以外來看，因為那些控制性行為的模式與規範會隨著各個社會環境之不同而異。

性的限制

每個社會對於性活動的限制程度、限制範圍以及合理性伴侶的定義都各有不同。然而，大部分的群體均已針對這些限制訂下遵循的制度。

裝露性高及本質。社會比起社會而更著制約女性的服飾趨勢及發展，女性呈現模特的素樸特質。在回教社會中，有關性行為及性價值的社會規範，比其他社會多，存在著對女性服飾及性行為的限制。流行扮裝的埃及希望展示希雅、純潔（上圖）。在巴布亞新幾內亞島Losuia沿海一帶，青少年們在一個豐收慶典活動中搖著馬鈴盡情跳舞。雖然某些社會容許社會性行為的表達上有更大的自由，但幾乎所有的社會都會對此訂定各種的限制（下圖）。

限制程度

有關性的限制，就某個極端而言我們發現有些群體訂下如僧侶般的制度，亦即完全禁止性行為。這種「無性」社會之一項最基本特徵就是其成員必須自外部招募，因此仍需仰

173 賴那些不禁止性行為的社會提供。而稍微中庸一點的則是那些只允許在滿足最基本的生存需求時方能發生男女之間性行為的社會。例如，在新幾內亞高地的一些社會，例如 Maring，性別間存在著很明顯的敵意。他們的宗教信仰、經濟活動、甚至住所的安排都強調這種對立，而他們對性的態度亦然。

174 Maring 族的男人認為性會導致肉體的毀滅，而且除了少數情況以外，性交還會：

> 使一個男人的皮膚變鬆、變皺並且潰爛，使他的肉體消瘦、思想變鈍而且腹部腫脹。有些男人認為它也會導致咳嗽和吐痰。年輕人擔心它會阻礙生長或甚至造成體型縮水、落髮、皮膚損傷而使他們變得虛弱及失去吸引力（Buchbinder and Rappaport 1976:21）。

較常見的情形是社會對性交的限制只束縛已婚的配偶，並且限制一個人終其一生可以完婚的配偶數。這樣的限制可能與群體界限的維持或是女性童貞的高價值觀有關（Schneider 1971）。在崇尚女性童貞觀念的地方，他們常會發明一些試驗來證明女性婚前的貞潔。例如，在許多回教國家以及部分歐洲地中海一帶的國家中，婚禮過後他們會展示新人床上染血的床單以「證明」這位新娘是處女。

希臘的游牧民族，像 Sarakatsani，亦要求女性在婚前維持處女身，「甚至連結過婚的女人也須在思想和行為上維持處女形象」（Campbell 1974:270）。一個 Sarakatsani 的女孩若有了婚前性行為照理說會被其父親或兄長殺死的，但實際上她通常都會逃過此劫。離婚幾乎是很少聽說的，即使發生也只有在婚禮尚未完成前才有可能。Sarakatsani 人相當重視家庭的鞏固性，而且「女性的生殖、性與工作能力均全屬於這個家庭」。對 Sarakatsani 人而言，婦女的性行為對家族榮譽是一項威脅，若想要羞辱一個家族，沒有任何方法比勾引該家族任何一位女性來得有效。

並非所有社會對於性關係都有種種限制。事實上，在社會規模與限制之間似乎有某些連帶關係。和大規模社會比較起來，小規模覓食和農業社會的性行為通常較開放，特別是指婚前那些部分。

在美拉尼西亞 Trobriand 的島民，他們的性關係在某些特定的限制內還算自由自在。Trobriand 島民的性行為根據其年齡而有一套遵循的模式。父母不會格外小心翼翼地防止其小孩目睹他們的性行為，而且從很小的年紀起，小孩便開始學習如何巧妙地運用性器官並給予刺激。到了年紀大一點，男孩和女孩就開始從事實際的性交行為。「這是他們的 Kayta（指性交）遊戲，他們給對方一個椰子、一小塊檳榔、一些珠子或一些自矮樹林採來的水果，然後他們便去找個隱密的地方開始從事 Kayta 遊戲」。（Malinowski 1929:48）

當他們的年紀到達青少年時，Trobriand 的男孩及女孩平日在村落生活中會扮演更重要的角色，而且其他人會愈來愈以成人的角度來對待他們。在意識到他們逐漸顯現的性別差異時，兄弟與姐妹會離開他們的父母並且分開來住，男孩搬

到單身漢或老婆去世的男性親戚或朋友家，女孩則搬去和女性的親戚同住。青少年代表一個過渡時期，自孩提時嬉戲式的性關係，進展到將性關係視為更嚴肅的事情，是一項婚姻的前奏。而做愛的地點也有所改變，自矮樹叢換成單身男子居所或貯藏倉庫內準備完善的溫暖角落。最後，這些男女間的私通關係會更形固定，而婚姻常是在男女公開承認彼此是戀人一段時間後才舉行。然而，即使在這個階段性關係也不是專一的，男方或女方十之八九都會偶而與其他人發生性行為。但是，此時仍有某些禮儀必須遵守。戀人們會定期同睡一張床，但不會共同進食，彼此之間亦沒有相互提供任何服務。這樣的關係可以視為一種在決定彼此是否邁向婚姻之前的初步試驗。

175　　　即使 Trobriand 的島民看待性是以一種很輕鬆自在的方式，但他們對婚外性行為仍持負面的看法。通姦是一項很嚴重的事件，而謀殺和自盡也常因婚姻的不忠實而起。對他們而言，婚姻的束縛所代表的已不僅是甜蜜小倆口之間的關係，它也牽涉到男女雙方的親屬。當有外遇之類的爭端引起時，彼此的親屬均會提供意見。對 Trobriand 的島民和 Sarakatsani 人來說，通姦對個人和家族的名譽都是一項莫大的傷害。至於那些較不受限的 Trobriand 島民，婚姻可以改變某些事情，然而，它對 Sarakatsani 人限制性行為的普遍看法改變卻不大。

　　並非所有的社會對婚外性行為都抱持同樣負面的看法。在巴西亞馬遜河區域的 Mundurucu 族，雖然認為女人應該順從丈夫的意思，但通常丈夫對其妻子性行為的限制並不大。離婚是司空見慣的事，而且對婚姻的忠誠不再被視為常軌反而是項例外（Murphy and Murphy 1974:153）。這種情形

部分反映了 Mundurucu 社會中婦女有某種程度的個人自主，儘管該社會的某些特定領域仍由男性佔優勢。至於其他一些對婚外性行為採較自由態度的社會，常強調這是為了加強與擴張社會關係。在印度南部的 Toda 族，他們認為丈夫限制妻子的性行為是不道德的。比 Toda 族限制性稍大的是位於北極的一些民族，如：西伯利亞的 Chuckchee 族，當地的男性會將妻子以相互交換的方式提供給朋友做為性伴侶。

　　在同一社會中，人們在公開場合和私底下對於可接受之性行為的看法可能有著很大的差異，特別是那些大規模社會。這樣的差異會存在於個人之間，同時也可能存於社會的不同部分之間，此外，也會隨著性別、年齡、宗教、種族或社會階級而不同。

　　社會限制性行為的價值觀也會隨時間而更動。在十二世紀，回教傳入南亞和東南亞，給這些地區的女性性行為帶來更多限制的價值觀。在西方，這樣的改變是發生在西元一九六○和七○年間所謂的性革命。而一些發展中國家，如墨西哥和印度，其現代化的中產階級目前也在進行一些類似但較不激烈的所謂的「革命」。

　　印度人對性的態度與看法近幾年來已有顯著改變。大約一千年前，印度的菁英份子原本對性採取相當自由的態度，這可以從 Kama Sutra〔譯註：是符合印度律法，對感官與肉體歡娛、愛、婚姻加以規範的梵文經典〕和 Khajuraho 神殿（大部分於西元九百五十至一千零五十年間由 Rajput 一個叫 Chandallas 的勇士家族所建造）的情形得到印證。但到了西元一千一百年後，隨著回教影響勢力的逐漸擴展，也引進許多限制的觀念，像 purdah 觀念（強調女性應深居簡出）。在最近這數十年印度人已目睹一批新中產階級興起。這個階級

的人可和維多利亞時期的英格蘭中產階級相比，對性的觀念原本是較保守的。但近來他們的態度開始有相當大的轉變，特別是指那些年輕一輩、受過教育、以及中產階級的婦女而言。

可接受之性伴侶的定義

即使在那些不對婚後性行為設限的社會中，仍會有一些交換或結識個人性伴侶的規範或考量，以建立性關係之模式。身體美學的觀念在考量上可能佔很重要的比例，此外，有一些負面的觀念也相當常見。像 Trobriand 的島民不願和罹病或殘廢的人上床的觀念，就普遍存在於許多社會中。然而，在高度分工的社會中，財富與社會地位的考量可能會使這種想法稍加改變，而且幾乎在每個社會總會存在一群不接受這種觀念的人。

魅力的定義並非普遍一致的。Trobriand 的島民將肥胖視為一種疾病，把肥胖的人歸為一般人不願與其共眠的一類；然而，Karagwe（近中非的維多利亞湖）十九世紀的國王，Rumanika，「他有一屋子極其特別的王妃，她們都胖得無法站立而需像海豹一樣匍匐在閨房地板上。」（Moorehead 1960:47）在這個簡短記錄中，很清楚地顯示此國王對肥胖女人之吸引力的偏見。在同一個文化中，魅力的標準也會隨時間而改變。沙勞越 Kayan 的婦女傳統上都會在身上刺青做為階級的標記或是美的象徵，但到了第二次世界大戰之後，由於基督教的傳入以及與外界的密切接觸，刺青風氣日漸消褪，到最後終至消聲匿跡。一如某位八十高齡全身刺滿圖案的 Kayan 婦女道：「在過去，它是美的象徵。但如今，刺青卻是違反宗教（基督教）的做法。年輕人認為它不僅疼痛而

176

且浪費時間。」（Ritchie 1989）。

對於身體外表吸引力的觀念會因文化之不同而異。這些印尼的 Kayan 婦女展示了她們傳統上代表地位和美麗的象徵——四肢的刺青，從手臂到指尖並從大腿一直到腳趾。不過，這樣的刺青在今日已是相當少見。

　　性伴侶的選擇通常也會有較明確的社會規範。這當中包括亂倫禁忌（incest taboos），或是特定親屬間不能發生性行為的規定。若是違反這些禁忌將會受到某些處罰，像社會排斥、閹割、囚禁或甚至處死。這些禁忌也受到某些信仰和觀念的助長，就像我們的社會中普遍存在著一個觀念，認為亂倫交媾所生的後代不是智障就是肢體殘缺。

對於性伴侶並沒有普遍性的禁忌種類，在大部分的情況下性伴侶的選擇是考量社會或文化而非生物性因素。即使是核心家庭內的交媾禁忌（像：父女間、兄弟姐妹間）也並非全然地存在於所有社會的各式情況下。對古代波斯人（伊朗）、埃及人、夏威夷人和秘魯人的貴族，和 Solon 時代以前的雅典人，以及摩西時代以前的希伯來人而言，某些形式的家庭內性行為被視為合法且常發生（ Vivelo 1978:217-218）。

儘管在某些特定的親屬間我們嚴禁性行為的發生，但有些社會會鼓勵特定親屬間的性行為，尤其是一些小規模的社會。Ronald Berndt（1978:14）就提及在澳洲北部 Arnhem Land 的土著民族，「婚前或婚外的性行為……通常能將原本就具有可接受關係的兩個人結合在一起，而這樣的結合在正常的情況下也不會牴觸人們偏愛的訂婚或結婚模式。」這對於一兩次短暫的性關係或較長期的甜蜜關係而言均成立。至於在大規模社會中，親屬關係對於選擇性伴侶的影響較小，但是一些其他因素，如：種族、宗教聯繫或社會階層，經常會影響一個人對性伴侶的選擇。

規避限制

在這些限制當中有一個很有趣的現象就是，許多社會的成員都已發展出某些合法的手段來規避這些限制。這可以視為一項人們試圖去瞭解與操控人性弱點的努力，以及人們想品嚐禁果的慾望，雖然一些平淡無奇的功能性解釋可能也適用。

許多社會已經發展出高度結構化的方式來規避他們本身的性禁忌。其中一個明顯的例子就是儀式性的性行為許可證，稱為 gurangara，它是澳洲北部 Kunapipi 人（或稱為 Gunabibi 人）的主要儀式中不可欠缺的部分（Berndt 1951）。在 gurangara 中的性伴侶包括正常情況下禁止發生性行為的人，像岳母和女婿之間。就 gurangara 的參與者來看，它的功能主要是增進彼此的友誼，特別是那些分屬不同群體的成員，同時也將女性提昇至儀式中更神聖的範圍內。

　　在某些社會，輪姦被視為對女性在性行為上逾矩時的一項合法的處罰，也創造了一種狀況使正常的性禁忌頓時不存在。這樣的懲罰具有表彰男性主權象徵的功能，也使一些正常情形下偏離正軌的活動合法化。例如，Mundurucu 的男性會將這種形式的懲罰施與那些見到他們的聖笛（通常會藏在家中避免公開展露）的女性，或是那些公開進行活躍性行為的女性（因為這些女性被視為對男性主權的一種挑戰）。輪姦的過程可能包含二十個或更多的男性，同時也包括那些在一般情況下被視為與這名女性有性行為禁忌的男性，像平表兄弟。

性是一種權力

　　性行為及其意識型態的一個重要部分就是它們和神權與世俗權力間的關係。

性和神權

　　在許多社會中均可見到性與宗教信仰及儀式間的關聯。精確地說，這種關係可分為將性視為一種負面、具有威脅性

的力量，和將性視爲一種正面、可促進生活富足與生產力的力量。澳洲的原始土著屬於第二類——其中可以用 Kunapipi 人的祈豐年儀式來做例子。相反地，有些民族視性爲一種玷污。像 Sarakatsani 的牧羊人會在性交後仔細地清洗雙手以避免污染將擠下的羊奶（Campbell 1974:26）。新幾內亞的 Wogeo 族也認爲他們必須定期清除性交帶來的負面影響。月經被視爲女性身體的一種淨化，而男性則須劃破陰莖來製造「月經」（Hogbin 1970:88-89）。。

　　對性的宗教本質之看法與態度在同一文化中並不一致。在貝里斯南部許多 Kekchi 人和 Mopan 人在清理農地和種植穀物之前與之後的某個時段會避免性交，以防止玷污並確保穀物的成長茁壯。然而，對於同是 Kekchi 族和 Mopan 族的某些人而言，他們卻有全然不同的做法：一對夫婦可能會在播種的前一晚在房子的每個角落模擬或實際性交以提昇其農作物的生產力。這種不同態度共存的情形可能是歷史上民族融合的產物。Thompson（1930:50）強調，某些 Kekchi 人和 Mopan 人所實行的以性交來提高生產力的儀式，是保存了數世紀前已被同化的一個民族——Chol 人的一項習慣作法。

178　　在某個單獨的信仰系統中對性的態度也會隨狀況之不同而異：例如，羅馬的天主教強調教士和修女的貞潔，但對於一般信徒卻鼓勵其生育。同樣地，在許多美拉尼西亞的社會中，對男女之間的性行爲多採負面態度，但偶而這些社會會對男性之間的性行爲抱持正面的鼓勵態度。這樣的情形廣見於強調男性良師關係（mentorship）的社會習俗中，而男性良師關係主要是強調男性體液所代表的權力（Herdt 1984）。

性和世俗權力

在非宗教的範疇內，性關係常能反映出一個社會之權力的本質與分佈。性爲那些希望展示和爭奪權力的人提供了一個舞台。因此，男性和女性的相對地位就經常是藉由性行爲本身來展露。例如，Mundurucu 的男性在想法和公開行爲上常顯露出男性優越的概念，而這個觀念也帶入他們的性行爲當中：

> 女性偶而會達到高潮，但在我們的印象中大部分的情況只有男性經歷到高潮。……在性這件事上，女性是卑躬屈從的，妻子除了讓丈夫予取予求外別無選擇，而且男性的滿足是最終的目的。整個性交過程並沒有太多前戲，只需很簡短的時間便可大功告成。……因此，女性在性行爲上所得到的滿足遠比男性少，但是她們也瞭解性是她們獲得與保住丈夫的唯一方法（Murphy and Murphy 1974:153）。

Mundurucu 人的性可以視爲一種相當不平等的交換，婦女以接受男性優勢的方式來換取獲得和長期擁有丈夫。類似的性行爲模式也可在一些將婦女地位視爲次等的社會中發現，而我們所處的社會亦多少存在這種情形。

在傳統的東南亞社會中，情況恰和Mundurucu社會相反，它們的婦女在性事上擁有較多的權力。這可以從部分婆羅洲和菲律賓地方的男性忍痛接受手術在生殖器嵌入金屬別針來增進婦女的性歡愉中明顯看出權力差異。當錯愕的十六世紀歐洲探險家 Antonio Pigafetta（1524/1969:43）問道他們爲何

要這麼做時，他們的回答是婦女們的要求，否則就不和他們發生性行為。Anthony Reid（1988:146）認為東南亞婦女在性行為方面所佔的優勢反映了她們高度的獨立性以及她們在經濟活動中的重要性。

在麥克羅尼西亞的 Truk 社會中，性行為上男性佔優勢，但 Truk 的婦女卻非扮演屈從的角色。Truk 社會的男性會試圖藉由性事方面的勇武所建立的名譽來達到一種陽剛的形象。然而，勇武並不是單純地以征服對象之多寡或生育後代的數量來衡量。Truk 的男性被要求應給他們的愛人帶來高潮，而且通常是在非常高難度的情況下，而無法滿足愛人將會招致嘲諷並造成名譽受損。Ward Goodenough 曾描述過 Truk 情侶間的性交之特徵為「一項誰先到達高潮誰就輸的比賽」（1949:619）。

權力也是影響性伴侶的重要因素，特別是在那些地位與財富差別甚巨的社會。在 Nova Scotia 或 Alabama，一個貧窮的黑人男性要和一個上層社會的白人女性發生性關係的機率是少之又少，因為他們生活在不同的社交圈而且社會價值觀並不鼓勵這種關係發生。然而，不同社會階層間的性關係可以策略性地用以剝削或平衡這種不平等。在剝削這種不平等方面，位處社會高權力階層的男性常能運用他們的社會地位來換得某些性優勢。譬如，歐洲中世紀的貴族就會藉由貴族的合法權利（droit de seigneur）的說法，宣稱自己有權可以和社會地位較低的新婚的婦女在其和丈夫圓房前發生性關係。

就那些位於下層社會的人而言，性可視為他們獲取財富和社會地位的一種方法。在十九世紀奴隸制度廢止之前，對一些巴西和美洲其他地方的女性奴隸來說，成為主人的情婦

是她們脫離農奴之艱困生活的少數方法之一。至於在西方工業化國家中，情況較不嚴重，但許多低階層劣勢團體的成員仍試圖與地位較高的團體的成員發生性關係或或交配以逃離因社會地位所帶來的困苦生活。

就弱勢團體的適應層面而言，和那些有錢有勢的人發生性關係可能有利有弊。儘管與上層階級發生性關係可以改善個人生活，但對於整個下層階級也可能有輕微影響或甚至負面效應。因為那些試圖以性來獲取財富或提昇社會地位的人，事實上是將自己所屬的團體任由那些有錢有勢的人羞辱，反而更降低了該團體的社會地位。然而，實際的狀況也很少那麼明確。面對著人口與傳統生計的快速流失，許多亞馬遜流域的土著民族必須抉擇是該堅持他們的原則而可能使社會面臨滅絕的命運，抑或靠賣淫給那些佔領他們土地且帶給他們疾病的人來換取一絲絲生存的空間。

貧窮國家的經濟現代化也會影響性關係，尤其是婦女的地位和一般人看待她們的態度（Alam 1985; Mink1989）。雖然經濟現代化為婦女提供了很大的自由以及離家外出工作的機會，讓她們可以跳脫傳統男性主宰的模式，但是，經濟的發展也導致了傳統上提供婦女支助的來源（如：家庭和鄰居）的日益減弱。此外，也會破壞某些傳統的婦女角色，一如妻子、姐妹和母親，轉而強調婦女是性愛求歡的對象。而這種「婦女的性化（sexualization of women）」也可能進一步對婦女造成不利的影響，例如，它會鼓勵男性拋棄年老的伴侶，轉而追求年輕且外表更具吸引力的女性。

賣淫

出賣肉體從事性行為，或稱為**賣淫**（prostitution），並不是只在現代大規模社會中才有的現象。因為它和兩性間不平等的形成有著密不可分的關係，故這種現象可以溯自相當早期的社會進化時期。在許多早期的階級社會中它往往與宗教有關：在印度，一群群來自貧窮家庭的年輕女性紛紛成為印度教火神 Yellama 的僕人。這些女性稱為 devadasis，是由她們的雙親所奉獻希望求得大筆財富或男性子嗣。Bhattacharji（1991:510）論道，devadasis 的數量「隨著富有的資助人虔誠的希望而日益增加，因為這些資助人藉由買下女僕獻給神殿以祈求獲得另一世界的福報」。這些 devadasis 被禁止成婚而且擁有很少的合法權利，但是她們卻可以藉著成為貴族的情婦或小老婆來獲取財富或地位（然而，這種結合所產生的後代並不具有繼承父親遺產的權利）。

隨著世俗社會階層之興起、城市的散布、薪資勞工的引入以及其他相關的發展，導致一般世俗社會也出現賣淫現象（像一些古老港口及貿易城市的妓女戶）。而由於歐洲工業革命所帶來的社會動亂，使得年輕女性紛紛擁入城市尋求難得的工作機會，更進一步造就了賣淫情形的蓬勃發展。

一如以往，今日的娼妓業也常和貧窮以及婦女受限的工作機會有關。在印度的兩百萬名妓女中，絕大部分和其他貧窮國家一樣招募自落後鄉村地區之貧困家庭，去服務那些富有的城市居民。對這些婦女而言，除了賣淫以外的工作機會只有在一般家庭中從事女僕或在工廠中出賣勞力，但這些工資都遠比當妓女所賺的少。當然，並非只有貧窮出身的婦女才當娼妓，她們下海的動機也多少和她們狹隘的社會角色（特

別就工作機會而言）有關。此外，雖然有些婦女藉由賣淫變得相當富有，但大部分的情形則不然，就許多妓女來說，賣淫充其量只不過使她們從極端的貧窮中獲得部分解脫罷了。

圖示為持續發展的亞馬遜河雨林地區一個妓女戶中的妓女們。在這裡，賣淫提供了一個最佳的機會，讓她們從極度的貧窮以及其他經濟上對於女性的種種限制中獲得某種解脫。

　　性不單單只是愛情的產品、娛樂或製造後代的工具，它是整個人類社會中相當複雜的一部分，也是一種社會和文化的現象，其重要性遠在其他事情之上。在下一節中我們將討論的主題是婚姻，婚姻亦有類似的情況，它不僅是一件兩個人出於愛或需要而結合在一起的事，更是人類社會的一部分，人類文化的產物。

婚姻

婚姻可以定義爲一種男人與女人在社會認可下在性與經濟方面的結合。在某些社會裡，婚姻的定義可擴展到包含同性之間的結合。

婚姻是一種適應策略

在人類社會幾近普及的婚姻現象似乎是人類面對許多問題時所提出之因應策略。首先，第一個碰到的適應問題就是人類嬰兒長時間的依賴期。特別是在勞力密集和分工不細的覓食和農業社會中，這種依賴對負責照顧嬰孩的人（通常是婦女）而言更是一個沉重的負擔，因爲往往和生計活動有很大的衝突。在這個時期，看顧嬰孩的人也同時變得需要依賴他人的支助，而婚姻正是保障這些嬰孩和它的看護者得到照顧協助的最常見方式。

婚姻制度試圖解決的第二個問題就是有關性所帶來的競爭問題。不同於其他物種的雌性，成熟的人類女性多少在性的活動中一直扮演著生物上的接受者，這種狀況極有可能造成男性當中與女性當中出現毀滅性的競爭。某些學者（大部分是男性）曾論道，性方面的競爭對社會的生存而言是一項繁殖和經濟上的威脅，而婚姻制度所提供的相對穩定性是解決這種威脅的最佳方式。

鼓勵婚姻制度的第三項和適應有關的因素是，它可以提供以性別爲基礎的社會分工。在覓食社會——這個數百萬年來人類最主要的經濟適應型態——當中，男性通常獵捕大型

獵物而女性則採集可食性植物及獵殺小型動物，許多學者強調這樣的模式恰能適切地滿足覓食社會的需求。在 Mardudjara 的土著社會，女性儘可能以成群結隊的方式搜集食物，如此一來她們便能共同分擔照顧小孩的責任。另一方面，Mardudjara 的男性則通常單獨或成對而且在沒有小孩纏身的情況下去打獵，因爲和女性步調緩慢的覓食活動比起來，男性的狩獵活動需要更高更快的機動性。婚姻確保了夫妻會將他們所尋得的食物拿出來共同分享。

有些學者也認爲，婚姻在傳統上是男性操控女性的一種方式，這種情形在如今的某些狀況下仍然成立。因此，雖說女性覓食者能夠滿足自身大部分的維生需求，但婚姻卻使得男性可以獲得女性勞力的實質成果而減少他們的工作負擔。在我們今日的社會裡，也有很多爭論針對家庭主婦所付出的勞力以及她們對賺取工資之男性的依賴。許多女權主義者強調家庭主婦是被剝削的勞工，她們從事各種必須卻相當瑣碎的家事，但換來的補償往往只有先生微微點頭的滿意。

婚姻制度的適應優勢會隨著社會規模的增大而漸減，於是婚姻逐漸變得更具選擇性。在許多小規模社會中，成員們認定所有的成人均需結婚，那些未婚的成年人不是在尋找配偶就是已經喪偶且年紀太大不適再婚。例如，Mundurucu 的社會並沒有處女或單身漢的社會角色，凡是未婚的人都會被人以懷疑的眼光視爲偷人配偶的姦夫淫婦（Murphy and Murphy 1974:145）。至於在我們所處的這種大規模社會中，父母、親戚及同儕都會施加壓力來要求一個人成婚。但是，未婚的狀況也有可能被接受，這種解放反映了社會分工的日益精細以及親屬關係重要性的日益消褪，也促使有人會去預測婚姻制度最後將走向消失滅絕。然而，這樣的發展在近期

的未來實現的可能性並不高，因爲外在的壓力和適應上的優勢仍會確保大部分的人寧願選擇婚姻。

婚姻是一種聯盟的形成

婚姻很少只是兩個人的結合，婚姻使得雙方的親朋好友都受到這新建立關係的影響，而且這項行爲也有更深遠的涵義。大抵而言，婚姻結合了廣大的人群，提供了持久不衰的聯繫以及一系列具有廣泛社會意義的聯結。

例如，在加拿大東部紐芬蘭島的鄉村地區，人們因婚姻而結合成的關係網可能包括這個社區大部分的居民和一些鄰近社區的居民。此外，這些居民也同時構成了新婚夫婦之社會環境中的最重要元素。至於在一些像多倫多、紐約的大規模都市化環境中，這種關係網就可能趨向分散且範圍狹小，彼此間的互動也許僅止於生日或聖誕節時賀卡的往來。但是，這份由婚姻所建立起來的社會聯結在所有社會中可能扮演各種不同的功能，如：形成經濟共同體（像紐芬蘭的捕魚小組），建立政治聯盟（像甘迺迪家族），以及擴展人際關係共同尋求賺錢之道、提供工作機會或旅行途中的棲息地。

婚姻是一種交換

就群體的觀點來看，婚姻成了交換人力與資源的工具，並在相互授予權利和特權之下建立聯盟。這種交換不僅止於婚禮之初人員和贈禮之互換，通常也包含了新人雙方家族對未來彼此互動的期待。期待可能小至需要幫忙時伸出援手的承諾，或大到包含一項堅定的協議以便在戰爭或政治的奮鬥中互相援助。此外，交換的內容也可能包括立下契約訂定一

182

個未來的日期以相互交流另一批男女成婚。

Anna Gould，這位美國資本家 Jay Gould 最年輕的女兒，當她和 Marie
Ernest Paul Boniface de Castellane 伯爵於西元一八九五年結婚之後變
成一位伯爵夫人。藉著這椿婚姻，伯爵獲得了來自 Anna 的信託基金
中每年約六十五萬美金的收入。不過，儘管收入劇增，但到了這張照
片拍攝的西元一九〇〇年時，這對夫婦已經負債累積至四百五十萬美
元。於是不久之後 Anna 便離開伯爵前往法國，去和這位伯爵的表兄
弟 Duc de Talleyrand-Perigord 結婚。

人類學家 Claude Levi-Strauss（1969）曾論道，小規模社會的婚姻制度可視爲以交換群體間的婦女爲中心的一般化交換系統。他並對於他所謂的基本系統和複雜系統做了一個分別。基本系統（elementary system）是將個人可以結婚與不可以結婚的對象範圍都明確界定的系統。例如，Mardudjara人的婚姻僅限於交表兄弟姐妹之間。對一個男性而言，結婚對象可以是母親兄弟的女兒或父親姐妹的女兒；而對女性來說，結婚的對象則包括了母親兄弟的兒子或父親姐妹的兒子。若和其他人結婚不僅不合宜甚至可能被認爲亂倫（Tonkinson 1978:48-49）。至於複雜系統（complex system）只規定不能結婚的對象範圍，而未限定應該或必須的結婚對象。複雜系統可能會禁止個人和某些親屬或某些社會階層的人成婚，但除此之外則一律開放沒有任何限制。

Levi-Strauss 又更進一步分出交換是直接或間接。最簡單的系統是直接交換（direct exchange），也就是 A 群體提供婦女給 B 群體，而 B 群體也回贈婦女給 A 群體做妻子。這種直接互換可能發生在現今這一代，也可能延遲至數代之後：亦即 A 群體在某一代提供婦女給 B 群體，但 B 群體的回贈卻是在下一代。間接交換（indirect exchange）是指婦女的贈與只發生於單方向。像 A 群體贈與婦女給 B 群體，而 B 群體則提供給 C 群體，然後 C 群體再贈回給 A 群體，形成了一個婚姻交換的循環圈。譬如在東南亞蘇門答臘 Batak 人的婚姻聯盟文化，就是間接交換系統在社會上佔優勢的一個範例。這樣的社會強調社會群體間及群體內的贈禮往來。不論是精神上或是儀式上，贈與妻子的世系群之地位總是比接受妻子的世系群來得崇高。藉由一系列相互贈與婦女、食物、織布、珠寶和牲畜，贈與者與接受者便能更緊密地結合。而

183

這些結合聯盟構成了鄉村社會生活的中心。

內婚制和外婚制

內婚制（endogamy）是指個人應與所屬群體內的人結婚，而外婚制（exogamy）則是指和該群體以外的人結婚。基本上而言，外婚制可以使不同的群體融合，而內婚制會使群體孤立及持續保有其特性。

內婚制和外婚制的差別取決於自己的群體如何界定。在我們的社會中，一般人傾向於和親屬群體以外但屬同一社會經濟階層的人結婚。一個富有的工業家不會因為和藍領階級的人成婚而遭到監禁，但是社會習俗和社會壓力卻會維護同階層結婚之制度。家庭（不論是核心家庭或大家庭）在我們社會中是基本的外婚制單位，但通常屬於同一個社會階層的家庭之間才會有結婚對象的互換。

當然，在我們社會中的各個社會階層並非完全相似，在同一個社會階層內也會有不同種類的群體，而婚姻便能使這些不同的群體形成聯盟。這可以從十九世紀末和二十世紀初歐洲貴族與美國富有的社會菁英之間的結婚型態得到證實，因為就社會階層而言是內婚制，但就國籍而言卻是外婚制。在這個時期美國的暴發戶被國內原來的菁英份子所鄙視，但在歐洲這些新富階級發現一些貧窮的貴族非常願意以其崇高的家族名號來交換共享美國人的財富。這主要的市場位於里耶維拉：

> 　　在這裡，美國富者可以用女兒換取隨著古老地產及
> 頭銜（有時候只有頭銜）而來的崇高地位。靠著這樣一
> 個簡單的步驟，新興的富人得到了隨年代而累積的尊崇
> 性，而古老的貴族也獲得了一項永遠都非常實用的東西
> ——錢。所以，不可避免的，這種交易會大批地進行，
> 但通常是那些窮困並聲稱具有高度社會地位的婦女做掮
> 客來完成這些交易……。根據統計到西元一九〇九年，
> 已有約五百位的富翁女繼承人以這種方式前往國外提升
> 家族的地位，而其攜帶的財富總計高達兩億兩千萬美元
> （Galbraith 1977:68）。

　　也許，這種交易中最有名的就是 Vanderbilt 家族和邱吉
爾家族間的交易。Cornelius Vanderbilt 為了將其女兒嫁至邱
吉爾家族，一個英國歷史上最具聲望的家族之一，一開始先
付了二百五十萬美金。藉由此一通婚（最後還需再給七百五
十萬美金），將有助於去除其家族素有的強盜貴族之惡名，
並使其家族轉型至名列高聲譽家族之林。

　　澳洲的土著民族也會基於策略上的理由而試圖去找尋群
體以外的結婚對象，因為藉由這樣的婚姻所形成的聯盟能夠
使他們得以擁有更寬廣的打獵與採集食物之腹地。對居住在
沙漠上的土著民族而言，為了解決饑荒和乾旱的威脅，這樣
的策略顯得特別有意義。

　　家族或社會群體並非均傾向於尋求群體外的通婚聯盟，
有的反而會採取狹窄保守的內婚制政策，這通常是為了維護
群體的財富與認同感。貫徹此政策的一種方法便是將結婚對
象限定在某些範圍的堂（表）兄弟姐妹。例如，在中東和北

184

非的父系回教民族，男性優先的結婚對象是他的父系平表堂姐妹（如父親兄弟的女兒）。這樣的婚姻方式確保了財產只在狹小的親屬圈中流通，同時也克服了可能違反回教法所規定的維護家族財產的危險，因回教法規定財產只能傳承給兒子或女兒。此外，它也在結盟的兄弟及其子孫間建立了一個關係密切的社會群體，這在充滿敵意、派系紛歧的社會環境中顯得格外有用。然而，這樣的社會環境也多少是孤立主義政策下的產物，因為這項政策使這些群體在形成之初便和其他群體隔離。結果，便造成了一種惡性循環，父系平表堂兄弟姐妹之間的通婚助長了派系分歧，而派系主義又反過來促進這種婚姻制度的實行。

配偶數目

　　一般而言，社會不僅會限定一個人的結婚對象，同時也會限制一個人的配偶數目。在我們的社會中，某人若同時和一個以上的對象結婚就稱為重婚者，若被抓到可能要坐牢。然而，許多社會允許男性擁有一個以上的妻子，也有些社會認可女性可嫁一個以上的丈夫。事實上，在歷史中有絕大多數的社會接受這種擁有一個以上配偶的制度，而且並沒有任何自然的因素支持或限制任何一種制度。一個社會是要限制為單一配偶或是要鼓勵一個以上的配偶反映著該社會進化的特殊方式。此外，這種配偶數量的制度會因為社會狀況的不同而隨時間改變。像某些以往允許重婚的社會現已不再同意這種制度，一個主要原因可能是歐洲殖民主義入侵所伴隨引入的基督教道德觀使然。

一夫一妻制

美國和其他西方工業國家的婚姻型式是**一夫一妻制**（monogamy），亦即指一次只能和一個人結婚。一夫一妻制不僅是這些社會的規範，還是一種強制規定，即重婚是非法的。有些社會的離婚現象相當普遍，於是個人便可能擁有一連串的婚姻——結婚、離婚、再結婚——但他們在同一時間內仍只能有一位配偶。我們將這種模式稱為**連續性的一夫一妻制**（serial monogamy）。

一夫多妻制和一妻多夫制

有其他許多社會傾向於不限制一個人同時可成婚的配偶數目，這種同時擁有一個以上配偶的情形稱為**多偶婚制**（polygamy）。多偶婚制有兩種主要型態：一夫多妻（polygyny）和一妻多夫（polyandry）。

一夫多妻這個名詞是指一個男性同時和兩個或更多的女性結婚。就歷史上而言，一夫多妻在世界上很多社會均相當常見。然而，可能出現一夫多妻之婚姻的社會並不代表其所有的男性均擁有一個以上的妻子。而且根據人口統計資料，大部分的情況下人們不會這樣做。在 Tonkinson（1974:46-47）針對澳洲西部 Jigalong 的原住民所做的調查中，他發現儘管趨勢傾向男性擁有兩個老婆，但是在他調查樣本中的四十位已婚男性只有十一位擁有一個以上的妻子。而住在澳洲北部的 Tiwi 人，某些年老男性也許會和數以打計的女性結婚，但其他人仍是以一個妻子為主，而且年輕男性通常會等到三十幾歲的時候才結婚。Tiwi 的男性在結婚前不一定要維持獨身，不過和女性的性行為卻被視為不正當。

185

每個老婆之間的妒嫉與暗中較勁是大部分一夫多妻制的社會所面臨的潛在問題，避免這項衝突的一種好方法是將各個妻子的住所分開。像在尚比亞的 Tonga 高原，擁有多位老婆的先生不僅將眾多老婆安排在不同的住所，也會把財產妥善分配。此外，在這種一夫多妻的狀況下，若丈夫很明顯地表達出對某個妻子的偏愛也可能會導致衝突。在馬達加斯加島的 Tanala 族就針對此情形訂定了一個解決之道，他們規定丈夫必須依序每天陪他各個不同的老婆，否則就會被控不忠；受到忽視的妻子有權訴請離婚並可獲得一筆不少的贍養費。

　　另一個降低妻子間妒火的方法是訂定各個妻子的階級和地位。在墨西哥南部的 Lacandon 族，長妻是備妥儀式祭品要呈獻給祖先時唯一可以進入家族祠堂的女人（Tozzer 1907）。而在其他的社會中，年紀大的妻子通常可以指揮或命令年紀輕的妻子做事。

　　如果每個妻子除了她們共有的丈夫外並沒有任何社會關係的話，彼此間關係繃緊的可能性便會急速升高。解決此問題的方法之一就是讓男性和家族的眾姐妹結婚，因為姐妹們長期居住在同一屋簷下已習慣於相互合作，故應該會處得不錯，但偶爾這種想法也會有錯誤的時候。在這種**姐妹同夫婚**（sororal polygyny）中，當一個男性和某位女性結婚時，他便有權利可以同時要求與其妹妹結婚，有時並不需要額外的儀式或聘金。姐妹同嫁的一夫多妻制較常在父系血統群體中發現，當中各個妻子之間的關係不光是靠彼此的姐妹情來維繫，同時也靠世系群的聯繫所產生的義務來維持。

　　今日，一夫多妻的情形不如往昔普遍，但是，在一些以非基督教人口為主的國家仍持續存在。例如，回教並不鼓勵

一夫多妻，但可蘭經卻明文規定在某些特殊情況下男人可以擁有四個老婆。這些特殊情況包括戰爭，它造成了人口中女性多於男性的現象；以及女性精神錯亂、生理機能衰退或患有嚴重疾病；或妻子無法生育。不過，有時候這種一夫多妻的限制會被忽視或加以草率的解釋，特別是對邪些有錢有勢的人而言。

　　儘管基督教會想盡一切辦法遏止一夫多妻的情形，而且許多住在城市受過教育的非洲人視之為一種恥辱，但據估計仍有高達百分之二十五的非洲男性擁有一個以上的老婆。根據 Hazel Ayanga（1986）的調查，男性宣稱尋求第二個妻子的理由是因為元配忙於外面的工作而無法顧及家庭，因此他們需要一個教育程度較低但較會持家的小老婆。而有些男性則簡單直接地說娶小老婆只是為了好玩。此外，由於在非洲離婚是頗受譴責的一件事，而娶個小老婆就遠比和元配離婚來得容易。就婦女的觀點來看，Aygnga 寫道：「當一個年輕女性成為人家的小老婆時，她通常以為大老婆會被送走，……不過這種情形大部分都不會發生而她永遠只是個小老婆。」（1986:10）擁有兩個太太可能造成的複雜紛爭可以藉著實際上將她們分開來避免，像：讓她們一個住在城市一個住在鄉下。事實上，這兩個女人甚至可能彼此完全不認識。

186　　　在美國與加拿大，在基督教的影響下制定了反重婚的法律，而舊約聖經的創世紀章節以及新約聖經中耶穌和保羅隱喻地鼓勵一夫一妻的章節也支持這項法律。然而，在一些小型的宗教團體中，重婚的情形依舊存在，像：基督教基本教義派的摩門教徒、稱為 Yoruba 的巫毒教派、稱為黑色以色列的猶太組織、以及某些回教組織。早期的摩門教認為擁有多個老婆是一項上帝的賜福與恩寵，並經由實際的推展促進

這種情形的普及率來支持一夫多妻制。然而，到了十九世紀後期，由於猶他升格爲州而美國法律禁止這項制度，在面臨合法問題的情況下摩門教的領袖就廢止了一夫多妻制。但是，並非所有摩門教徒均願意放棄這項制度。藉著引用摩門經和舊約聖經章節中的歷史前例，像所羅門王和他的上百個妻妾，某個稱爲 United Order Effort 的摩門教派系便拒絕放棄這項制度。在被教會聯盟逐出之後，該派系的成員在西元一九四七年於英屬哥倫比亞的一個獨立地區自行成立了一個組織，在那裡儘管違法他們仍持續實施一夫多妻制。

一妻多夫制（polyandry），指一個女人同時和一個以上的男性結婚，是一種罕見的結婚型式。大多數一妻多夫的社會存在於南亞：像西藏、印度、尼泊爾和斯里蘭卡。這種婚姻最常見的方式是兄弟同妻婚（fraternal polyandry），即眾兄弟共同擁有一個妻子。Nancy Levine（1988）曾描述尼泊爾的西藏群體中這種一妻多夫的家庭。這個家庭由三代所組成，其中包括三個兄弟和他們的共同妻子以及他們的五個兒子和一個共同媳婦。在大部分的這種家庭中，最年長的兄弟通常最先結婚，他被賦與較高的地位並有操控家中大小事務的權利。在 Levine 所研究的這個家族中，兄弟們會去追溯小孩的父系起源，並對男性的後代較爲重視。不過，情形並非均是如此，像在 Gerald Berreman 所研究位於印度北部的Pahari 族中，生物性的父系就不受重視。

除了簡單的傳統因素之外，兄弟同娶的一妻多夫制還有許多實際的原因。例如，就 Pahari 族人來看，他們群體中相當缺乏婦女。而其他的例子可能和男性大部分的時間都外出作戰或經商有關，一妻多夫可以確保至少有一位丈夫能經常待在家裡。根據 Levine 所研究的婦女指出，一妻多夫可以

給她們安全感，因爲若是一個丈夫死去的話，還有其他的丈夫在。Levine 也指出兄弟同娶的一妻多夫制還有一些其他的重要涵義：它可以維持一個低的人口成長率，也能防止財產（特別是土地)的分散,此外還能凝聚一個團結的兄弟群體，通常也包括他們的男性後代，以形成高度自給自足的家計單位。Anthony Walker（1986）也指出在印度南部 Toda 族的一妻多夫制已經消失約一百年，在當時一妻多夫的情形有部分原因是由於他們實施屠殺女嬰造成兩性人口失衡。

婚姻的過程

婚姻不能僅視爲單一事件，而是一段長時間的過程。這個過程主要包括三個部分：尋找一位可能的配偶（或配偶們）、確立婚姻和維持這段婚姻。所有的社會都有固定的規範告訴人們婚姻的過程該如何進展，同時也會對過度偏離的情形制訂一套制裁的辦法。不過，實際的執行情形會因社會而異，而且無疑地規範本身也會隨時間而改變。

選擇配偶

在許多社會中，一個人對配偶的選擇性並不大。在小規模或村莊層次的社會裡，基於人口數量的因素不太可能會有大量可供選擇的女性。像在一個只有兩百人的村莊，選擇頂多不會超過二十個。如果村莊的人口相當穩定而且家族之間已經互相通婚達數世紀，可能的婚姻對象之數目就會因異族通婚的規定而更加減少。那些無法在本地發現到合適配偶的人將被迫去外地尋找，像：瓜地馬拉高地的年輕 Kekchi 族男性有時會花上數年的時間在瓜地馬拉北部和貝里斯南部旅

遊做一個流動商人，他們在旅遊途中所追求的不僅是那一份冒險和賺一些錢，同時也希望能尋得一個伴侶。

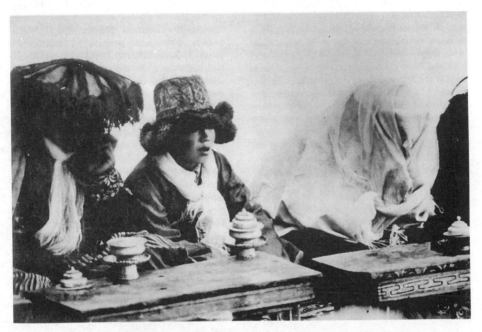

一妻多夫制是一種罕見的婚姻型式，大部分都存在於亞洲南部。圖中顯示的是一個位於尼泊爾的一妻多夫式家庭：在婚禮中的喝茶儀式裏，兩個新郎在左，而新娘則頭裏面紗在右。

　　互換婚姻對象的制度，一如我們先前所討論的，是一種克服當地可能短缺配偶的方法。另一種方式是自其他地方搶奪配偶，搶婚（marriage by capture）主要是指自敵對的群體中捕捉婦女來成婚。搶妻的現象過去在美拉尼西亞和南美洲亞馬遜河流域的小規模農業群體相當常見，這主要和戰爭有關，目前在這些地區仍偶爾有這種情形。不過，搶到一名婦女並不代表她就自動地成為你的妻子。譬如，在新幾內亞的

South Fore，若要這樁婚姻被承認，男性還必須付一筆足夠的錢給女性的親族（Glasse 1969:22）。

188 　　不論結婚的對象來自當地或其他地方，在許多社會中婚姻大部分是由家族或親屬來安排。例如，在新幾內亞的 Bena Bena 族，個人的婚姻是其所屬的氏族分支之責任。父親在徵詢過親屬群體的其他成員後會決定他兒子結婚的時間到了，於是便展開物色新娘。婚姻的安排可以由父親完成，但通常是由兄弟或是親屬群體的一些其他成員完成，而有時還可能經由某些更遠房的親戚（Langness 1969）。

　　澳洲的土著民族基本上有兩種安排婚姻的方式：妻子贈與（wife-bestowal）和岳母贈與（mother-in-law bestowal）（Maddock 1972:46-54）。在妻子贈與的方式中，男性獲贈一位妻子（通常是寡婦）；而在岳母贈與的方式中，女性會允諾男性可以娶她未來的或是現有的女兒，只要她的女兒年紀夠大，於是她便成了這位男性的準岳母。同時，這個男性在長達數年之久的等待成婚期間必須想盡一切辦法來奉承討好他未來的岳母。在這個漫長的等待期當中，事情也許不甚盡如人意。有可能這個準岳母在生出女兒前就去世了，或是女兒不幸喪生，或是其中一方中途反悔。但總括而言，贈與女兒的一方通常能自這樣的安排中獲得不少的利益，因為一種依賴關係已經建立；而男性也必須忍受這種狀況，因為在這些小型社會中配偶的選擇真的相當缺乏。女兒或岳母贈與的權利主要是在於其父親或兄弟或是這個岳母的兄弟。不過，贈與的過程絕非僅由一個人來決定，雖然可能有一個人具有最後的發言權。此外，這個女性本身也不太可能在事件的全程都保持沉默。

在印度的社會，大部分的婚姻均靠安排完成。傳統上安排婚姻的責任落在雙親的身上，但現今有些年輕男性已開始主動參與——打電話給他曾看過照片的女性家長，或是在報紙上登一則廣告寫著：「帥俊男性，英國學位，從事合適公職，徵求二十二歲左右教養良好之處女……」。家族或未婚男女偶爾也會求助專業媒婆或一些婚姻介紹所來尋找配偶。在種種安排中，一些像社會階級、家族相對財富、教育背景、公民身份、工作職位或未來展望等因素，都會被納入重要考量（參閱章末的「人類學家特寫」）。

隨著印度人所建立的社區在世界各地發芽茁壯（包括北美、英國、澳洲、紐西蘭、菲濟、加勒比海一帶以及東非和南非），婚姻對象的市場也開始邁向國際化。因此，一對來自 Gujarat（印度的一省）的海外印度人夫婦有時會讓他們的女兒參加專門為未婚少女辦的世界旅行團，去開發可能的結婚對象——通常他們傾向尋找相同社會階層之家庭成員。另外的例子像：一位住在澳洲的印度男性或是他的家人聽說菲濟有個印度家族正好有位女兒達適婚年齡，他們便開始與這個女兒的雙親展開聯繫，如果對方有意思的話便會將女兒的照片寄過來。接下來若一切順利，這位女孩的父親就可能前往澳洲洽談安排這樁婚姻。

結婚條件的協議

一旦男性取得迎娶某位女性的權利之後，他可能會被要求替未來妻子的父母從事一些工作，稱為**聘役**（bride service）。這樣的工作可能只是供應幾個月的玉米和薪柴給未來妻子和其父母，一如貝里斯南部 Kekchi 族的慣例。相對而言，欲結婚的男性也可能必須和未來妻子的家庭同住為

他們工作數年，一如瓜地馬拉高地 Kekchi 族之傳統。聘役也許會持續到結婚後仍存在，或是在某些情況下延至結婚之後才開始。解釋聘役存在最常見的原因是爲失去一位成員的新娘家族提供一些彌補。

189

東非的 Nuer 族以牛做爲他們的聘禮。這些聘禮由男方的家族轉送至女方的家族，這不僅提昇了兩個氏族間的聯盟關係，也促進了整個社會牛隻的重新分配。

在大部分的社會中，通常在婚姻過程中所交換的不僅止於人員而已。金錢、勞役、動物以及土地都可能透過個人或群體來互換。互換可能以**聘禮**（bridewealth）或**聘金**（brideprice）的方式來進行，也就是男方要將某些形式的財富送至女方家族。就如同聘役一般，這有時也視為一種對女方家族失去成員以及勞力和生產力的補償。這樣的習俗在父系繼嗣群的社會相當常見，他們認為這是對於女方提供人力以及未來為男方家族延續子嗣的適當彌補。至於在母系繼嗣群的社會，聘禮則極為少見，因為在那樣的系統中小孩已自動地成為其母親群體的成員。

在 Nuer 和許多其他的游牧社會，年輕男性用他們家中的牛做為結婚聘禮。但男方家庭本身可能沒有足夠的牛而必須向其他親屬借用，也因此擴大了交換活動涵蓋的範圍。此外，牛也會分配給新娘父母的親戚。牛的交換活動增強了婚姻雙方兩個父系氏族間形成的聯繫，同時也促進了整個 Nuer 社會牛隻的重新分配。

在亞洲和南歐許多社會有另一套不同的婚姻習俗，稱為**嫁妝**（dowry）。嫁妝通常視為女性自其出生的家族中分得的財產，而在結婚時一同帶至男方家。舉例而言，在希臘的 Sarakatsani 人，父母必須為小孩婚後的新居建造貢獻一份力量（Campbell 1974:44-45）。家族的財產——包括牲畜、金錢和貨物——是共同持有的，而且最後這些財產會平均分配給家族所有成員做為繼承物。到了結婚的時候，兒子通常會繼續住在父母家附近組成一個擴展家庭，且財產仍是共同持有；至於女兒則會離家和她先生及其家族同住，並攜帶她所擁有的那一份家族遺產做為嫁妝。因此，男女雙方的家族對於這個新家庭的成立大致而言均貢獻了相同程度的心力。

嫁妝在印度社會的婚禮中一直是一項很重要的部分，儘管這項習俗已在西元一九六一年禁止，而且也受到許多女權團體的抗議，但今日仍舊存在。反對聲浪主要是基於這項習俗所引來的社會問題。例如，據報導指出有些年輕女性會因為害怕父母無法籌出嫁妝而自殺。另一個問題是有些男方家長會在婚禮之後向媳婦的家族索求更多嫁妝，而為了達成這些要求他們甚至不惜威脅要殺害新娘，或將她逼上絕路迫使她自殺。每年在印度和這項習俗相關的案件高達上千件，新娘不是被活活燒死就是在夫家被鞭打、虐待或挨餓受凍，而這種種均由於其娘家無法提供結婚時所允諾的嫁妝或是結婚後夫家再繼續索求的部分。在印度鄉下的某個村莊就有一個案例：一名婦女的婆婆和其丈夫的兄弟為了這名婦女的娘家無法提供結婚時承諾的嫁妝——收音機和腳踏車——而將這名婦女活活燒死，因此被判處絞刑，至於她的丈夫也被判處終生監禁。

現代社會的聘禮習俗

　　經濟的貨幣化已經影響到世界上許多地方的聘禮習俗。而一般用途之金錢的介入亦破壞了父母及其他親屬對結婚聘禮的支配能力，因為金錢不像傳統形式的財富，大部分是歸個人擁有而非由整個家族或群體所共有。此外，金錢的引入也造成了膨漲性的循環，通常是出於名聲威望的競爭，而使得聘禮愈來愈高。在一些聘禮不受限於需傳統財富形式的地方，這種聘禮的增加便愈有可能，而通常和外地移入的勞工有關。

在巴布亞新幾內亞的許多地方，以現金形式出現的聘禮愈來愈多，並有逐漸取代傳統財富形式（如：貝殼貨幣）的趨勢。但是，也有不少的反應反對這項趨勢。例如，在新不列顛（新幾內亞東部）的 Tolai 族，「相當鄙視這種形式的婚姻，並將其看成是把婚姻貶低爲一種純商業性的交易」（Epstein 1969:216），他們接受以現金取代貝殼貨幣的唯一時機是外來人迎娶 Tolai 的婦女時。Tolai 人已深深地融入現代的世界系統，但他們不允許市場壓力來破壞他們文化中重要的部分。

結婚典禮

結婚這件事情在不同的社會中有不同的形式，但無論如何總有一些大家所公認的行動或儀式。它可能只是一個很簡單的行動，例如當一位年輕的巴西 Tarirape 男性和某位女性達成協議之後，他會在女方的家庭住所內存放大量的薪柴，用做當眾宣布他們結婚意圖的工具（Wagley 1977:157）。然後，他便將他的吊床搬到這位女性的隔壁並成爲這個女性家族的一部分。

在一些社會分工形式較精細的農業社會，婚禮儀式也較講究。Bugis 是一個沙勞越東南部的農業民族，但他們已遷徒並遍佈至印尼群島的其他各個角落。他們社會的特色是高度分層的社會關係以及以出身和個人成就爲基礎的社會地位。他們並依據出身及婚姻還有領導者與跟隨者之間的從屬關係形成了雙邊的親屬群體。因爲追求崇高社會地位而產生的競爭，在 Bugis 人之間顯得格外強烈，而且他們非常小心地維護他們所擁有的社會地位。而婚禮，正是展現社會階級與彼此較勁的大好機會，因爲在婚禮中社會地位都會當眾地

公開。

此爲 Bugis 人婚禮的一部分，新郎（圖左）身著「adat」傳統
禮服，在祭司的見證下大聲朗誦他的結婚誓詞。

　　Bugis 人的婚禮包含一連串的活動，並且需要一大群人
參加（Millar 1989）。正式的過程以訂婚儀式開始，當中結
婚的提議必須爲女方家族同意並決定聘禮。結婚典禮的準備
通常要在數週前展開。對於一些比較重要的婚禮，親朋好友
會組成一個籌備委員會來負責各項工作，其中包含宴會區的
佈置、邀請函的寄發、禮堂裝飾的準備、外地賓客的住宿安
排、喜宴桌椅器皿的收集、婚禮娛樂節目的安排、以及座位
的分配。

　　到了婚禮當天，新娘會被安排在一個隱密的地方裝扮，
當各項有關新娘的準備進行之時，正式的賓客和 imam（回
教的宗教領袖）便陸續到達並開始享用盛宴。同時在男方的
家中，新郎的賓客也正在享用佳餚（但不包括新郎），並準

備一些特別的食物要帶至女方家中。於是新郎與其賓客一行人便動身前往新娘家，此時新郎是由某位擔任婚禮上的父親（wedding father）長者帶領。當新郎的賓客均就定位，正式的婚禮即告展開。在新郎宣讀結婚誓詞簽下結婚契約之後，接著便公開展示他的結婚聘禮。聘禮包含「地位禮」（rank-price），這主要是指一些過時且價值不大的貨幣，可用來顯示新娘的出身地位；以及「零用錢」（spending money），是指一般性的金錢及珠寶（其中有一部分要給新娘的父親），而這數量必須和女方家長的財富及威望成比例。之後，新郎便在一群觀禮者帶領下被帶至新娘面前，由新郎首先碰觸新娘的部位便可預見將來兩人之間關係的維繫方式。然後新郎為新娘戴上戒指，並被引見新娘的父母且和他們握手。在喜宴結束後，新娘又會被帶回新郎身邊進行一項有趣的沙籠交換儀式。至於婚禮完成後，新娘便會離開，而這一對新人要等到女方收到聘禮的餘額，而且舉行公開的宴會之後，他們才可以開始生活在一起。

在舉行公開宴會的前幾天，新郎與新娘會分開宴請賓客及收受賀禮。到了公開宴會的前一天，約有五十到兩百個婦女會聚在一起將先前為了這次宴會而屠殺的牛隻加以切割及幫忙準備此次接待賓客的佳餚。在工作人員都吃過晚餐後，晚宴即告展開。當中還包括穆罕默德傳記（Life of the Prophet Muhammad）內容的宣讀、一項淨身儀式、以及守夜。在淨身儀式時，新郎與新娘分別以正式的裝扮坐在一盆水前，旁邊擺著一些指甲花葉，雙手掌心朝上平放在一個枕墊上，當每個人走近他們時便將浸過水的指甲花葉放置在他們的手中。儀式完成後，在場的男士們就開始守夜，高聲地談笑及快樂地遊戲，沸騰整個夜晚。

隔天，有兩個公開的宴會。在第一個宴會中，新娘於近午時分由其賓客護送至新郎家中，在那裡新郎和新娘被安排坐在一個裝飾華麗的座椅上接待客人。在這之後，新娘又被新郎的賓客護送至新娘的家中進行第二個宴會。宴會的內容不外乎餐點、致詞以及娛樂活動，而賓客是根據他們相對的社會地位來入座。宴會的精緻程度取決於參加人員的社會階層，每次賓客的數目也從五十到超過一千人不等。在這些公開宴會之後，這對新人的第一個晚上是住在新郎的家中但彼此不睡在一起。次日，他們會去拜祭新郎祖先的墳墓，而稍晚時分，一群新娘的親戚（不包含其父母親）會將這對新人帶至新娘的家中做「三天的停留」（現今的做法可能只停留一晚），這三天仍舊不斷地聚請親朋好友及宴客。然後，這對新人會由新娘的父母再帶回新郎的家中進行最終的儀式——雙方父母的正式會面。最後，對那些在此次婚禮中提供一臂之力的親戚——做過禮貌性拜訪之後，這對新郎新娘才可以鬆一口氣。

新人住所的選擇與建立

　　夫妻一旦結婚，他們將要住在那裡？在我們的社會中，理想的住所是自己擁有的房子，這幢房子的地點可以在其中一方父母家的附近或其他更遠的地方。我們將這種方式稱為**新居制**（neolocal residence）。這種方式恰好可以符合我們整體的經濟系統——出賣勞力並隨工作機會的取得而遷移——以及社會中缺乏大型合作性親屬群體的現況。新居制不僅和地理上的高度機動性相關，也牽涉到經濟上的獨立性。一對剛結婚沒有工作或缺乏經濟基礎的新人通常會和男方或女方的父母同住，直到他們的經濟情況有所改善，但最終的目標

仍是靠自己的能力過活。

新居制並非新人普遍的居住偏好。在許多社會，剛結婚的夫妻並不會渴望擁有自己的房子以追求獨立的生活。像某些在男性親屬之間具有重要社會聯繫關係的社會，新人通常會和丈夫的家族同住，甚至與丈夫的其他男性親屬住在同一屋簷下。在這種環境中，妻子會發現她將和自己的血親群體（亦即出生的群體）從此斷絕關係，而變成丈夫群體的永久成員。我們將這種方式稱為從父居（patrilocal residence）。這種方式主要存在於絕大部分的父系社會，以及一小部分的母系社會。

至於那些以母系親屬群體為主的社會，婦女在結婚後仍和其親屬群體住在一起並要求男方過來同住的情形相當常見。這就是所謂的從母居（matrilocal residence）形式。這種居住方式主要是對女性有利，讓她們可以緊密地形成工作及互助的社會單位。然而，對男性而言，他們不會如同從父居方式中的女性一般捨棄在自己出生群體的成員身份。在這種形式的社會中，男性仍能在自己出生的群體內對姐妹及姐妹的小孩行使某程度的威權，因為母親的兄弟在這種社會中的地位相當重要。由於這種社會地位，有時一個握有特殊權柄的舅執輩也能夠帶著他的妻子和他的出生群體同住。

另一個在母系社會中存在的居住形式是所謂的從舅居（avunculocal residence）。這個形式指剛結婚的夫婦選擇住在男方的舅父家附近，於是，這種社會的居住單位就包含了一群兄弟及其姐妹之子的家庭。Divale 和 Harris（1976）曾論道，這種居住方式主要和戰爭以及社會中的男性優勢有密切關係。不過，只要這些兄弟們開始允許他們的兒子在結婚後仍與他們同住，這種居住形式就可能轉變成從父居的形

式。

這是婆羅洲 Iban 人的長屋。對 Iban 人而言，一對新婚夫婦在婚後可以選擇與男方或女方的家庭群體同住。

　　此外，還有一些其他的居住形式。在**兩可居**（ambilocal residence）的方式中，新人有權選擇與男方或女方的父母親族一塊同住或住在附近。而**兩地居**（bilocal residence）的方式則是要求新人應與新郎的父母同住或住在附近一段時期，另一段時期則換成與新娘的父母同住或住在附近，這與前者的情形有些許差異。

居住的形式並非永遠一成不變。在貝里斯南部的 Kekchi 族，儘管他們的居住形式偏向從父居，但實際的情形卻是多種形式混合而且會隨時間不斷地更動（Howard 1977）。在婚後的前幾年，一對夫妻在決定永久居住方式之前可能會在從父居和從母居這兩種居住形式之間變換數次。而最後選擇的居住形式會取決於某些個人因素，例如：和岳父母或公公婆婆間的相處情形。一個村莊經常會細分成幾個次單位，而住所的選擇也可能與這些次聯盟的形成有關。在這種情形中，一個次聯盟的首領不僅會讓兒子們住在他家附近，也會說服女兒女婿一同來住在旁邊。基本上，這會牽涉某些自然因素，因為在這個區域，雨季時所帶來的豪雨迫使他們必須將房屋建築在高地上，於是山丘便成了最適當的居住場所，而有時候也限制了可住人的數量。

再婚

一旦婚姻經由法律認定後，婚姻生活就開始以家庭為重心，這我們將在下一節討論。至於婚姻過程的最後一個部分涉及婚姻的結束，而這結束可能是由於配偶死亡或彼此協議離婚。儘管在一個像我們所處的這種大規模社會中，人們失去婚姻後的做法可能會有相當程度的差異——從開始過新生活享受單身樂趣到再婚都有；然而，在許多社會中，結束一段婚姻後的行為模式卻有其固定的制度，特別是對那些鰥夫和寡婦而言。

有一種再婚的習俗稱為**妻子繼承**（wife inheritance），這是指一個男性去世後，他的繼承人（通常是他最近的血親）就必須娶他的未亡人，亦即這名寡婦。妻子繼承的習俗在父系或母系的繼嗣群中均可發現，當一名男性不幸去世後，通

常是這位男性的兄弟或世系群中的其他成員必須娶他的未亡人。而在母系血統社會裡，男性可以繼承來自母親之兄弟的遺產，但是另外一項他必須繼承的是擔負起照顧這位逝去長者之遺孀的責任。關於這項習俗有一個合理的解釋，那就是既然這樁婚姻是牽涉到這名去世男性的整個家族，故此家族的成員便有義務應該替代他擔負起婚姻的責任。當這項習俗和一夫多妻制、父系繼嗣群以及從父居一同存在時，通常又被稱爲**夫兄弟婚**（levirate），主要在於確保寡婦的小孩仍持續屬於男方的家族血統。另外一個相對的習俗是所謂的**妻姐妹婚**（sororate），即指若妻子去世丈夫可以迎娶她的姐妹。相同地，這項習俗也是和一夫多妻制、父系繼嗣群以及從父居有密切關聯，而且有時也是姐妹同嫁的一夫多妻制之自然延伸。

鬼婚（ghost marriage）是某些非洲社會可見的相關習俗。在 Nuer 族中，逝世男性的兄弟可以藉去世者的名義和未婚女性結婚，而他們所生的小孩也被視爲是死者的親生，並順理成章成爲死者的繼承人（Evans-Pritchard 1940）。至於在南非的 Zulu 族，他們有兩種形式的鬼婚（Gluckman 1950:184）。第一種形式是當訂了婚的男性不幸去世時，他的未婚妻必須與他的一位男性親屬結婚並繼續爲這名死者撫養小孩。第二種形式是指男性可以藉去世的男性親屬之名和某位女性結婚，藉此「喚醒」這名尚未有任何婚約而去世的男性親屬。

以上種種習俗均反映了人們相信一般人應該持續維持已婚狀態，除非他們真的年紀大到無法在社會上發揮適當的功能。儘管這些習俗可能限制了個人的自由，或可能進一步彰顯了女性在這些社會中的卑賤地位，但它們也發揮了提供給

那些喪偶者生存保障的功能。然而，在今日的社會，某些妻子繼承的傳統型式卻因為價值觀的改變而陷入濫用的情況。例如在辛巴威，當某位丈夫去世，妻子繼承的傳統可能被其親屬用做搶奪這對夫婦動產（像電視機、傢俱等）的工具，而使這名寡婦陷入窮困之境（Chandler 1986）。

許多社會已不再指定當先生去世後誰應該來娶這名寡婦，而是從制定規章方面來確保有人會負起照顧這名寡婦的責任。一個 Kekchi 的寡婦可以由其自身的親屬、或丈夫的親屬、或她的小孩來負起照顧她的責任，一切視狀況而定，但無論如何她的親屬中必須要有人來照顧她。此外，如果她並不太老，她應該再婚。不過，新配偶的選擇之限制就比第一次結婚時少。

然而，有些社會並不鼓勵寡婦再婚。像羅馬天主教會就反對喪偶的人再婚，而且往昔的教士們都有權拒絕承認先前結過婚的人之第二次婚姻。另外在 Sarakatsani 族中，因為婦女所嫁入的家族不願損失這名婦女所能提供的勞力，也不願失去她的小孩或家族聲譽（因為她會再與另一家族的某位男子發生性關係），故寡婦要再婚極為困難。

至於更極端的情形則是當先生或妻子去世時，另一半也必須被殺或自殺。一個著名的例子便是印度的（sati 或稱 suttee）習俗——亦即寡婦殉死——因為他們相信唯有追隨丈夫一同赴死的忠實妻子才能成為半神之人而上天堂（參見 Datta 1988）。基於宗教的狂熱，這項習俗自西元前第四世紀起就在印度的僧侶和貴族間逐漸盛行。然而，並沒有普遍地受到支持，在西元十九世紀英國人接管當地時，英國人便開始著手廢止這項習俗。不過，儘管這項習俗屬非法，但是在接下來的數年之內，仍然在平民群體中散布，而且在某些鄉

下村落中偶爾還可以見到。到了近幾年，有關 sati 的廟宇已在印度的部分地區建立起來，支持 sati 的主張在某些保守的社會政治運動中也可發現（見 Joseph 1991）。當一位十八歲的寡婦在西元一九八七年於 Rajastan 的一個村落被親戚們逼迫去踐履 sati 習俗時，成千上萬的人褒揚她並引以爲榮。事實上，這種發展可以視爲人們面臨社會現代化壓力的一種反應。例如 sati 廟宇的散布和中央政府欲保留一部分地方政府官員席次給婦女的步驟是一致的。

和印度的 sati 習俗類似的是斐濟的 loloku 習俗，這是指酋長的妻子或妻子們在丈夫去世時，必須同時吊死在過世的丈夫旁邊（William 1858: 189-190；並見 Mariner 1827:273）。不過也有某些社會的習俗是，當妻子去世時丈夫必須一同赴死的，像密西西比河流域的 Natchez 族。這樣的習俗和母系社會有關，而且該社會通常是女性貴族和男性平民通婚。

我們以上所討論的種種習俗，大部分都和親屬群體密切相關，而且焦點大多擺在群體成員變成寡婦後的做法。不過，這樣的習俗只有在周遭的社會環境都維持在習俗產生之初的狀況時，習俗才可能長久維持下去。例如，在非洲的許多地方，合作性親屬群體的瓦解也導致寡婦再婚之相關習俗的結束。

離婚這項行爲也反映著社會和經濟的轉變過程。舉例而言，在 Sarakatsani 人的社會，離婚的近乎不可能正符合了他們整體的社會組織型態，同時也指出了他們對於家庭以及對於婦女的一般觀念。相對地，在 Mundurucu 的社會，婦女很輕易地便可以與丈夫離婚，這可能與 Mundurucu 婦女在社會與經濟上的獨立自主有關，同時也有部分原因是他們的母系制度以及從母居的居住型態。至於我們的社會，近年來離婚

率的節節升高也可以解釋爲和婦女角色、家庭本質以及經濟型態的變化有關。

家庭群體

婚姻的一項重要功能便是建立家庭。家庭也許可以不需要依靠婚姻而存在，但唯有藉由婚姻，家庭方能成爲社會公認的合法實體。**家庭**是一個親密的親屬群體，至少包含了由雙親和子女共同組成的核心，而且它是最基本的社會單位，不僅在經濟上共同合作，還需負起撫養小孩的責任。除此之外，還有一些其他人會加入這個親子的核心，形成一個經濟上合作、撫養小孩的家庭群體，至於住所則可能共用或分開。

家庭群體的型態

在我們深植的觀念中認爲「典型的美國家庭」包括一個先生、一個妻子和兩個或更多的小孩，共同住在一個單一而獨立的住所內。然而，這樣的想法在今日已無法代表所有美國的家庭。現今，美國社會有單親家庭，也有一些其他親屬合住的家庭。如果我們將眼光放遠看看其他社會的家庭，我們會發現事實上美國人的觀念與想法不太具世界觀。

核心家庭（nuclear family）由一個男性、一個女性和他們的小孩所組成。這種群體並不是那些實行一夫多妻制或一妻多夫制的社會中理想的狀態，而且在大部分的單線親屬群體中，核心家庭也不是一個正常的組織。事實上，核心家庭群體在小規模的農業社會和鄉村社區中相當少見。反而，它

較常存在於像美國這樣的社會，因為在美國住所不虞匱乏，社會具有高度流動性，人們追求工作機會與高社會地位，再加上專業化社會支援機構的存在（像學校和療養院）均減少了家庭在照顧方面的角色。此外，核心家庭亦存在於一些位於社會邊緣的覓食民族，因為他們不穩定的經濟適應方式，迫使他們大部分時間均傾向於組成小型且機動性高的社會單位。

因為只有少數的社會環境鼓勵這種小型且獨立的社會群體之存在，故家庭組織較常見的型態是那些所謂的複合式（complex 或 compound）家庭。一夫多妻的婚姻型態建立了**一夫多妻制家庭**（polygynous family group），其中包含一位男性、他的妻子們以及他們的小孩。在有些情況下，這樣的家庭群體成員會同住在一幢房子內，每個妻子可能有各自的領域並以掌管的火爐為中心。然而，這樣的居住安排常會加劇彼此間的緊張情緒，故擁有共同丈夫的各個妻子常會分開居住。於是，便造成了許多以女性為中心的住所，當中住著一個妻子和其所生的小孩。

至於一妻多夫制則建立了**一妻多夫制家庭**（polyandry family group）。這種家庭的成員包含一名女性、她的各個丈夫以及他們所生的小孩，這些成員可能同住在一個屋簷下，或是丈夫們聯合起來共同居住在另一個獨立的專屬男性的小木屋中。

此外，還有各種不同形式的**擴展家庭**（extended family group），其中可能有兩個以上的家庭或至少兩代居住在一起。擴展家庭在一些遊牧或農業社會中相當常見，因為這些社會中家庭對勞力的要求遠超過一個男性和一個女性所能夠提供的量。從父居的擴展家庭包括一位男性、他的兒子與媳

197

婦們以及再下來的孫子孫女；而從母居的擴展家庭則由一位
女性、她的女兒與女婿們以及他們所生的第三代子孫所組
成；至於從舅居的擴展家庭則包含一位男性、他姐妹們的兒
子、以及這些外甥輩的妻子及小孩。

雖然在我們的社會中傳統觀念認爲家庭應包含一對父母和兩到
三個小孩，一如電視節目「Leave It to Beaver」中所描述的典型，
但是實際上在我們社會中的家庭類型仍舊存在著很大的差異
性。

擴展家庭在今日許多社會的適應策略中扮演一個很重要的經濟角色。例如在非洲，每當遇到經濟困境或政治動亂時，擴展家庭的結構常是提供支助的一項重要力量。可是，擴展家庭中能夠謀生的人畢竟只有少數，隨著家庭中人口日益增加負擔也無形加重，並為這種社會結構帶來不少隱藏的危機。針對這項全非洲所面臨的人力不可抗拒的問題所引發的壓力，Blaine Harden（1991）論道，這種擴展家庭制度：「就像一座存在多年行駛著過量高速交通工具的橋，它的結構隨時都有崩塌的危險。」

最後，我們來看**聯合家庭**（joint family group），它是由同一代的兩位以上親屬及其配偶子女所共同組成。兄弟聯合家庭（fraternal joint family group）是這種型態中常見的例子，由至少兩位以上的兄弟及其妻子所共同組成。

雖然上述的一兩種家庭群體可以代表一個社會的標準型態，但是事實上在同一個社會環境中通常都會有許多種家庭群體形式共存。例如，在貝里斯南部的 Kekchi 村落，你可以很容易地發現核心家庭，各種不同形式的擴展家庭或聯合家庭，或甚至偶而還可見到一夫多妻制家庭（通常是治病者自他們死去的病人那裡繼承其妻子）。在每一種狀況下，家庭群體的形式都反映了其人民在面對廣大的社會環境時所採取的因應方針，而這社會環境則包含了村落的大小、人們的分工程度、新婚夫婦的社會人際關係以及他們住在這個村落的時間長短。

家庭群體的發展循環

家庭群體的形成與進化一如人的一生自出生到成熟再到死亡，而在這個發展循環中主要有三個階段（Fortes 1958）。第一個階段是**擴張**（expansion），自結婚後起一直延續到所有的小孩出生並撫養到具有生育能力的年紀止。這個階段的時間長短主要受限於女人的生育期，而在這段期間內小孩對雙親是處於高度依賴的狀態。

第二個階段是**分散與分裂**（dispersion and fission）。這可能與第一個階段有時間上的重疊，因為是自小孩第一個結婚起至所有的小孩均成婚為止。一般的習俗是年紀最小的小孩必須最後成婚來接管家中剩餘的家產，但通常也代表最後一個階段的來臨。第三個，也是最後一個階段是所謂的**取代**（replacement），指父母死去，及他們在社會結構中所佔有的位置由子女所組成的家庭取代。

在任何一個時間點，家庭群體所處的階段都可能影響到他們的居住形式。例如，在婆羅洲北部的 Iban 族，一對夫婦會根據他們所處的家庭群體階段來決定該與男方或女方的家庭群體同住。如果夫婦當中有一方是該家族中最後一個成婚的小孩，則他們就會選擇與該方的父母同住並成為未來該家族財產的繼承人。

最後一個階段實際發生的情形，以及在整個循環中住所的選擇，通常是根據當地繼承的習俗來決定。在某些社會中，是由年紀最長的小孩來繼承家族中大部分的財產，這稱為**長嗣繼承制**（primogeniture）。至於較年輕的兄弟姐妹不是仰賴其長兄，就是出外憑一己之力來尋求財富。而有些社會是

由最年輕的小孩（通常是男性）繼續待在家中並繼承父母的財產，這稱為**幼嗣繼承制**（ultimogeniture），這種方式恰能使這個發展循環重新再來一次時，父母也把財產全數交由么兒接管，但通常這位么兒也必須負起照顧年邁雙親之責任。

一如家庭制度的其他層面，家庭群體採取的形式及其發展循環都會因社會之不同而有差異，而當中的差別也反映著家庭所處的外界之大環境。

小孩之獲得

小孩是決定家庭群體形成與進化的一項重要元素。而一個家庭中小孩的數量有部分是取決於環境因素。在早期的美國與加拿大，老年人的依賴性較現在為高，撫養一個小孩所需的花費也不大，再加上大部分的人都住在鄉村，故和今日比較起來家庭較傾向於大型發展。但隨著愈來愈多的人們遷往城市，小孩也從一種資產變反而是一份經濟負擔，再加上退休撫卹及社會福利制度取代了家庭在照顧老人方面所扮演的角色（及一些其他的促成因素），家庭的規模就變小了。總而言之，都市化和工業化都使家庭傾向於小型發展。

人們獲得小孩的方式可能只是個機運問題，但通常實際的情形並非如此。家庭計劃已成了國際間廣泛的趨勢。例如，Tapirape 人的傳統限制每對夫婦只能有三個仍存活的小孩，甚至明定同樣性別的小孩不能超過兩個。這項政策的實行方式包括限制夫婦在生小孩後的第一年內不能從事性行為，以及靠屠殺嬰兒來達成此目的。這並不是說 Tapirape 人不喜歡小孩，而是「不想在下一代的眼中看到餓渴」（Wagley 1977）。他們承認要撫養三個以上的小孩並不容易，並希望

下一代都可以得到最佳的撫養。產後的性禁制（指生下小孩後一年內不得進行性行爲的限制）、屠嬰和墮胎都是人們控制小孩數目或至少將小孩年紀隔開的常見方法。

家庭群體並非都能藉由自然的方式獲得小孩，領養是另一種社會認可的方式。在西方社會中，領養的小孩通常來自親屬或領養仲介者，而這些小孩是基於不同的原因由他們的父母或州內的經紀人帶至認養仲介機構。儘管實際的認養實務會隨時間而改變，但是一般仍會儘可能不讓親生父母和養父母彼此認識對方。不過，認養並非均透過經紀機構而完成，而且養父母和親生父母之間也不一定都是陌生人的關係。例如，在美國有一半以上的領養是透過親屬——領養祖父母的私生子，領養前夫或前妻的小孩，以及領養離婚或去世親屬的小孩。

在許多太平洋的島國社會，領養是關係親密之親屬間的一種互動。傳統上，他們並沒有正式合法的領養手續。而且，將親生小孩送給別人撫養並不會覺得臉上蒙羞，反而被認爲是一種大方的舉動。雖然西方社會的親生父母通常不願意或沒有能力承擔做父母的責任，但是，在這些太平洋島國社會，養子的親生父母一般而言都具有撫養小孩的能力。他們捨棄自己小孩讓人領養不是出於義務便是爲了助人。在 Nukuoro，一個麥克羅尼西亞聯邦的小島，認養行爲反映親屬間的相互依賴（Carroll 1970）。他們認爲親屬間應該樂於分享共有資源，這包括了小孩，特別當親戚之中有人有此需求時。

還有另一個獲得小孩的方式：那就是偷取或掠奪。這種方式主要存在於一些小規模的農耕社會，譬如位於南美洲亞馬遜河區域和新幾內亞的農業民族，因爲他們群體之間情勢

199

很緊張而且戰事不斷。有時，他們偷取小孩的需求也和社會限制人口成長的政策有密切的關聯。例如，在新幾內亞Trans-Fly 地區的人們，由於兩性之間的互動關係非常狹隘而且充滿敵意，所以有些群體反而奉同性戀爲圭臬而非以異性戀爲主。這些民族由於出生率偏低，爲了維持人口數量乃被迫去搶奪鄰近民族的小孩。此外，在西方社會也有販賣小孩的違法情形存在。

對這個世界的貧窮地區而言，影響家庭中小孩數目最重要的因素不在於生了幾個、領養了幾個或是搶奪了幾個，而是到底有幾個小孩能安然度過早期的童年而存活下來。對許多小規模的土著社會來說，新侵襲的疾病已造成莫大的災難，掠奪了成千上萬個小孩及他們的父母。在這些嬰兒死亡率高的地方，父母唯一能做的就是儘可能地多生幾個以求至少有些能存活下來。雖然疾病和營養不良仍導致每年數以百萬計的小孩死亡，但是許多發展中國家整體公共衛生狀況的改善已造成人口顯著的成長。加上傳統家庭計畫的廢止，以及新避孕方法不易取得——通常是因爲花費或困難度太高——結果是造就了許多人口繁盛的大家族。

摘要

男女間的兩性關係受到社會與文化環境的制約，當中最基本的元素便是性。文化背景對於我們性方面的認知以及性伴侶的選擇有極深遠的影響。而且社會對性的限制程度以及人們對於可接受之性伴侶的定義彼此差異頗大。不過，在大部分的社會中總有某些爲社會所接受而能規避一般限制的方法。性行爲與性觀念一個頗爲重要的部分是它們與神權及世俗權力間的關係。

婚姻是社會認可下男女之間在性和經濟方面的結合。它是一項適應策略，與一些因素有關，包括人類嬰兒長時間的依賴、性的競爭和男女間的分工差異，另外也可能與男性主導社會的優勢有關。此外，它也是形成聯盟的一種工具。至於群體間的婚姻交換制度可以是基本或複雜的、直接或間接的、內婚（婚姻發生在自己的社群或同類內）或外婚（與自己社群或同類以外的人通婚）。

雖然一次只能有一位配偶是我們社會唯一允許的婚姻形式，但一夫一妻制的婚姻並非通行全世界。有兩種多婚或重婚的形式可以在一些其他的社會中發現：一夫多妻制（一個男性同時與兩個或以上的女性結婚）和一妻多夫制（一個女性和兩個或以上的男性結婚）。至於我們的結婚儀式與過程也並非適用於全世界。各種社會對配偶的選擇會加上不同的限制。結婚的條件也許包含勞役及聘禮的付出，而實際的典禮在精緻上的講究也因人因地而異。至於典禮後住所的形式，包括：新居制、從父居、從母居、兩可居、兩地居、及從舅居。最後，當配偶一方去世或彼此離異後之做法也是個

問題，許多社會會藉由夫兄弟婚、妻姐妹婚、或鬼婚等方式來規範再婚。

在我們的社會中，傳統的家庭包含了先生、妻子和小孩。然而，這種核心家庭並不是使親密的親屬群體聚在一起的唯一方法。除了核心家庭之外，有四種主要的複合式家庭群體：一夫多妻家庭、一妻多夫家庭、擴展家庭和聯合家庭。家庭群體並不是長期處於靜態，會隨著擴張、分裂、取代的過程做規律的循環。而這循環的方式會受到許多事物的影響，其中包含繼承的習俗，像：長嗣繼承制或幼嗣繼承制。家庭群體的擴張涉及小孩的獲得，獲得方式有夫妻自然產下、認養或是搶奪。至於一個家庭中小孩的數量及其獲得方式，一如其他文化層面，都會深受環境因素的影響。

人類學家特寫

一個印度北部村莊的婚姻安排、家庭和性別關係

Miriam Sharma

Miriam Sharma 將她對印度鄉村的個人興趣和此區域的學術研究結合起來。在西元一九六五年的夏季，她以一個剛結婚不久的新娘身分首度造訪她公婆所住的村莊。她從 Delhi 出發，花了一整天的時間搭乘公車、馬匹以及輕便的馬車，最後甚至坐上牛車穿越田野才完成了這五十公里的路程。而在西元一九七六年的一月至八月間，她以一個 bahu（媳婦）的身分回到當地和她先生的大家庭同住。在印度北部的田野調查工作，使她在西元一九六八到一九六九年間在 Arunpur

村莊（位於 Banaras 附近）待了一年，研究村莊的政治情形。而在西元一九八六年十月至一九八七年三月的這段期間，她也住過一個名叫 Rajasthan 的村莊來調查當地社會階層與性別的關聯。目前，她任教於夏威夷大學並計劃針對 Arunpur 地區這二十年來的變遷再次進行研究。

　　當我於西元一九六五年六月間到達 Kota 這個村莊時，一切為我丈夫的妹妹 Dropa 即將到來的婚禮之準備工作均已就緒。她是一個十九歲的女孩，學歷是小學五年級。她被安排的結婚對象二十四歲，來自十五哩外的一個村莊，就職於印度鐵路局。她和這位未來的新郎從未正式會面過，甚至連遠距離的照面都不曾有過。

　　在新郎和他的男性親屬們最後到達女方家之前的數天，新娘的家族便開始購買各項結婚必需品，和負責婚禮宴客之一切膳食的廚師簽下合約，安排外地賓客之各項住宿事宜，並進行種種習俗所規定的新娘婚前儀式。在到達後的歡迎儀式結束之後，這些新郎之親屬們和新郎便退下休息，女方開始奉以點心而且接下來還有一個精緻的饗宴。正式的婚禮儀式在午夜才開始進行，到了隔天早上則會有一個長時間的臨別宴會，並展示女方送給新郎的許多禮物。而我的這位小姑 Dropa，在感人的場面後，在家族成員充滿淚水的悲傷送別中，終告離去。於是，臉上覆著婚紗的她，便隨著一群這一輩子都將與她關係密切的陌生人，獨自登上禮車，前往一個未知的村莊和她的新家。

　　三天後，我和丈夫以及他的弟弟們一同將 Dropa 自她的婆家（sasural）帶回 Kota。在那裡，出乎我意料的是，我發現她在她丈夫和一些年紀較輕的親屬前可以很高興地談

笑，但是在其他的親屬面前卻保持沉默不語並以罩布（sari）遮著臉，這個朝氣蓬勃的年輕女性突然開始罩面（pardah）。於是，我便想瞭解她是如何在這麼短的時間內學到這種文靜的舉止？而她和這位她剛認識「甚至並不愛他」的男子間的友誼又是如何在短短的三天內建立呢？

這便是我為什麼想要研究印度的婚姻安排制度之原始動機，而這種婚姻安排方式在印度可以說是相當普遍——不論是鄉村或城市，也不管你是窮人或受過西方文明薰陶的社會菁英，更不論你是印度教徒、回教徒或是其他任何宗教團體之成員。當然，後來我開始瞭解到事實上還是有很多不同的方法存在。例如：都市的中產階級家庭可能會安排欲撮合的男女事前先在餐廳會面認識；而受過高等教育的專業人士則可能將徵婚的廣告登在報紙上；到了最近，甚至連一些鄉下女子都開始積極透過親友要求先看未來另一半的照片。此外，北方和南方對於親屬間或同村莊內的婚姻，也存在著一些重要的差別。不過，婚姻安排制度的基本型態與邏輯卻是各地方都相同。

婚姻是印度人民一生中最重要的事，另外它也和名譽、社會階層的純正、父權制以及女性的地位等種種的觀念息息相關。男性的聲譽主要繫在女性身上，並且可能由於女性的行為而受到損傷。這也解釋了為何男性會積極地控制女性的性行為並要求她們遵守婚姻規範。男性在婚後姓名不變，但婚姻對女性而言卻使她們從一個家庭移轉至另一個家庭。在正式婚禮中有一個叫做 kanya dan（按字面上的意義是「處女的贈禮」）的儀式便象徵著這種意義，並意謂著女性要將自己獻身給她的丈夫像事奉「神」一般。就在這個時候，新娘和嫁妝也由其父親或叔伯父親手交給新郎。

在 Kota 村莊裡，當年輕的妻子要離開她生長多年的村莊，前往一個
未知的村莊去和先生的家族同住時，人人臉上都充滿了悲容。

　　女性的純潔貞操和小孩的合法性在印度社會是極為重要
的。這些條件確保了年輕一代的繁殖與社會化均只能在父系
家庭中發生。父系繼嗣在印度相當受到重視，因為只有男性
繼承人可以保留家族姓名、承襲家族的名譽與財產。此外，
婚姻也能夠維持世襲社會階層間的社會關係，因為它們是內

婚群體並有一些維持階級純正的社會規範。在印度，一如其他傳統的父系社會，小孩和妻子的社會地位決定於家中的男人。

我的田野調查以及身爲農村新娘（bahu）的經驗，均一再顯示許多深植於婚姻制度下的觀念與信仰之重要，而我也開始瞭解到爲何婚姻不僅僅是單純的男女之間的事。事實上，從 Dropa 的例子也可以得知，當事者在整件事情上幾乎沒有任何發言的權利。對他們而言，不論是將想結婚的要求說出來，或是在婚姻安排的討論時直接提出問題，都會被視爲厚顏寡恥。至於婚姻安排或是對象選擇方面的事，儘管當事者可能會被告知或能參與一些意見，但主要還是由家族成員來負責所有事項。婚姻常被視爲兩個家族間強化既存關係或建立新關係的一種管道。此外，婚姻安排也常被當成一種提昇社會地位或威望的工具。

Dropa 的生活與地位因爲婚姻而帶來突然且劇烈的改變。她必須在社會化的過程中儘速去接受「爲人妻」的角色，並且滿足周遭男性的需求，其中包括她的父親、兄弟、未來的丈夫或甚至成年的兒子。當她學會在男性前沉默寡言以及如何避免大眾眼光的注意時，行爲與裝扮的謙和收斂便成了她的第二特質。她相當依賴夫家中的男性並深受其保護，不過，在她親生父母的家中她仍享有一部分的自由，因爲在那兒她並不需要在任何人面前以面紗遮臉並保持沉默。

在婚前，Dropa 必須與之建立情感關係的男性包括她的兄弟、堂表兄弟以及經由兄弟或堂表兄弟的婚姻關係而衍生的男性親屬。基於遲早有一天這個女兒必須結婚並離家與丈夫同住，故 Dropa 的父母一直將她視爲家中的一位珍客。父母爲她所做的裝扮以及給予她的訓練教育都是替她將來在夫

家的一切著想。雖然她偶爾會希望得到來自父兄的一些贈禮，但是她並沒有權利分配家族的土地。

　　Dropa 的婚禮是在她十九歲的時候舉行，但有關她婚姻的討論卻早在她到達青春期之前便開始。而這樣的談論以及不時地以玩笑或歌曲的方式來暗示也能幫助 Dropa 做好結婚前的心理準備。而在夫家中的一些玩笑性的關係（特別是和先生的弟弟）也有助於她適應夫家生活及不至於感到孤單。

　　雖然結婚的合法年齡男性訂在二十一歲而女性訂在十八歲，但早婚仍是經常發生，目的在於確保女性能得到適當的保護並保障其貞操之完整。這在一些較下層的世襲階級中更為常見，因為貧窮迫使她們必須離家到外地工作，讓父母不免擔心她們的安全。儘管未婚女性的貞潔和已婚婦女的忠實是社會規範的理想，但是印度鄉村私底下違反這些規範的也不在少數。私奔、自由戀愛結婚及婚前性行為雖然被強力禁止，但不代表完全不會發生。

　　但是，在印度北部的鄉村，他們結婚的對象是如何篩選的？而父母面對一個未來可能的媳婦或女婿時，到底他們看重的又是什麼？在印度教的世襲階級制度中，有法規和條例認可被安排的婚姻，另外它們還有更嚴格的條文倡導與維護同一階層內的通婚。同時，他們的條例也禁止那些宣稱彼此有相同的祖先之男女通婚。不過，在印度北部有些地方會要求結婚對象必須來自其他村莊（即外婚制）。至於回教，他們並沒有太多有關婚姻的限制，只要求不能發生在同一個核心家庭之內，甚至他們還會鼓勵堂（表）兄弟姐妹之間的通婚。

　　越級婚姻（hypergamy），指和一個家族之社會地位較高的男士結婚，這在印度教的上層世襲階層中相當常見。然而，

這對一個剛嫁入夫家的新娘而言，具有雙重負面的影響。它不僅使得這位新娘在夫家擁有最低的社會地位，並且需擔負最多低賤又耗時的工作責任；而她娘家的低階地位更進一步地強化了她在新進家族中的次等身分。

家族在尋找新娘時特別注重溫馴、順從、謙和和勤勞等特質，同時也會看她處理家事的技巧以及將來是否能成為一個好妻子、好媽媽和好媳婦。此外，她不能有任何身體上的缺陷，並要有一個怡人的外表。至於男性則應該受過一些教育，擁有一份好的工作或能自家族土地上得到某些收入，而且不能有任何不良習慣（諸如：飲酒、賭博或是狂歡作樂）。

在印度鄉村，不論隸屬那個世襲階層或社會階級，或信仰何種宗教，所有的父母均會以相當類似的方式替他們子女安排婚姻。家族成員、其他親屬或是關係親密的親友都可以扮演仲介者或媒人的角色，來協助物色一位合適的對象。年紀稍長的一些結過婚的婦女以及住在其他村莊的姻親也是尋求結婚對象的重要資源。男人們也會在親家或其他親屬間替他們的小孩詢問可能的配偶對象，並和女人們討論各個候選人的品德情形。

傳統上，會派一位親屬去別的村莊先行察看未來的新娘，試圖瞭解她及她的家庭。如果各方面都滿意，為人父的和其他的家族成員或這位居中的媒介者便會聚集討論並同意這樁婚姻。討論的一項主要重點擺在贈禮的交換、婚禮之費用（包括喜宴事宜和欲參加的男方親屬人數）以及女方打算提供的嫁妝內容，特別是那些世襲階級較高或經濟較富裕的人們。另外，他們也會求教於婆羅門的僧侶替這樁婚配查查星象天宮，看是否有任何可能的障礙或不利因素。然後，小金額的贈禮開始交換，而大金額的贈禮則等到即將到來的

sagai（訂婚儀式）。

　　扮演媒人的這個人對整椿婚姻負有最重大的責任，而且他也會向各個親屬建議何處可以找到最佳的結婚對象。此外，這個人（通常是男性）對於婚禮前可能浮現的種種困難，也能扮演一個重要的協調與轉圜的角色，特別是有關婚期與嫁妝方面的事宜。在婚姻的協調期間，彼此之間的取與給不乏種種討價還價的情形，因爲物質財富會隨著新娘而移轉至她的新夫家，這當中包括現金、衣物、珠寶和傢俱，而對那些物質富裕的人來說，還可能出現一些家電用品（如：電視機、電冰箱等）或摩托車及電動踏板。因此，男孩可能在大量嫁妝的誘導下被勸說去和一位低階層家庭的女孩結婚。但不幸的是，由於這種缺乏管束的嫁妝贈與制度（事實上是非法的），女性在這個全盤遊戲中，常容易淪爲被玩弄的棋子。雖然鄉村的人民還不至於對那些嫁妝太少的新娘實施可怕的屠殺行動，但威脅新娘的事件不是全然沒有，而且已有愈來愈多的「焚燒新娘」及「嫁妝案件」在城市中一一發生。

　　印度的婚姻制度和大部分西方社會的婚姻制度有很大的差異，甚至在印度這種婚姻制度還可追溯到十九世紀末。其中最值得一提的是，對他們而言男女之間的婚姻缺乏選擇並且沒有羅曼蒂克的愛情做爲基礎，他們強調的不是兩個人之間的結合，而是婚姻所牽涉的網狀家族關係。

　　以一段持久的羅曼蒂克愛情爲基礎的自由選擇之婚姻模式，對印度人而言是否更好，我們並不瞭解。印度人民目前正努力於尋求更多婚姻的選擇對象與機會，也不斷地試圖賦與女性擁有更多控制自我生活的權利，這也許會導致婚姻往另一個方向發展。

Ch10

社會化過程

圖示爲典型的生命禮儀,一所加州高中舉行的畢業舞會,象徵
著新舊身份的更替。

1 社會化與濡化過程

2 世界觀與價值觀

- 文化取向與適應策略

- 世界觀

- 價值觀

3 人格

- 人格類型

- 範式人格

4 生命週期中的社會化

- 童年教養、家庭影響與性別認同

- 生命禮儀

- 男性與女性的生命禮儀

- 教育

- 成年期的社會化

5 反常者

- 反常者的認定

- 反常者的觀點

摘要

人類學家特寫：中美洲難民——在美國學習新技能
James Louky

對居住在馬來西亞邊僻森林區的小群體塞邁族（semai）而言，「生氣」是十分可笑的。他們說：「我們不會生氣。」（Dentan1986：55）。當然，塞邁族人有時也是會生氣的，但是他們的文化卻完全否認這類情緒的存在。事實上，他們的文化價值觀儘量將生氣這種事降到最低的程度。他們視自己為非暴力的民族。幾乎從出生起，他們即被教導避免去侵略、爭吵，以及為這一類的行為感到羞恥。當一個人傷害某人的身體或心靈時，受傷的一方有權要求賠償，同時這個侵犯者大多會因罪惡感而力求補償。

對於生活在處處充斥著憤怒與敵意的美國社會中的大多數人來說，塞邁族人對待侵略性行為的態度頗為特別。對許多在西方文化傳統下長大的人而言，塞邁族人似乎十分懦弱，或者，也可以說他們非常天真。這種看法反映出西方文化對於暴力與憤怒的觀點。西方人或塞邁族的態度都是文化傳統的一部份，主要由不同的歷史背景與外在環境交互作用而成形的。人們是如何習得這些態度呢？以及他們在習得的過程中又與較大的社會有何關係呢？在本章，我們將探討個體如何成為社會的一部份，我們的取向如同前三章一樣，仍然以社會如何整合在一起為著眼點。

社會化與濡化過程

我們從其他人身上學習到社會角色之過程即為「社會化」（socialization）。雖然某部份是經由正式指導的學習結果，但絕大部份的社會化過程產生自人與人之間的互動。當

我們學會特殊社會群體的行為舉止時，我們便接受著「濡化」（enculturation）的過程，從中我們學習到文化的規範與價值觀。

圖示為中國大陸的昆明，一個剛學步的小孩裝在父親背上的籃子裡。這個孩子開始以周遭人們的信念與活動來獲得對世界的意象。

　　我們得到一個世界的意象，這意象受到我們周遭人物的信念與習慣之高度制約。我們被教導如何去區分具象世界與社會世界，以及這些分類的意義所在。塞邁族根據棲息地為動物做分類，因而魚、鯨魚、海龜都屬於同一類別。同樣地，他們對於具象世界與社會世界的區分方式與我們的方式也不盡相同，也因此產生了許多與西方人不同的態度。舉例來說，他們認為雷聲是人類行為招致的後果（Dentan 1986：

21-22），而不是人類無法掌控的大自然現象。

　　社會化使某社會的成員們之價值觀與態度有某程度的一致性。但這其中總還有一些變化。這變化部份反映在社會中個體所處之特別的社會地位與角色。除此以外，總會有容許個人去選擇與發展個別特質的空間。特別是在規模較大的社會中，情形尤其如此，因為要求從眾的壓力會比小規模社會小。並非所有的塞邁族人都十分相像，然而經由密切與不斷互動的過程，以及對於不被接納的恐懼感，將他們引領至高度的一致性。對於生活在大規模社會的人而言，是有較多的選擇，因為在這種社會中有範圍較寬廣的社會地位與角色以及較大的社會流動性。然而，選擇的存在並不意味著人們就能隨心所欲。在大規模社會的各個區隔中，人們也會展現高度的一致性，譬如和社會階級，社區或族群有關的區隔。這無論是對費城的上流社會或東洛杉磯的墨西哥裔社區都是真實的情況。在這兩種社群中，遵從群體期望之壓力都相當大。

　　社會化過程始於出生的那一刻。儘管生命早期對於個人觀點的成形十分重要，但這個過程卻一直持續到死亡為止。當人們漸長時，他們的社會角色也隨之改變，所以必須學習新的行為模式。社會對於孩童與成人的期望是完全不同的，因而當人們到達成人的年齡時就必須學習新的舉止。這其間的差異以及差異的多寡會隨不同的社會而有所不同，但差異總是存在的。

　　社會化會受到環境變化的影響。因為社會持續在改變，人們則必須去適應這些變化。人們對於變化所做的調整，部份取決於變化的特性，部份則取決於過去的行為模式及世界觀。例如，1940 年代電視的出現，大大地改變社會化的模

式,因爲電視成爲資訊的來源,家庭主婦或個人與外在世界的媒介,以及數以百萬計兒童的媒姆。對於電視的反應,隨著不同的年齡、群體、社會階層、族群本質及眾多其它因素而有不同。

廣義而言,我們的生物構造對於我們所能做、所能看以及所能審視這個世界的,在各方面都有其限制。我們必須藉由輔助器具才能飛翔,我們僅可以吃一些食物,我們只能看到光譜上某些範圍的顏色。雖然有重重的限制,人們依舊有極大的創新與想像潛力。此外,每個個體之間也有生理上的差異。每個人在遺傳下擁有獨一無二的外形與身體特徵,並影響日後的行爲。個體的生理差異有多重要決定於差異的特性與社會的背景。在都市社會中的盲人與荒蕪沙漠中的盲人是十分不同的。

世界觀與價值觀

我們在一個特殊社會中所學習到的,是其成員們適應策略的一部份。這策略主要反映在他們對生活的看法、認爲處理事情的最佳方式,以及對與錯的觀念。

文化取向與適應策略

文化傳統所鼓勵的基本理解型態與行爲模式,顯現出該社會集體成員整個的適應策略。在分配獵物時,塞邁族人會仔細而公平地分給更多的族人。當男人獵殺一隻動物時,會將各個部份分給許多家庭的家長,並期待以後會得到回

報。塞邁族交換制度的核心想法是，一個人不應去計算他能分到多少，而是應去想他所能提供給別人的有多少（Dentan 1968：49）。這類價值觀確保社會的所有成員都能獲得食物，同時對於那些因為生病或受傷而無法供給自己足夠食物的人也提供一種社會的保障。這是塞邁族集體的、平等主義的適應策略之一部份。

　　既然理解、價值觀與態度代表因應特定環境條件的策略，所以這些策略也會受到環境改變之影響。今日許多小規模社會的成員所面臨的環境變化之挑戰，主要與世界體系的擴展有關。譬如，將錢幣引入較隔絕的塞邁族中，將徹底改變他們原有以物易物的交換制度，以及他們對於交換特性的觀點。錢與食物不同，錢不會損壞而且容易隱藏，因而會使人們變得自私（Dentan 1968：50）。諸如此類的變化並不會對現存的文化價值觀產生立即瓦解的影響，但是與世界體系的交流整合確實增加了改變的壓力。雖然許多塞邁族人堅守分享的價值觀，隨著與馬來西亞社會的融合越多，他們很可能變得更具競爭性與侵略性。

世界觀

　　一個社會的成員們之基本文化取向--他們理解其環境的方式--可稱為他們的「**世界觀**」（worldview）。誠如 Robert Redfield （1952：30）所指出的，一個人的世界觀是由「我從何處來？」「我該往何處去？」「我與其他事物之間的關係為何？」等一連串問題的答案之概念所組成。世界觀是有關人對自然世界的基本假設，這些假設或多或少有系統地表現在哲學、倫理、儀式以及對科學的信念上（Wallace 1970：

142-143）。並非所有的社會成員都持有相同的想法或信念，然而一個社會的世界觀可視爲代表對該社會整個文化的共同理解。

圖示爲芝加哥費爾德（Field）博物館所陳列的面具，代表著不同於美國人的世界觀。

　　「德莎娜人」（Desana）是哥倫比亞南部覓食農耕的圖卡諾族（Tukano）之一個小群體（Reichel Dolmatoff 1971），它提供了一個世界觀及其表達方式的最佳範例。德莎娜人之世界觀的要旨是有關其社會之生物與文化的延續性。

　　這種延續欲望滲透到他們所有的活動與態度中。德莎娜人認爲，要達成這個目標唯有透過遵守嚴格的互惠制度，在社會成員們之間及與動物之間的所有關係中將競爭降至最低的程度。在他們的分工中（男人打獵，女人負責農業生產）給予男性較大的威望，因德莎娜人認爲他們是獵人而非農夫。但是這與互惠目標有矛盾時，則藉由宗教來緩衝。在祭典儀式中，他們強調相互的依賴性，每一個人會將自己置於代表相反性別的光線（紅色或黃色）之照射下。該族在手工藝的工作中也十分重視互惠原則。儘管每一個人製造不同的獨木舟、磨拌工具、籃子與陶器製品，德莎娜人重視物品能

公平地交換，而不是競爭利潤或剝削。

　　在類似型態的小規模社會中，人們大部份會抱持相似的世界觀。澳洲沙漠的覓食民族與非洲喀拉哈里（Kalahari）沙漠的覓食部落有著相似的世界觀。同樣地，居住在西方現代工業社會與世界上其他高度工業化地區的人們也持著相同的世界觀。然而這種狀況由於社會階層的差異而顯得錯綜複雜。Oscar Lewis（1966）發展出貧窮文化（culture of poverty）的概念—他在已開發與開發中國家的窮人中發現相同的文化態度與生活方式：無助的感覺，對政治活動的退縮，以及立即消費導向。儘管 Lewis 對貧窮文化的看法有許多缺失，但它確實指出身處貧窮環境下且沒有機會改善生活環境的人，或許會有某些相似的世界觀。

　　一些學者將世界觀區分成兩個非常不同的類型：「原始的」（primitive）和「文明的」（civilized）。我們則區分為草根（indigenous）世界觀與都會（metropolitan）世界觀。

草根世界觀

　　草根世界觀是一種認為人與大自然是結合在一起的個人宇宙觀（Walker 1989）。在具象世界裡討生活的人們視大自然是有生命的，因此人類跟動物、樹、水，以及其他非人類事物之間是有關係的，如同人類之間的關係一樣。身為大自然的一份子，人們認為負有維護大自然中所有事物秩序的責任，而不是去主宰或改變大自然（Wallace 1970：142）。這些努力表現在他們的儀式裡。

　　草根世界觀反映了緊密的社會關係，即小規模社會的成員們會相互扶持，也反映了人們的技術與適應策略跟大自然之間的密切關係。舉例來說，澳洲土著視整個大自然都具

有宗教的意義，並認爲自己與動物以及特殊的領土之間是透過親屬關係與儀式而結合在一起的。他們的宗教強調宇宙不變的面向。而且，宗教不僅使他們成爲大自然的一部份，也要求他們執行儀式去維持自然的秩序。

都會世界觀

都會世界觀，相對地，反映著大規模社會中社會關係的「無關個人」特性--譬如我們與政府的關係--以及讓人類能脫離大自然的科技發展。在許多方面，都會世界觀與草根世界觀相反。都會世界觀強調人類與大自然的分離以及人類扮演征服大自然的角色； 相對於草根世界觀強調宇宙不變的特性以及將人類置身於大自然的秩序中。我們會想辦法去主宰大自然，以及轉換其資源來滿足我們所想到的需求，而不是與沙漠或森林和諧地共存。

價值觀

與文化的世界觀有密切關係的是其成員們的價值觀。「**價值觀**」（values）是對於事物的喜或惡、是或非、適當或不適當等等所持的賦有情感色彩之信念。在任何社會裡，個人所持的價值觀會有差異。即使在家庭中，我們所持的價值觀與父母親或兄弟姊妹的也不盡相同；而在工作夥伴或鄰居間，價值觀的差異可能更大。

儘管有個別差異的存在，但在同一地區的居民，或同一社會階層或族群的成員，通常會持有許多相同的價值觀。在我們的社會中，我們說到國家的價值觀，中產階級的價值觀，或城市的價值觀，此乃認淸不同的生活方式與不同的價

值觀取向是有關的。在這些例子中，價值觀與人們的特殊環境、歷史背景及適應策略有關。長期處於戰亂或軍事對抗的人們將產生較多好戰與侵略的價值觀：願意犧牲及誓言盲目服從命令。

在大多數的文化中，我們可以辨識出一套相當有系統關聯的核心價值觀，這些「**核心價值觀**」（core values）提供了社會行為與社會成員所追求的目標之基礎。日本人重視責任、尊敬他人與孝道，便是核心價值觀的例子。

許多文化的核心價值觀並不能同樣地用在所有社會成員身上。譬如，西班牙社會有各種與男人及女人相關的價值觀，例如：「雄性作風」（machismo）（男性氣慨、勇敢）與「羞恥心」（verguenza）（謙虛、害羞與恥辱感）。甚至，何者構成一個社會的核心價值觀也可能會有爭議；而人們對於核心價值觀的定義亦反映著他們在社會中的政治地位。Mouer 和 Sugimoto（1986）反對將認同與接納社會階層制度的價值觀描繪為日本社會中普遍接受的價值觀。對他們而言，這種描述反映出保守的菁英份子之價值觀，並掩蓋了日本歷史充滿各種衝突的事實。另一個相似的論點批評將欲鼓吹的價值觀吹噓為世界上其他地方已普遍持有的核心價值觀。在南太平洋地區，「太平洋方式」（Pacific Way）的概念強調共識與和諧，這與政治菁英為了消除批評及掌握權力的企圖心有密切關係。

儘管核心價值觀會抗拒激烈的改變，但也不是靜止不動的。在某些情況下，他們會在短時間內產生猛烈的改變。價值觀的改變通常跟社會或環境的改變有關。在日本的價值觀中，女人的地位是低於男人的地位。近幾年來由於經濟的繁榮，教育機會的增加，以及日益接觸到兩性關係更平等的

文化，使上述的價值觀面臨改變的壓力。

人格

　　對個體而言，世界觀與價值觀顯示在人格上。「**人格**」
（personality）一詞指個人在具象世界或環境的互動影響下
產生的信念、期望、慾望及價值觀。人類學家對人格的研究
係探討人格的各種要素，及試著在社會的脈絡中分辨其意義
與原因。因此，絕大多數的人類學家將研究人格的焦點集中
在社會與環境因素，而非生理因素。其中，情感（emotion）
要素受到他們相當大的重視。在 Jean Briggs（1970）對於加
拿大北部 Inuit 族生活的研究中，她發現 Inuit 人為了適應冷
酷的環境，而發展出避免表現憤怒情緒的社會文化特性。

　　個體的人格有無意識與意識兩個部份。無意識的部份
與我們通常未察覺的價值觀、態度，以及定位等等之核心有
關。這個核心成為我們意識部份的「藍圖」，而意識部份尚
包含我們對自己的整體觀點——即我們的「**自我概念**」（self
concept）。自我概念以別人對自己的看法為基礎。在自我概
念的成型過程中，個體通常會選擇與強調他們的一些人格特
質。而個體所強調的人格特質往往與社會中常見的文化價值
觀一致。因此，塞邁族人會將不具侵略性的意象，灌注到其
自我概念中，以呼應塞邁族避免侵略的價值觀。

人格類型

　　我們都喜歡認為自己是唯一的，以及多少是獨特的。

然而，我們是可以從人群中去歸納出人格類型。不過我們必須小心避免刻板印象的想法，同時應仔細地分析才能做這樣的劃分。為了區隔出人格類型，人類學家通常將焦點集中在他們研究人格的重要主題上，但同時認清個體的人格會更複雜與多變。

　　David Riesman（1953）將美國人區分為三種人格類型：傳統取向，內在導向，以及其他導向。「傳統取向人格」（tradition-oriented personality）大多見諸小規模社會，其大部份的活動相較於像美國這樣的大規模社會而言會更具例行性。然而這種人格類型也存在於大規模的社會中，通常是次文化的成員，像美國的 Amish 人。這些社會中的價值觀與行為舉止是以傳統為依歸，但 Riesman 指出，由於單靠傳統對於生活在大規模社會並不足以提供人生的指引，因此另外兩種人格類型較常見。

　　「內在導向人格」（inner-directed personality）之特徵是擁有強烈的良心與正直意識，新英格蘭殖民時期的清教徒足以做為例子。這種人格的人會受到內心動機強迫驅使，通常是拓展邊疆，征服其他民族，專心一意開採資源的理想典型。這種類型在美國早期歷史中可能相當多，當時國家正在拓展中。當前美國社會中的清教徒人格仍然十分強烈；　例如，從針對墮胎、州政府支持的有關性主題的藝術、及擁護「政治的正確性」等課題所反映出來的輿論中可見一斑。相反的，「其他導向人格」（other-directed personality）之特徵是對於對與錯的感受顯得模稜兩可。其他導向人格類型的人適應力較強，對於他人的行動與期望也比較敏感。對 Riesman 而言，這種類型的人格最適合生活在廿世紀後半的美國社會中。

範式人格

在任何社會中，都會有多種人格與人格類型。「**範式人格**」（moldal personality）指一團體的成員之人格特徵的中心趨向。就某個意義而言，範式人格是團體中發現的人格類型之平均值，而這個平均值應根據從母體中做仔細的抽樣調查而得。某個團體的範式人格並不等同於團體中任何成員的人格，它所表示的僅僅只是概括性的趨勢，這對於比較研究特別有用。

把注意力放在範式人格有助於理解團體之間的社會關係。從居住在瓜地馬拉社區中的馬雅印地安人與非印地安人即可看出極為不同的範式人格。馬雅原住民的人格通常較消極與宿命。相反地，非印地安人對待周遭環境，特別是對待別人的態度是較具侵略性的，他們會去克服遭遇到的障礙與困難。這些差異是歷史背景與社會狀況截然不同所造成的。馬雅人大多沒有權力而且貧困，從十六世紀開始就一直為瓜地馬拉的非印地安征服者與其後代所統治。他們不同的範式人格不僅反映著社會與歷史背景的不同，同時也代表著印地安與非印地安民族之間文化因素的差異，特別是政治與經濟地位的不同。但並非所有的馬雅人都是消極或宿命論者，有時馬雅社會的多數人也會採取暴力來防衛自己及改善他們在瓜地馬拉社會的地位。

瓜地馬拉印地安民族的宿命論與 Inuit 民族的非侵略性並不是生物基因決定的；這些是透過與他人的互動之後而學習到的態度。為了理解這些價值觀、態度與信念是如何地傳遞，以及人格是如何形成的，我們在下一節將探討社會化的

動態面。

生命週期中的社會化

　　社會化的過程是持續不斷的。它由出生一直到死亡，在某些文化傳統中，甚至延續到死亡之後。在任何社會中，這個過程總是環繞著**生命週期**的階段：出生、成熟、老年與死亡。這些時期如何精確地區分，會隨著不同的社會而不同。

　　在一些社會裏，童年被視為延續到青春期的單一階段；而在其他社會則劃分為一連串清楚的階段。舉例來說，Mardudjara 的土著將童年區分成各個不同的階段，並賦予不同的名稱：新生期，站立期，學步期，走路期，斷奶期以及不用攜帶期。爾後，直到他們變為成年人之前都稱為兒童。兒童期終止的明確年齡隨著各個社會而有不同。在不同的社會中，成年期的開始有各式各樣的定義：青春期的開始，結婚後，或者有如美國社會的幾乎任何年紀。

　　在歐洲的中古時代，將人區分為嬰兒期和成年期兩個階段，一個人大約在七到九歲之際即成為成年人。在那個年齡裡，大部份的人都已學到大部份的基本知識，而羅馬教會認為這是你能認識上帝的最佳時機。轉變期或青少年期的概念是隨著印刷技術的改進與大眾教育的普及而產生的。在這時期，人們逐漸學習讀、寫以及熟練各種技能。這個轉變期何時開始與結束是有改變，並且在歷史上常常也不十分明確。一些大眾文化分析家認為電視與大眾媒介的引進，卸除了成人世界的神秘面紗，因此使轉變期的界線更為模糊。西

方社會似乎正回歸到只劃分嬰兒期與成年期兩個階段。

甚至，各個社會對待死亡的態度也不盡相同。例如，基督教傳統認為死後的階段是直線式的：死亡後會被引領至無形體、精神性的永生。對於印度教而言，死亡是輪迴過程的一部份，靈魂最終還會再投胎。

不管生命的階段如何界定，社會化的過程在各個階段不會相同。我們的經驗與需求會隨著年齡而改變。不管在何種社會，就一個一歲孩童而言，其人生經驗必然十分有限，其需求也相當基本—親情，餵食與照顧。到了中年時期，情況會出現極鮮明的對比，他們比兒童有更多的經驗與更為複雜的社會與心理需求。從社會的觀點來看，其成員在社會中的地位與角色會隨著生命週期而變，每一個人必須不斷地社會化而改變在社會中的定位。以美國社會來說，人們認為青少年必須學習成年人的行為舉止，而退休後也必須對人生做一些調整。

童年教養、家庭影響與性別認同

早期的童年經驗對於人格的形成以及社會化作用的成效有絕對的影響力。這些早期的經驗大多數不具結構性，也未曾事先計劃過。許多早期童年的社會化來自不是以塑造孩童的世界觀為目標之活動，儘管有些活動確實如此。這個時期裡大多數的社會化是非正式的，如餵食、照顧，以及與孩童一同遊戲。

在不同的社會中，家庭的撫養與影響兒童的方式也會不同。上圖為玻里尼西亞的幼童在縱容的父母、其他成人和較大的孩子之注意下悠然玩耍，但他們很快便須負起照顧自己的責任。

（下圖）英國上層階級的孩子不會受到父母那麼多的放任，但是圖示的小孩卻受到褓姆的照顧，她將會把英國文化的特質灌輸給小孩。

人們對於孩童的影響程度會隨著不同的社會或同一社會中不同的群體而有所不同。為了減輕父母親撫育兒童的負擔，大規模社會的菁英們通常會將撫育幼兒的工作交由褓姆或看護來負責。孩童的社會化在這些社會的城市中產階級裡通常會發生在核心家庭中。相反地，在許多小規模的社會中，社群中的每個人都負有照顧孩童的責任。因此，與大多數西方文化的孩童不同的是，澳洲土著的兒童不會與社會中其他的人隔離。帳蓬的生活環繞著孩童進行，每個成年人，不論是否為孩童的父母親，對於孩童的教育都扮演主動積極的角色。

撫育工作當中成人與與孩童的互動也有很大的不同。與西方社會對孩童施以較嚴格的管教相較，塞邁族人十分縱容他們的小孩。體罰十分罕見，即使只是捏臉頰或打手心也很少。這並不意味著塞邁族對他們兒童的行為不會加以控制。而是他們會將恐懼感灌輸到兒童的心去取代體罰，讓他們對於陌生人、惡靈，以及大自然中的暴力感到害怕。

不論如何，孩童的成長經驗在不知不覺中內化與組織化，漸漸地塑造出這個即將成年的人之人格。雖然我們和養育我們的人逐漸分開，但童年初期的經驗塑造著我們往後的人格。

童年初期的社會化之持續影響力可以在性別的認同上看出（Chodorns 1974）。由於女人普遍擔負照顧幼兒的工作，因此不論是男性或女性，生命起始於跟撫育他們的女性建立起親密的關係。對女性而言，這種母女關係會內化為人格中的核心元素，儘管有人不會那麼容易地接受。以美國的社會為例，儘管近年來對女性的態度已有許多改變，但對女性的認同依然低於對男性的認同。不管如何，女人不太可能不清

楚她們自己的認同感。

　　另一方面，男性的人格會受到抗拒這種母子情結的塑造，他們會希望能建立獨特的認同感及逃避童年初期的依賴性。結果他們會以大部份是反面的作法——亦即非女性的——來界定他們自己，並且他們對於身份的不安全感會促使他們採取一些步驟去証明自己的男性特質。

　　在工業化的社會中，由於父親大部份的時間不在家，男童會去認同想像的男性角色而不僅止於認同父親。因而男性就變成非常孤立的個體，大部份會根據角色的刻板印象與別人互動。相對地，女兒的性別認同並不會讓她們抗拒與母親之間的聯結，因此會活在關係較具體的社交世界中。她較不會去關心個體性，並且會立即認同她的母親與其他女性。在近幾年來，隨著男女分工的改變，上述情況變得較不顯著。在某些情況中，女性開始落入孤立的男性模式。另一方面來說，男性由於受到女性同事的影響，使行為變得較不具個人主義色彩。

生命禮儀

　　儘管大多數的社會化是漸進地發展，但在某些轉變期間，社會化的塑造作用會有加速現象。其中某些轉變期與生理的發展有密切的關係，譬如初次的月經來潮。此外，還有其他的轉變期，例如自學校畢業、結婚等等，則是受到社會文化因素的影響。對於相關的個人與整個社會兩者而言，這些轉變相當重要，而且往往會有相當大的壓力。例如，婚姻使相關的個人與團體須調整適應一組新的關係。

　　轉變期的開始通常是有正式儀式的場合，以強調個人

社會地位之改變的重要性，並確認其在社會中的新定位。這些與轉變相連結的儀式稱爲「生命禮儀」（rite of passage）。這些儀式由三個階段構成：分離（seperation），轉變（transition）與融入（incorporation）（Van Gennep 1960）。個體首先象徵性地與社會及其往昔的地位分離，分離後緊接著是轉變的階段，此時人們是懸於新舊交替的兩個階段之間，最後，藉著儀式讓當事人擁有新的社會地位並重返社會。

圖示爲里約熱內盧的青少年爬上火車頂，在山谷中疾駛。這種行爲是使男孩變爲男人的儀式之一部份。他們須冒著碰觸到高壓電線的危險，這可以測試他們的男子氣概。

大學畢業典禮在我們的社會中是一個生命禮儀的例子。我們首先讓畢業生穿上畢業學士服，使他們跟其他的出席者有所區隔。在轉變階段中，儀式化的致詞對畢業生提出種種忠告，以幫助他們能順利地離開受到保護的環境開始進

入與適應更廣闊的世界。講演過程中通常會伴隨著證書的頒授。在這之後畢業生與家長混合在一起照相，即畢業生再度成為社會的一份子。然而，他們現在擁有新的社會地位：即擁有大學文憑。

除了確認個人邁過生命週期的重要階段之外，生命禮儀也會透過典禮及演說來強化社會中的主流價值觀。因而結婚典禮可用來強調與社會、經濟或政治有關的價值觀。同樣地，畢業典禮可以灌輸畢業生一種個人與社會息息相關的歸屬感；即說明他們在學習的期間暫時脫離社會，但畢業後須記取他們對社會肩負著一份責任。

男性與女性的生命禮儀

在許多社會中，尤其是小規模的社會，男女都有獨特的生命禮儀。Madudjara 土著的男性必須通過一連串的儀式才能擁有成年人的地位，同時必須熟悉其一生將不斷接觸到的宗教要旨（Tonkinson, 1978）。初次的男性儀式開始於男孩達青春期時鼻洞的穿刺。數年之後，接著舉行重要而複雜的割包皮儀式。進行前在六到八週內，必須與女性與非成人的男性隔絕，並且禁止一切的交談。這個階段被視為象徵性的死亡。在這段靜默的「死亡」期間，當事人一直接觸舞蹈、神及重要的宗教儀式。在割包皮儀式以後，由母親的兩位兄長（即舅舅）加以細心照料，直到其陰莖治癒，這個隔離的儀式方才結束。此時他又是一個復活新生的人。

在割禮過後一年，年輕男子又得接受另一項新的儀式：割陽（subincision），即將陰莖縱方向地切開。這套儀式再度採取隔離並教導更多宗教的要旨。當這個儀式完成時，年

輕的男子完完全全變爲頂天立地的男子漢，有執行宗教上神聖事務的權利，同時也有結婚的權利。在過了下一個十年後，男子透過一連串其餘與宗教有關的儀式，繼續進一步的發展。他們在這些階段中的進展要看他們在長者面前所建立的聲譽，包括能供應長者肉食、自願參與活動、及不會惹麻煩。

除了做爲傳遞宗教要義的手段與象徵邁進生命週期的新階段之外，這些儀式強化了 Mardudjara 部族對於長者地位的重視。儀式將男性長者與宗教串連起來，確保了若不尊敬男性長者即等於蔑視他們的宗教信仰。透過儀式，年長的男性期望並且也獲得了絕對的服從，而這種態度也在日常生活中實踐。儀式同時也界定及屬行男女之間關係的差異性。因爲女性不能參與這些儀式大部份的過程，所以這些儀式有助於強調男女角色的分開及地位與分工特性的不同。

218　女性在生命的轉換期也同樣會經歷獨特的儀式。在許多社會中，與女性初次月經來潮有關的儀式尤爲重要。雖然某些社會的女性成年儀式相當簡單，不會太過張揚，但在其他社會（諸如非洲東部和北部，巴布亞新幾內亞以及澳洲中部）中，女性的成年儀式與男性一樣嚴謹。像這類在女性身上所施行的儀式（由女人來執行）包括：割陰（clitoridectomy）以及縫陰（infibulation）。

學界對於嚴謹的男性與女性之成年儀式已提出了各種的理由。大體而言，學者認爲這與維護男性的威權有關。因而即使由女性施行，但在父權社會下女性嚴苛的成年儀式也都與男性爲了保持血統與地位而想去控制女性的性有密切的關係。同樣地，嚴格的男性成人儀式在於確保能將年輕男性與女性的世界割離，讓他們堅定地進入男性世界。除此之外，這些儀式經常也與社會面臨戰爭的威脅或想採行擴張性的軍

事策略或外在資源出現嚴重限制等等有關。

在現代化的世界中，這些儀式的存續，成爲一個令人爭議的課題。特別是二十多個非洲與中東國家每年都有數以百萬計的女性接受嚴苛的女性成年儀式（參見 Mclean and Graham 1985）。女性健康與發展基金會（The Foundation For Women's Health and Development）（FORWORD）自 1980 年代早期便反對這類儀式，視之爲女性健康的威脅（譬如，在生產時將造成大量出血與痛楚，有時可能招致死亡）以及未開發社會中壓迫女性的表徵。另有其他女性則聲稱這能確保生育能力、貞潔與完成宗教上的職責（這裏的理由大部份是根據可蘭經對於女性陰核的錯誤概念）。男性的成年儀式像割包皮也受到基督教會與官方健康機構的攻擊（指出感染的危險），而防衛的理由大多基於保存文化的認同感與傳統。

教育

教育，即系統化的教導或訓練，是社會化另一種重要的作法。透過教育，個體學習到其社會之文化傳統的信念、表現行爲的方式，以及生產東西的方法。人們並不僅僅學習歷史、閱讀或者編織，也會受到灌輸對這些事物之獨特看法或執行任務的特定方式。誠如 Jules Henry （1963：32）所言，「教育的功能從來就不在於讓人類的精神與心靈獲得自由，而是去束縛它們。」美國的學校所教授的歷史課代表一種美國人的觀點，而不是讓學生瞭解完全不偏不倚的過去事件。這個觀點不僅對於教材如何講解方面是對的，對於教材的遺漏方面亦然。學生是由拓荒者的觀點學習到美國西部拓荒史，而不是站在美洲原住民在這段期間受到迫害的立場。

非正式與正式的教育

在非工業化社會中，大部份的教導是以例子來示範；經由觀察及模倣親人、同儕與鄰居來學習。孩童看著成年人如何執行任務和如何表現行為。起初，兒童會以遊戲的形式來模仿──製造玩具弓箭，射擊昆蟲及製作泥餅。當兒童開始在社區的工作中擔任較實質的角色時，遊戲會漸漸消失。在年紀尚小時，兒童就一直陪伴在父母身旁，觀看與協助他們日常的活動，直到最後自己也能獨力完成成年人的任務。在小規模社會中的某些教育會較為正式，尤其是一些像魔法、治療及器樂演奏等秘傳的科目。有時侯，正式的教育也會比較常見，例如 Mardudjara 土著的男童會被隔離數週接受宗教與傳統文化的講習，做為開始成年人的生活之準備。

在大規模社會裡，正式教育較為普及。個體會正式地學習到許多廣泛的科目，同時花較多的時間在學校裡。然而這並不一定表示有較多的東西需要學習，而是反映出重點在於強調教導人們的方式以及誰來負責教導，以維持較大的分工。在大多數的大規模社會裡，政府相關管理當局或非家庭機構如教堂會肩負起教育的主要角色，使得家庭或社群層次的教育自主性大為喪失。在國家的控制之下，教育的功能不再僅是單純地提供教學，同時也為了促進同質性與對國家的認同感。

許多在 1940 年代獨立的新興國家，其政府特別著重正式教育。這類的教育主要在於促進人民的技術能力，以減少對外國的依賴，及為發展經濟打基礎。因為這些國家是由許多來自不同背景的人民所組成的，所以學校也同時用來增進對國家的認同感及減少文化差異。

教育與經濟進步

　　對於身處低度開發國家的人民及較富裕之工業國家的窮人而言，教育是增加個人所得與提昇社會地位的途徑之一。甚至在許多非常貧窮的國家中，社會性與經濟性的潛在報酬對受過教育的人而言也會相當豐厚，否則就得面臨極度的貧窮。

　　在許多低度開發的國家裡，「白領階級」的工作使得受教育的人能享有與貧窮大眾截然相反，而與已開發國家同樣身份者相似的生活水平。然而這種好職位並不多，而且教育上的投資花費會相當高，例如在中學一年的學費與食宿費往往比大多數父母的年收入還多，而上大學的花費則又更為龐大。儘管如此，由於教育潛在的報酬，促使許多父母親竭盡心力，甚至舉債供給孩子的教育。在某些情況下，整個社區會聯合資助一名學生，並期望這個本地男孩（有時是女孩）飛黃騰達時能對他們有所回饋。正如同奈及利亞 Chinua Achebe 的小說《不再安逸 （No Longer At Ease）》的主角所說的：

> 一張大學文憑就是點金石，
> 將一個年薪一百五十元的三流店員，
> 變成年薪五百七十元的公務員，
> 擁有車子與豪宅....
> 將人從芸芸眾生提昇為菁英份子，
> 在他們雞尾酒會的談話內容離不開：
> 「你的車子好不好開？」（Achebe 1960：91）

當一個國家受高等教育的人數增加時，受較高教育的人想找一份適當的工作會變得更為困難，尤其是大學製造了過量的畢業生而不能為就業市場所吸收時。部份原因是人們追求社會經濟地位的熱望超過其社會維持白領工作者的生產能力。對許多較貧窮的國家而言，這尚未成為問題，因為他們仍然缺乏較高層次的人才。

220

圖示為澳洲原住民兒童接受著西式教育，任課老師也由原住民擔任。在過去由於若干缺失（見正文），原住民從正規學校教育中幾乎沒有學到任何可以在原住民世界或白人世界中應用的東西。

教育對傳統價值觀的影響

西式教育通常會與非西方人的傳統價值觀起衝突，並可能引起嚴重的社會問題。在大學的層次上，西方教育模式創造出來的菁英份子之價值觀，往往比其他大多數人所持的

價值觀更具西方色彩。這樣的教育在發展經濟的過程中會扮演較正面的角色，但同時也會鼓勵這群菁英份子將社會中的原住民視為未開化的野蠻人，而不是彼此有聯結關係的人。

在非西方文化傳統的社會中實施西式教育也會導致社會文化的邊緣現象（marginality）。也就是說，一方面學生會從傳統文化中覺醒，但另方面又不能完全地與新的文化整合在一起，因而使他們處於新舊生活方式的界線上。直到最近幾年，這種教育方式為政府當局與教會組織普遍實施於澳洲鄉村，即將土著兒童帶離父母，而置於通常由基督教會所主辦的學校中接受教育。在學校裡，會鼓勵孩童接納教會的觀點及排斥其傳統文化。教導中，幾乎不曾試法將課程做些調整，以符合土著兒童的文化需求。因此，孩童的學習效果極差，幾乎沒有學到在白人世界或土著世界裡有用的東西。在他們的正式教育中，許多孩童失去了與土著傳統文化的聯繫。但是由於他們又不能完全適應白人的文化，所以乃成為文化的邊緣人（Sackett 1978：39-40）。

西式教育所促銷的價值觀跟許多開發中國家面臨的快速都市化之危機有關。Wilfred Thesiger 在其有關伊拉克濕地的阿拉伯人之研究中描述到，許多人前往大都市並相信他們所受的「貧乏教育」可以幫助他們找到財富，卻完全不知道有數十萬與他們有相似條件的人會一起競爭稀少的工作機會。Michael Dobbs （1987）也寫了一本有關濕地阿拉伯學童對農耕和捕魚不再感興趣，而渴望成為飛行員或工程師的轉變過程。不管如何，情況也並非全然負面。上述兩位作者引述一位伊拉克政府官員的話指出，濕地阿拉伯人應繼續其數世紀以來的生活方式，並且事實上，夢想與雄心也的確使一些孩子真的成為飛行員與工程師。

在非西方社會中實施西式教育的缺點，近幾年來教育
工作者已經逐漸清楚。教育改革者已著手發展替代的教學方
案，以期能滿足特殊群體人口的要求。這類的改革活動必須
對當地的傳統教育實務有所理解，同時也必須對目前就學者
及其需求有全盤的認識。人類學家，基於對文化的瞭解以及
關注於社會文化因素的整合，正藉由提供各項分析，期能協
助促進此一改革。

成年期的社會化

成年期是整合價值觀與形成個體人格最重要的關鍵
期。社會化並不會在這個時期就停頓下來。在成年期最重要
的社會化有三種型態：與社會有關的價值觀之強化、學習如
何調適生命週期的新階段、以及學習如何適應外在環境的改
變。

價值觀的強化

在我們早年的發展時期，我們受到社會化的作用而接
受社會的觀點與核心價值觀。隨著年齡漸長，經驗增多，我
們面臨著更多的選擇，人生變得較不確定。於是，人們可能
傾向於採取不同的價值觀與態度。這種改變的傾向會受到我
們早期社會化的持續影響、從眾的社會壓力、以及其它持續
的社會化形式等因素之阻撓。

強化一個社會的核心價值觀與看法的主要手段之一，
就是透過社會成員的公開集會，整個團體在一起接受一些訊
息的洗禮。團體經驗的分享，使得個體具體地意識到自己是
社會的一部份。對於澳洲土著而言，宗教儀式的定期聚會是

提醒個人記取社會主流價值觀的最重要方法。在這些代表神話事件的戲劇化儀式中，社會的團體成員感到他們彷彿是創造世界的神話事件中的一份子。美國社會中的公眾聚會也有類似的目的。例如每年七月四日的遊行，都會有數百萬人參與美國國慶日的慶典。

人們對價值觀與想法之堅守，還會受到其它方式的強化。每天與週遭事物的互動中，公眾的價值觀與態度會是談話的主題。在今日大部份的社會中，持續不斷的強化作用來自報紙、雜誌、廣播，與電視。我們所聽到的新聞報導、我們所閱讀的時尚文章，以及我們從頻道中所聽到的音樂，都在在強化著我們社會所盛行的價值觀。透過媒體的鼓動，我們被迫去消費、競爭以及想出人頭地；並且在鼓勵下視這些行為最為合理。

調適生命週期中的改變

當我們成熟時，我們必須調整適應生命週期中的新階段，以迎合新的角色與實質的改變。有時這種變動並不大，譬如工作上的升遷。有時侯，這種變動卻相當大，譬如自工作了四十年的崗位上退休。當變動越大，我們就越需要去學習與調適新的生活。

調適新的社會地位與學習新的角色，在大規模與小規模社會中是有許多不同的特性。在絕大多數的小規模社會中，社會角色與地位層級十分有限，而且都為人所熟知。雖然仍有人們選擇的空間，但基本的原則已經相當明確。以 Mardudjara 的土著為例，他們認為每一個人都應該結婚生子。在決定未來的配偶方面有十分固定的規則，而真正結婚之前，準新娘與準新郎很可能彼此已經熟悉了好幾年。對於

222

新娘與新郎而言，學習新角色的行為可說相當簡單。他們在從小長大的帳蓬中已經觀察到已婚夫妻之間的互動細節，而家人與親戚也會給予他們許多行為上的忠告。同時，由於帳蓬生活是如此的公開，他們的行為會受到社區其他成員的觀察與糾正。

一對美國籍夫妻在老人會館繼續接受教育。社會化在老年時期並不會終止，而正式教育也不一定就得終止。

在大規模的社會裡，社會地位與角色的幅度較大。雖然玻利維亞錫礦工的兒子跟他的父親會有相似的機會與限制，但對大多數的人而言，他們比身處小規模社會裡的人有更多變化的可能性。以美國社會而言，有一小部份的人會選擇單身，也有許多人結了婚卻不生小孩。除了一些非常一般性的狀況之外，父母的生活模式不太能預測出小孩未來的生活模樣。一個會計師跟童年的青梅竹馬結婚，住在設施完善

的社區，週末會去打高爾夫球，這些事實並不能告訴我們他的小孩離家後的生活會是如何如何。他的孩子們也許會過著跟他類似的生活，但是也可能從事其它的職業，並且其中的一些小孩也許會過著非常不同的生活。

雖然在大規模社會中新的角色與地位之某些社會化是由父母和親友所執行，但大部份的社會化並非如此。當分工更趨精密以及存在著代溝時，老師與專業諮商員在社會化的過程會扮演積極的角色。如果一個人的母親是秘書或廚師時，她所能給予身為律師的子女關於如何調適人生的忠告必然十分有限。識字率的提高與大眾傳播媒體的發達也會改變事情，因為人們可以從書籍、廣播或電視節目中獲得協助。甚至，可供學習的對象也不僅只是那些我們所認識的人，尚包括各式各樣的名人與公眾人物。由於這些理由，在大規模社會裡改變角色的社會化作用比小規模社會較不需人際的接觸。

適應環境的變遷

223　　除了調整適應因為年齡增長而帶來的可預期變化外，我們也必須適應環境的變化（參見本章末的「人類學家特寫」）。對那些出生在封閉之小規模社會的人而言，整合至外面更大的世界可能是一種創傷的經驗。有時這種創傷是如此之大，以致於人們無法適應。在這之中，有許多人在與西方文明接觸後，便走上毀滅之路，他們並不是死於疾病或謀殺，而是在面對這個與他們所認知的世界差距太大的真實世界時，他們喪失了生存的意志。年齡通常是適應外在環境的改變時須考量的重要因素。社會中年輕的成員對於激烈的改變會有較好的適應能力。

甚至對於成長於西方文化傳統的人們而言，適應外在世界的變動也會十分困難，尤其是對於世界堅持固有概念的老年人更是如此。生活在如美國社會中的大多數人們雖然不情願也會進行調整，部份原因是他們所受到的社會化作用會讓他們期待甚至渴望自己有所改變。他們的彈性讓他們得以依賴許多與個人無關的社會化工具。那些以父母親和其他熟識者的人際接觸爲基礎的社會化在面對全新的環境時，會有其一定的限制。透過書籍、媒體與專業諮商員的協助，會使得對變化的適應變得容易一點。

反常者

　　所有的社會都有一套評判行爲的標準，同時也會建立起對理想的人與正常的人之觀點。我們通常不會期望普通人達到完美的標準。事實上，如果真的實行起來可能還會遭受如下的批評：「她以爲她是誰呀，幹嘛這麼賣力認真？」。大家只會期望那些被歸類爲正常的人之行事能符合一般社會可接受的標準，以及不要有太奇怪或對別人構成任何威脅的想法。正常人在一定範圍內可容許有偶爾的脫軌行爲。但是，行爲若超過這個範圍那就是反常。如果某些人持續地有或做一些與正常規範相當不同的想法或活動時，我們稱之爲反常者（deviants）。

反常者的認定

　　人類學家最關切的是整個社會對於反常如何達成共識。反常的定義在每個社會會有很大的不同。在我們的社會中被認為是瘋子的人，在其他社會或許會被視為天才或正常人。在我們的社會中，如果你發現某個人想欺騙你而感到生氣時，你的生氣行為是極為正常的，只要你的憤怒不會使你採取過於暴力的行動；然而，塞邁族（semai）或 Inuti 族都將生氣視為一種反常行為。

　　所有的文化傳統都有包容偶爾不當行為的空間。譬如：塞邁族雖然認為暴力是反常行為，但他們在 1950 年代左右，有許多人在英國對抗共黨叛亂的戰役中扮演主動積極的角色。一些塞邁人視這種反常為短暫的愚行或嗜血（blood drunkness）。藉此理由他們避免視自己為反常者，並且也捍衛了塞邁族唾棄暴力的價值觀。

　　社會成員對於反常的定義通常也反映出代代相傳的集體經驗以及適應策略。塞邁人或 Inuit 人將暴力的人視為反常者，因為這對於強調和諧的社會關係之適應策略是一大威脅。兒童初期的社會化傳遞著這類代代相傳的想法。這些對於反常所學來的態度在往後的人生會再次受到持相似態度的其他人之論點與行為的強化。挫折與不安的經驗也會影響到對反常的態度，因為別人的反常行為往往會令人聯想到這可能也會牽連到自己。對馬雅印地安人而言，打獵或求愛的失敗可能與巫師的施法有關。在我們（指美國）的社會中，我們很可能責怪乞丐、罪犯以及吸毒者為社會問題主因，但這些「滋事份子」的長串名單中也包括搖滾樂手與同性戀者。

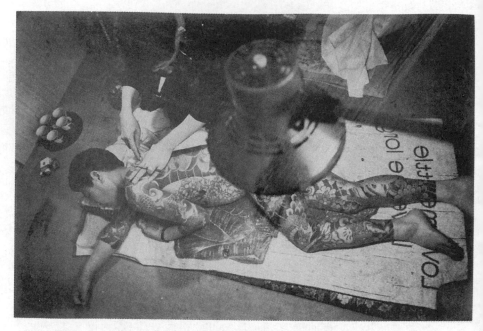

類似黑手黨組織的日本山口組的成員們在社會化的薰陶下融入犯罪集團，甚至更發展出代表他們組織的標幟。他們有一種作法「ybitsume」，即強迫其成員砍去小手指的上半段以示服從。另一種標幟是身體上的刺青。圖示爲刺青儀式的過程片段。山口組的影響力從路邊攤生意到大型企業，甚至滲透到日本政府的最高階層。

　　小規模社會的成員們，由於同質性較高，對於反常行爲會有一致的共識。大多數的 Mardudjara 土著對於反常的人或行爲有相同的看法。然而，在大規模社會裡由於社會化的方式、個人的期望與目標有頗大的差異，因此對於反常行爲的認定經常標準不一。譬如，有些美國人認爲喝酒是反常行爲，而大部份的人則不以爲然。

團體也可視為反常的對象。小規模社會通常會將這些團體區隔在自己的社群之外，因此一些特殊的親戚團體或社群的成員們或許會被視為兇狠的騙徒或者賊黨。在大規模的社會中，同樣的也存在著一些反常的團體，遍佈在歐洲各地的吉普賽民族以及北美洲的「地獄天使」（Hell's Angel）飛車黨即是此類的團體。

對於反常行為的定義與態度並非靜止不動。它們會隨著人們在生命週期中的位置而有所改變。騷動吵鬧的行為對青少年而言是可接受的，但等到他們年屆中年，則會感到厭惡。此外，態度在面對社會變動時也會產生重大的改變。舉例來說，在 1950 年代的冷戰時期，許多西方人士認為有共產黨傾向的人是反常的，會對社會秩序構成重大的威脅。到了 1960 年代冷戰情勢舒緩，對於共產威脅的恐懼放鬆後，美國人轉而注意與當時社會問題更相關的反常人物--強暴犯、詐領社會福利金的騙子、搶劫犯等等。這種對於反常定義的改變通常與一些特殊的社會成員企圖促銷他們對反常的觀點，以及反對在 1950 年代對共產黨嫌疑犯的追查，即所謂的「獵殺女巫」行動有關，因此反常的定義也含有政治的層面。

反常者的觀點

此時，我們已探討了人們如何定義他人為反常者。但是，反常者本身的想法又是如何？他們認為自己是反常者？或正常人？或者是受到社會不公平對待的人？當某些人認為自己是巫婆時，通常對妖術的想法與他們的控告者並不相同。同樣地，當社會的一些成員視賣淫為變態時，賣淫者本

身（例如美國的郊狼組織 Coyote 及印度的賣淫者福利組織之相關成員）並不認同此一觀點。事實上，有五十六個國家的妓女是擁有合法的執照。在 1980 年代晚期，印度的賣淫者組織呼籲政府正視賣淫者的問題及設立保護賣淫者權益的機構。在 1990 年印度大選期間，該組織在德里的分會主席在最富有且保守的選區內遊行，大聲呼籲民眾正視印度大約二百萬名妓女所面臨的問題。

雖然人們也許認同於社會對於反常行為的觀點，但他們可能不願意承認自己是反常者。美國社會的中產階級本身若從事類似偷竊或走私等反常行為時，他們或許不認為自己是反常者。這部分的原因是他們對反常者存有刻板印象（罪犯型的人才是反常者），而這與他們的自我意象有相當大的差距。類似的情況也存在於被大部份社會成員認定為反常的團體。那些三K黨的成員絕不會認為自己隸屬於反常的團體；事實上，他們覺得三K黨的宗旨在於維護美國社會的基本價值觀。

另有許多反常者會接受大眾對他們的看法。這並不須驚訝，因為反常者會跟周圍的人一樣從文化傳統中獲知如何認定反常者。而如果他們的行為使別人看他們是反常者，他們很可能接受這個加在他們身上的標籤。比利小子（Billy the Kid）十分清楚他的反常者地位，正如「地獄天使」（Hell's Angel）知道自己的地位一樣。實際上，有一些人會因為被冠上反常者的標籤而感到十分自豪。

一般而言，反常者仍然是更大社會的成員，也會受到其文化傳統的影響。印度或法國的妓女仍然持有其個別的文化特質，就像紐西蘭的毛利（Maori）騎士黨還具有許多顯著的毛利人性格。事實上，他們並非由於拒絕或踰越了文化

價值觀才被貼上反常的標籤，而是過於誇張某些價值觀，美國三K黨的愛國主義便是其中的例子。

　　就規模較大的社會而言，反常者通常會以他們本身的適應策略、價值觀與組織方法而形成獨特的團體或次級社群。譬如印度的 hijra（太監、變性者、陰陽人與易裝癖者）就構成一個社會階級，有其家計單位及虛構的親戚關係並創造出延伸的人際網絡（Nanda 1990）。這些 hijra 在加入團體時須通過相關儀式（倣效女性出生儀式之閹割儀式），對於日後的生活危機也會舉行其它儀式。他們的組織具有階級性，以印度教的導師（guru）為其領導人，而易裝癖者的地位最低。他們依靠人們的新婚或新生兒慶典上歌唱跳舞維生，據說他們的出現會帶來好運。另有許多 hijra 以賣淫為業。雖然他們常被視為社會的流毒，但他們卻也為一些人提供正面的功用：「hijra 群體為社會上的變性者與性別困惑者提供社會渲洩的管道，尤其是在無法觸及心理治療與改變性別等方法的社會中」（Kroeber 1989）。自從 1980 年代早期開始，當全印度 Hijra 福利組織成立後，hijra 就一直積極尋求改善其社會地位。

　　當個體成為反常團體的成員時，他們會受到一套新的價值觀與期望之薰陶。第一次入獄的人會進行適應牢獄生活的社會化歷程，尤其對那些來自很少犯罪的社會階層的人而言，這種調整可能相當大。這種調整也許只是短暫的，例如白領階級的罪犯在獲得釋放後，很快便能再與守法的中產階級社會同化在一起。另一方面，這也許會造成較根本的改變。有一些監獄的囚犯與精神院的病患，變得完全融入這些機構的一切，使他們的行為在這些機構的背景下是正常的，但卻無法再適應外界的生活。那些經歷這種完全轉變的人，很可

能會被外面的社會視爲反常者，除非有其他巨大的環境改變
能迫使或鼓勵他們往另一個方向調整。

　　從第七章到第九章，我們探討社會的主要元素，本章
則檢視個體如何成爲社會的一部份。這些章節主要在於指出
社會如何組成。在接下來的三個章節中，我們將把焦點轉到
瓦解社會的種種威脅及如何因應這些威脅。

摘要

　　我們從他人身上學習社會角色的一般化過程稱爲「社
會化」。當我們學習一特別社會的行爲舉止時，我們則經歷
著學習該社會的規範與價值觀之教化過程，因此不同社會的
成員會學習到以不同的方式看待自己與世界。社會成員的基
本文化取向稱爲他們的世界觀。一個社會的世界觀與他們採
取的適應策略及面臨的環境有密不可分的關係。類似的經濟
條件會產生大致類似的世界觀，Lewis 的貧窮文化便是最好
的例証。大體上來說，我們可以將世界觀區分成草根的世界
觀與都會的世界觀：前者大部份以個人化（ personal ）的觀
點來看待事物，後者則以非個人化（ impersonal ）的觀點來
看待事物。在所有的文化傳統中，都可以找到塑造人們生活
與提供意義的核心價值觀。

　　就個體的層次而言，從文化中學來的態度主要表達在
人格上。人格是由一組核心的價值觀所組成，其中大部份屬
於無意識，而屬於意識的部份還包含我們的自我概念。儘管
每一種人格都是獨一無二的，但我們仍然可以將特殊社會中

的人格做一概括性分類。因此，有些人類學家將人格分為傳統取向，內在導向與其他導向等人格。為了尋求描述社會成員的平均人格，人類學家採用範式人格的概念，即某個社會成員們之人格特徵的中心傾向。

世界觀、價值觀與人格在整個生命週期中會隨著社會化而發展。生命週期的劃分與各階段的定義會因為社會的不同而不同。不管童年期是如何定義，此一時期的社會化對於形成個體的人格有絕對重要的地位。生命週期中的轉折期通常會以生命禮儀來標示，這些儀式一方面幫助人們順利地轉換到人生下一個新階段，同時也可以用來強化文化的價值觀。

對大部份的社會而言，教育在社會化的過程中扮演相當重要的角色。在小規模的非工業化社會裡，教育大部份只是觀察與模仿，很少有專業化的教學指導。在大規模的社會裡，教育是由較正式的專業化機構執行。尤其自從第二次世界大戰之後，西式教育散佈到世界各地，對許多國家帶來重要的影響，其中有好的也有壞的。

即使在正規教育結束後，社會化仍然持續到成年期的階段。文化的價值觀會再受到強化，人們也必須繼續學習如何適應生命週期與環境的改變。儘管這些過程會形成個人從眾的世界觀、價值觀與人格，但在這當中總會存在著一些反常的想法與行為。社會的成員們如何定義反常，大部份決定於代代相傳的集體經驗與採取的適應策略。那些被指認為反常者的人可能會或可能不會認為自己是反常者，但很清楚的，他們仍然是社會的成員與產物。

人類學家特寫

中美洲難民：在美國學習新技能

James Louky

　　從 1973 年初次在尚未受到觀光客與巨大政治力侵擾的瓜地馬拉的高地工作開始，James Louky 就一直持續研究馬雅人，包括在其家鄉或流亡在外的馬雅人。混合使用觀察法與時間回想法（time-recall），他記錄了孩童對鄉間家計經濟的重要性。自 1980 年代中期起，Louky 博士的研究焦點轉移到如今居住在美國和加拿大的馬雅家庭。目前他任教於西華盛頓大學。

　　居住在洛杉磯的恩瑞克（Erique）在公立學校的教育結束於有一天的返家途中，一些年輕人抓住這個 15 歲的男孩在他的手臂上畫上刺青的圖案，命令他加入他們的幫派後方讓他離開。自數年前與家人逃離瓜地馬拉之後，他就不曾有過這樣充滿恐懼的經驗，後來他沒有再回去學校上課。在雙親的敦促下，他又上了好幾個月的夜校，直到他們家搬到一個安全的農業社區為止。思瑞克現在跟父親在田裡工作。

　　在瓜地馬拉高地的遙遠村落與美國內陸的城市之間差距之懸殊是無以復加的。除了傳統的適應方法與學習到的事物被連根拔起之外，居住在像洛杉磯等城市的馬雅難民還必須面對不同的社會與經濟角色、語言、以及價值觀等等的挑戰。由於移民者與其他的難民比他們早到，因此他們如何適應新的環境與大都會區的壓力，大部份都寄望在兒童及其學

業成就上。

　　當我初次踏上瓜地馬拉，便為當地馬雅人充份運用資源的方式所深深吸引，很快地我便明瞭到在這種生活方式中兒童是多麼重要。從幼小的年紀開始，馬雅孩童便開始從事打工與照顧別人的工作，漸漸地他們的責任增加為從事採集食物、耕種與處理食物等多種工作。到了青春期，他們幾乎與一般的成年人有相同的工作量。在雙親與年長兄姊的鼓勵下，兒童很快便明白他們的幫助對於家庭的互相扶持是極為重要的。

　　在這種非正式的教育中所獲得的技能與形成的價值觀等於讓這群身處困境的人們受到新文化的灌輸。不管如何，由於人在異地，土地資源的不足使得很多馬雅兒童無法接受教育或留在學校完成學業。跟他們在工作場合裡所受到的社會化作用相比之下，正式教育的社會化顯得薄弱與無效。

　　在 1980 年代，瓜地馬拉社會的不公平造成社會嚴重動盪不安，接著軍隊大肆屠殺鎮壓。成千上萬的馬雅人因焦土戰役、綁架、與被迫加入戰事而死亡。許多人與中美洲人一起向北移動，在墨西哥、美國與加拿大等地區建立自己的社區。其中有數千名移民居住在洛杉磯的西區與南區。

　　諷刺的是，瓜地馬拉人在中美洲遭受的不安全及對貧困與暴力的恐懼，移至洛杉磯的內部後則為許多新的不確定性與危險所取代。他們擠在只有一或二間房間的老舊公寓中，與眾多的親屬或甚至不相關的人為鄰，並支付昂貴的房租。大部份超過十五歲以上的馬雅人每週須卑賤地在小工廠的製衣部門工作 50 到 60 個小時。他們的工資低廉並且沒有任何工作安全的保障。當學校放假時，馬雅兒童通常留在公寓裏或在住家周遭遊玩，因為街上的犯罪與毒品交易甚至可

能就發生在門前台階或走廊通道中。

（圖）馬雅難民在社區慶典中以馬林巴琴（marimba）奏樂娛樂。

　　由於與故土環境完全割離，這些孩子立即發現他們必須學習新的技能與思考方式。他們的經濟價值觀清楚地與瓜地馬拉高地一般的家庭有所不同。然而，就在我跟他們成立於 1986 年的文化組織合作而與他們建立起親密的關係之後，我發現孩童對於家庭的福祉仍繼續佔有重要的角色。他們擔任清潔與照顧年幼弟妹的工件，當年紀漸長，他們會去找一份兼差的工作貼補家用。

　　洛杉磯馬雅兒童的能力與中美洲的馬雅兒童相比較的話，前者較重視學校課業而不喜歡體力勞動，但對於家庭的助益卻不曾減少，不管是長期或短期。兒童到學校就學通常是新移民家庭與社會機構接觸的主要管道。兒童每天往返於

家庭與外界社會之間，扮演傳遞文化的角色，因為他們會將課堂上的英文或其他訊息加以翻譯、疏通。以這個方法，他們幫助家人擴充謀生技能與資源，成為改變巨流中的一處停泊站。

因此，雖然他們的活動不再像在瓜地馬拉鄉間，或雖然他們被研究者與政治家所忽視，但馬雅移民的兒童仍然是相互扶持的家庭中不可缺少的。他們既影響家人去適應洛杉磯生活，也受到家人的適應情形之影響，因為他們有助於提昇家人與外界之間相互的社會互動。於是教育是促使全家人聚在一起的策略之一，並且讓年長者夢想著能留點什麼較好的東西給他們的小孩。

瓜地馬拉的雙親讚賞學校教育的優點，特別是能促進英語的熟練。然而洛杉磯的中美洲移民兒童在學業上的成就也有差別。就某些孩童而言，學習方式是新的，在家裡研讀的空間相當受限，並且父母親指導孩子學習功課的可能性幾乎不存在。當孩子獲得新的角色與權力並因此觸怒不會說英語的雙親時，存在於兩代之間的代溝就會浮現出來。課堂本身也會產生文化的衝突。因此快速熟練第二國語言是迫切需要的。老師們對於學生的文化背景缺乏認知，或者錯誤地將不安或文化差異視為缺乏智能或學習動機，也因而產生負面的影響。對一些學生而言，當他們因為課業成績差而責備自己愈來愈趕不上時，他們的自尊會遭到打擊變弱。

相反地，有一些移民兒童具有驚人的創造力與適應力。儘管身受文化被拔除、家人遭拆散或一貧如洗等創傷，仍能排除萬難地接受較高等的教育。這些成功的例子經常來自那些支持孩子唸書並能創造良好環境的家庭。這些包含共同使用空間與活動的有效管理、常常給予鼓勵、以及對於未來總

是抱持樂觀的信念。但每一個孩童是不同的,例如有一個瓜地馬拉原住民的女孩獲得了大學的獎學金,而她的妹妹在七年級時就已輟學。

　　由於他們的弱勢地位及對自己離鄉背井的關切,使洛杉磯與其他北美社區的瓜地馬拉難民們一直想維護其文化的認同感。他們的社會性連結與文化資產,透過非正式的教育管道,例如音樂、舞蹈、語言、兒童民間傳說及慶典,再度受到肯定。雖然不比學校那麼有制度,但這些馬雅社區內部的活動能重述與再創他們自己的文化,顯示了教育能以不同的方式協助移民者適應今日的美國生活。

人類學與天然資源管理

當今世界面臨了前所未有的環境危機。此一危機中有一重要的部份是管理世界自然資源的問題，特別是正以驚人速度遭到破壞的森林、礦物及水源。人類學對於處理這些問題也扮演重要的角色。基於適應、整合與文化相對論等概念及對於人類社會的複雜性之瞭解，人類學可以增進我們管理資源的能力，及確保資源能以永續及有益的作法加以使用。

雨林

世界的森林正以驚人的速度消失中。尤須關切的是雨林，因為雨林對於干擾非常敏感而且對於全球環境極為重要。許多專家擔心，雨林的毀壞將對世界環境造成巨大的改變。這些專家也擔憂無數的動植物正瀕臨絕種，因為它們除了能豐富我們的世界之外，也有助於醫學和科學上的新發現。我們如今使用著由雨林植物所煉製而成的藥物來治療兒童的白血球過多症、癌症、心臟疾病和關節炎。然而，不到百分之一的雨林物種接受過潛在醫學用途的檢驗。在過去的十年間，平均一年有超過一千一百萬公頃的雨林被毀壞，現在的速度則已增為一千七百萬公頃了。南美洲亞馬遜河流域的雨林受到破壞已舉世皆知，但同等重要的亞洲、非洲及其他區域的雨林區也逐漸消失中。舉例來說，東南亞的雨林之枯竭速度較巴西快了百分之五十。據估計，每天有五千公頃的東南亞雨林遭受毀壞，再種植森林的比例則不到百分之

十。造成熱帶雨林毀壞的因素很多;一項聯合國的研究指出,砍伐熱帶雨林的原因有不到百分之十是爲了獲取圓木,基礎建設的開發(道路、飛機跑道⋯⋯)也佔百分之十,而另外的百分之二十五是砍伐後移入雨林區的居民所毀壞的。其餘的百分之五十五是由於農業及輪耕上的需求。砍伐雨林背後的主因是人口急劇的增加、貧窮、土地不足及林務的管理控制不當。管理控制不當有部份是由於允許開採森林的貪污行爲及遍佈許多國家的非法盜林行爲。

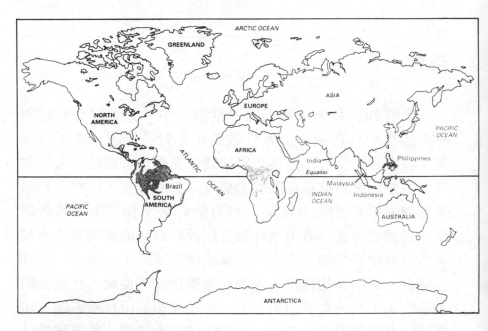

圖示爲世界雨林區的分佈

礦物

　　自從十九世紀以來，逐漸廣佈的礦坑開採已大大地增加了對大自然及人類環境的潛在衝擊。舉例來說，新幾內亞的 Ok Tedi 礦山每年開採數以百萬噸計的石頭，只爲了煉取銅和金（石頭含量的百分之二）。礦物的開採造成了 Ok Tedi 和 Fly 兩條河流的附近人口聚集，而礦物的廢料也造成了河水水位的上升。因此，鄰近的土地被泥土淹沒，造成了樹木的死亡及土地不適合農耕。相對之下，更爲嚴重的環境破壞是巴西的 Grande Carajas 鐵礦場，這也許是世界最大區域的開發計劃，涵蓋九十萬平方公里的面積。此礦藏可能是世界鐵礦最集中處，在未來的三百五十年內，每年有提供五千萬噸鐵礦的產出能力。許多批評家擔心，此一大型開發計畫對於生態系統脆弱的亞馬遜區域會造成重大的影響。

能源

　　如同已開發國家，開發中國家的產業和城市對能源的需求已造成過去數十年來在偏僻地區大量地設置水力發電廠。這些水壩已引起許多爭論，因爲它們可能對農業地和獵地造成洪水氾濫，同時可能危害到附近的社區。舉例來說，巴西 Tocantins 河的 Tucurui 水壩在 1985 年建立完成，造成了二千二百平方公里的雨林遭到淹沒，亦造成了五千個家庭無家可歸。更有甚者，在貯水庫建立完成前，此水壩只能供電 50 年。

在 1970 年代，菲律賓政府計劃在 Cordillera 的 Chico 河上建立數個水壩。這些水壩可能淹沒三千公傾的稻田和住宅區。鑑於它們可能產生的衝擊，在反對聲浪下，迫使政府放棄建立水壩的計劃。印度、泰國和許多其他的國家也都有反對設置水壩的聲音。

社會涵義

在封閉的地區裡，砍伐圓木、開礦、及設置水壩都有非常重要的社會涵義。這些行為皆侵擾了當地人民的生活和生計，例如住在 Star 山脈上 Ok Tedi 礦山旁的 Min 族，在 Chico 河沿岸的 Bontoc 族和 Kalinga 族，以及眼看著他們的森林被貪婪的砍伐者被壞的諸多土著。有關開發自然資源如何影響人類的最糟例子是巴西 Yanomami 的淘金熱。自從 1987 年發現黃金後，超過 10 萬個淘金者蜂湧而至 Yanomami 區域。因應國內及國際壓力，在 1990 年，巴西政府開始逐出此區域的採礦者。即使如果所有的採礦者都能夠遣走，但他們對印第安人所造成的影響包括採礦者攜入的疾病、對環境所造成的破壞以及社會的瓦解都將永久持續下去。

人類學

在許多方面，人類學對於如何更妥善地管理天然資源都能有所貢獻。首先，人類學對於整體性與整合性的強調，

提供了我們瞭解人類與環境之間互動的複雜性和全面性之架構。在此課題上，人類學的生態學觀點和強調對環境的適應是特別重要的。人類學的角度可以讓我們檢視原住民、天然資源工業的員工、各種移民者、政府官員和商業團體之間的互動及適應反應。人類學所顯示的巨觀圖像和相互關係可以幫助我們了解特殊背景下的砍伐業和礦業。

本書中，數篇「人類學家特寫」均探討與天然資源有關的課題。Haus Dagmar 的研究「Rabi 島的田野調查」指出，Rabi 島民已受到 Banaba 島上的磷礦之影響。Donna Winslow 在 「新克雷多尼亞的土地與系譜」（Land and Genealogy in New Coledonia）一文中討論到 New Caledonia 的血統關係和政策（重點是鎳礦工業）。Scott Robinson 在「從拍片到倡導」（From Filmmaking to Advocacy）一文中討論到建設水力發電水壩對墨西哥農村居民的衝擊。這些人類學家開始探討一些與天然資源有關的議題，爲那些受到開發活動威脅的人們仗義執言，並且，這些人類學家也試著改善我們利用天然資源的方式。

許多人類學家代表那些受到開發天然資源計畫威脅的人們提出主張。在許多國家裡，人類學家爲原住民著手處理土地權的問題，確保這些人對於他們傳統土地內的資源如何開發管理也能有發言權。例如菲律賓人類學協會便曾公開對政府在 Chico 河中建壩的計劃持反對立場。同樣的，巴西人類學家也一直是反對那些威脅原住民的亞馬遜河發展計劃的先鋒。

應用人類學家也致力於運用其專業知識，爲原住民尋求一些實際的方法來管理天然資源，例如：倡導以社區爲基礎的社會森林管理（social forestry）。舉証說明以傳統方法

照料森林的有效性之後，泰國人類學家 Anan Ganjanapau 提議在泰國東北部應用以社群爲基礎的社會森林管理法，並倡導確保 Hill 部落能有管理其四周森林的權利之計劃。

　　另有一些人類學家爲社區、公司、政府、工會，及國際機構進行有關森林、礦採和水壩等計劃所帶來的衝擊之研究。人類學家也進行其他有關天然資源的管理與社會文化的改變及人類生態之關聯性的學術研究。

　　總而言之，人類學家將持續扮演維護全球天然資源的角色，畢竟，自然環境的不當開發，不僅危害到當地居民的生活與生計，也將對全人類造成連帶的威脅。

林業

在巴西，爲了創造農地面積而破壞雨林。在熱帶地區，高達百分之五十五的雨林砍伐是爲了滿足農業和輪耕上的需求。

圖示為巴西 Jari 河
流域為了紙漿而砍
伐雨林。砍伐森林
造成寶貴資源的枯
竭及世界氣候的改
變，同時也將導致
無法計數的動植物
絕種。

在印尼 Sarawak 的
Penan 人之土地因
森林的砍伐而流
失。當樹木砍盡，
動物死盡時，居民
的傳統也消失了。

圖示爲 Sarawak 的 Penan 人在河中捕漁。由於砍伐林木及建
築道路所造成的污染，使 Penan 人抱怨無魚可捕。

採礦

在亞馬遜河流域，採礦者爲開礦營隊鋪建道路。採礦者帶來了原住民社會的崩解、環境的破壞，及持續存在的各種疾病。

一位採礦者給巴西 Yanomami 兒童食物。在過去，採礦者曾大屠殺過 Yanomami 人。

圖示爲巴西的一個男子手示從 Serra Pelada 金礦脈挖出的金礦。
1987 年的淘金熱導致十萬名採礦者湧入巴西的雨林區。

巴西的 Carajas，是世界上鐵礦藏量最豐富的地方。此一大肆開
墾將對亞馬遜區域脆弱的生態造成傷害。

西非，一婦女將礦坑的廢土
倒入象牙海岸。在那裡，數
以十萬計的淘金者（大多數
是非法的）群至挖取鑽石，
現在已控制住。

新幾內亞與司公採協協議澳洲採分交
地的開宜。結果公所之給地主。
亞澳協權協議澳開百九洲議事的洲採分交
主公採得的四十九

圖賓城，士兵者和強盜。
律金了亡者
菲淘集、逃動
示為的聚、暴
為淘集、逃動

水壩

開發中及已開發國家對能源的需求,導致在荒僻地區建造水力發電廠。建立水壩可能淹沒臨近的農地和獵地。圖示為巴西 Yanomami 區的房屋,因建立水力發電廠而遭淹沒。

Kayapo 酋長 Raoni 反對在巴西的 Altamira 建立水壩。他擔心建造水壩會造成印第安土地的淹沒。最後，水壩計畫作罷。

在印度，Bahagunu 的跟隨者群集反對建立 Tehri 水壩。對於在喜馬拉雅山西部建立水壩，地震學家曾警告此處可能產生大地震。儘管如此，政府當局依然一意孤行，立即的代價是 8 萬名百姓必須遷移。

巴西，Itaipu 水壩洩洪。Itaipu 是世界上最大的水電計劃。印第
安語的「Itaipu」意指「會唱歌的石頭」，建造此水壩所用的混
擬土，可用來重建 Rio de Janeiro 所有的房屋。

CH11

族羣本質與社會階層化

圖西熱貧殊景。巴約盧懸一：里內富的。

> Ballardong 部落的人認為，在遙遠的東方，有一些部落是食人族，而且他們把將來想要吃的小孩，在他們剛出生時就做上記號……；然而我確信，關於吃人這類殘忍行為的故事，幾乎沒有任何依據。我確信大部分的部落或多或少有過這類行為，但他們自己多半會否認，並將罪名套在鄰近的社會上。

上述這段話出自 19 世紀末一位叫作 David E. Hackett 的警長對於澳洲西部 York 地區原住民的評語記錄。雖然在 Ballardong 社會中實際上並沒有「人吃人」這回事，但他們卻將「吃人」這種恐怖行為投射在東邊的鄰居上，儘管沒有任何確切的證據可以證明，只因對東邊鄰居的「割禮」（circumcision）風俗產生誤解，就認定他們是食人族。Ballardong 沒有「割禮」的風俗，因此雖然實際上割禮跟食人行為無關，但是 Ballardong 人這種無根據的信念卻強化了他們體認到和東邊鄰居有文化差異的意識，並且促進他們形成一種能區辨自己與他人的群體認同感（group identity）。這種區辨我們與他們的信念，就是**族群本質**（ethnicity），即一

種對於文化或身體體質的差異，作選擇性的察覺而將人們分成不同的類別。

Hackett 警長的看法，不但顯示 Ballardong 社會對其他族群的偏見，同時也顯示澳洲白人對澳洲土著的偏見。Hackett 對於澳洲土著吃人行為的看法和 Ballardong 社會一樣，並不是來自於親身的觀察；但是 19 世紀時絕大多數的澳洲白人都相信澳洲土著確實有吃人的風俗行為。當時住在澳洲的歐裔人士也都認定大多數的野蠻社會（savage societies）都有吃

人的行為特徵，而這正好又符合一般人心中對於原始社會的刻板印象。也就是這種信念，使得澳洲白人將他們加諸澳洲土著的虐待和移置合理化。

到底人們如何區辨你我他？本章中，我們將討論與社會文化區隔密切相關的兩個面向,族群本質及社會階層化(social stratification)。此時我們會把注意力放在將社會區隔開來的動力上。但是，由於族群本質與社會階層化這兩種現象跟我們生活中幾乎所有的面向都會互相影響，因此區辨人們的方式可能涉及範圍廣泛的因素。所以這兩者是不斷去適應四周環境之改變的動態歷程。

族群本質

族群本質或族群歸屬感（ethnic group affiliation）是區分我們與他們的一個主要基礎。而關於將民族加以集群分類的想法，包含了種族（race）的概念、人們知覺到的族群認同、族群象徵及族群間的關係。以下將一一說明。

種族：非生物性差異的象徵

在相當早期的人類社會中，就已依據體質或種族特徵，對人類進行分類。世界各地的史前洞穴藝術及古埃及陵墓中的裝飾，皆顯示了人們有不同的體質特徵。人類學家發現，人們常常依據觀察到的或自我預設的生物性差異，來區分人類。而且通常在和他人比較之後，都會認定只有自己所屬之群體才是正常的「人」，如：Yanomami 人自稱為「真正的人」；

澳洲西南方的原住民自認是「人」。這種**種族**概念或依據外表
特徵而區分的類別,幾乎存在於所有的人類社會。但是,也
正是這種錯誤的信念,導致特意地將體質特徵拿來作為行為
或智力上差異的分類依據。

許多非洲裔美國人的種族認同,是源於他們所知覺到的經濟不平
等。圖中是一群明尼亞波里市(Minneapolis)的非洲裔美國人抗
議警方射殺一名年輕的非裔美人。

當西洋文明逐漸籠罩全球之際，種族成為系統化科學所欲探求的對象，而種族之所以會成為一項重要議題，則是因為當西洋人接觸到迥異自己的人類時，對「人」的地位產生質疑。因此，西洋人就依觀察到的人類體質上顯而易見的差異而發展出一套普同分類系統。林奈（Carolous Linneaus 1758-1759）在 18 世紀中期，已將人類區分成四個種族：白種人、黃種人、黑種人與紅種人；而林奈所作的分類，漸成為殖民地政府關心的問題。原因很簡單，殖民地常有混種（miscegenation）現象，因之產生的後代，使得區分種族類別更顯複雜。例如，西班牙政府在其美洲殖民地，就將種族分類發揮到極致：西班牙政府在 19 世紀時，在墨西哥將和歐洲人混血程度多寡之黑種人、紅種人…等，區分成 16 種不同的種族類別。

　　上文所舉墨西哥殖民地的例子中之種族分類，通常決定了政治、法律上權益的不同，也決定了不同種族間的經濟地位，甚至決定了種族的階級高低。就連 18 世紀最著名的哲學家之一的 David Hume，都宣稱由於黑種人是世上唯一沒有發展出偉大文明的種族，所以他們當然是比白種人低劣。當然，在 Hume 所處的時代，歐洲人就已發現非洲是有偉大文明的。甚至今天仍有不少人認為人類是有種族的差別，而且那些體質上可見的差別，也會反映在社會與智力上。上述這種利用感受到的差異，來決定不同人類群體間的地位高低，稱為「種族偏見」（racism）。

　　種族偏見，在小規模社會和大規模社會有著明顯不同的表達形式。在小規模社會中的形式是對陌生人，即非自己社會的人，存有一種恨意或暴力的態度；這種作法在大規模社會中也是如此，而且有壓迫自己社會中不同人群之現象。這

235

種情形是可以理解的，因為大規模社會可能比小規模社會結合了更多異質性的人群。

把種族視為一種生物性概念的看法，近年來遭受到相當多的攻擊，因為沒有任何根本的生物性的差異存在於當代人類種族中，職是之故，以生物上的種族做為區分社會或文化差異的決定機制，是不具意義的。即使在科學領域已不再是一重要議題，但視種族為一種社會文化現象仍是適切的。因此，種族是一種非生物性差異的象徵，並反映著文化差異、宗教信仰的不同及經濟不平等與剝削等情況。正如巴西人類學家 Verena Martinez -Alier（1974：6）所說的：「存於社會中的許多壓力與緊張，很可能是各種因素造成的結果，但往往以種族差異來加以辯護及合理化。」

族群認同

在第二次世界大戰後的數十年間，一些社會科學家，由於對迅速的全球變遷抱持著樂觀主義，而相信種族偏見與族群本質將會快速消失，並且認為種族與族群本質在西方工業化國家將漸漸不再是有意義的課題，同時種族與族群界線亦會隨著工業化與都市化而淡化。

但是，由工業化與開發中國家來看，這類預測種族主義與族群本質將會消失的看法，實際上是錯誤的。假如有任何論點可以表達，則吾人可以這麼認為：族群本質正處於「復興」（revitalization）的階段。許多已經放棄族群認同這種感覺的人，現在卻表示他們以身為傳統一分子為榮，並以這種認同來區辨我們與他們。正如我們所見到的，南非與斯里蘭卡的衝突、東歐的示威……等，都顯示族群本質仍是政治生

活中的核心。

　　族群本質的持續存在，可能和幼年社會化過程中認同的形成有關。當我們還是小孩時，我們便學會重視我們所處社會的文化價值觀。透過這個歷程，我們對於這種特別的生活方式，產生了一種可稱為原生或原始的依附，同時也認為自己的生活方式較他人的更具價值。換句話說，即變得更自我民族中心（ethnocentric）。

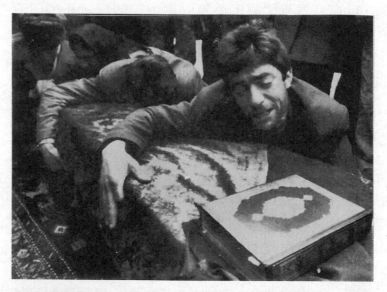

包括前蘇聯的亞塞拜然在內，族群衝突仍在世界的某些地區持續著，顯示族群及族群認同在政治上持續的重要性。本圖表達了一個回教家庭撫摸著在亞賽拜然的 Nagorno-Karabakh 所發生之族群流血衝突中罹難者棺木的哀傷情境。

雖然我們的族群認同是如此根植於孩童時代的社會化過程以及對己身文化傳統之感受，但是任何時刻的認同，大部分都反映著當時的情況。比如說，東歐族群意識的再現及謀求政治的獨立自主，並非僅僅反映一種對文化傳統的原始情感而已。對於文化傳統的原始情感固然重要，但是最近在東歐國家之間所產生的各族交戰狀態，基本上則是對於諸如共產黨政權的崩潰與經濟挫折等當前政經情勢的反動。

　　同樣地，在西方國家亦有族群自覺漸增的情況。這些情況，可以從美國、加拿大與澳洲的原住民案例中看到。舉個例子來說，澳洲 1987 年的人口統計資料顯示，有 22 萬 5 千人自認是原住民，而在 1981 年，這個數字只有 16 萬。在澳洲原住民年人口成長率只有 3%的情況下，這麼大差距的人口成長率要作何解釋？一部分的答案非常簡單，因為 1987 年首度啓用澳洲原住民來擔任原住民人口統計工作。國家機構常在族群認同過程中扮演這樣的角色：創造或鼓勵原先並不存在或是微不足道的族群認同感。但是澳洲原住民自我認同的漸增，亦是澳洲原住民的政治活動所致。塔斯馬尼亞（Tasmania）即是一個最清楚的例子。原本多數的澳洲人相信，到 19 世紀時已無塔斯馬尼亞原住民的存在，然而近年來在塔斯馬尼雅島，原住民的政治活動已努力地爭取被認定爲塔斯馬尼雅島的原住民，而且塔斯馬尼雅的後裔，也漸漸自我認同爲原住民。

　　族群認同的產生，與其說是自覺，不如說是外人所區分的類別所致，而這種類別的創造，是國家（state）形成過程中一項普遍的特徵，特別是在與殖民地擴張有關的地方。比如說，澳洲原住民原本並不自認爲是原住民，直到被歐洲來的征服者區分成一個單獨的族類之後。北美洲也有類似的情

形：Makah 這個美洲原住民部落，約於 1870 年由美國政府自一群原是獨立自主的村落中創出的。以上例子中的原住民族群，可能得花上一段時間去認同他們的新身份，若無外力的干預壓迫的話，也許永遠不會有這種認同。

族群象徵

將他人集合起來視爲同一族群，或視自己爲某一族群的一份子，通常涉及選擇文化中的特殊面向來作爲界定群族的特徵。比如說，人們如何交談、吃些什麼東西，如何蓋他們的房子、及穿些什麼等，諸此種種，都可作爲區辨族類的認同標誌。通常會產生許多區辨的標誌，但其中只有一些具有意義，特別是一群人當中有體質差異時。美國南部就是一個明顯的例子：黑人最明顯的特徵就是膚色，所以別人就會列出許多跟黑人有關的特徵，即使其中很少具有普遍性。

族群象徵的意義性，對於不同群體的人而言可能大不相同，甚至對於同一族類的成員而言也會不同。比如說，在美國南部，並非所有的白種人對黑人們的族群認同都抱持一樣的觀點；而白人對於黑人的族群認同之理解也不會和黑人的相同。同理，低下階層的黑人，可能會視某些特定食物或行爲型態是黑人的一部份，而中上階級的黑人就不一定會認同。實際上後者可能更願意認同居支配地位的白人文化，並因此可能會表現出白人文化的特徵。就某個程度而言，族群象徵的使用，取決於個人在特殊情境中採取的策略。認同於主流文化的文化特徵，即**涵化**（acculturation）過程的一部份。而涵化是指某一文化的成員由於文化接觸及融入一更大的體系而調整自己去適應另一文化的結果。

族群象徵主義（ethnic symbolism）的發展，跟區辨出族群團體的努力有關。在國家整合的情況下，界定族群團體就顯得特別重要。而國家整合是指在一定時間內把相對自主與有相對距離的人群整合至包容一切的國家結構中。例如，今天住在貝里斯南方講 Kekchi 方言的馬雅人與講 Mopan 方言的馬雅人，於 19 世紀到 20 世紀這段期間從瓜地馬拉移居到今天的所在地時，幾乎沒有與貝里斯的其他族類——Garifuna, Creoles, 白人、華人……等有所接觸。但自從第二次世界大戰後，情況完全改觀，講不同方言的馬雅人漸漸融入上述各族群所組成的貝里斯社會（Howard 1980）。結果，他們漸漸意識到有必要發展出他們的族群認同，同時對於貝里斯大社會中的其他成員也發展出各種想法。這些意象（image），也就是 Bath（1969：14）所說的「基本價值觀取向」（basic value orientations），包括：馬雅人自認「勤勞誠實」，相對於懶散的 Creoles 及 Garifuna 人，及相對於狡滑不老實的東印度人與華人。在馬雅人的價值觀中，強調社會文化的同質性，及忽視他們自己的差異性。

　　在馬雅人的一般圖像中，Mopan 和 Kekchi 人選了一些特定的象徵來突顯他們的身份。這些選出的象徵是他們認定為生活核心及社區構成要素的生活細節與制度，包括：玉米、黑豆的種植；互惠的勞務交換、穿特定的衣物，吃特定的食物。另外，相對於非馬雅人所住的波狀金屬頂房屋或磚屋、木屋而言，茅草頂的茅屋亦是馬雅人一項特別的認同象徵。而且傳統上在建構馬雅式的茅草頂茅屋時，涉及互惠的勞力交換及使用當地的森林資源。相對而言，波狀金屬頂的房屋卻得花錢請人幫忙及購買建材方可蓋成。對於為實用而蓋茅草頂茅屋的馬雅人而言，波狀金屬頂的房屋，只是一種對社

區中其他成員炫耀其財富或社會優越地位的手段；因之，常會招致其他馬雅人的不恥。

但由於近年來貝里斯南方急速變遷，馬雅人對族群象徵的使用已有所改變。比如說在衣著方面，現今的衣著已幾乎沒有任何足以作為族群象徵的標記，因為男子不再穿這類衣物，而女子也同樣沒有穿傳統服飾的意願。

族群關係

族群認同，主要是某社會團體中認為自己和他人有所不同的成員們之間互動下的產物。族群認同在鮮與其他社會互動的小規模社會中，幾乎沒有什麼重要性，但是在大規模社會，情況就不一樣了，特別是在都會區，一個人可能在工作、上街購物，或其他日常生活場合中會遇到各種持不同族群認同的人。而區辨意識的消長，又和促進下列二項現象的因素密切相關：界線的維護（boundary maintenance）——指維護族群獨特性的過程；同化（assimilation）——指族類間的文化差異漸模糊或消失的過程。這些因素包括：婚姻形式、職業專業化的形式、人口特徵及政治。

婚姻形式

自同一族類中選擇婚姻對象，會使族群界線繼續維持，因為強化了群體的同質性（同時也間接強化了族群的獨特感）。相對地，若婚姻對象的選擇是跨越族群界線，則可能會促進同化現象的發生。舉例來說，約在 1960 年代，巴西中部的 Tapirape 人面臨女性人口比例過少的情況，因此他們開始和鄰人 Caraja 通婚，而加速了 Tapirape 文化特色的消失

（Shapiro 1968）。娶 Caraja 女性為妻的年輕 Tapirape 男子，因加入 Caraja 的商業性漁獵活動並放棄原 Tapirape 的農耕方式，而和他們的 Caraja 姻親們建立起重要的社會關係。不論如何，Tapirape 與 Caraja 兩者仍自認是印地安人，這仍有別於其他非印地安人的巴西人。

跨越族群界線的婚姻，可能促進族群間的同化，亦可能創造出一新的族類。本圖為英國演員 David Bowie 和索馬利亞裔（已跨越族群並已被美國文化同化的）模特兒 Iman 訂婚時所攝。

239　　　　異族通婚也可能會創造出另一新的族群，而不是一方被另一方同化。殖民時期的墨西哥，就是一個很好的例子：當時只有幾個基本族群：西班牙人、印地安人、非洲人（這些類別本身是更早期的種族劃分過細的綜合項），但通婚的結果卻產生了 16 個族群。

職業專業化或競爭

　　　　在多元族群背景下，職業專業化常是族群團體的一項特色，對於維護族群的獨特性扮演重要的角色。雖然這種專業化現象也會促進不同族群之間的相互依賴，但其間的互依關係並不一定是和諧或平等的。例如，伊朗南部及巴基斯坦的 Baluchi 游牧民族，歷史上居於支配地區中其他游牧民族的地位，而許多非 Baluchi 人的農業民族，則是 Baluchi 土地上的佃農。

　　　　不同族群的成員，也可能會競爭同一類的工作。而通常自鄉村到都市謀生的人，會尋求先到都市謀生之同族成員的援助。奈及利亞小說家 Chinua Achebe 的著作《不再安逸》，所要表達的中心思想就是：描述他在英國求學，並獲得同鄉人所組成之義工組織的援助，謀得一職，因而得以回家。另

240　　外，在 Fraenkel（1964）對賴比瑞亞城市 Monrovia 所作的研究中，也提到一個以部落為基礎的義工組織，如何運作、剝削、及維護對某些特殊職業之壟斷。

人口特徵

　　　　人口統計數字或人口特徵，如出生率及人口地域分布，也影響著族群間的關係。例如，在一多族群混雜的社會中，某一族群的人口快速成長，會擴大此族群的生存空間，但相

對地，也造成了其他族群的壓力。反之，社會中某一族群急速的減少，將會有利於其他族群開拓生存的空間。但是人口漸多的族群，並不意味能掌控較大的權力。然而危機往往因為人口較少的族群在政治和經濟上比人口數多的族群更具優勢而產生。南非，即是個很好的例子。那兒僅有 4 百萬人口的白人，在政治及經濟上主導著人口數 2 千萬的黑人與 2 百萬其他膚色的人種（雜色人種）。另一方面來說，當大多數的人獲有經濟及政治主導權，或他們的利益與少數者起衝突時，他們很少會因為壓迫少數族群而感到良心不安。

政治

　　族群間的關係會影響政治活動，而政治活動亦會影響族群關係。當人們利用族群去提高他們的社會地位時，則族群本質可視為具有政治色彩。挪威的 Saami 人藉著在多元族群混雜的環境裡選出一種語言來使用，以及 Monrovia 的義工組織對某些職業的壟斷，至少都是間接的政治行動。在許多情況下，族群勢力在政治的舞台上扮演著影響更直接的角色，且族群問題也常是政治的中心議題。這種現象特別真實地出現在後殖民社會中，因為在殖民勢力的統治下，許多不同種族的人曾結合在一起。例如在斐濟群島的居民，包括印度人移民的後裔和原住民，兩群人的人數約略相等，而族群間的差異造成政治上的競爭，這樣的情形已持續了許多年（見 Howard 1991a）。在上述的情況下，族群之間的差異，掩蓋或模糊了諸如社會階級等其他的差異。

　　本世紀初，在南非屬少數族群的荷裔 Afrikaaner 人（以下簡稱荷裔南非人）（早期荷蘭殖民者的後裔）發現他們漸漸輸給說英語的南非人。為了扭轉這樣的情勢，荷裔南非人促

使白種人結盟，並推動削減非白人權力的政策。更有甚者，他們限制土地的所有權，試圖將非白人降為奴隸的角色。在1948 年，荷裔南非人透過與英裔白人的盟約而掌控了政府。透過 1950 年的「鎮壓共產主義法案」，白人強力反對共產主義，並趁機打壓反對他們或政策的任何組織或個人。在此同時，荷裔南非人開始推動種族隔離政策，此政策是將種族隔開，並凸顯白人在政治上的優勢，進而掌控更多的經濟財產。

社會階層化

　　正如南非的例子所顯示的，族群現象也與政治及經濟地位的不平等有密切關係。荷裔南非人利用族群特質作為獲得權力的手段，並界定相對的社會經濟地位使非白人的社會地位低於白人。但族群問題並非造成南非階級不平等的唯一因素，因為即使在白人的社會中，財富與權利的差距也很懸殊。事實上，許多社會體系經由社會階層化的歷程，指依財富、名望及權勢將社會成員分成好幾種階層的現象，而發展出某種程度的不平等。

　　社會規模的漸增、生產力的擴充和勞務的專業化……都是增加社會階層化的潛在動力。在採集和耕作的小規模社會中，專業分工程度低、糧食的剩餘量少，因此貧富差異和權力差異在這些小規模社會中是有限的。相反的，在農業及工業生產更密集的大規模社會中，專業分工趨於精細，更可能產生不平等。

241

支持社會階層化的信念

　　社會階層化的形成，也伴隨產生了一些使不平等模糊掉或合法化的信念。這些信念藉由將注意力從有威脅的領域轉向強調集體共同的關係或利益，因而維持住現存的社會階級制度。例如，在美國，平權式的觀念反而掩蓋了人們對不平等及統治階級支配著巨大權力之知覺。此統治階層由一個小團體組成，但卻掌握了整個國家的財富和可觀的政治力量，除了瓜分經濟和政治上的利益外，他們在社會與文化上尚有高程度的結合。例如 G. William Domhoff（1974：86），撰寫富有家族的作者，曾指出:「他們組成一個彼此連結的社會鏈，互相視對方為同等的人而互動頻繁、加入同一個俱樂部，並且自由通婚。」在某些社會則鼓吹這種階層是天經地義的現象。如法國的路易十四國王就說他是靠神的意志來統治；德國的納粹主義者自認為是比較優秀的種族，所以有統治的權力。而在封建社會，位於上層階級的人認為這個世界本來就有階級的秩序，他們是天生的貴族，並鼓勵下層階級的農民接受這種觀念。

　　支持此種社會階級的意識形態也和交換的觀念有關。在所有的社會中，擁有較少財富和權力的人被教導要去想他們是得到了某些東西回來，所以現存的差異是合理的，如原住民的女人需將一部分的食物給男人，而男人的回報是執行祭典儀式以確保世界的存在。又如中世紀歐洲的農奴須將大部分的穀物貢獻給他們的統治者以獲得保護。

衝突與穩定

　　階級體系裡都存在著衝突的潛能。只要社會的成員覺得此種交換制度合理，以及只要能維護好支持此種體系的意識形態，則此階級制度可維持一定的穩定。然而若社會某層級的成員對此種制度不滿意時，他們會尋求制度的改變而產生衝突。小規模社會發生此現象的機率較低，因為不公平的現象不如大型階級社會那麼顯著，被迫從眾的壓力較大，以及不同的觀點很有限。在大規模社會中，階層差異比較顯著，而且其壓力也較會渲洩出來。加上在大規模社會中，經驗認知、社會化型態及觀點等異質性都較高，因而增加衝突的可能性。雖然大模規社會的體系很少有根本的改變，但以暴動、抗議、及反抗等形式表達壓力會導致改革與漸進的改變。

　　墨守現存的社會階級制度和人民整個的適應情形之穩定性有關。當他們適應此制度的一些基本條件改變時，則此傳統制度就會受到威脅。現代世界系統的興起、工業革命、人口的增加，加上 18 世紀末和 19 世紀初的其他因素，使得盛行於歐洲的貴族政治被推翻，取而代之的是跟資本主義生產有關的新社會階級制度。所以，隨著適應情形和經濟型態的演進，社會階層化的方式也會跟著改變（參考本章末的「人類學家特寫」）

階層化體系

在所有社會都可發現階層化的現象，只是以不同的型態和程度存在。在平權社會中，階層化的情形最少。在非平權的社會中，人們乃根據等級制度，世襲制度，封建階級制度之不同而擁有不同的財富、地位名聲、和權力（此三者為社會階層化的要素，但並非一定彼此相關）。

平權社會

平權社會是最不具階層化的社會，因為人們彼此平等相對待。**平權社會**的特性是：在財富和權力方面，少有個體差異或群體差異。大部分的覓食社會和小規模的農業社會都屬平權社會。這種社會的規範強調彼此分享及人與人之間平等的觀念，但並不是說社會階層化在這些社會就不存在。例如，在加拿大西北部的 Copper 愛斯基摩人傳統以來強調平等的觀念，但也不容否認，仍有一些階級差異存在。有些人天生就擁有較受尊重的個人特質如打獵或特殊的精神能力；其中 ataniq 的階級是由獵人組成；而薩滿（能和靈界溝通的人）有時會因為他們與神的關係而為人敬畏（Damas 1972）。相同的，在澳洲講 Mardudjara 語的土著依性別和年齡來分階級，而醫者和法者（維持傳統規定和儀式的管理人）具有較高的地位。但與非平權社會比起來，這些差別是很小的。

小規模社會的平權通常在和階層化程度較高的社會接觸後會遭到破壞。例如，Bihors 這個族群（位於印度中部 Chota Nagpur 高原的覓食社會）在接觸到印度（Hindu）社會後，

就開始有一套正式的職位——頭人、祭司、醫者、集會召集者等等——其地位都比 Bihor 社會的其他人來得高。通常此種由平權到非平權的轉變都是殖民勢力擴張的結果。例如，在西南澳的白人移民者，就使當地的澳洲土著在行政管理上有所改變。白人創造出一位「王」，並配戴一個黃銅的裝飾物在他的頸上以顯示出與別人不同的地位（Howard 1981）。

圖：一個阿拉斯加的 Inuit 薩滿正唱著一種助獵鯨好運道的歌，背景中的長骨是鯨的肋骨，鼓皮是用海豹皮作的，即使是在平等的社會體制下，薩滿仍擁有較受尊崇的地位，因他們認為薩滿可與神相通。

平權主義的觀念並沒有完全在大規模社會中消失。在大社會的某些層級也維持著某種程度的社會和經濟平等。在大規模社會中，那些社會經濟階級較低的人如農民、工廠勞工、或畜牧工人，往往操持著最明顯的平等規範。在下層階級的農民當中，此平權的信念是以「有限財貨概念」的全球觀點來表達（Foster 1965）。有此觀點的人認為可獲取的財富有限，若某人擁有的超過他的持份，那就表示有其他人的財富被剝奪了。這不是說在一個村落內，所有的農民都將擁有相同的資源，或同樣的社會地位；而是說那些擁有較多財富的人，要小心地不去炫耀，並期望他們拿出多餘的與別人分享。

從十八世紀以來，許多工業社會的個人或團體宣告社會平等是他們的目標。這些意識形態包括不同形式的共產主義，社會主義，無政府主義和烏托邦想法，他們的想法也在一些公社、城市和國家中實行，並獲得不同程度的成功。

等級社會

相對於平權社會，很多社會將人民依社會地位、職業及財富而分成不同層級次序的團體。通常在此種等級社會中，下層者和上層者都會認為此種等級是天生註定的。

等級社會（rank society）的成員依等級的高低而有不同的聲望。舉例來說，在古代的巴拿馬，最高首領統治著一些村落，此首領受到尊敬，出門有轎子可坐，並可配戴精緻的飾品，擁有大而完善的居家設備，而且其喪禮也較隆重，並有陪葬的僕人。在首領之下還有其他等級：貴族當管理人員，貴族底下有武士來控制村落。此外，一些在戰鬥中表現英勇的平民也能得到一些較高的社會地位。除此之外，即屬一般

平民，主要是農民，爲上述的等級提供服務如捕魚，種植穀物，並爲他們打戰及建築房屋。最低層爲奴隸，即戰俘（Helms 1976）。

在等級社會中，社會等級較高的人往往較富裕，住較好的房子，和其他低階社會地位的人比起來，生活自然是舒適多了。社會地位低者須提供服務及物質給社會地位高者。爲了平衡下層者的犧牲奉獻，高階者會進行一些大眾服務工作，有時則應經由祭典和宗教儀式分發一部份的財富予較低階層者。

階層社會中，親屬關係是決定位階的重要準則。一個人一出生，其社會地位便已決定，並且通常會有不同等級的親屬團體。具戰鬥或宗教上的特殊才能，才有可能提升其社會地位。此外，宗教在許多等級社會中扮演著很重要的角色。祭司擁有相當高的地位，而社會精英會藉著宗教來維護他們特殊的社會地位。

由歷史觀點來看，等級社會之形成與農業及一部份覓食社會（如加拿大西部的 kwakiutl 人）之生產力密集化有關。生產力提升使分工更細，增加組織的複雜度及更高的人口密度。

等級社會由聯盟或由許多集中管理的村落組成；因此它 244 們與社會的轉型（由小變大）息息相關。敵對精英之間的戰鬥及競爭，對於等級社會的發展和擴充，以及往後再轉型成帝國或國家等更大型的社會政治單位上扮演著極重要的角色。有時，等級社會的發展是因爲與較大型的社會接觸及貿易往來等刺激所造成的。

圖：在歐洲人未到達之前，斐濟人民有一種由平民及貴族家族組成的等級制度。即使在 19 世紀歐洲人的殖民勢力下改變了斐濟的社會，從貴族家族持續具有影響力當中，仍可看到等級制度。上圖 Ratu Mara （一位古老貴族家族的成員）跟斐濟的部長正在打高爾夫球。

　　歐洲的殖民地擴張破壞或併吞了許多等級社會。在巴拿馬西部，有幾個等級社會的成員們在 16 世紀時，不是被西班牙人屠殺或染病而亡，就是逃到山中或融入西班牙的殖民地。巴拿馬東部並非西班牙主要征服和殖民的目標。這些 San Blas Cuna 原住民雖然經歷了一陣子的苦難，最後終能逐漸適應環境而生存下來。

　　現代世界體系的興起，並未能將傳統的等級制度送進墳墓。在世界的某些角落，傳統的社會階層仍保有相當顯著的影響力。歐洲人亦利用了這種原住民的等級制度而實行間接

統治。斐濟的例子正是這樣（Howard 1991a）：那兒的貴族從斐濟 1870 年成為英國殖民地到 1970 年獨立為止，掌有各樣的職位。在獨立後，高階貴族具有組織新政府的優勢，並分別佔據部長、總統、立法部門首長等掌控決策權和統治權的職位。現今的斐濟政府和 19 世紀初的酋長制已大不相同，但是傳統的等級制度仍持續存在並影響著現在的政治。

世襲階級社會

等級社會主要是水平區分，社會階層間的差異有限，特別是在較低的階層中。然而，在世界上某些地區，社會階層化（及伴隨的分工）變得更為複雜，社會乃發展到當一個人出生時就被分到從事特定職業、大部分為同類內婚，有階層秩序的團體，稱之為世襲階級（caste）。世襲體系是等級（rank）體系精緻化的結果。或許最直接且最具解釋力的例子就是印度的種姓制度。其他的例子尚有前工業時期的日本和一些前殖民時期的北非社會。

印度世襲制度的起源大約是在兩千多年前的北印度，Harappan 土著的酋長制文化在西元前一千五百年，被阿拉伯游牧民族在侵犯印度的西北部時所統一。印度教和印度文化以及相關的世襲階級就是因這兩個民族文化的融合，進而出現更大、更階層化、更都市化的社會。

印度教的信仰使世襲制度得以合理化及穩定。它將社會區分成四種世襲階級，稱之為種姓（varna），主要是根據職業來區分。種姓主要是依據相對的純潔性來區分，即依據神聖的觀念去區分該類成員是乾淨或不乾淨的程度。最高的種姓是婆羅門（Brahmins）——教士和學者，他們被認為是最

純潔的。在婆羅門之下，按地位和純潔性依序往下排是剎地利（Kshatriyas），或稱戰士世襲階級；吠舍（Vaishar），或商人世襲階級；以及首陀羅（Shudras），或稱工匠和僕人世襲階級。第五個群體，在四個種姓之下，稱穢多（Harijans）（或稱不可碰觸的），他們所從事的工作被認爲會污染別人。根據印度教的信仰，人出生在某個種姓反映了他或她前世的行爲。

圖：在世襲階級體系內，個人在出生時就被分到封閉、從事某一特定行業的群體中。這些群體是階層化的。最低階層「不可碰觸的穢多」被認爲是不乾淨的，而從事的工作也被認爲具有污染性。

印度教亦提供世襲制成員行為的準則。高階者不能從低階者那污染的手中接取食物或飲料。除此之外，過去還禁止高階者與低階者發生性關係或結婚。而且高階者也不能食用具污染性的食物，如肉或酒。當世襲制度中的成員被要求按照印度教義中的理想行為去生活時，較高階者預期會最接近理想的行為。

早先，印度世襲階級制度是在一個較小的範圍內實行：一個村落中，最多也是幾個毗連的村落。在這種背景下，村民被區分成一系列限制嚴格的世襲階級，每種從七、八個到二十幾個，或者更多，稱之為闍提（Jati），至於排序則依據他們在種姓階層中的位置（闍提對於相對的位階關係常起爭執）。這些是世襲階級身份最重要的聚焦點。每一個地域性的世襲階級或闍提，形成一個封閉的、內婚繼嗣的團體，從事著某一種固定的行業，並與其他的世襲階級交換其產品和勞務。每一個世襲階級群體住在他們自己的地方；而穢多則生活在村落的邊緣地帶或集中住在與村落分離的小村中。通常會有一個主要的家族或世襲階級掌管可耕地及獨占自然資源的使用權。

在北印度，上層和下層世襲階級之間的關係通常是採取jajmani 的關係形式－即在不同階級的家庭之間是採取贊助者——被贊助者（patron-client）的關係。在村落之間，jajmani制度成為一種經濟上交換的工具，同時也反映和幫助維持這種世襲階級體制內的不平等。最重要的就是居支配地位的世襲階級應將穀物分給各家庭以換取勞務。

印度的世襲階級體系常被描述為高度靜態，在這不變的社會結構中，一個人出生時，他的社會地位和工作就已經被決定了。這對獨立後的印度來說當然不是真實的，對於在英

246

國殖民時或殖民前的情況也不完全真實。舉例來說,英國為了使印度更符合英國人的支配和經濟需求,而給世襲階級制度帶來顯著的改變。他們將世襲階級中擁有私人土地的階級提昇到較高的地位,部分是為了增加稅收。這些人的晉昇導致他們廣泛地借款及鼓勵他們移民到城鎮和農場(及稍後越洋到別處)去尋找領薪水的工作,進而造成世襲階級體系的瓦解。印度在 1948 年獨立,隨後的幾十年來世襲階級制度之進一步的改變被視為是都市化、工業化、政治改革,以及其他因素共同導致的結果。工業和服務業提供新的工作機會,增加的教育機會也逐漸削弱世襲階級對經濟發展的限制。

　　儘管有了這許多改變,世襲階級在印度仍然重要。大部分的印度人在自己的閣提中結婚,因而強化了世襲階級制度的價值觀。世襲階級在土地、財富、商業、教育和政治的競爭關係中也擔任一個角色。近來在印度社會中,社會的改革有時會造成世襲階級間的緊張,甚至演出暴力事件。舉例來說,在 1991 年一群上層階級的印度人在一個社區內憤怒而喧囂地殺了數十名穢多,只因一個穢多的腳碰到了一個婆羅門階級的人,這被他們視為一種侮辱。因為許多警察本身也來自較高階級,所以在這場暴動中沒有人被捕。當地方的世襲階級與那些城市、鄉鎮和從事新工作而有相似世襲階級的人接觸時,新的世襲階級就開始演化,產生所謂的超世襲階級(supercaste),此乃融合了局部地區較專業化的世襲階級。儘管如此,種姓制度在形塑當代印度社會的社會階層時,在眾多因素中仍佔有一定的地位。

奴隸制

奴隸制度（slavery）是指一種勞動形式，將人的勞務視為一種財產。十九世紀有些演化論者將奴隸制當成演化進程中的一個特別階段，特別是在國家出現後，奴隸制事實上已經存在於許多形態的社會中而且有許多不同的特質。奴隸這個階級通常都是由其他社會或其他民族的成員來擔任，因為這些人被認為是較低等的，但特別是在大規模社會中，較窮的成員也可能會成為奴隸。儘管重要性每每不同，奴隸制在某些社會的階層制度中是主要的特徵。

奴隸制在許多等級社會中都有發現，雖然很少是勞力的主要形式。奴隸在這些社會中多半擔任處理家中雜務的工作，而且是搶自鄰近的人民。奴隸制在古老的地中海和中東國家是相當重要的，如古代的埃及和雅典。在這些國家中，它是主要的勞動形式，而且與商品的生產和商人階級有密切的關係。Will Darant 在描寫有關早期地中海的文獻中論道：「文明的開始不可能沒有掠奪，而要維持之則不能沒有奴隸」（1939：10）。在古代雅典，當自由公民做一些手製品時，多半是奴隸完成的－這個階級包括沒被贖回的戰爭罪犯、奴隸掠奪中的受害者、犯罪者、被拋棄的嬰孩。雅典人將外國人視為天生的奴隸，即使是最窮的自由公民也有一到兩個奴隸。然而，在早期的其他國家中，如中國或中美洲國家，雖然亦有奴隸的存在，但卻沒有那麼重要。

奴隸制對古代羅馬的經濟來說，也占著重要的地位，他們的軍隊帶了大量的奴隸回家。在羅馬帝國晚期的幾年中，奴隸制的重要性減低了。在封建制度農奴的增加之下，歐洲

247

奴隸制的重要性更低（看下一節）。但是並沒有完全消失－在二十世紀的英國仍然有家僕；德國利用捕獲的斯拉夫異教徒為家僕，而且將他們賣到回教國家或拜占庭；即使是羅馬教皇也以他們的地位而使用奴隸，而且一般說來是會批准使用非基督教徒為奴。奴隸制並非回教國家、亞洲和北非帝國的主要勞動形式，事實上，伊斯蘭法律禁止販賣或奴役回教徒奴隸（大多來自非洲）普通都用於家務或其他目的。

在十六世紀初，歐洲殖民新大陸時開始極度地依賴非洲來的奴隸勞工。殖民經濟的特色是以奴隸為基礎，例如巴西、古巴、波多黎各及南美，而且他們的階層化體系主要是以主人－奴隸的關係為主。在十九世紀早期的歐洲社會，奴隸的買賣被認為是種犯罪行為，但新大陸的殖民經濟仍持續地雇用奴隸直到此世紀的後半葉。雖然今日全球已立法禁止，但奴隸制持續地在世界的某些地方存在，例如非法的工廠、礦採作業、農場等等，而這些大量的勞工大多是小孩。

封建社會

各種農耕社會當他們的規模變大時，社會階層會演變為**封建制度**。在封建社會裡，那些在土地上耕作的人不同於那些能支配農民的勞力和產品的人。這種區分反映在社會階層化的類型上。在中古時期的歐洲，那些在土地上耕作的人通常是指農奴或奴僕，而那些享用他們之剩餘的主要團體則是指領主。領主提供軍事上的保護，而且是農奴的資助人。相對的，農奴則須提供給領主農產品及各種勞務。在領主－農奴的關係中有某種程度的互惠並且有特定的權利和義務關係。但是這種關係並不平衡：領主在這場交易中總是獲得較

大的利益。除此之外，另有一些人提供服務給領主（如宮廷小丑，裝甲武士，及家僕）並靠領主提撥的款項維生。另一個使用這些剩餘農產品的團體就是聖職人員。

圖：歐洲的封建社會。農奴耕種田地，並將他們大部分的農產供給騎士和貴婦。

封建制與酋長制的興起或較大型的中央集權政體之瓦解有關。在西歐，封建制度在查理曼皇帝（Charlemagne，786-814）死亡後的一片混亂中產生。在印度、中國和日本，封建制度的興起與各種帝國的興衰以及軍閥的爭權奪利有關。封建社會傾向發生在戰爭和不穩定的時代。一部分的原因是源於對安全和穩定的追求，而導致領主和附傭之間的結合，因為領主提供農民軍事上的保護而後者則擁護政府的權力。

隨著現代資本主義社會和民族國家的興起，封建主義在許多地方已經消失了。而仍然繼續存在的地方，也已根據現代世界的發展脈絡而做了調整，因此在許多方面都和早期的形式不同。現代的封建社會將他們的產品大部分都提供給外面的市場，而不像過去那樣大部份留下來自給自足。因此，在這些社會中生產的產品，其價值多決定於外在市場的需求更甚於本身的需求。

在拉丁美洲，封建關係在西班牙殖民時代或獨立後已經式微。莊園（hacienda）就是拉丁美洲中封建制度的例子。在秘魯高地，那裡的封建制度持續進行著，當地的人分為三個階級：地主，或稱 hacendado；佃戶，稱 colonos；及由地主雇用的管理者或領班（Long 1975：268）。地主擁有土地的合法控制權，而大部分都是由 colono 在土地上耕作。佃戶用勞務換取土地的使用權在領主的土地上耕作，包括在他的家中做奴僕，定期清理路面及河道，以及處理莊園四周所要修理的任何事物。從事這些勞務後所剩下的時間只足夠佃戶在農作上生產僅足以滿足基本需求的作物。除了提供佃戶小部分的土地之外，領主被期望能提供少量的金錢購買集體工作聚會時所需要的酒和煙，提供牧草給工作者自己飼養的動物，以及提供煮飯用的柴薪，和餵養在莊園工作的人。

現代封建體系在面臨現代世界體系的擴張時顯得不太穩定。舉例來說，那些擁有土地的菁英有權選擇利用機械生產代替封建時代勞力取向的方式，或用較複雜的薪資雇工制度來取代勞力的父系傳承制。對於農奴而言，也是有選擇權的，包括搬移到市鎮區或到處尋求打工機會。而且，近來大部分的政府也對那些以封建主義為特色的地方事務扮演一個比較積極的角色。舉例來說，秘魯政府已經構想要執行土地改革，以及透過行政組織對農產品加以更大的操控。

現代階級社會：生產、財富、及階級意識

隨著西方工業資本主義的發展和傳播，在自由勞工和私有財產制的基礎上，已經形成了另一種社會階層體系。社會階層在這種社會中是由階級（class）組成的，而階級主要由生產手段來決定。在這種情況下，階層的定義與工業化資本主義體系中的生產過程有關。

階級在新教改革時崛起，與農業的發展、家畜的飼養及文明的興起都有關聯。農產剩餘的出現支持非務農階級的存在，而領導人則存在於能管理剩餘及協調社群內或社群間活動的階級。現代階層的發展，首先是對十五到十七世紀歐洲內部或往歐洲以外地區的貿易擴張之反應，而十八世紀初工業產品的出現是另一個更大的刺激。第一段可稱為商業化資本主義的時代，而第二段是工業化資本主義的時代。在這個時候奠基於資本家關係的階層化社會開始建立及變得更穩固。

階級區別的起源在於，一方是控制經濟和擁有工廠的人，而另一方是提供生產勞務以賺取薪資的工人。在過去的兩個世紀中，現代階級已經伴隨著工業產品而分布到西歐和北非及世界上的其他地方。

階級中成員的身份是以人們獲得財產的方式來決定，而非靠財產本身。在資本主義工業化的社會中，有兩個主要的階級：一類是以自己的勞力換取薪資的人，而另一類則是擁有生產技術的人。第一類階級包含了生產農工產品的勞工，即**無產階級**（proletariat），如工廠工人、農場勞工等等。也包括那些將勞力花在分配運送產品的工人。這個群體的職業包括書記員、卡車司機，以及船塢工人。第二個主要的階級，即**資本家**（capitalist），由那些擁有生產技術的人組成；他們支配著產品的財富和價值（即利潤）以及掌控著財富的循環流通。

通常和資本家階級關係密切的是那些擔任管理和監督角色的薪資人員。也有一些是從事各種技術性工作（如工程師）的人，以及其他階級較糊模的人——這也反映了現代工業社會複雜的分工。所有這些人有時候被稱為中產階級（middle class）。

另外一個階級是那些處於邊緣的人，即地位比其他階級低的人。這些人是剩餘的後備勞力，在有需要時才雇用他們。Braverman 描述這些後備勞力群體：「〔它〕在現代社會中有許多存在的形式，包括失業者、臨時雇工、兼職雇工、一大群可以投入『女性職業』的家庭主婦、在農業和工業部門都有的移民勞工、高失業率的黑人、以及外籍勞工」（1974：386）。

在很多社會中，家中（大部分是女性）未給付薪資的勞力在後備勞力當中是特別重要的，因為跟雇工比起來，家長只要給付較少的薪資。另外一種形式是協助親戚從事半生計（semisubsistence）農業以換取食物的勞工。這些勞工自己在找不到薪資工作時，可能會從事農業工作維生。

資產階級一般都比薪水階級富有，但並不總是如此。此外，在同一階級內也有財富的差異。薪資階級的財富多半取決於他們賺取多少薪資。他們的薪資由幾種因素來決定：他們的工作對資產階級的價值有多少、對他們的特殊技術之相對需求，以及他們在工會或遊說活動中發揮的政治權力。高技術的勞工通常比技術不熟或沒有技術的勞工有更多的薪資。在那些勞工較豐富而且勞工的政治權力較少的國家，所得的薪資比那些在勞力稀少，勞工有較多政治權力的國家來得少。舉例來說，在許多亞洲和拉丁美洲的紡織工人，他們一小時的薪水比美金一元還少，而在美國他們可能賺取美金十元或者更多。

然而即使是那些有高價碼的勞工仍然比那些大公司的經理人賺得少。而勞工的薪水也遠低於某些技術領域，如醫藥界的員工。勞工階級和中產階級的相對薪資之差異在不同的國家間有相當大的差別。在許多開發中國家，中產階級所賺的錢遠超過工廠工人。在已開發國家，中產階級與工廠工人所得的差距就比較小，大部分是因為這些社會的工廠工人跟老闆有較好的談判地位。

資本家的財富多半來自利潤－即產品與售價間的差額。個人資本家實際的成敗在於他能發現並控制利潤的來源。有些資本家在尋找他的利潤時可能完全失敗，也有人只能尋找到少量的來源。相反的，最富有的資本家掌握巨大的利潤來

源。十個最富有的人——四個日本人，三個美國人，二個加拿大人，一個瑞典人——他們家人合起來的財富就超過美金 1000 億。舉例來說，日本商人 Taikichiro Mori，是世界上最富有的人，個人就擁有 150 億美金，主要是靠投資鐵路和高爾夫球場。在 1992 年去世的時候，美國人 Sam Walton，即 Wal-Mart 折扣商店的創始人，以及他的五個家人擁有 185 億美金的財富。

圖：世界上最有錢的日本商人 Taikichiro Mori 控制超過 150 億美元的資產。

51　　　雖然在等級、世襲和封建社會中，人們明白他們在社會階級中的真實地位。然而在現今的階級社會中，階級地位的意識通常較模糊。階級意識（class consciousness）透過共同利益的知覺而發展。例如，對從事工業生產和服務業工作者而言，階級意識主要透過勞工聯盟的組織和行動而產生。資本家的階級意識則經由商業團體來推動。對中產階級而言，

事情更加模糊，但他們有時也爲了促進特殊的利益而結盟：例如消費者或屋主聯盟。

人們並不會總是將自己視爲一明確階層中的成員，而是可能視自己爲個體行動者，或將自己歸屬至社會中某個有明確性質的團體，例如銀行家、律師或電工技師。這些觀點反映出資本主義社會中重要的意識形態價值觀，即強調個人成就。跨越階級界線而構成的聯盟主要基於爭取共同的利益。這也會破壞階級意識。許多國家最具特殊意義的是資本階級和軍隊之間的結盟。軍隊可能被給予較高的薪資，較好的居住條件和大量的軍事裝備作爲報酬，但他們須爲企業的利益創造一個最佳的條件作爲交換，例如壓制勞工騷動。

對於財富的分配，無產階級與資產階級這兩個主要階級之間的關係存有潛在的競爭性。在資本主義工業化的社會中，任何體質的穩定中潛藏著緊張，而且有時會爆發成爲公開的衝突。例如，在 1917 年的蘇聯革命中，工廠工人、農民、中產階級成員和其他革命者共同反抗貴族和與之結盟的資產階級成員。

共產社會

1917 年蘇聯革命建立了第一個現代的**共產社會**，這是基於生產和分配工具共有而建立的社會。本世紀共成立了大約三十個共產國家，就人口、經濟發展程度、和政治制度而言，這些共產國家有相當大的差異，有大至像中共、蘇聯般的巨人，也有小到像剛果、蒙古般的國家（其人口數少於二百萬人）〔譯註：蒙古現有 230 多萬人口〕。從較開發的東歐國家到世界最貧窮的國家如衣索比亞、寮國和高棉等國。政治

結構則包括較自由的政府如南斯拉夫和匈牙利，還有高度集權的政體如北韓和羅馬尼亞等。在 1980 年代到 1990 年代初，多數共產國家經歷了戲劇性的變化，即結束共產黨的統治。

圖：菲律賓首都馬尼拉的垃圾掩埋場中尋覓物資維生的人。在前菲律賓獨裁者馬可仕及其同黨積聚大量財富的同時，許多百姓的生活水平降低且貧民數增加。即使有所改革，但顯著的不平等，仍是菲律賓社會在馬可仕下台後的普遍現象。

52　　　雖然他們所創造或試圖創造的共產社會之型態有各方面的差異，但至少在理論上他們有一些共同的特質。他們明確的目標在於創造一個將財富、階級地位和權力的不平等減到最少的社會，所以他們較其他多數的資本主義社會更依賴國家計劃和國家在經濟方面的介入。而在生產工具的擁有方面，則較資本主義社會有更大的幅度轉為國家或集體所有。

但實際而言，共產社會內並非人人平等。以社會的階層來看，轉變至共產社會的確造成相當重大的改變，不同於資本主義社會的情形。早先的統治階層遭到排除，不管是地主貴族或有錢的資本家。多數共產社會由廣大的農民所繼承，農田的集中化和工業化導致這些國家的許多農民遷移至城鎮而變成都市勞工，而那些仍留在鄉間的農民，當他們被併入一個更中央化的國家結構時，生活在許多方面皆產生變化。在中層方面，當政府行政在人民的日常生活中扮演一個中心角色時，共產社會的行政部門即需要規劃和管理方面的專業人才。更多的教育機會也會產生大量的技術和專業方面的中產階級。

　　以匈牙利為例，在戰後即努力以蘇聯為模式來改造國家。當早先的資本封建階級結構轉變成秉持共產理念和蘇聯模式時，即對整個社會階層造成重大影響。1950 年代普遍的工業化和農業的集中化造成工業勞工的增多。當農民來到合作社工作，他們即類似工廠工人。專業和白領新階層也開始出現，他們大多來自工人階級。

　　共產匈牙利的社會階層主要受到在重新分配（貨品、服務或收入）的結構中職業如何被定位所形塑。Kolosi 和 Wnuk Lipinski（1983）指出，匈牙利國內有四種主要的社會職業類別：（1）無技術和低技術的工人；（2）有技術的工人；（3）白領階級；（4）專業工人（包括管理者），而父母的社會職業地位並不必然影響其小孩的地位。事實上，社會流動率相當高。正如其他共產國家一般，教育是社會流動的主要媒介。再者，Kolosi 和 Wnuk Lipinski 也發現，社會職業類別的成員身份和社會經濟階層並無純粹的關係。從物質生活條件和其他指標來看，許多技術工人的地位和專業人士的地位是相當

253

254

的。

圖中家經姆前代階現變要力致的。：蘇產庭過林蘇，級對邊的前蘇的瓦解。

聯級跑林。時產出治重響導聯蘇階慢克宮聯中的政有影並蘇級對邊的，前蘇的瓦解。

雖然社會階層在匈牙利等共產國家中可能模糊不清，匈牙利的情形之部分原因是沒有赤貧的下層階級與超級富有的統治階級，但是差異的確也存在著。蘇聯和東歐的共產國家於 70 和 80 年代出現大量的中產階級是相當重要的，這是 60

和 70 年代實質所得顯著增加所致。以匈牙利於 1960 到 1978 年間為例,即增加了 2.2 倍,結果導致知識份子、管理人員、科學家、醫生、律師、技師,和其他專業人士等階層更為繁榮滋長。大量的消費需求和政府需求伴隨繁榮而來。但 80 年代的經濟衰退和成長的緩慢卻無法應付這些情況。這些壓力是導致共產主義失敗的重大因素,也使這些社會的社會階層出現新的模式。

摘要

族群本質和社會階層化是人類區分我們與他們之不同的兩個主要方式。族群本質是關於種族、族群認同的感受、族群象徵、族群之間的關係等觀念的複合體。認為可觀察到的體質差異,例如膚色的不同,會影響行為方式的觀念目前已不受科學家重視,但仍在相當程度上影響人們對種族的看法。對外表和/或文化方面的族群認同不曾消失。事實上,在某些地區重新興起,並且這種族群認同感通常透過選擇性的符號來表達。

族群認同係透過不同族群接觸時,知覺到自身的獨特性而產生。決定族群界線是否維持或消除(同化)的因素包括婚姻型態、職業競爭或族群的專業化、人口特徵和政治。

社會階層雖然有時和族群的區分有關,卻是區分人們的另一種方式。在階層化的社會中,人們被劃分歸入概括性的類別或社會階級中而有不平等的財富、聲望和權力。如此的區分經由社會的信仰而合法化,但如果社會的根本適應策略

改變時，則可能產生變化。

　　每個社會中階層化的程度和種類皆有所不同。層級最少的社會稱爲平權社會。在等級社會中，人們被區分成不同的等級而在聲望上有所不同。在世襲階級制度的社會中，人們一出生即被歸入從事特定職業之有階層秩序的各個團體中。奴隸制度在許多階層化的社會中存在著，對許多早期的國家而言尤其重要。封建社會則將人民區分成兩種主要的階層：一群是在土地上耕作的人，另一群則享用前者勞力的成果以作爲提供某些服務的報酬。工業化階級社會則區分工資賺取者和生產工具擁有者兩種階級，這樣的區分在共產社會中受到修正，共產社會的不平等主要基於職業和技術層次的高低。

人類學家特寫

貝里斯加里福那村落的發展與階層化

Mark Moberg

　　在貝里斯農村進行了 13 個月的田野工作後，Mark Moberg 獲得了加州大學洛杉磯分校（UCLA）的文化人類學博士。雖然對發展議題和地方政府特別擅長，他也研究尼加拉瓜的農民與合作社，並在墨西哥灣的捕蝦者中從事研究。Mark Moberg 目前是 Mobile 南阿拉巴馬大學的助理教授。

　　1985 年底，我抵達貝里斯的霍普金斯（Hopkins），開始我的博士學位研究，主題是農業合作社在農村發展中的角色。霍普金斯是位於貝里斯南部加勒比海沿岸恬靜的加里福那

（Carifuna）村落，居民約一千人。包圍本村的史坦溪（Stann Creek）地區人口稀疏，居民多靠自給自足的農業與領薪工作混合維生。1960 年代末期，兩家當地的工廠開始生產專供外銷的橘子與葡萄柚果汁，使得這個區域的相對孤立狀態得以打破，也使得史坦溪地區以柑橘產品走入世界市場。新的賺取現金的強大誘因使許多農民開始種植柑橘樹，以應付工廠的需求。

1970 與 1980 年代，本來對小農有適度利潤的作法發生了戲劇性的變化。在已開發國家的消費模式朝向「健康的」飲食習慣發展時，美國與其他國家境內的柑橘和葡萄柚價格飛漲。在貝里斯，世界市場的這個趨勢使得柑橘的產價提高，種植柑橘比種植稻米和玉米之類的傳統作物獲利高出甚多。

像其他農村中的情形一樣，霍普金斯的小農既受到這些趨勢的引誘又感到挫折。雖然柑橘的利潤增高，但是種植柑橘所需的花費也隨之提高。由於高度仰賴肥料、農業化學藥品和機械，使得柑農須花大把的錢在墾殖果園（當地稱為「橘路」）以及防止害蟲與雜草的生長上。樹種了以後要等五年才能有第一次的收成，在此期間，每個農民必須在每英畝花費 750 美元興建柑橘路。而年度維護的花費大約在每英畝 200 到 250 美元之間。霍普金斯農民 1985 年的年平均每戶收入大約只有 500 美元，因此這項花費遠超過一般農民所能負擔的範圍。結果是直到 1980 年代初，許多貧窮的農民被排除在柑橘生產之外。

現在進入我部分的研究主題：霍普金斯的合作社。在 1970 年代，美國、加拿大與英國政府機構開始提供直接的發展援助給包括貝里斯在內的許多中美洲貧困農業地區的「草根」組織。發展計劃決策者視合作社、信用合作社與小規模家庭

工業是可以使開發中國家最貧困的人民改善生活與經濟條件的泉源。在他們看來，像貝里斯這樣的國家之農村居民可利用這類的外援（例如基金），並成立合作社或其他新形式的組織。雖然很多這類投資計劃因為資金浪費在個人的消費上而失敗，但少數組織仍能成功地為其成員創造新的工作機會。

許多霍普金斯的農民將這類發展基金視為幫他們解決資金不足的困難與加入柑橘產業的工具。1983 年，二十一位村民與霍普金斯農民合作會有限公司（Hopkins Farmer's Cooperative Society Ltd.）簽約。沒多久，他們就接受了來自美國和加拿大幾個「草根」發展機構提出的提案計劃。其中一個計劃提供基金，農民得以建立一筆循環信用基金，補充參加成員生產柑橘所需費用。農民可以向合作社信用借貸，購買樹苗、肥料、除草劑和其他所需，並且直到第一次柑橘收成賣出前都不須償還貸款。到了 1986 年，每位成員平均擁有五英畝柑橘樹；到了 1988 年，第一穫的柑橘被賣到工廠。

人類學家曾針對農業發展計劃對世界上許多地區內的貧困農業人口所造成的影響進行廣泛的研究。在經濟學家與決策者經常宣稱引進新作物與新技術得以增加生產、加速發展的同時，人類學家則指出其中也存在著對窮人的反效果，包括財富差距的持續擴大，以及最貧困的農民更進一步的貧窮化。

我對霍普金斯特別有興趣，部分原因是該地的合作社在帶領小農進行農業變革有顯著的作用。一開始我推測合作社藉著直接將發展援助基金撥給農民，會讓霍普金斯居民有機會親自投資商業性農業。是故，我預期霍普金斯會避開史坦溪地區其他地方所發生的某種與柑橘生產有關的社會階層化過程。但我未能預測到合作社之運作的社會政治脈絡，事實

上正是這層脈絡使得基金的益處無法平均分配給社區中的所有成員。

圖：人類學家 Mark Moberg 造訪種植柑橘的農民。

　　雖然霍普金斯在柑橘種植之前大致上是個平等的村落，但這並不表示不存在著居民之間的分化。近年來，外地的政治人物開始大力在村中尋求支持。身為史坦溪地區最大的村落以及貝里斯國內最大的加里福那聚落，霍普金斯對於想獲得全國性政治職務的人來說非常重要。贏得村民政治支持最主要的手法是給予地方選民種種優惠，包括爭取建設經費，酬謝以土地權狀、或者其他官方優惠。經過了這樣大規模的政治競爭之後，結果使霍普金斯的居民變成對立的兩個派系；分別擁護著兩個政黨……人民統一黨（P.U.P）及統一民主黨（U.D.P）。各派都如同政黨般地運作，致力於為黨員尋求利

益，以及尋求掌控擔任政府與社區之媒介的地方議會等等。

　　儘管這兩個團體之間很少有嚴重的肢體衝突，但強烈的政治情感常常造成爭論。一位居民指出這種派系之爭對於社區中社會關係的影響：「多年以前我們都親如兄弟姐妹，而現在你可能在那些政客的煽動下而想殺了你的親朋好友。他們可以違背諾言，但我們卻必須在他們散播的毒藥中求生存」。

　　當我研究有關合作社的議題時，我才注意到派系問題。在我抵達該村的幾個星期後，一位該地重要的合作社反對者只因為看到我與合作社的成員有來往，就到當地的警察局檢舉我是一個外國的共產黨員。後來又有一個農民說他一開始就認定我是中央情報局派來破壞合作事業的。花了好幾個月後，我才排除了那些因為自己的舉止所引致的謠言。而且我也被迫與合作社保持距離，為了與非社員建立起信賴關係。從這些圍繞著我的立場與派別的謠言來看，合作社這個機構已很明顯成為一個地方政治內鬥的主要場所。

　　當霍普金斯的合作社在 1983 年成立時，乃是對全村人開放的。但是有許多人因其創始人及其成員為人民統一黨員，乃視之為人民統一黨的分支機構。而一開始就加入的少數之統一民主黨員也由於其他黨員的惡意相向與不合作而隨即退出。其他對於種植柑橘有興趣的黨員之申請書也常遭回拒。在這種派系傾軋的社區環境中，統一民主黨宣稱說他們常常因為派系的不同而遭致合作社入會申請的困難。

　　在這同時，隨著柑橘的成熟，合作社員們也漸漸地獲得經濟利益。主要是由於柑橘的銷售，使合作社的成員所賺取的所得是非合作社員所得的兩倍。因此，當合作事業帶給貧窮居民真正的經濟利益時，其效果並非如預期的平均，反而其社會的階層化乃是透過社區的派系分化而達成。

雖然政策制定者仍然認爲合作社能帶給鄉村窮人直接的幫助，但霍普金斯的例子爲我們說明了，經濟發展常常取決於村社的政治脈絡。即使是一個經濟上平權的社區也會有更微妙的分化方式作爲社會階層化的動力。對於霍普金斯的居民而言，他們常指認他們之間的這種分化爲一種政治派系而不是一種階級。然而，處於這兩種政治派系各邊的居民們認爲這種持續的經濟不平等已經取代了曾經只是政治標籤的分化。

Ch12

政治與政治組織

圖：追求自主權的庫德族難民一再受到伊拉克的鎮壓。

1 政治權力的基礎
- 政治思想
- 政治競爭

2 政治中的人羣
- 政治社群
- 政治菁英
- 政治團隊
- 政治中的女性

3 社會的政治組織
- 無國家的社會
- 國家的起源和滅亡

摘要

人類學家特寫：國會山莊（*Capitol Hill*）的民族

Jak Molver Weatherford

在所有社會中，皆會有爭奪資源：土地、金錢、勞力等等的現象，而且也會對於如何獲得與使用資源有所爭議。為適應艱困的環境，像 Iniut 和 Mardudjara 族的土著覓食者，在取得和分配物品方面重視相互合作。儘管他們不強調競爭，但這些人們之間仍存著敵意，而且也會發生爭奪特權、配偶等情事。另一方面，在一個像美國一樣的大規模社會中，競爭性與侵略性的社會關係卻是基本的適應策略。

競爭不限於獲取實際的資源，也包含支配其他人對分配事物的規範與競爭發生方式的想法。雖然小規模社會的人們，對這些事情少有不同意者，但在大規模社會裡，卻經常有很多不同的想法，而且，許多團體或個人也都希望能堅持他們獨特的觀點。影響或控制人們如何察覺事物，如何表現行為及如何分配事物，皆與擁有**權力**（power）相關，而權力即「有效地影響人或事的能力」。而對權力的競爭就叫作**政治**（politics）。

幾乎所有的行動或聲明都可以是政治性的，或具有政治意涵。握手或親一個嬰孩可以只象徵著表示友誼或情感，

但當這些動作意圖影響權力關係時，它們就變成政治行為。從這樣的觀點看來，政治是存在社會中的普遍現象。然而政治在所有場景中並不相同。除了一些相似性之外，政治的概念在亞馬遜地區印第安人、定居城市的加拿大人及爪哇種米的農人間大不相同。不同的環境、社會組織方式與文化傳統，如何產生獨特的政治目標和達到這些目標的方式呢？在這一章，我們將檢視關於權力鬥爭的各種信念及爭奪型態。我們也將探討是誰參與政治，及政治組織與社會的適應策略之間的關係。

政治權力的基礎

　　權力鬥爭與運用權力的能力皆爲政治學的主要議題。我們認爲父母對小孩具有權力，人們對寵物或政府對人民也具有權力。這意味著他們可以影響他人的作爲，以及他們可以促使他人依其計劃行事。當那些擁有權力者的想法和興趣與權力接受者吻合時，就形成一種恩惠（benevolence）或無關（irrelevancy）的氛圍。舉個例子來說，如果有個男孩的行爲符合其父母的心願，則即使他們有權力處罰他，此一權力對他而言會是無關的。同樣地，當政府將那些危害別人安全的人關入牢中時，人們可能會對權力的運用持正面的看法。權力具有最終強制性的本質因而經常被隱藏起來。然而，那些享有權力者壓制他人的能力並不總是被隱藏起來，當人們違反那些享有權力者的想法時，他們經常以武力解決。我們將在下一章探討「使用武力」的問題，在這兒我們將檢視權力鬥爭之更細緻的表達：政治思想或規範〔權威，意識型態，符號〕及政治競爭。

政治思想

　　政治不僅奠基於暴力，也奠基於**政治規範**（political norms）—即關於適當的政治目的與行爲之想法。透過政治社會化的過程，人們在特定的環境中發展其目標，並學會完成這些目標的手段。雖然在實踐時可能不會嚴格恪守這些規範，但它們卻會影響政治行爲。

權威

最基本的政治規範是那些關於權威，即下特殊決定與要求服從的權利（相對應於能力）的規範（Smith 1960:18）。權威反映出可被接受或容忍的權力之界限與內涵——一個政府有權對特定的活動課稅及「提升至某個特定的稅率」，以及「根據可接受的程序」，在某個特定範圍內控制市民的活動。但是，可接受或容忍的事並不僅決定於受統治者自願性的同意。任何一個控制充足資源（人民與財富）的政府，便能在其權威的領域下影響人民的知覺，而任何一個具有權力的團體或機構也都能夠操控運用權威的概念。

任何一個社會很可能都有權威的獨特領域，Talal Asad（1970）區分 Kababish 阿拉伯人——蘇丹（Sudan）境內的遊牧民族——有兩個主要的權威領域：家戶和部落。在家中範圍內多數由男性擔任家長，在他扮演丈夫、父親、與家庭企業〔尤其是家畜財產〕的管理者之基礎上掌握權力。但權力在更廣的部落範圍內，由頭人及其親屬組織所掌握。頭人及其親屬，藉著殖民勢力和後來的國家賜給他們治理職位所建立的連帶關係獲得權力。這些職位允許他們控制一些重要資源的管道與分配，例如：水資源。大多數的 Kababish 人認為，頭人（Shaikh）的菁英親屬有權為 Kababish 人發言、收稅，並做其他的政治決定。菁英本身，則將其權威奠基於歷史上的祖先（從前，其他親屬成員為報答頭人的保護，對他誓言效忠），以及他們所掌握的合法權利上。然而，很明顯地，這樣的權威也部分奠基於菁英可遂行其意志的權力上。

蘇丹 Kababish 阿拉伯人的頭人（Shaikh），坐在他的帳蓬裏而掌握著部落的權力。頭人和其親屬，透過與蘇丹國家當局建立的有利關係而獲取權威。

　　當思想有意識及有系統地組織成某種計劃的形式後，就形成一種「意識型態」。政治上的意識型態關心權力的分配——涉及現存結構的維護、改革、或顛覆。舉例來說，澳洲的原住民法律對於兩性、世代與不同社會團體間的權力關係提出合理解釋形成一種政治的意識型態。近代歷史中有各種資本主義

與社會主義的意識型態，都與維持或改變政治關係有關，例如：封建的權力控制者與富有的資本家之間的政治關係，以及生產工具的擁有者與那些出賣勞力的工作者之間的政治關係。

意識型態可分為兩種：有機性的與理性的（見 Rude1980）。「有機性的意識型態」（organic ideology）指社會團體或部份團體對於世界是如何安排，或應該如何安排所抱持的想法。這包括一般人對於公正的政府在課稅、執法應如何如何的普遍想法。「理性的意識型態」（rationalistic ideology），指那些尋求有秩序的社會行為法則的人透過觀察或內省所得出的方案。後者可以在 18 世紀法國和美國的革命意識型態中發現，這些乃受到啟蒙運動的哲學家和繼起的資本階級關心政府的本質對其利益之影響的啟發——就像那些存在於美國人權法案中的意識型態。每一種意識型態的形成可能包含另一種意識型態的元素。理性的意識型態當中的想法透過佈道、政治性演說、出版、收音機及電視潛入大眾的信念中，於是理性的意識形態接著又包含有機性的意識形態的精鍊元素：即以人們的經驗、理想和夢想為基礎的民俗智慧（folk wisdom）。

當小型社會併入現代世界時，其成員會臣服於大規模工業社會的理性意識型態。舉個例子來說，美國與前蘇聯的土著，在政府的強迫、教育和政經刺激下，而各自臣服於這些國家的意識型態。惟對這些意識型態的接受度會有不同。有合作傳統和重視同質性的社會成員，無法接受個人主義及資本主義強調競爭的意識型態。然而有企業家精神和貿易傳統的人接受這樣的想法較無困難。

政治競爭者會儘可能巧妙地在他們周圍披上愛國的象徵，以喚起民眾的強烈情感。例如國旗在權力的競爭中被操控使用。

政治象徵

一般而言，政治意識型態與政治主要依賴象徵意象（symbolic imagery）。舉個例子來說，大部分的美國人十分熟悉美國政治中，由來已久的象徵：山姆叔叔、國旗、國歌及與愛國主義、平等有關的廣爲流行的用語口號。同樣地，早先蘇聯的共產政府依賴列寧的肖像、塑像、鎚子和鐮刀，使用紅色以及與革命相關的話語或意象，並常常提及俄羅斯祖國在政治上是極有用的，因爲他們可吸引強烈的基礎情感——厭惡的、好的、快樂的、或哀傷的情感。能夠操控這些有力的意象，對那些具政治抱負者十分有益。這正是政治家爲何喜歡圍繞在愛國的事物中，也是政治家爲何對於認同這樣的象徵競爭得如此

265

激烈的原因。

政治象徵以文化經驗和傳統為基礎，但它們的使用，反映著當時的政治現實。中國的政治家，因為與毛澤東有關的革命傳統十分受到喜愛，便極仰賴毛的形象。文化大革命之後，當毛澤東思想不再有所助益時，便採用新的意象。同樣地，近來在前蘇聯的政治變遷中，共產政權之象徵符號也遭到革除。不同的環境或對不同的人們來說，相同的象徵也可以意謂著不同的事物。在美國，在一個政治運動中推銷「家庭價值觀」（family values）可能吸引欲維持國家強大的情感，但對另一些人來說，則被視為傳遞給白人男性投票者的訊息，使其抵制黑人或受到擁護的女人。

政治競爭

政治權力不能持久。那些有權力者，不僅需與那些競逐其權力者周旋，也須面對人終必一死的問題。因此，社會成員須面對權力如何轉移的重要問題。這種權力的轉移秩序，依不同的政治背景而異。「政治競爭」（political contests）乃是尋求權力、挑戰權力，與測試意識型態的過程。由於政治競爭可能變得混亂甚至暴力，因此所有的社會都會為挑戰與轉移權力的過程預設某種秩序。

既然權力從不能免於挑戰，那些希望保有權力者，必須持續努力去除對他們地位的威脅。舉例來說，美拉尼西亞的政治領導者，強人（Big-men）會囤聚豬隻和其他貴重財產，藉著策略性操控送禮的儀式，來建立其聲望。他們持續努力地維持或加強他們的地位，從未真正到達一個可以休息的狀態。如果強人停止玩這樣的遊戲，停止舉辦豬宴，他很快地不再是個強人。同樣地，民主社會的政治家從未停止官職的追求，甚至

266

絕對的君主體制也總是對宮廷密謀造反與宮廷外麻煩的徵兆保
持高度的警戒。

強人（Big Man）是美拉尼西亞的一種領導者，他們會匯集財
富，如豬隻及其他有價值的物品，並會舉辦分贈食物的儀式，
以加強其聲譽與影響力及獲取權力。這位新幾內亞 Enga 族的強
人站在架高的平台上，從事對權力的持續競爭。

　　當擁有權力的個人逝世時，政治競爭尤其激烈。若當地
之政治結構是透過親屬制度而形成，則在社群中指定合適的
繼承人，可以為這個具潛在破壞性的情況帶來秩序。例如，其
長子的兒子或弟弟可能是較佳的選擇。不管選擇何人最為適
合，幾乎都會預留後步，以避免較中意的人選被他人認為不合
適的風險。儘管有這些準備，當繼承的命令受到親族中敵對的
繼承人，敵對的親族團體，或是投機主義者所挑戰時，爭議將
更形惡化。有時會有處理這種爭議的方法，譬如訴請更高的權
威仲裁。若事情惡化，兩敵對的群體可能會分裂。但即使繼承

已穩定，潛在的緊張仍然存在，等到新的現任者去逝或其他機會出現時，又會浮出檯面。

今天，世襲在大部分的政治脈絡中比起過去已經少多了，至少不是政治繼承的決定性因素。然而，經常還是個重要因素。政治領導者，像新加坡的李光耀與北韓的金日成，都忙著爲兒子安排職位，以便能繼承權力。在菲律賓的寡頭政治中，鄉、鎮、省甚至國家都可能受到菁英家族的統轄。在美國社會中，當個像甘迺迪（Kennedy）或洛克菲勒（Rockefeller）這樣的人物仍是有幫助的。在大規模社會中，不像以親族爲基礎的社會，世襲很少被視爲基本或取得權力的合法途徑，它通常與財富、軍力等資源相結合。

過去的幾個世紀中，選舉在許多國家成爲轉移權力的工具。自從第二次世界大戰後，選舉制度在英、美等地緣政治強權庇護下傳遍世界各國。除了各種選舉制度表面的相似性外，選舉在十分不同的政治環境下經常扮演許多不同的角色；在許多方面它們已經取得一些不似起源國家的特點。舉個例子來說，關於選舉的民主假設——例如讓權力更爲分散的想法——已證明十分天真。最明顯的例子是在一些國家裏，那些選舉出來的團體，實際上未被賦予權力，例如拉丁美洲與非洲等獨裁國家的立法部門。

政治中的人群

不管是藉著選舉、世襲或武力獲取，政治權力最終還是屬於人民。大多數的社會，都有三種關於政治的人群分類：政治社群、政治菁英及政治團隊（Bailey 1969:23）。

政治社群

「**政治社群**」（political community）指那些遵循大致相似的政治規範與目標，以及多半遵循相同政治程序的人。政治社群可以像核心家庭一般小，也可以像大英共和國一般大。每個政治社群都有其獨特之處，因為已演化出行為的特別模式與獲取權力的特定方法。然而，對政治社群作某種程度的概括是可能的，因此我們發現，有相同社經背景的人，會有相似的政治行為模式，以及現代國家的政治社群可以區分出一些類別。

個體時常同時屬於幾個不同的政治社群，這些也許是相互關聯的，像家庭、城鎮與國家社群。一個社群的成員定義不十分僵化，人們也不一定都認為他們與其他人都是社群的一分子。例如，在第二次世界大戰時期，許多美國與加拿大的人們認為有日本血統的市民，因其祖國之故，不會有純正的忠誠，並且當日本與美加交戰時，會認同日本武力。但另一方面，住在加拿大與美國的日本人，則認為他們是這些國家的忠誠公民。

政治菁英

「**政治菁英**」是指那些在一個社群中具有權力和居領導地位的人。這些菁英份子在一個政治社群裡，也分駐在不同的層級上：從統治國家的總統和獨裁者到鄉鎮長或村長。有時政治菁英指同質且界線明確的團體，但它的成員經常更多樣化且具有彈性。這些政治菁英中包含領導者。「**政治領袖**」是在一個團體中有權力為此團體下決定的個體。雖然這權力的範圍與維護權力的方式會因人而異，但所有領導者的政治權力是個人化的，可以運用到他們身處的社經背景之寬廣領域中。諸如雙親的行政職位或社會地位等事也會有利（或弊）於領導者，但一個領導者所擁有的實際權力，在一個更大的背景脈絡中，視個人對可利用的資源——關係、財富、魅力、演說能力或外形優點——之操縱情形（參閱本章末的人類學家特寫）。

領導者的地位在大多數的社會中並不安全，擁有它的人很少能安穩的坐著而視其領導權為理所當然。威脅來自那些覬覦這種領導地位的人，及那些嫉妒能對他們施行權力的人。為了保險起見，領導者會去發展支持他的網絡。此網絡愈廣、愈多重疊處，其地位就會愈鞏固。對一領導者而言，扮演好「中介者」（intermediary）的角色，是支持其地位的方法之一。中介者可從團體或重要人物的政治經濟、社會文化差異中得到利益。可是並非所有的中介者都是政治領導者；但即使不是，他們也時常獲得政治地位。就像墨西哥南部 Oxchuc 的 Tzeltal（馬雅）村之 ladino（說西班牙語的非印第安人）中介者，這些人能利用村秘書的職位而移做政治用途：「秘書是兩個文化之間的策略性連結，就像在兩個不同的政府之間一樣，他現有的權

力來自他可以在需要時依附較有力的靠山」（Siverts 1971:390-393）。

　　中介者的權力一部份是利用無知者。像 Siverts 注意到，ladino 秘書（1971:393）知道，所謂「印第安人的恐懼」，是「對於外在世界的畏懼，甚於對手槍的恐懼。印第安人的資料提供者可能告訴你，所有關於士兵如何夷平村莊和鄰舍的誇大故事」。就這樣，中介者雖然可以促進不同團體或文化之間的連結關係，而發揮協調的功能。但在中介者追尋權力時則正好提供相反的功能。在 Oxcuc 的 ladino 秘書藉著引發害怕與敵意，反而拉大族群間的距離。

政治團隊

269　　「政治團隊」（political team）是一群積極參與政治的人組成的團體。在所有社會中，有組織鬆散的政治團體，例如政黨的聯盟，屬於政治目的很有限的暫時性聯盟（Boissevain 1974:171）。這些團體當中最不制度化的就是行動小組，指為某種特定目的在自己的個人網絡中召集其他人，例如為贏得一場選舉。一種更制度化的政黨聯盟叫做「派系」，是在更大單位內活動的團體，他們反對單位裏的某些人或某些事。任何派系的分析都必須是動態的，視他們會隨著時間而演化。在貝里斯南部 Pueblo Viejo 一個說 Kekchi 語的村莊中，隨著村內人口的增加，土地壓力的增加以及村民社經背景的差異更大時，派系就會逐步演化（Howard 1977:133）。最初，先以親屬關係與 compudrazgo（儀式中的教父母）關係為基礎，由個人召募而漸成為派系。接著派系會變成村子裡相當持久的特徵，最後起初負責形成派系的領導者會逐漸式微。

政治菁英分佈的範圍，上至總統和獨裁者，下至鄉長和村中頭人。（上圖）在澳洲土著的社會裏，主要由較年長者來領導。如同這一位，正使用短波無線電呼叫其親屬們前來參加一個典禮。（下圖）英國下議院（House of Commons）的第一位女性發言人在倫敦演講。

所有政治社群中最具組織形式的是「**政黨**」。政黨是現代大規模社會中的產物，反映著社會高度專業化的情形。在一個小規模的非工業化社會中，性質最接近政黨的是世系群或氏族，他們的功能在某些脈絡下頗類似政治組織。然而一個政黨在形成時懷著一個目的：即引導政府的政策。此外，他們的組織式不同於其他政治社群，經常是由特殊的政治信念與興趣組成的，比其他政治社群更不講求個人關係。

　　第二次世界大戰後，政黨組織對一些小規模社會而言，當他們被整合到新的國家內時，變得更加重要。舉個例子來說，Pueblo Viejo 的人民已受到貝里斯（那時叫做英屬宏都拉斯）的政黨政治之影響，而當時政黨的主要影響力當然在首都。但從 1960 年代開始，當馬路與學校興建後，以及政治改革已能到達最偏僻的村莊時，政黨的代理人會拜訪村子並尋求選票的支持，而村民相對地也開始尋求政治掌權者的保護。村民逐漸了解到馬路、學校等等皆是政治商品，而他們自己的政治行為會影響這些資源的。政黨也在其他方面影響土著和少數族群：在許多多元族群的社會中，對於公有主義（communalism）的發展扮演重要的角色，除影響土地權利的鬥爭之外，一般也能明確表達出這些族群在國家的地位。

　　最後，也應該提到在現代國家裏具有多重目的之組織的政治角色。宗教組織與貿易聯盟長久存在國家內，甚至與政黨相抗衡，在政治上一直扮演重要的角色，就像各種秘密組織與祕密社會如共濟會支部。例如在 Sierra Leone，一小群 Creole 菁英在 1961 年國家獨立後，透過共濟會支部，致力於維持其政治影響力。

政治中的女性

性別經常在政治之權威、合法性、及各種政治參與的形式中倍受注意。女人在政治中的地位,一般反映了一個社會的兩性間,是否有廣泛的平等或不平等。因此在女性比男性地位較低的社會裡,她們的政治角色也將會受到限制。然而人類學者早已知道,即使婦女在許多社會裏的正式政治角色可能會受到限制,但婦女仍然經常會有非正式的重要影響,尤其是重要政治人物的妻子、母親與姐妹們。

若以主張平等主義的覓食社會如 San 族與階層化的社會相較,則前者之女性參與公眾討論與決策的程度較多。但她們在政治領域裡仍是不平等的,尤其當男性成為團體的代言人,及較可能使用暴力遂行其心意時。更有甚者,與非覓食社會的人接觸,削弱了婦女在許多覓食社會中的政治地位。例如歐洲那種以男性為中心的政治觀,在殖民澳洲時影響他們對土著政治的看法,以及在對於土著政治領導者與政治組織型態的認識方面實際上也都忽略了女性的角色。

早期國家與酋長制的政治,大部分都將女性降到極低的地位。而如印度與中國等帝國,女性則以身為皇室的一員來運用政治影響力,她們有時也會變得擁有權力。西印度的 Maratha 統治者,在 16 到 18 世紀時,受到女性的政治影響頗大:許多皇族中的女性努力促使其兒子或丈夫被選為統治者（Burling 1974:60）。儘管受到限制,Rajaram 統治者的遺孀 Tara Bai 最後還是以一個純熟的軍事領導者的角色,藉其幼小兒子的名分統治,進而獲取強大的權力與聲望。

在西方國家，女性的政治角色從上世紀起，已成為一個重要的政治論題。早先的辯論著重在女性的選舉與任職之權利，現在則注意女性積極參與政治和掌握職位的相對範圍。婦女參政形式的改變，在加拿大與北美洲等國家（至少有美國）最受注意，婦女在這些地方已能獲取逐漸增加的政治職位。婦女的政治參與在許多開發中國家也是一個重要話題。例如，財產雖大多由男性所控制，但許多受過教育且從事專業的泰國婦女就積極想改變這樣的情況。婦女積極參與政治的程度，在泰國被視為促進民主的重要課題。

社會的政治組織

社會的權力分配問題與社會的適應策略有關。在小規模社會裡，由於缺乏耐用物質與製造業，及低人口密度、經常性遷移等諸多因素，皆導致權力流失。只有在社會更加穩固，足以生產更多耐用物品及累積更多的財富後，權力的集中才有可能。

人類學家一般將政治組織系統分為兩類：有國家社會與無國家社會的政治組織。第一類包括中央式權威、獨特行政機制及法治制度等結構。在這個類別裡，有美國與東加王國等風格迥異的國家。第二類包括一般小規模社會所採行的組織系統，缺少國家政府的專業化運作。

東加王國的國王 Taufa'ahau Tupou 和皇后與英國女皇伊莉莎白
二世在皇宮地區內漫遊。這個現代王國建立於 19 世紀下半，在
1886 年宣布為中立國，1900 年成為英國的保護國，並於 1970
年獲得獨立。

無國家社會

　　有兩種無國家社會：無首領（Acephalous）社會與酋長社
會。無首領社會乃指與覓食、小規模農耕、及畜牧有關的小規
模政治。譬如：Mardudjara 土著，南加拿大的 Cree 族，東北非
的 Nuer 族，或是在前殖民時期的玻里尼西亞。一般而言，皆
與集中且小規模的農業相關；現今不論是無首領社會或是酋長
社會，都受到更大的國家組織之司法管轄，即使在某些情況下，
他們仍保有自治權。

無首領社會

　　無首領社會的基本政治單位，由在營區或村內共同生活
工作的人所組成。這些基本單位的成員所組成的鬆散聯盟，一
般稱作**部落**（tribe）。一個部落由一群具有共同語言模式和其
他文化特質的人所組成。他們擁有共同的領土，通常認爲他們
如果自己相互比較的話，會比外界的人有更多的共通點。部落
經常是沒有太多中央權威色彩的聯盟，至於較整合且集權的部
落，例如北美許多印第安部落與中東游牧民族，則這種集權經
常是戰爭所致或外來政權設計下的結果。例如在非洲的歐洲殖
民政府，結合許多組織鬆散的群體，並爲他們建立中央行政架
構，理由主要是爲了便於治理。

　　親屬關係在無首領社會的政治組織中扮演極重要的角
色。因此這種社會有時被稱爲以親屬爲主的社會。這種無首領
社會的政治決定權主要環繞著氏族與世系群。在這些社會中，
政治地位以個人在親屬網絡中的地位爲基礎。世系群與氏族的
長者，具有平息糾紛與處罰做錯事者的權威。像世系群這樣的

272

親屬團體，就形成基本的行政單位。雖然他們可能與其他親屬團體有鬆散的聯盟關係，但大部份的事務在世系群或氏族的範圍內處理。當團體之間發生爭執時，親屬團體之間的聯盟才有政治重要性。

在這些社會中，個人僅獲得相當少的權力，這反映出他們缺乏財富盈餘、整個社會組織的平等性、及信仰體系。雖然在兩性間及長幼間，可能會有地位和權威的顯著差距，但在成年的男性當中與女性當中，差距可能微乎其微。行政則時常由某個委員會負責。這些委員會可能會走上專業化，但經常會同時處理法律、宗教、和其他行政事務。至於誰來參與委員會事務可能各有不同。某些社會採開放性參與（雖然某些特定的人物可能會主掌訴訟程序），但其他社會則採限制性參與。舉例來說，Mardudjara 土著只有專業的男性才能參與重要的政治經濟與宗教議題的聚會。

酋長制

酋長制社會不同於無首領社會的地方，在於行政組織正式地整合。酋長制社會可能由好幾個小單位（村莊氏族等）組成，並由酋長、副酋長或是委員會領導著，他們的地位一般顯著高於社會中的其他成員。親屬關係也很重要，而酋長的地位可以是世襲的。酋長和其親屬構成一個菁英階層。酋長通常從貢物中累積財物，並會透過公眾宴會施捨給有需要的人，而將其中的部份財富再分配出去。雖然酋長制社會比無首領社會更專業化，但仍然比國家社會單純許多。酋長制社會在歐人殖民下的南太平洋十分普遍。在殖民前的東斐濟部落（yavusa），就分成好幾種氏族，這些氏族都有個別的名稱，長時間下來，分別變成具有特殊的功能。理想的斐濟部落包含五種不同功能

273

的氏族：酋長氏族；負責執行的第二等氏族；外交氏族，其成員擔任公職傳令官；主持儀式的教士氏族；及戰鬥氏族。這些氏族皆可再區分成較小的單位，由住在某地區而有密切關係的家庭組成，並奉某個親戚爲首領。不同群體間的戰事有一部份是因爲首領之間的敵對，並因之形成聯盟（vanua）。假如他們聚集起來，酋長的地位就逐漸變成世襲制。然而這樣的情形，是在盤據斐濟群島數千年後才發展而成的；然而在十八世紀末即使是最大的酋長，也只能佔據海岸的狹窄地帶及數個臨近的小海島，而且對人民的掌握也十分不穩。

　　人口的多少與人口的成長，是無首領社會轉型爲酋長制社會及酋長制社會轉型爲國家社會的主要因素。較高的人口密度促成較大程度的專業化與生產密集化，也爲財富和權力的積聚創造較大的潛力。例如非洲的無首領社會，一般就與其低的人口密度有關，而其酋長社會則與其更階層化的制度及較高的人口密度有關。

　　酋長的地位及其存在，經常受到殖民擴張的影響。當歐洲的殖民勢力在 18 與 19 世紀佔領世界廣大地域時，他們會創造出原本不存在的酋長；並利用酋長的地位協助他們擴張帝國。當英國征服澳洲時，他們就從當地土著裏指定一些酋長，而當某人被指派爲酋長時（有時稱爲國王），他在其社會中就具有較高的地位。基本的前提是他們必須對英國友善與有用。事實上被指定爲酋長（或國王）有時會導致被自己所屬的社會驅逐。

國家的起源與滅亡

國家是一個自治、整合的政治單位。它的領土上會存在著許多社群，並有一個高度專業化的中央統治權威。這個中央權威，會壟斷維持內部秩序與調節外部關係的權力。不同國家之中央集權化的程度、權力的本質與範圍、行政管理的方式、權力如何合法化，以及大眾參與國家運作的層次與規範等等都不盡相同。

國家無時無刻不在改變中，而人類學家對國家的獨特類別，及探討關於國家的起源、穩定與消失等問題都很感興趣。過去數千年來，已形成好幾種國家，包括古希臘的城市國家，蒙古和羅馬帝國等帝國國家，梵蒂岡或古埃及等神權國家，以及近來，像法國與加拿大等民主國家。

國家如何產生，已成為長年來研究與辯論的主題。在各種情況下仔細分析國家的形成過程，會發現其過程不可能簡單到只有一個原因。最好的方法是將一些在國家形成過程中交互作用的變數找出來。Claessen 和 van de Velde（1987）提出一個「複雜的互動模式」（Complex Interaction Model），指出國家形成的四個重要因素:（1）掌控經濟、（2）意識型態、（3）社會形成，包括人數、人口壓力與空間分布、及（4）一旦相關政治制度建立後，其政治組織的動量。另一個因素則是已存在的國家之影響力。與經濟因素相關的是可獲得資源的數量，各種生產的剩餘量，貿易的角色，以及基本建設（如灌溉系統和道路）。戰爭與征服可以視為經濟或意識型態競爭後的必然結果，但它們本身不是基本因素。當考慮人口數與生產工具及人口空間分布之間的關係時，人口成長就成為十分重要的課

題。在這方面，環境如何影響人類的行為，與科技的發展及資源的空間分配之關係十分密切。

　　Judith Toland （1987）曾討論過南美的印加帝國之形成過程中意識型態扮演的角色。Toland 相信，早先在不同生態地區下的團體之間所發展出來的互惠（reciprocity）想法，後來成為印加帝國及其納貢與回報等制度的基礎。她也注意到，在印加律法下的不同人群，透過意識型態的創新與強迫施行單一語言（Quechua）下，印加人如何接受神聖的王權。這些創新包括價值觀與規範的灌輸、宗教信仰的再詮釋等。印加意識型態的傳播也與道路的修築，以及在廣闊地區建立人口中心有關。

　　早期的國家經常不太穩定，而且它們也會強烈地依賴使用武力。這也同樣發生在酋長制社會：19 世紀早期，斐濟有許多氏族聯盟基於軍事或征服的目的而結合在一起。成熟的國家可以透過**官僚體系**——即國家每天運作的行政組織——來維持秩序。國家強行灌輸規範與價值觀之正當性程度，也與其穩定度有關。

　　大部分的現代國家不是自己逐步演進的，而是數個殖民強權創造的產物，並且它們隨後的演進通常涉及對國民性（Nationality）的進一步實現——對他們而言國家原先只是個理想罷了。「國家建構」（nation building）主要是指，將原先完全不同的人群放入一個人為的政治產物中打造成國家。在現代的美拉尼西亞、索羅門群島及 Vanuatu 等地的國家，皆是在19 世紀時由歐洲勢力所創建出來的，其目的是為了劃分勢力範圍，及控制那些村莊聯盟，與無政治聯盟存在之處那些說數百種獨特語言的人。而今天，這些才獲得獨立的國家，正透過語言與教育政策及官僚機制——這對這些國家迥異的人們而言仍十分敏感——試圖創造出國家的感覺。

275

阿茲特克（Aztec）帝國以 Tenochtitlan 為其首都，是今天的墨西哥市。這裏所看見的阿茲特克首都有神聖的金字塔與廣大的市集。這樣一個大國的發展，可以由人口、生態和政治活力之間的交互作用來解釋。

不穩定的因素（如經濟不平等）仍存在於所有的國家中，但較成功者，至少在一段時間內還能夠克服這些問題。然而，就某個觀點來看，國家是會衰亡或消失的，並為其他相似的國家、或有時為新型的國家所取代。羅馬的衰亡，不僅導致它的替換，同時也在歐洲產生新型的國家。同樣地，印加與阿茲特克因西班牙人而滅亡，也導致新而不同性質的殖民帝國之興起。一個國家的衰亡或消失是個複雜且漫長的過程，經常受到各種不同的內在與外在因素之影響。例如印加帝國不只滅於西班牙人之手，該國為了控制人民而灌輸價值觀與規範時，也受到強硬的抵抗。它雖能逐漸發展成一個穩固的國家，但在西班牙人抵達時，必須以更多的法律來控制異議份子。因此，印加是「如此僵化以至於很難再重生」（Claessen &van de Velde 1987:11）。

討論東南亞安哥國（Angkor State, 西元 9-15 世紀）時，
Hagesteijn（1987）論道，國家衰亡的主因是國家不能以更官僚
體制的關係，來取代贊助者－被贊助者關係及以親屬為主的
關係，而導致財富外流。這指向一個更一般性的問題，即中央
與週邊的關係（Yoffee & Cowgill, 1988），也就是說，在統治
者與被統治者之間或城市與城市外圍之間的關係。穩定須依靠
有效率且具彈性的制度，確保充足的物品能流入中央。當中央
不再確保能從周邊取得足夠資源時，便開始其衰亡的過程。因
此互惠是個重要的考量，藉此周邊的人們相信他們也得到了他
們應得的利益。高棉安哥國的領導者因面臨封建趨勢與人們和
環境日益增加的需求，而無法維持住國家。

國家的滅亡並非只是過去的問題。最近前蘇聯與南斯拉
夫的事件皆代表一些現代國家的脆弱；此外，導致國家滅亡的
壓力，像環境的退化（例如第六章討論的新墨西哥文明之例
子），在今天面臨人口過多、資源基礎消失、以及大氣改變等
問題時，仍然十分具有影響力。

摘要

所有社會中皆有爭奪權力的現象，而權力是指「可以有
效影響人或事的能力」。政治權力以權威、思想、象徵、與鬥
爭為基礎。權威是指握有權力的個人或群體，擁有下決定及令
人服從的權力。當有關適當的政治目標與政治行為等想法組織
成有系統的計畫方案時，它們就形成一種意識形態。有機性的
意識形態，來自社會成員的直接經驗。而理性的意識形態則以

觀察和內省為基礎。象徵（symbol）係藉著將政治思想與強烈的情感結合起來而能支持政治思想。

對權力的競爭無論何時皆會發生，但政治競爭尤其激烈。設置有權力繼承管道的社會，經常會預先降低因領導者死亡而產生權力真空時爭奪的可能性。選舉在許多社會中的採用能促使權力的取得更有秩序，雖然不一定就會以民主的方式將權力散播在大眾身上。

政治制度背後的人們，可以區分為政治社群、政治菁英、政治團隊等類別。政治社群指一群遵循相似的政治規範、目標與程序的人。政治菁英是那些被賦予權力，或有機會取得權力與領導權的人。積極介入政治的團隊包括聯盟、政黨及多目標的組織。

小規模社會往往處於無國家狀態，其權威受限於權力的局部性。然而在許多大規模社會中，權力卻是高度集中，並有專門的行政與法律機制。無國家社會可能是無首領社會或酋長制社會（指有階層次序的社群整合成正式的結構）。國家類型有許多種，其中許多國家仍面臨從前各種團體之間關係的相關問題。國家形成有許多原因，包括經濟、意識形態與人口因素。藉著獲得意識形態的正當性與官僚體系的使用，可達成國家的穩定性，但國家也有不穩定的壓力。國家的滅亡是一個複雜且漫長的過程，和中央與週邊之間的問題及環境因素有關。

人類學家特寫

國會山莊（Capitol Hill）內的氏族

Jack M. Weatherford

M. Weatherford 在 1978 年至 1980 年間於參議院擔任參議員 John Glenn（俄亥俄州，民主黨員）的法律助理。之後，他寫了「國會裏的部落」（Tribes on the Hill）一文，將國會組織與世上不同的部落比較。除了在華盛頓研究政治與犯罪外，他曾在南美、非洲與歐洲工作過。他最新的書「印第安賜予者和土生土長之根源」（ Indian Givers and Native Roots ），討論美國的印第安人對世界的貢獻。Weatherford 博士現於明尼蘇達州的 Macalester 學院教授人類學。

　　我在美國參議院開始工作時，首先感到驚訝的是，國會是一個小而親密的社群。就像我遊盪在隧道的地下迷宮裏，看見小小角落有咖啡站、理髮店和許多糖果店。我對此感覺非常熟悉，就和我在 Kahl 的巴伐利亞村落的後街做博士論文時的感覺一樣。我曾在肯亞之 Mombasa 的 Swahili 社群中，市集與宗教法庭上見到同樣的政治策略。然而，最令我吃驚的是，在華盛頓政治中，婚姻與親屬關係的重要性，就像我在世界各地每個社群、部落中所見的一樣。

　　親屬與婚姻的重要性，首次引起我注意的是田納西州的參議員 Howard Baker，他從 1980～1984 年擔任參議院多數黨的領導者。他剛到參議院時，是個政治專家，追隨其父親與繼母的腳步。他父母倆都在他之前為國會議員。Baker

早期在參議院，和他的姻親兄弟——伊利諾州的參議員 William Wanpler，及他的岳父——伊利諾州的參議員 Everett Dirkson，當時為參議院少數黨的領導人———起在參議院服務。自岳父過逝後，他終於成功當上共和黨領袖。1982 年，Baker 的女兒 Cissy，得到共和黨參選眾議院的提名。但她輸給某人的孫子（她祖父曾打敗他們家族兩次）。

1985 年，在爭奪 Howard Baker 之共和黨領袖地位的鬥爭中，來自堪薩斯州的參議員 Robert Dole 痛擊其對手。也許只是巧合，在他選舉期間，與運輸部長 Elizabeth Dole 結婚。然而，還沒有任何敵手有這樣的親屬關係。

親屬的重要性不限於共和黨。我很快地發現，居高位的民主黨員也有很高比例的血緣或婚姻關係。路易斯安那洲的 Russel Long 是個重要的參議員，且身為財政委員會的高階民主黨員。首次到參議院時，他剛從法律系畢業，接替被暗殺的父親 Huey Long 留下的位置。他母親後來也取得同樣的位置。他其他的叔姪們也在路易斯安那州和美國國會擔任公職。另一個可與 Long 家族比擬的是北方羅德島的 Claiborne Pell 家族。他本人是外交委員會的高階民主黨員，其父親是紐約州眾議員。其他 Claiborne Pell 家族的政治成員包括早先的參議員 William Claiborne 和 George Dallas，及 John Pell ——他是 17 世紀時，克倫威爾（Oliver Cromwell）政府的英國法務部長。不久前，Claiborne Pell 和他的姪女———個國會女議員, Lindy Boggs ——都在國會工作。她先生是國會多數黨的領導人，叫 Hale Boggs 。自他在阿拉斯加飛機失事死亡後，她就取代其位置。她的兒子裏有一位自國會大選失利後，就成為華盛頓主要的說客；她也有個女兒角逐新澤西州的參議員。而第三個孩子——Cokie

Roberts，則成爲政府財政公共電台與公共電視網的國會聯絡人。

人類學家 Jack Weatherford 和參議員 John Glenn 在國會山莊內 Glenn 的辦公室合照。

　　不僅這樣的氏族控制著國會中的兩黨，更有跨越黨派的。參議員 Jay Rockefeller（也稱 John D. Rockefeller 四世）在 1985 年來到參議院，爲維吉尼亞州的民主黨員。同年他的岳父，伊利諾州共和黨的參議員 Charles Derays，則放棄他的席位。Jay 的叔叔，Winthrope Rockefeller（阿肯色州的早期領導者），和 Nelson（早期紐約州長，並擔任福特的副總統）也同樣贏得共和黨的席位。Jay 的妻子，叫 Sharon Percy Rockefeller，是個民主黨員，也在公共傳播公司中擔任董事長。

　　最近幾年來，婦女在這些政治朝代中，成爲更重要的

人物。1986 年，Elizabeth J. Patterson，是上屆參議員 Olin D. Johnston 的女兒，在南加州贏得眾議員的選舉。另一位女兒也隨其父親在 1990 年步入官職，當時的共和黨員 Susan Molinari 角逐她父親原先的位置，而眾議員 Guy V. Molinari, 則離開國會而成為 Staten 島的自治區主席。

政治的家族連繫，超越國家和地域界限。John 和 Edward Kennedy 在參議院為麻州的代表，且其兄弟 Robert，也代表紐約州。1986 年，家族的新一代又加入麻州代表的職位裏。當 Joseph P. Kennedy II 贏得欲退休的國會發言人 Tip O'Neill 二世之席位時，Jr. Barry Goldwater 二世贏得加州一選區的選舉，其父親正任亞利桑那州的參議員。布希在成為美國總統之前，曾任德州的眾議員，即使其父親已在參議院代表康乃狄克州。意識型態、政黨聯盟與地理因素，都是有好的親屬、婚姻關係之個體所能操控的主題。

然而，我很快地發現，就像在新幾內亞和亞馬遜一樣，政治聯盟，只有在婚姻捆住他們時，才能持久。離婚，在 20 世紀的美國政治，就像英國亨利八世的法庭，或像現在美拉尼西亞的強人一樣，都籠罩著一層令人害怕的陰影。這在科羅拉多州參議員 Gary Hart 的情況中，就十分清楚可見。他和他的姻親姊妹 Martha Keys 在 1972 年的 George McGovern 總統大選時一起工作，他們分別贏得科羅拉多州和堪薩斯州的國會議員選舉。在國會內，Martha Keys 與 Andrew Jacobs 二世陷入愛河。他是印第安那州的國會議員代表，也是早期印第安那州國會議員 Andrew Jacobs 一世的兒子。Martha Keys 那時，便與她在堪薩斯州的政治學家先生離婚，再嫁給國會議員 Jacobs 這就開啟了一個分布在美國心臟地帶，堪薩斯、科羅拉多州和印第安那州的政治氏族，對總統候選

人而言是一個好的基礎。然而眾議員 Keys 未能再度贏得選舉後，她很快地就與第二任丈夫離婚。這個國會氏族的衰敗乃因婚姻問題而起；也預兆了 Gary Hart 1988 年總統大選的失敗，因其混淆了國家政治與性政治，而不為一般人接受。

現今離婚可能是個較小的問題，假使美國的政治人物，也按照某些部落酋長的慣例，在同一時間內可有一個以上的配偶。好比是要補償這樣的損失般，國會提供超額的助理。當其上司去世或升遷到更高職位，而沒有合適的親人接掌職位時，他們就可以繼承職位。因此，北卡羅萊那州的 Jesse Helms，當他擔任過兩個前任參議員的部屬，熟知制度的運作過程後，他就成為國會裏成功的一員。

當然，通往官職最好的路線是與其他政客建立關係，並成為一個國會助理。參議員 Nancy Kassebaum 是 1936 年總統候選人 Aif Landon 的女兒。她在獲得席位之前，也在參議院工作好幾年。同樣地，參議員 Sam Nunn 曾為他叔公 Carl Vinso 工作。Vinso 好幾年來主掌眾議院軍事委員會（House Arms Service Committee），當 Nunn 被選入參議院時，他很快地在參議院軍事委員會建立其基礎，形成一股強大力量。Ray B. Richard 當參議員 Nunn 的行政助理，十年後，他在 1982 年國會選舉中獲得勝利，並很快地在眾議院軍事委員會得到一個席位。

國會成員的親屬與早期助理合起來約略控制國會百分之二十的席位，並掌有大部分重要的領導地位。這些氏族的權力在 20 世紀的過去數十年內，逐漸增加，而政黨的重要性則逐漸降低。對大部分的部落而言，親屬是興起的領導者可利用的唯一資源；然而，在華盛頓，親屬和婚姻卻成為重要的標準，決定誰該獲得權力。一旦家族和氏族建立起來，

並像它們現今在美國政治中似乎將穩固與持久後,它們將脫
離部落政治,並朝統治貴族與皇朝的家族政治邁進一大步。

Ch13

法律和衝突

在海地一些企圖掌權的人以奪權的方式達到目的。圖中一位海地士兵正對著示威者喊叫,以阻隔他們對 Raut Cedras 將軍的干擾;而 Raut Cedras 將軍就是 1991 年鼓動軍隊把 Jean-Bertrand Aristide 總統罷黜的人。

超過一個世紀以來種族暴動已成為美國社會的一部份。

281　其中之一即是「祖特服暴動」（Zoot Suit Riot），這個名稱是來自 1940 年代，墨西哥裔美國年輕人普遍流行穿著的服裝，即上衣寬而長，褲腰高而寬，褲口細。在 1943 年六月初發生於洛杉磯的暴動：

> 朝著洛杉磯的鬧區街道前進，幾千民的暴民，包括士兵、船員、平民，攻擊穿著祖特服的人……。當墨西哥人、一些菲律賓人和黑人從他們的座位上痙攣著，被推到街上，受狂暴的攻擊時，街道上的車子都停了下來。若受害者穿祖特服，他們會被剝去衣服，裸體或半裸體地，在街上任暴民傷害。從當時我幫忙錄的口供中，實際上半數以下的受害者穿祖特服。一個擁護黑人的工人，戴著擁護標誌在他工作服上，被從汽車上抓出，用刀子刺傷一隻眼睛。在所有洛杉磯報紙上刊載的大型半頁圖片顯示，墨西哥男子被剝去衣服，退縮到人行道上，流很多血，被嘲弄的男女暴民圍觀。

282　像如此破壞社會秩序的行為並不常發生。當它發生時，人們需要去解釋它。對於祖特服暴動事件，就有許多的解釋。例如：洛杉磯警方相信暴動的根源，來自水手對穿祖特服之男子的墨西哥裔女友獻殷勤。加州的參議員 Jack Tenney 和他的非美國人活動組織成員，則指責共產主義者，認為暴動和「現在的共產主義政黨，藉著引起少數民族之間的爭端，使共產主義者成為團體中的勝利者」有關聯（Tenney 1943:215）。

1943年6月7日，在一連串與陸軍士兵、水手與海軍陸戰隊們衝突後，這些身著祖特服的嫌犯正在洛杉磯監獄外排隊準備往法庭聆聽判決。

人類學家和其他社會科學家對如此簡單的答案並不滿意。體認到人類行為的複雜性，他們尋找各種導致的原因，這些著祖特服者是第二次世界大戰的產物。當戰爭打破了強大的家庭聯繫之後，一些年輕人轉向幫派。戰爭也提高了種族的緊張關係。亞裔美人被懷疑效忠日本，黑人和墨西哥裔美國人湧入都市，佔了原保留給白人的工作。「穿祖特服者」閃亮的衣服和沒有規範的行為，加深了大眾對他們的偏見。這些特質似乎也跟愛

283

國主義，及認真工作以支持戰爭等價值觀背道而馳。這些著祖特服者在戰爭導致緊張情勢升高的城市中成為鬥爭和衝突的焦點。一旦暴力開始，不久即轉變為種族對立。

雖然這種社會秩序的破壞能加以解釋，但是通常視之為不可預期的騷動，因為所有的社會都有預防如此擾亂生活秩序的機制。在本章中，我們將探討人們如何看待社會秩序，及社會秩序如何受到維護與如何被打破。

規範

我們大多數人對於人們的行為應如何都有固定的概念。小孩子應服從他們的父母，父母應支持小孩，駕駛需在紅燈時停車，醫生需照顧病人，政府官員不應貪污，這些適當或受到期待的行為之概念稱為規範。明顯的，很多概念都屬於此一分類。我們可視這些規範為制度的一部份，如此則假定秩序僅存在一部份。因為雖然許多我們對於人們應如何做的想法彼此密切相關，但並非全部如此；人們通常固守一些矛盾的信念。此外，規範的幅度很大包括一些模糊的指示如：「對你的父母好」，一直到非常明確的指引如:「不要貪圖鄰人之妻」。

規範通常有三個類別：事實的假定、評比的規範、成員的規範（Cancian 1975:2-4）。事實假定（reality assumption），是一般信念，關於在一個特殊的背景脈絡下，何種行動是有意義和可能的。例如：在我們的社會中，如果一個銀行職員收了支票，在給我們錢之前獨佔它，就違反了

事實假定，會被視為瘋狂的行為。評比規範（ranking norm），即評鑑人們和他們的行為有多接近某種標準。此種規範也許用來區分階級和地位，例如：一個學生以某種準則來評定，例如 SAT 分數或平均成績。成員規範（membership norm），則是一個人在某群體中或其社會地位被接受的標準。無論是國王、銀行總裁或三K黨的成員，都必須符合某些特定的標準，這些標準可能包括工作表現，遵守某些行為準則，或願意穿某種特定的服裝。

284

像新納粹（neo-Nazi）這類的團體，常由一組規範來支配他們的行為。這位自稱撒旦的新納粹成員，住在巴黎的郊區。他把他的狗取名為「阿道夫」（Adolf）[譯注：希特勒的名字]。

人們在社會中，因各種不同的目的而用不同的規範，這種規範的使用和我們對社會認同之知覺——如：銀行職員是什麼、做些什麼、好職員的定義是什麼等，有密切的關係。人們對規範的支持，通常和自己認為別人會如何看待其行為有關，而不僅決定於自己的價值觀。一個好的銀行職員，面帶笑容帶給顧客愉快的一天，他們這樣的行為，並非表示關心顧客，或是他們很高興，而是為了達到其他人期望的形象。

　　規範隨著新的社會或環境現實而不斷地改變。例如：1920～30 年代的電影中逢迎諂媚的人物呼應著當時許多美國白人在黑白種族關係上對黑人的見解。在今日的美國電影中，對白人和黑人之間關係的描述，有很明顯的不同，正反映對不同種族之態度的轉變。許多小規模社會的規範在殖民主義和結合成一個現代國家的過程中，產生巨大的改變。例如：在非洲許多地方，對擴展親屬團體的效忠和一些新觀念如：核心家庭、個人在社會經濟上應尋求獨立等等會互相衝突。這種衝突通常會導致擴展親屬團體和相關規範性秩序的瓦解。

法律

　　社會的成員通常會將規範加以系統化，並提昇到法律的層次。**法律**是一套具有約束力的規定，透過制訂或根據習俗慣例而創造出來，從而界定正確與合理的行為。法律的執行，通常由法院或相當具正當性的團體（如：原住民社會中

的長老群）來負責。法律制度隨著社會的變化而不斷改變，也是整個社會適應的一部份。任何法律制度重要的一點就是，執法者能運用強制力，確保服從或懲罰犯錯的人。

法律制度並不只是現代大規模社會才有，雖然這種社會有其獨特的立法和實行程序。傳統澳洲的原住民，對於個人和超自然、其他人及周遭環境之間的關係，都有他們的法律制度可供遵循。原住民的法律包括履行和神話事件有關的儀式之義務，以及對待親屬的傳統行為模式。這些法律並沒有寫下來，但和我們寫下來的法律條文一樣具有強制力。

正當性

法律是一種規範，相當清楚地指出在特定的情形下何種行為是適當的。所有的法律制度，最終都是根據更一般化的規範性概念，像是上帝賜予國王統治的權利，及國家有維持秩序的權利。而正是這些一般性的規範，使法律有其正當性。**正當性**（legitimacy）最終是指社會傳統的道德制度。例如：澳洲原住民法律之正當性來自神話，據說這些法律是渾沌時代裡的神仙規定的。用超自然力量來支持法律制度是很普遍的，這也是現代西方國家法律制度的一項特點（在上帝指導下的國家）。

世俗的道德或福址，也被用來加強法律制度，例如：許多法律制度包含著「理性人」的概念，也就是在某種情況下，什麼是可接受的合理行為（Saltman 1991）。就像 Max Cluckman（1973:83）寫道：「理性人是所有法律制度的核心人物」。Max 的研究強調，像在尙比亞的 Barotse 等非西方制度的地區，法律也同樣重要。他也指出，許多法律制度中缺

乏「理性的女性」之概念，反映出在這些社會中女性的地位低。近年來，法律制度中性別歧視的問題，在許多西方國家已受到許多注意。1991 年美國大法官 Clarence Thomas 的聽證會事件，使之達到最高潮。

雖然英國的皇室已改變作風，但英皇的正當性曾來自「君權神授」的概念。

法律的演進

隨著社會環境的改變，法律制度也會小幅度地改變，例如：過去十年來，由於社會上對環境問題的認知，及願意保護環境，使許多有關環保的法令被制訂出來。但是這些改變，只有在整體法律架構大致維持相同時才會發生。法律架構的改變，需社會的適應策略產生根本性的改變，這和社會規模變大或國家結構的變化有關，例如：由君主專政走向民主共和。即使在這樣的情況下，法律制度也不會整個改變，通常從舊制到新制也都有某種連貫性。

法律制度的重疊

一個國家內存在二種或二種以上的法律傳統是相當普遍的。英國對許多殖民地採取「**間接統治**」的原則，准許殖民地人民維持他們本身的法律制度之特點。當兩者有衝突時，英國的法律比當地的法律具有優越性，也因此當地的法律會產生一些改變，但和過去還能維持某種連慣性。這種雙重主義被用在許多原住民仍有自己傳統法律制度的西方國家，例如：住在美國西南部保護區的 Navajo 人，有自己的警察和法庭制度，這種制度混合執行著 Navajo 和美國的法律。

今日許多國家對於該採用何種基本法律結構仍有爭論。現在的伊斯蘭法律，只在沙烏地阿拉伯、海灣回教酋長國（Gulf Sheikdoms）和伊朗執行。但其他有許多回教人口的國家，面臨他們的法律該遵守回教教義到何種程度，及這些教義該如何詮釋的難題。當巴基斯坦的憲法牴觸回教精神時，實務上傾向使用一般正常的法律而非伊斯蘭法律。然而來自

伊斯蘭基本教義派的壓力，使巴基斯坦政府在 1991 年通過伊斯蘭法案，使伊斯蘭法律得到法律地位。此一法案的條文是通則性的要求，僅在促進伊斯蘭法律價值的提昇和教育的延續。但一般人卻擔心回教基本教義派將取代立憲派。反對該國法律伊斯蘭化的人都是受過西方教育的人，例如女權擁護者，甚至也有某些擔心伊斯蘭法律如何被詮釋的伊斯蘭團體。

法律的執行和爭議的調停

只制訂法律絕對不夠，因為每個社會中總有許多人的行為不在法令範圍內。進一步說，某些人對於法律會有不同的解釋，或不接受，因此社會勢必須發展出正式或非正式的機制來執行法律和防範爭端。

對法律的態度

雖然所有的社會都知道什麼是適當和不適當的行為，及確保服從法律的方法，然而對於秩序和維持秩序的看法卻不同。首先，不同的社會對於如何將正確的行為轉成法律的看法就有相當大的差異，例如：在 Comanche 的社會傳統中，並未制訂關於適當行為的明確規定（Hoebel 1940），該社會不缺乏規範，但並未轉化為普遍的法律。不同的社會對於順從法律或規範之期待程度也不同。一個極端的情形是：某些社會非常強調順從，絕對的順從被視為生存和達到目的之必須行為（如：抵擋外來的威脅或建立帝國）。另一個極端是，

287

有些社會較強調溝通和調解。寬容行為也有不同的類型。一
些社會，像 Inuit 強調和平與融洽，避免爭吵和侵略性行為。
在另一些極端中，爭論和侵略性的行為被視為進取，及強調
個人的成就。這些差異代表不同的適應策略。

在覓食社會裏，羞辱、閒談、訕笑，是處理緊張與爭執的方
式。Inuit 人強調透過這種非正式的手段來重建社會平衡。

　　一般來說，以規範為基礎的法律比較具有效力。西方社
會的許多人同意謀殺成人或小孩需接受法律制裁，但對於墮
胎的規定，則爭議不休。這是因為對於嬰兒的權力並未達成
明顯的共識。同樣的，在美國禁酒並未成功，因為對於飲用
酒精性飲料的規範並未建立。由以上兩個例子可知，法律會

影響社會一部份的人，但情形會隨著社會之不同而不同。對於文化差異很大的國家而言，這尤其是一項重要的議題。關於墮胎的法律和女人較有關，而對此事的態度和個人的宗教信仰有關；禁酒的法律對那些購買酒精性飲料的人影響較大，而某些人由於宗教立場，認為在任何情形下都不應該飲酒。

覓食社會中爭端的處置

由於社會成員不會自動地遵守法律，所以社會對那些違法的人會有處置辦法。大規模社會由於差異性很大，就更加需要這種處置的方法。但即使是小型且同質性很高的社會，也同樣需要處理違反社會規範的方法。

在覓食社會中，兩種主要的壓力點為：性關係和食物的分配。所有覓食社會都有分享食物的原則，因人們很在意分配的公平性，故實際的分配情形會引起懷疑並因而造成緊張。在某些社會中，由於結交性伴侶方面的自由，因而不忠實和性嫉妒較少。但在其他許多地方，此二者的確是緊張和爭端的重要原因。覓食社會多強調重建社會均衡，但由於這些社會小而封閉，許多爭端乃由個人之間的理論或打架來解決。而社會中的其他成員，則經由說閒話和嘲弄等方式，非正式地介入。

然而爭端並非總是能輕易地解決，有時必須用正式的方法來平息。在覓食社會中，解決這種情況常見的方法是疏散，以避免爭吵發生。但這個方法也要視社會情況而定，在資源稀少或外有強敵環伺的情形下，就難以執行，此時事件的主角可能會被逐出社會（放逐）。某些覓食社會使用較高

段的方法，來排解爭端。像許多澳洲原住民社會，做錯事的人，可以在特定的儀式場合中舉行公聽會。男子在握緊其陽具之後，其過錯會受到原諒；若是女性則將她嫁給公聽會中涉及的男子（Berndt 1965:187--190）。這些行為中，互惠主義是很重要的一點。在覓食社會中，這種處理方式融入了法律的概念，補償是可以討論的。人們可以討論他們應得的物品或勞務，而死亡也是可以要求的，此時他們可能討論多少人或哪一類人要被殺。

小規模社會農民間糾紛的調停

從覓食轉向農耕，帶來新的緊張情形和新的法律需求 。由於有較多的人聚集在一小塊地方，居住較穩定，也擁有較多的資產。簡單的說，會有更多可供爭奪的東西，因而爭吵的可能性更大了。農耕社會必須面臨的法律問題包括：剩餘物質的分配、財產繼承、土地所有權、和兩性關係。重要資源，例如土地變少時，爭端便會加劇。

小規模農耕社會處理大多數的法律問題，仍像覓食社會一般，但會有些不同。許多問題是由親屬負責解決，例如較年長的兄弟或世系族成員，羞辱與嘲笑，也是一種常見的方式。美拉尼西亞的 Goodenough 島，對食物分配就採用這種方法（Young 1971）。當覺得某人做錯事時，就給他最大的山芋或其他食物，用這種給他最好的東西，來強調他做錯事了。在許多小型的農耕社會，即使處理真實世界的糾紛，人們也會求助巫術。

今日瓜地馬拉的軍人或警察是執行法律時的重要力量；但是他們可能只是一小群國家精英為維持統治而制定有利於己身的法案，並付諸實行時的工具。

遷徙與放逐，也是農耕社會中會使用的方式。然而，農夫們發現遷徙並不容易，因為他們已相當熟悉自己的農田和習慣於較高的人口密度。例如：在貝里斯南部，直到最近人口密度都很低，這是因為馬雅人每隔數年就會因為派系的糾紛，派系成員會集體遷移到別的聚落，或在沒有被佔領的區域建立一個新的聚落。在小型農耕社會中，放逐是常用的策略。在貝里斯南部的部落中，首領在處置一個人時，如果所有的方法皆無效，可以下令驅逐這個人離開部落。然後這個人就必須尋求住到其他部落的許可，或是完全離開這個區

域。

國家的正式執法

　　大規模社會聚集成國家之後，和小規模社會比起來會有
不同的法律要求和法律制度。在國家中，財富和地位的不
同，以及文化的歧異性會形成緊張關係。若要維持社會秩
序，則需處理這種緊張關係，而國家的擴大和複雜性，意味
著更難依賴說閒話、羞愧心和其他人的介入義務等等方式去
維持，也意味著國家機器必須依賴專業化的制度，像法官和
警察來詮釋與執行法律。雖然小規模社會有時會雇用個人從
事司法或警察的工作，但此種專業化的情形，不像國家那麼
普及。另一個不同點是，在小規模社會中，不易看到有人被
關進監獄以維持秩序的情形。

290

　　國家的法律如何執行，大部份決定於權力和財富的分佈
與競爭。當一部份人控制國家機器時，通常會為個人之目
的，而建立有利於他們的法律和立法制度，如：今日的瓜地
馬拉被一群有錢的地主和將軍控制。他們的立法對大多數人
都不利，當統治權威受威脅時，他們也有權力使用軍隊、警
察、法庭去控制人民。在政治權力較分散的國家，像加拿大
和美國，立法過程會有很大的爭議，而其人民對自己的權利
也有較普遍的認知。

世界秩序的維持

現代的國家不是完全自給自足的實體。大部份的國家隔著國界，在貿易、文化、權力慾望等方面和其他國家交流著。在此世界制度下，思考全球政治和經濟是很重要的。在國際層次上，任何國家之間，由於制度、財富和文化的差異很大，因此互動中會產生巨大的緊張關係，例如：中東的國際石油工業和衝突就是很明顯的例子。

尤其在本世紀裡，由於國際間的紛亂情形，人們已致力於建立一些至少在主要國家中能通行的原則。這些包括協定網，像著作權和郵件事務。此外，也努力去建立國際間處理紛爭的機構以創造秩序，例如聯合國和國際法庭。這些機構的效率是有限的，因他們並未擁有足夠的權力。在一些例子中，聯合國藉由軍事力量或經濟制裁，已成功地解決了一些紛爭。但在大部份的情況下，聯合國充其量也不過只能降溫及促使糾紛國能達到相互的瞭解。當政治和經濟活動已達到全世界的層次時，法律顯然落後了。

秩序的打破

在任何社會中，個人之間和社會的緊張關係總是存在。正如前述，社會會發展出機制去處理這些緊張和破壞秩序的行為。小問題出現時，在上述機制的調節下，對社會秩序的危害會減至最低。但有時候問題一旦失控，說閒話或動用警力也無法防範動亂的發生。這種秩序的破壞往往來自社會結

構中的衝突所產生的壓力，尤其是財富與權力的分配所產生
的衝突。

社會中的政治暴力

　　大致來說，權力的轉移很少是非暴力的，特別是在不同
的團體之間轉移權力時。有權力的想要更多，而且不想放棄
他們所擁有的；而沒有權力的人，則經常視暴力為提昇他們
社會地位的唯一方法。

反叛

291　　Eric Wolf 和 Edward Hansen（1972:235）寫到：「拉丁
美洲從獨立到現在的歷史，是當權者和非當權者的暴力競爭
過程」。William Stokes（1952）指出，拉丁美洲叛變的形式
通則包括：**農民暴動、兵變、政變 及革命。農民暴動**
（machetismo）（命名來自長刀、彎刀，包括許多拉丁美洲
農民攜帶的武器）指以暴力獲得權力，其領導者擁有許多帶
著武器的跟隨者。這種獲得權力的方式，破壞了行政管理和
經濟，也導致個人的流血和死亡。在哥倫比亞，從十九世紀
到二十世紀早期，農民暴動是很普遍的奪權方式，並影響人
們大部份的生活。在 1899 年和 1903 年間，超過十萬人被
殺。

　　兵變（cuartelazo）指一小團士兵，經過詳細計畫，按
步驟攻佔策略要地而獲取權力。這種權力轉移過程可以不流
血，甚至大部份的人在過程中都不知情。兵變最困難的部份
在於維持權力，這需要獲得社會中其他有力組織的認同，尤
其是其他軍事單位。

斐濟士兵 1987 年策動一次使酋長復權的行動。然而由 Rabuka 中校所領導的軍事行動實際上使 Rabuka 中校取得了比酋長更大的權力。圖中是 Rabuka 中校與英國高級監督員在行動後的短暫會談。

　　政變（golpe de estado 或 coup d'etat）是以較兵變範圍更大的方式推翻政府。雖然涉及軍事，政變也包括重要的文官。其本身是以快速的攻擊獲得權力，通常採用暗殺或囚禁行政首領，或打散許多政治聯盟。除了拉丁美洲之外，世界其他地方也有許多以武力奪權的例子，例如：在南太平洋，在十七年的寡頭政治後，經歷首次的軍事政變。選出的斐濟政府在 1987 年 3 月被推翻（Howard 1991a）。此一政變是由原來的寡頭政治成員所策劃，因為他們在最近的選舉中失勢。實際的行動是由一支軍隊佔領議會，囚禁首相和他的黨員兩星期，直到新的軍事文官系統穩住權力後才釋放他們。

292　　　這些政治暴力並未造成社會任何結構性的改變，或至少不意圖造成這些改變。例如：斐濟的政變，是原統治者和他的支持者，在選舉失利後企圖重新獲得權力。Max Gluckman 在看過許多非洲的叛變後，發現大多是：「重複改變」的過程，因為並未造成政府行政結構或掌權者特質上的改變。這種叛變未能促進變革，而只是擔任釋放壓力的安全閥。無論如何，許多叛變也能帶來某些重要的改變，像斐濟的政變，雖然最初的目的是使統治者重獲權力，結果造成統治者被迫和軍隊分享權力，因此多少改變了社會的權力關係。

革命：人類學的觀點

　　　雖然政治暴力在社會中很普遍，但實際的革命卻很少。Wolf 和 Hansen 指出（1972:235）：**革命指國家本質上的改變，包括政府功能、經濟生產和分配原則、社會階級關係，特別是政府的控制權……皆和過去不同。革命一詞常被誤用，常只是指那些使許多人產生微小改變的政治暴力。易言之，和過去決裂的革命是很少的。

　　　革命很少發生，有許多理由。大多數人缺乏權力、沒有組織能力、企圖心不夠，這是較簡單的理由。Gluckman 在研究非洲叛變之後，討論到另一個重要的因素：多重與分散的忠誠使激烈的改變難以產生。人們陷入社會關係所形成的網絡，包括——親屬關係、主雇關係等……這會限制他們的思想和行動，減低他們參與革命的動機。對大多數的社會成員來說，安全的需求和對未知的恐懼，是普遍存在的。人們很少願意冒險打破整個生存秩序，只為了求取在家庭、食物、和居住等方面變得更好。另一項重要的因素是當權者及時撲滅民間壓力的能力，即與反對勢力協調的手腕。即使人們是

由於貧窮或不公平而叛變，他們的目的通常不是要整個社會的變革，而僅是要現有社會秩序的調整。

革命是非常例外情況下的產物，僅是為了革命，不足以使人們叛變；他們同時須創造一個不同於過去的新社會秩序，就是這種創造過程，使革命和其他形式的政治暴力大不相同。

革命的複雜性，由各個學科共同來研究最好。經濟學家的貢獻在於分析經濟膨脹和緊縮等因素，社會心理學家對於重要的剝削問題及人們對當權者的反應提供洞察，歷史學家、政治學家、和其他專家也同樣有重要的貢獻。人類學家同樣增加了我們對革命的認識，即藉由參與觀察，對下層社會的瞭解，是人類學家主要的貢獻。儘管大多數的革命領袖和革命意識型態偏向城市，但農民在許多革命中均扮演決定性的角色。

許多人認為，農民具有保守溫和的特質。這是個錯誤的印象，要瞭解農民在革命過程中的動態角色，我們須探討農民社會中不同的面向，因為它們分別以不同的方式，影響著革命的過程。例如：在蘇聯革命中，部份的農民特別重要：他們比較富裕而且和城市關係密切。也就是這些上層農民，最有可能發覺當時的狀況阻礙了他們的社會和經濟目標。

要明白革命如何發生，我們不能只看一般性的社會經濟情況和意識型態 。我們尚需檢視人民團體做成決定和實際進行交換時特定的社會背景脈絡，並特別關注媒介者的角色。知識份子能夠提供革命的意識型態焦點，但這些人很難被農民或城市的勞動階級接受。比較人口組成之間的關係和意識型態如何經由人際關係傳遞，是研究革命的必要條件，這也是人類學家特別適合探索的領域。

社會之間的戰爭

一個社會中的人們，雖然不一定總是能夠成功，但大多會以和平和有秩序的方式去解決他們之間的差異。雖然在大多數的社會中，對侵略行為有著許多限制，但超越社會的疆界之後，則少有限制或誘因促使人們採取和平的解決方式；尤其當外來者很難被認同是同一物種成員時。然而，如果極為不同的外來者跟我們沒有什麼社會或經濟關係時，則沒理由去攻擊他們。

戰爭或侵略，最常發生在社區間的和平關係被打破，或向來無關的社會面臨競爭時。說戰爭為人類侵略行為的自然結果是錯誤的。戰爭起因於特定的社會和環境因素。

人類學家將團體之間的侵略行為，分成三種類別：血仇、突襲、戰爭。每一種的結果和形式都不相同，而且在大規模和小規模社會中，也有不同的特質，反映出人口、經濟和科技的差異；在所有的情形中，涉入的團體會以有秩序的方式追求各種目標，並藉由意識型態來將其行為合理化。

血仇

血仇（feud），是指不同的家庭或血親團體之間長期的敵意狀態，這可能發生在一個社會中或不同社會的成員們之間。血仇是一種最普遍的團體間侵略行為，部份原因是其有限的要件：所需的只要有足夠的人找一些事情來抗爭。

Spencer 和 Gillen（1899:486--496）曾描述澳洲原住民之間一種普遍的血仇形式——「復仇團」（avenging party）。吵架通常始於某個人從其他團體偷人妻子，或某個人的死歸

咎遠處某個團體成員施巫術。不滿的一方於是形成一個團體,去攻擊得負責的人。雖然復仇團的成員進入敵人的營地時,通常是全副武裝地帶著矛和發射器、回力棒和盾,但吵架通常只限於口頭上的戰爭,約持續一或二個小時。不過,肢體暴力並非總能避免。偶而,復仇團會埋伏等著一或兩個敵人,並用矛攻擊。這種血仇的特色是,不一定對特定個人施以暴力,而是指向該親屬團體的任何成員,表示他們一體同罪。血仇並非總是在第一次報復行動後就結束,對方也許會反擊,進而造成更大團體之間的普遍對立行為。

94　　　血仇也發生在大規模社會中,像美國城市裏一夥人之間的對抗。血仇在親屬關係和政治有密切關聯的地區,具有特殊意義,尤其在以繼承為基礎的君主政體中,如英格蘭約克和蘭開夏的對抗而導致玫瑰戰爭,就是一個例子。

掠奪

在覓食和小規模社會中,突然的襲擊,通常和人口壓力和資源稀少有關。掠奪(raiding)在一些農業社會,像新幾內亞和亞馬遜流域普遍存在。當與鄰族有不同層次的權力時,掠奪通常會受到鼓勵。如南非的 San 族覓食社會,與較他們有力量的農業和畜牧民族毗鄰而居,最後前者的一些社會變得善於掠奪。因為此種生計方式的適應策略,具有選擇上的優勢。例如:亞馬遜地區的 Mura 人在十九世紀時,從農耕者轉變為突襲者,是因為葡萄牙人侵入和佔領後所創造的機會。Mura 人會沿著亞馬遜河掠奪歐洲人或其他印地安人。他們位處孤立的地區,長時間住在獨木舟中。他們種少量的穀物、抓魚或搶奪任何他們可賴以維生的其他東西。在北美平原的印地安人,也發展類似的適應方式,使用馬和特殊的社會組織,符合他

們對機動性和經常性打鬥的要求。

Papenal（西巴
布亞國家解放
軍）的一位成
員，他們只靠弓
箭就與配備精良
武器的印尼軍隊
作戰。今日此種
土著民族對於不
人道的現代國家
整合方式的抵抗
運動，如同以往
般地仍普遍存
在。

戰爭

澳洲原住民之間的血仇或 Mura 族的掠奪，正像其他大部份小規模社會內部團體之間的侵略行為一樣，因人口數少以及狩獵及農耕者尚須顧及生計，故紛爭並不會太久。

規模較大且以農耕為基礎的人群，才能進行時間較長的戰爭。當人口壓力更明顯時，人們開始發現有更多值得爭戰的事物。對那些住在人口稀少地區的狩獵社會和農耕社會的人們而言，爭奪領土很少是紛爭的起源（雖然領土的侵佔是戰爭的間接結果）。其次，在這些人們之間的戰爭，通常始於人際間的爭吵，像爭奪女人。當人口壓力增加時，才會增加為領土而戰的動機。

戰爭在新幾內亞人口密集的河谷，是重要的特色。因此，對 Irian Jaya 的 Dani 人而言，直到最近，戰爭仍是一項威脅。Shankman 指出：「 Dani 人大多數的活動和豬、莊園、及戰爭有關，日常生活也圍繞在這些主題上」（1991:611）。Mervyn Meggitt（1977:182）對於新幾內亞東邊高地 Mae Enga 的研究中也指出，戰爭通常只持續幾天，因長時間的戰爭，通常是對資源的一項威脅。在 Enga 中央地區的戰爭之參與人數平均是 360 人。而在 1961 和 1973 年間，46 件戰爭事件中，平均死亡人數是每件 1.6 人。這個數字也許看起來很小，但從 Enga 社會的規模來看，卻有明顯的意義。

事實上，在這些小規模社會，戰爭的死亡率和引發率與大規模社會的戰爭相比，佔整個人口的比率很大。例如：在 Mae Enga 和 Dani 的社會中，男性在戰爭中的死亡率，似乎明顯比參與第二次世界大戰的主要國家（包括德國和蘇聯）

高。其次，在小規模社會中，成年男子的動員率，比大規模社會高。像 Mae Enga，幾乎所有的成年男子，都需參與戰爭一段時間。反之，在第二次世界大戰期間，參戰國的動員率未超過 15％。

　　戰爭和國家的演進是有密切關係的。較大的政治單位，是由征服而來的，而大的國家，是由被征服的人們進貢支持的。此種戰爭，不能單以權力或財富來加以合理化，而總是需要某種理由來辯護。Frederick Hicks 指出：（1979:90）「每一個帝國，都發展出某種高超的道德原則，使人民的行動合理化，而不是讓人民甘願冒險只為了使其統治者更富有並更具權力」。因此，對阿茲特克人而言，支持他們侵略行為的理由，來自其宗教「需要」能犧牲的人。

　　墨西哥中部的阿茲特克社會中，強調軍事訓練。像許多早期帝國一樣，平民和貴族都會在年輕時接受軍事訓練。在戰爭中，有功者被賦予法官、治安官或執事等職位。為了國家隨時能動員，阿茲特克會促使鄰近的人民演練華麗卻有限度的戰爭，並且在此鬥爭中貴族避免相互殘殺（主要的死傷來自平民）。

　　像在阿茲特克的社會中，我們看到戰爭專家的產生，這是小規模社會中通常沒有的。此種專業化的情形，意味著大多數的男人會因直接參與戰爭而死傷。戰爭是以軍隊形式來進行，包括專家和受過少許訓練的士兵。

　　除了個人的專業化之外，另一項戰爭之演進的重要特色，是大規模社會中科技的變化。最重要的發明是火器。Pettengill（1981:4--5）指出，此和封建歐洲職業軍人（騎士）控制農民的能力有關：「職業軍人在火器發明之前，在小型的戰爭中並未比農民佔優勢；騎士的優點只在於戰爭中

296

的紀律和組織化……。但這種相對的均衡在火器發明後受到
了破壞。誰擁有火器誰就佔巨大的優勢」。火器在十四世紀
在歐洲發明，但直到十六世紀中葉到十七世紀中葉，科技的
進步，才使它們在戰爭和社會控制中扮演重要的角色。它們
不但在戰爭中扮演重要的角色，同時也是全世界殖民地之擴
張的關鍵。

現代化戰爭的模樣。圖中是美國部隊正在沙烏地阿拉伯接受生
化戰爭的訓練。

　　歐洲帝國主義的擴張和火器的傳布，對於小規模社會中的戰爭有重要的影響。在亞馬遜流域中，許多並不特別好戰的人民結合起來對抗葡萄牙人的侵略，就如同他們彼此競爭資源的情形一樣，例如在委內瑞拉南部的 Yanomami 人之所以好戰，大多是由於他們被逼到一個資源稀少的地方避難（Chagnon 1983）。Yanomami 的適應，接著又受到他們的鄰居 Makiritare 人獲得槍枝的影響，即 Makiritare 人有能力控制他們。在世界許多地方若能獲得歐洲的軍事科技，使一些團體就能控制其鄰居。在非洲，那些進行奴隸交易的國家，在歐洲科技的支持下便能建立範圍廣大的帝國。在玻里尼西亞，無能的領袖就因此能有能力打敗鄰居，建立島嶼密佈的王國。在大多數的例子中，當歐洲人能成功地控制時，上述征服者的成功是很短暫的。

　　現代世界體系的建立，伴隨著不斷擴張的戰爭。從十六世紀至二十世紀初，世界上許多地方的殖民地戰爭，是歐洲國家為爭取殖民地而戰。在二十世紀，這種國家之間的戰爭升到頂點而導致世界大戰。這種戰爭，促使科技日新月異地發展，已到了幾秒鐘之內在世界任何一個地方發動戰爭，就可進行太空戰爭而終結所有人類的地步。

　　在這章的結尾，我們不想留下悲觀的註解，而是請大家記住：儘管有戰爭的夢魘，一般人都是尋求和平的。也許人類學研究戰爭最主要的想法，是因為戰爭是文化的人為產物（Mead 1967:219）。它們是非生物性的特定條件產生出來的。因之，如果能改善這些條件，便能減少戰爭。要做到此，我們得全面瞭解發生戰爭的所有狀況，這就是人類學這種社會科學能扮演重要角色的地方。

摘要

雖然政治暴力總是存在，但它受到規範、法律、法律的執行和爭議的調停等等的限制。規範是人們的行為應如何的概念，通常規範能提昇到制度化，也就是以法律來規定行為的原則。立法是參考一般化的規範性想法或參考一個理性人之行為在已知的情形下應如何的概念。規範和法律都會隨著社會環境而改變。

對法律的態度，隨著社會之不同而不同。建立在普遍同意之規範基礎上的法律，會受到較多的順從。然而，在每個社會中，都有一些人會觸犯法律，並且需要法律來調停爭端；對一些法律和其他人有不同的意見。這些情形的解決方式，和社會的適應策略有關。覓食社會處理這些爭端是藉由非正式的人際方法，或一些較正式的方法。處理這些爭端最普遍的方法，是遷徙或團體協商。在小規模農業社會，因食物供給、財富繼承、土地權利的分配而引起的爭吵，比覓食社會還多。人們可用非正式的人際方法，或較正式的遷徙或決策方法來處理爭端。在大規模社會中，人們有許多可爭吵之事，因此法律規定和爭端調處趨於高度制度化。

儘管人們試圖處理對社會秩序的威脅，但緊張關係有時會導致對權力的暴力爭奪。在一個社會中也許會重複發生叛亂而改變掌權者，但社會結構仍能維持不變。也許也會有革命，使社會結構劇烈改變，但較少發生。在政治自治社群之間的戰爭，規模也許小如家族之間的血仇，但也可以大如世界大戰。任何一種戰爭都和特定的適應及環境有關。現代世界體系的擴張和歐洲帝國主義的形成，已經提昇了小規模土

著族群之間的戰爭形式。對人類學的認識，可幫助我們對戰爭更加瞭解，並且也許能幫助減少此種暴力發生的可能性。

Ch14

宗教信仰、行為及象徵主義

圖：北美大平原上一種叫作「鬼舞」的宗教儀式，是十九世紀
美洲原住民千福年運動的一部份。

301　　　在前幾章中，一個不斷出現的主題就是我們尋求在意識型態和行為上創造秩序。我們發現人類的社會秩序和心靈秩序與其說是我們這物種天生的特質，無寧說是我們對於混亂、沒有秩序和意義的宇宙之恐懼的反省。然而，我們的社會機構、規範、經驗並不總是足以維持秩序和混亂之間微妙的平衡。儘管我們採取全副警戒，但是我們能否將生活詮釋成有秩序和有意義的，仍得面對它最大的挑戰，也就是當我們找尋那些有關我們存在的終極問題之解答時所要面對的：我們從何而來？我們為何像現在這樣？為何我們必須死亡？

302　在回答這些問題時，人們通常會轉向**宗教**（religion），一種信仰體系，有關那些塑造世界和賦予意義的超自然力量或超自然存在。

　　　超自然（supernatural）一詞，在符合我們對宗教的定義下，指的是遠離現實的世界秩序，進入神聖的，屬於象徵意義和行動的領域，通過它，人們解釋了那些終極控制和塑造宇宙的力量。因而宗教涉及使用那些透過信仰及行動的神聖象徵。人類學家在研究宗教信仰時關心的是，人們如何建構宗教的世界觀，一種宗教的**宇宙觀**（cosmology），即有關這個世界中事物的進行和基本因果的哲學。

　　　宗教信仰和一個社會的適應策略有何關係？依一般人的信念，它們傾向從社會適應策略的角度來反映社會的世界觀，並以跟此策略的背景脈絡有意義關係的方式來提出各種問題。因此混沌時代的神話將存在的終極問題連結到虛構造物主的行為上，但這些問題的外貌和答案，則反映了他們的適應策略中和覓食有關的植物、動物和土地範圍這些焦點上。在檢視現今世界上主要的宗教時，我們可以看到早期適應策略的產物。然而它們會一直隨著時間而演進，使能在現

代情勢的脈絡中仍保有其意義。

瞭解宗教信仰

　　人類學家所關心的，不是宗教所主張的終極真理，而是人們為何堅持其宗教信仰這個問題。例如，為何有些人們在各種可能的說法中選擇輪迴觀念來處理死亡問題？這些問題的答案既複雜又難以達成結論，因此在尋求答案時，我們必須探討特殊的宗教信念，及它們與社會歷程、歷史因素、生態因素之間的關係。

脈絡中的信仰體系

　　宗教信仰一般說來對於事物的本質會有系統地環繞著一些以象徵形式來表達的核心訓誡。就是這個核心帶領著方向並塑造著信仰體系的外貌。我們可以藉由探討拉斯塔玨教（Rastafarianism）信徒，他們是在牙買加發展出一種宗教儀式的成員，來瞭解信仰體系如何被形塑。

　　拉斯塔玨教徒相信他們是永恆的，而且應該不會死亡。他們宣稱「我們拉斯塔玨教徒是在上帝打下創造萬物的基礎時就走在祂身邊，通過 71 個身體，看守永遠統治的第 72 間權力的房屋。」（Barrett 1977:112）根據 Barrett 的說法，其他核心信仰還包括晚期衣索比亞統治者 Haile Selassie 已變成神；主張黑人是古代以色列人轉世的，因為「白人」而過著流亡的生活；他們相信牙買加就是現在的巴比倫，相對的，衣索比亞則是天堂；且相信白人劣於黑人。

圖：牙買加的拉斯塔琺教徒宗教成員對於貧窮和無權力的情況，除了透過自己的不朽及世界秩序等信仰來對抗所受的歧視待遇外，並期望超自然力量盼能加以扭轉。圖示為此人抽著 Marijuana（Ganja），這是一種衍生自巴比倫律法的自由象徵。

　　我們可以追溯拉斯塔琺教徒之信仰的源流到基督教和二十世紀初 Marcus Garvey 的教導，他是美國黑人運動者，對連結新大陸和非洲黑人有所貢獻。拉斯塔琺教徒視聖經為他們許多信仰的一個源頭。然而，他們爭辯說，聖經已被「白人」曲解，只有他們自己可以正確的解釋其內容。

　　拉斯塔琺教徒對聖經的解釋和他們自己的環境有關。舉例來說，他們將其信仰奠基在他們自己的不朽和輪迴上，是靠聖經中羅馬人書的一段話：「罪的代價是死亡，但上帝的賜與是永生。」這段保證永生的話被不同的基督教派做出

許多不同的解釋；拉斯塔琺教徒的觀點則是從他們在牙買加特別的生活方式中發展出來的——即他們的貧窮、面對的歧視待遇、和幾乎沒有希望用合理方式去改變的社會環境。

基督教的拉斯塔琺教徒變異版是一個所謂「被壓迫者的宗教」之例子。即被壓迫的人們藉宗教為媒介去處理其處境的一種企圖。這種宗教代表一種反抗的形式，它從牙買加貧困的人群而誕生（也在加勒比海其他地方），其信仰者是拉斯塔琺教徒所吸收進來的。他們的宗教可視為一種尋求解脫苦境的方法，以及超自然的力量終將對世界秩序作一扭轉的承諾。

既有的選擇

一個人選擇成為拉斯塔琺教徒通常是在有意識的情況下做選擇的，但對大部分被迫接受貧困生活的牙買加人，它代表少數幾種他們認知中既有的選擇之一。要找出為何人們會選擇成為拉斯塔琺教徒或信奉其他宗教信仰的答案，我們可以注意心理的壓力和社會的壓迫。拉斯塔琺教信仰在不安全和通常是相當悲慘的世界中提供一種安全感和希望。潛在的拉斯塔琺教徒是從一種貧困和不識字的環境中產生的，在這種環境中個人企圖向上的動力很少成功而反抗也總是失敗。可以預期那些生活在這種環境下的人們會傾向拉斯塔琺這種宗教。要評定為何會作出這種決定，我們可以探討這個宗教可以提供那些是其他宗教所不能提供的，以及每個宗教如何招募新成員。

圖：1633 年在宗教法庭前的伽利略：異端裁判所是當時制度化
宗教的一部份，用來限制信仰的選擇權。

　　可供選擇的宗教之多寡在每個情況下都不同。在小規
模社會中，個人的信仰上很少有足夠的選擇機會。例如澳洲
土著傳統上只提供一種基本的世界觀，因此不太可能有質疑
這個信仰體制之基本教義的機會。那些生活在各種澳洲土著
社會周圍的人們會有相似的信仰，他們的社會秩序與適應策
略也相當穩定，而他們的人格也因為與這些信仰緊密結合以
至於不太容許根本的改變。歐洲人進入澳洲後改變了這種情
況；但時至今日，就像美國社會中的小社群一樣，對生活更
加孤立的原住民而言，事實上可以選擇的宗教信仰還是極為
有限。

社會規模之增大，對傳統的小規模社會由一種宗教信仰獨大的情形是一潛在的挑戰。然而，當國家推行國教時，選擇可能還是很受限制的，就像在天主教異端裁判所時期（Inquisition）的西班牙。即使沒有正式的壓迫，也還有其他的限制因素。幼年的社會化就是其中一種因素，此時期的孩童受到制約，會從特殊的觀點來看待世界，並且感到宗教歸依是他們的社會認同中很重要的一部份。宗教的社會化會影響一個人對朋友及未來配偶的選擇，而和這些人的互動更會鼓勵保持早期的忠誠。不過就像我們將在本章最後一節所看到的，另有其他力量會鼓勵變遷，包括文化的接觸、社會地位的劇烈改變和宗教的改革。

宗教信仰和適應策略

305　　有些宗教形式與特殊的適應策略有關，這是瞭解宗教最後一個要考慮的因素。例如在覓食民族的社會中，如澳洲土著，宗教信仰和他們生活中最重要的事物有著密切關係：包括他們漫遊的土地和他們從土地上獲得的植物及動物。因此原住民的宗教中非常強調重要動物的繁殖。

在北澳洲實行的 Gunabibi 豐年祭儀式包括很多生殖意象。舉行的聖地會有一大大的月彎形凹洞，代表神話中巨蟒的子宮，這是此儀式的中心意象。在儀式的某一部份，年輕男孩們會躺在洞中並象徵性地被巨蟒吞食，之後他們再重生。有很多狀似陽具的物件會在儀式中使用。在 Gunabibi 的最後一幕，男人放兩個大大的 jelmalandji（12 至 20 英呎長的柱子上面綁著草及紙紮）橫過洞口。上述儀式代表一種確保那些原住民食物中最重要的動物能夠生長和永存的方

法。

農業的採行改變了人們在宗教中的強調之處。現在的神、祈禱者、儀式等等的重點擺在那些影響農業生產的事：瘟疫、天災、雨、時間。馬雅人最崇敬的那些神祇是有關天氣的，尤其是有關雨的。馬雅人的宗教職司者傳統上付出最多心力在對種植及收成上有用的宗教知識上。

儘管有些簡化，Anthony Wallace（1966）歸納了四種宗教類型，皆和特殊的適應策略及社會形成的模式有關：

1. 薩滿式（shamanistic）　特徵包括個人主義色彩和薩滿的崇拜制度和兼職的神職者，以及通常會在相當孤立的覓食族群中發現，如 Inuit 和西伯利亞的人們。（薩滿將在本章關於宗教專職人員中有較詳細的討論）。

2. 公有式（communal）　在個人主義及薩滿的實務中加入公社的宗教制度。公社的祭禮之特徵是週期性地，為了儀式目的而集合社會成員，通常和季節、收成、或生命禮儀有關。這種型態的宗教和整合良好的覓食社會，如澳洲土著，以及小規模的農業社會有相關性。

3. 奧林匹亞式（olympian）　在公社體系中加入層級化官僚組織的專業祭司職，他們管理儀式及信仰。這種型態的宗教特徵是神的層級，通常包括許多法力高強的神祇。它和酋長王國及非工業化國家有關，如阿茲特克及印加。

4. 一神式（monotheistic）　包括所有各種的祭禮形式，但其獨特處是只有一位唯一至上的神，或將超自然力量均集中在唯一的神之控制下。這種型態的

宗教和國家組織的發展和擴張及國家權力的集中化
有密切關係。

象徵的表達

墨西哥北部的 Huichol 人一直到幾世紀前被西班牙人影
響而改成農業之前都還是覓食者，因此他們保留很多過去覓食
社會的文化及社會元素，而這些元素也持續在其宗教中出現，
集中在 Barbara Myethoff（1970）所稱的鹿-玉黍蜀-仙人掌
306　情結上（Deer-Maize-Peyote complex）。他們過去覓食生活
的影響表現在鹿的象徵上，而農業則以玉黍蜀為象徵。透過宗
教儀式把鹿血塗在玉黍蜀上，他們生活中這兩個基本要素就結
合了。

像 Huichol 人將鹿及玉黍蜀的象徵符號連在一起，或將
焦點放在對人們的生存具有意義的元素上，日常生活已和超
自然合為一體。這些符號使經驗和信仰具體化，因此能喚起
我們最基本的感覺。因為符號具有整合及表達我們生活中之
核心元素的能力，所以在宗教上扮演一個重要的角色。

特殊文化符號

一些宗教符號可能是全球性的，但大部分則具有文化
獨特性，而個人在薰陶下會去瞭解和接受它們。薰陶的過程
是透過正式及非正式的教育，如原住民的青年被教導神聖場
合中面具的意義代表神靈附身。這種學習的效果會藉著設計
出一種環境來加強，使人們面對這些象徵符號時情緒會鼓動

起來。這種環境可能包括令人印象深刻的建築或其他喚起情緒的場合、鼓動情緒的儀式或儀式性的集合，或者是這些的綜合。例如，通過身體的分離、儀式及其他方式，Pintubi（一個澳洲中部的原住民社會）的年輕人便處在一種超脫塵世的境界中，此時年長者會戴著神聖的裝備到他們面前告訴他們「死者已來到此處」（Myers 1982）。

　　特定文化之宗教象徵的力量以拉斯塔琺教徒的象徵為最著名的例子：他們那長且不梳理任其打結的髮，即他們的「恐懼之結」（dreadlocks）。他們這種髮型的裝束是以聖經上的一段話來辯護：「他們不應使頭頂光禿，不應刮他們的鬍子，也不應切割他們肉體上的任何東西」（Leviticus 21:5）。這「恐懼之結」的作用在拉斯塔琺教信徒的宗教中代表有力的大眾象徵。它使拉斯塔琺教徒分離出來成為「自然人（natural man），使其外表象徵不受阻礙的生命」（Barrett 1977:137）。但除此之外，尚有反抗的意思存在，即拒絕接受白人所定義的世界。就像 Barrett 所提到的，頭髮是許多牙買加人用作社會差異的指標。留著長而不加梳理的頭髮，使牙買加人被認為野蠻、危險、女人氣、及恐怖的。拉斯塔琺教徒凸顯了牙買加社會的矛盾，對社會秩序是一項威脅：「他們的頭髮象徵宣稱他們是處在社會之外，而且，除非社會對貧窮人的態度有根本的轉變，否則他們不在乎能不能融入這個社會環境」（Barrett 1977:138）。當權者和其他希望維持社會現狀的人之反應便是剪掉他們的頭髮。

　　雖然髮型在所有的社會中都代表某種象徵意義，但它獨特的象徵意義每每不同。當很多西方人認為教宗或他們的地方首長留長且不加梳理的頭髮是很令人困擾的事時，很多其他社會的男人留長髮卻和神聖性有關；在一些社會中，那

是社會地位的表徵。在西班牙人到達之前，馬雅低地中，特別是那些地位高的人，通常都留長髮。在西班牙人的影響及壓迫下，馬雅人剪掉他們的長髮，而今日大部分的馬雅人認為留長髮是不受歡迎的，只有非基督徒的 Lacandon 人仍留長髮，而這種行為導致其他馬雅人因為他們是異教徒而加深對他們的嫌惡。

食物象徵主義

人們的飲食習慣通常和宗教信仰有很密切的關連。在很多宗教傳統中，特別的動物或植物會被賦予象徵地位；在有飲食禁忌的宗教中，人們禁止吃某些食物，除非在某些神聖的場合中。拉斯塔茲教徒有相當嚴格的飲食觀念，且這些觀念和他們的宗教有關。他們大部分是素食者，儘管他們可以吃小魚。豬肉和牛肉則被視為污染物。基本上，拉斯塔茲教徒喜歡那些自然且直接從土地生長出來的食物。

在很多社會中，母牛是有象徵意義。對很多北美人來說，那是財富及富裕生活的象徵，但這和宗教意義無直接相關。在蘇丹南部及北衣索比亞北部的牧人如 Nuer 及 Dinka，傳統上他們的生活與牛群緊密地糾纏在一起。Dinka 的顏色、光線和形狀的觀念和他們的牛群的顏色型態有關。Dinka 的文化對牛的重視反映在他們的宗教中；牛在他們的宗教信仰及行為中是一種很重要的元素。動物祭品是他們的宗教表徵之中心，這些犧牲的動物代表 Dinka 的社會，就像被分開的肉是代表以性別、年齡及氏族為基礎的社會關係（Lienhardt 1961）。然而大部分在南亞的印度人並不是那麼依賴牛群維生，卻也同樣認為母牛在他們的宗教中有重要地位。對印度

308 人來說，母牛是「溫暖及潮濕的象徵因而受到尊敬，就像大地母親，也是牛乳及間接的 ghi（淨化的奶油）之生產者，因此在祭品中相當重要。」由於印度這種信仰及印度人非暴力的傳統導致對牛群的屠殺有一套禁令，今日殺牛群及吃牛肉仍是非常能引起騷動的議題，會導致社群之間的緊張，有時也會造成暴動。

圖：印度人的傳統尊敬牛，它們可以自由地在村莊及城市中遊蕩。

圖騰

澳洲土著，就像很多其他的民族，「已建構一種獨特的、統合的宇宙秩序觀念，其中人和自然物種、祖靈、精靈及其他想像出來的實體之間是有對等關係的。它們都和系譜及擬系譜的（pseudogenealogical）風俗有關」（Tonkinson 1974:74）。這種宇宙觀指的就是圖騰的宇宙觀。個體、群體及特殊的動、植物和其他自然現象之間的連結是由**圖騰象徵物**（totemic emblems）的象徵形式表現出來，而他們之間的關係構成儀式及禮儀行為的基礎。

澳洲土著可分成幾種不同的圖騰制。其中兩個主要的類型便是概念圖騰制（conception totemism）及祖先圖騰制（ancestral totemism）。概念圖騰制和人的出生面向有關；例如相信某個地點的動、植物、昆蟲、生理分泌、或礦物會使一個人懷孕，便可稱之為概念圖騰。很多土著社會與圖騰之間有很強的感情連繫。既然圖騰與個人被認為同樣具有血肉，個人便可能在吃或傷害那些被認定是他們的圖騰時有所節制。然而這種感情連繫並非普同的。澳洲西部 Jigalong 的 Mardudjara 人覺得他們和概念圖騰之間沒有特殊的依附關係，因而沒有飲食禁忌。甚至在相似的環境中，實際應用上也有很多變異。當澳洲中部的 Aranda 人在飲食上設禁忌時，鄰近的 Warramunga 人會在別人殺了其圖騰時吃掉牠們，而隔鄰的 Walbiri 人則宣稱「不吃那些既有的食物的人是愚蠢的」（Meggitt 1962:208）。

祖先圖騰制將個體與歷史的或神話的過去連接在一起。對澳洲土著來說，祖先的圖騰和宇宙初創時期（Dreamtime）的存在者之活動有關。在他們的旅程中，就像神話中所記載的，這些宇宙初創時期的存在者留下了一些東西：它們在生命力量的活化下被賦予生命，由此而來的是精靈小孩在植物或動物的型態中等待被生而為人。這些圖騰將個人嵌入他們的具象環境中，並在這個領域中創造出心靈的地圖。通常透過這些圖騰物，個人得以獲得土地，他們為此在土地上舉行與祖先圖騰有關的儀式作為報答。至於增加儀禮（increase rites）通常涉及繁殖物種的活動。對於認定為祖先圖騰的動植物之態度與對概念圖騰的態度是趨於相似的。Walbiri 並未設下規定去禁止吃他們的祖先圖騰，對此 Meggitt（1962：209）評論道：偶爾一個人會用自嘲的態度來表現其悲傷，當他吃了一隻他稱為「父親」的鳥或動物時。...通常會伴隨著眨眼及微笑，他們會說「真難過！我吃了我可憐的父親！我真為他感到遺憾！」。一些人類學家宣稱對圖騰動物的飲食禁忌在特定地區中對此種物種的保存佔有重要的角色，但證據卻尚未能夠證明如此。

神話

至少從十九世紀開始，神話一詞普遍被視為某種不真實事物：平等的神話、民主的神話等等。這種看法反映出我們信仰的世俗化，因為在它原本涵意中，一個神聖的傳說，一個神話並不暗示著其為妄語。對那些尊奉某特定信仰傳統的人來說，他們的神話被認為是真實的。其他民族的神話可能是虛構的，但他們自己的則是真實的。當人類學家描述某

類神聖故事時，神話並不只是故事。**神話**（myth）是以可
觀察到的現象來表達宗教信仰中不可觀察的事實。就像其他
象徵符號的表達，神話是超自然及神聖事物與具體及世俗事
物之間的連結。

309

圖：巴西亞馬遜河流域的 Xingu 印地安人在吹奏一種古老的笛
子。這種樂器在當地有關某些男女之間關係的神話中扮演重要
的角色。傳說中的男人在某些亞馬遜社會中會操控這種神聖的
樂器，而那些女人則據說曾一度擁有它們。

　　事實上，神話有多種功能。它們可充作文化的歷史，
暗示過去的真實事件及行為，例如遷徙、早期的社會組織形
式、及自然事件如流星雨、日月蝕、或洪水。然而，在神話
中所描述的事件也可能是偽造的。既然神話會為了社會及宗
教之目的而利用歷史，因此即使神話的確有其歷史效度，也
只不過代表對過去的記錄。

神聖的歷史神話也可能爲利益團體的特權或社會中某特定機構的合法化效勞。他們用神聖的過去來連結當時的社會秩序，以制約人們的行爲朝向他們所要的結果。教導土著青年瞭解他們的神話傳統不僅只當做是一種娛樂。告訴他們神話企圖使他們產生社會所認可的世界觀，以及對社會制度的態度及保持社會現狀的義務，確保既有的社會秩序能繼續下去。在此層面上，神話常「構成保守的社會化力量，其功能在於使人們認可既有的制度，並培養出群居的價值觀」（Hiatt 1975:5）。

神話所描述的事件，是從一種特殊的社會秩序觀點，來處理一些和人類境況相關的基本問題。神話代表爲了分析我們周遭的世界及解決其衝突與矛盾之企圖。在神話中一再出現的主題都和以下的基本哲學問題有關：生與死的關係，人類生命與社會的起源，人們在每個社會中都必須面臨的壓力，如父母與子女或兄弟姊妹之間的緊張關係。

藝術

宗教的象徵常以藝術的形式來表達。**藝術**（art）一詞指企圖藉著被認定具有美感特質的意象來反映或解釋真實情況中的一些本質面向。藝術的表達有多種形式，其中包括物質媒介，如作畫、雕刻、編織等等。藝術也可以透過戲劇、音樂、詩、文學等等來表達。所有的藝術都是深埋在社會脈絡中的。這個脈絡決定了表現的型態，真實情況的本質或解釋，以及對美的特質之認知。因此，在那些對世界的詮釋大部分含有宗教色彩的社會中，其藝術的表達以宗教性居多。在比較世俗的社會中，如美國的社會，宗教對藝術的影響便

310

少很多。

　　傳統上，在大部分小規模的社會中，藝術家和他們的作品與宗教有密切的關係（Layton 1991:35-40）。藝術家的功能通常是作為薩滿或祭司的助手，通過藝術來表達神話、神聖的事物、或宗教戒律。這種藝術可能單獨發生在宗教情境中（例如儀式中的表演），也可能在比較世俗的作品中（如在家用器具上雕刻宗教符號），或許是為了提供一種與神聖事物的連結或聯想作用。小規模社會的宗教性藝術可以提供很多功能，並富有多方面的涵義，舉例來說，包括政治面。Phillip Lewis（1969：23）提到，在 New Ireland 的美拉尼西亞人，其宗教性藝術在財富的展示與交換儀式的宴會中是與財富及權力有關。在那樣的場合中，藝術會對強人（Big-man）的名聲有所助益，而他的財富則支持著那樣的場合。

　　小規模社會的藝術表現會受到環境和適應策略之影響。在物質貧困的人群中，很難發現很多物質性的宗教藝術符號裝飾，也很難期望人們成為全職的藝術家。舉例來說，藝術表現在裝飾上的差異就發生在澳洲中部乾旱地區的澳洲土著與熱帶地區的原住民之間，以及大盆地地區（美國西部的沙漠區）的覓食者與北美西北海岸的覓食者之間。

　　藝術表現在社會規模增加時會有重大的改變。早期的帝國或城邦能夠給藝術者補助，因而容許他們往專業化發展。這些社會中的領導者影響著藝術創作，因而會產生較世俗化的藝術形式，反映出統治者及國家獨特的興趣。然而大部分來說，一直到相當晚近，藝術與宗教仍緊密相關。例如在歐洲的中古時期，為了保持那個時期宗教在歐洲社會中的中心角色，宗教主題主宰了藝術作品。

上圖：在斐濟，觀光客。形形色色的文化常常提供的藝術光。藝術觀通的土著有特色，提供了旅遊業的興盛發展。藝術因應而發展。這種根據土著傳統，鼓勵了因市場這種根據傳統化一些東西。

下圖：在巴黎雕舟便是向國外的雕木畫作在美國文化中扮演著角色的例子。由 Bill Reid 畫刻的獨木及畫作在藝術外在的原住民藝術中的一個自尊角色的例子。

現代世界系統中資本主義的興起與介入使藝術變得更加世俗化。由於文藝復興以及 17、18 世紀時歐洲的政治與經濟革命頻仍，藝術家們便和那些尋求結束舊封建秩序及相關宗教的人結合起來。「藉著改變藝術主題及引進新潮流，藝術乃協助揭穿衰老的社會面貌及建立新的社會」（Sanchez Vazquez 1973:164）。當現代大型社會越來越傾向個人主義，及藝術家越來越不依賴宗教及有錢的貴族階級時，藝術本身也變得越來越個人化。然而，在某種程度上，現代藝術和社會因素仍有潛在的關連性。因此，雖然在當代社會中我們能區別出神聖藝術與世俗藝術，但事實上它們仍統一在共同的社會背景脈絡之下。

小型社會整合融入大型社會時，小型社會的藝術創造會受到很大的影響。在論及這些被包圍的小型社會之藝術時，Nelson Graburn（1976：4-5）指出其中的區別：一種是內在導向的藝術，是為那些懂得欣賞和使用的族人而做的，另一種是為外在強勢的社會而做的藝術品。內在導向（inwardly directed）的藝術也已經歷了改變，反映出社會本身內部的轉變。儘管在這種藝術中的宗教層面仍然重要，但很可能受到周圍的社會傳統及象徵符號之影響。因此，當部落土著變成基督徒之後，基督教的主題便普遍在其藝術中佔有重要地位。

312　　　　外在導向的（outwardly directed）藝術是增加收入的方法，例如採取所謂觀光客藝術（tourist art）的形式，或作為一種「對外在世界表達其民族形象」的媒介（Graburn 1976:5）。這種藝術可能使用宗教符號，但宗教並不一定是它的主要意圖。外在導向的藝術會對社會產生重要的向內影響力。Haida 族的藝術家 Bill Reid 的作品，被歸類為外在

導向的藝術，在 Haida 人的文化復興及他們對 Queen Charlotte 群島的主權主張中扮演一個重要的角色，他們因而叫該群島為 Haida-Gwaii。1989 年在巴黎展出的 Reid 所雕刻及繪畫的西洋杉獨木舟上，他使用了很多至今仍是 Haida 文化中樞的宗教符號（Jennings 1989）。

超自然力量及超自然存在

　　所有的宗教都會認同一些有名稱的力量或實體。這些實體所採取的形式相當廣泛，甚至在同一個文化傳統中，就會有很多不同的力量或超自然存在存在於宇宙中。根據 Annemarie de Waal Malefijt（1968 146-162）的研究，我們簡短地回顧主要的種類。

不可見的力量

　　很多人都相信一些非個人的超自然力量之存在，這種力量儘管看不見，卻被相信會出現在每個地方。R. R Marett（1909）指出，相信這種力量的信仰便是**泛生信仰**（animatism）。這種力量被想像成一個大的能量蓄積池，可以被個人、神、自然的力量，甚至自然物體所傾住、擁有、或使用。泛生信仰和適應策略非常獨特的社會有關。因此，例子有：在整個太平洋群島的宗教傳統中普遍持有 mana 觀念；印度教的波羅門觀念；早期希臘的 dynamis 觀念；以及，在比較近代的西方社會中，如 Henri Bergson 的 elan vital 觀念。然而，人們很少就這樣滿足於如此含混不清的實體。非

人的超自然力量之觀念在全世界幾乎都伴隨著對更仔細想像
出來的超自然存在之信仰。

圖： Ganesha 的
形象，象頭的印
度神。在印度的
部份地區，人們
在創業前會祈求
Ganesha 的保佑，
祂是障礙的排除
者。

靈魂

很多社會的人們都相信一種幾乎無法記數的靈魂
（spirit）之存在，它居住在動物身上或某地方或只是在地
球上到處遊走。我們稱這種信仰為**泛靈信仰**（animism）。
由於數量龐大，靈魂通常被視為集合體而不加以個別辨識。

313

不同的社會所認定的靈魂在數量及種類上可以有很大的不同。巴布亞新幾內亞的 Gururumba 人認為只有兩種：住在高地樹林區的，及住在低地河堤邊的（Newman 1965:62-63）。相反的，爪哇人則有很多種類，包括使人害怕的靈魂、附身的靈魂、家族靈魂、地區靈魂、及保衛靈魂。一個文化可能給予一些靈魂個別的名字，但就算這些靈魂被歸入一個類似存在（beings）的較大範疇中，它們還是無法達到像神那樣具有個別特徵的程度。

　　靈魂有時源自人類。構成原住民生命來源的靈魂小孩（spirit children）便和人口有密切的關連。並且很多民族還區分出一種類別，稱為死者的靈魂（soul of the dead）。這些是人類根源的超自然存在，在死後一段時間內被個別想起，稱作鬼（ghost）；之後，則併入一種無以名之的集合體中。澳洲中部的 Walbiri 原住民相信，死亡後，人的靈魂會變成 Manbaraba，「一種輕飄飄的、蒼白的鬼，它的形象由先前主人的外貌聚集而成」（Meggitt 1962:192）。鬼會停留在放置屍體的樹台邊，直到死者復仇成功（死亡從不被認為是自然發生的）。然後鬼就消散了，它的靈魂便加入與父系靈魂及母系靈魂相關的特定親屬團體的集合地中。

　　死者可能保持它們個體的身份，並繼續在社會中扮演積極的角色。這些實體被稱為祖靈（ancestor souls 或 ancestor spirits）。在很多社會中，對祖先的崇敬是宗教信仰及活動中很重要的一部份。甚至在今日，很多中國人和日本人仍將祖先牌位放在家中顯眼的地方，祖先在那裡每天接受供奉及祈求。在非洲南部的 swazi 家族會在出生、結婚、死亡、建新屋、及家族災難時舉行儀式撫慰祖先。

神

　　有時祖先在宗教信仰的層級中被抬高，進入一種神的地位。**神或女神**（god、goddess 或 deity）一詞指一種擁有個別身份的超自然存在。它們被認為對自然及人的命運有操縱力量，因而被崇敬。大部分的神不是源自人類。然而很多人宣稱他們自己是神，也被眾多的追隨者認為是神。例如拉斯塔玹教徒相信衣索比亞的統治者 Haile Selassie 是活的神。這種觀念通常和社會階級制度有關，例如統治者基於認定他們為神的後裔而宣稱他們具有神性。直到 1947 年，日本的統治者還被認為是神，他們的神性基礎在於宣稱他們是日照大神的後裔。日本在第二次世界大戰的戰敗及國家階層體系一連串的改變，最後結束了統治者之神的地位。

　　宗教系統在崇敬神方面有很大範圍的變異。就像基督教的傳統中，有些宗教只有一個神。我們稱之為**一神教**（monotheism）。在**多神教**（polytheism），就像印度教，可以有幾乎無法計數的神，或可能在階級制度中被整理出一個有限的數目。一神教和社會階級的發展與大規模社會的興起有關，印度卻提供一個重要的例外。例如，Thompson（1970）討論到低地馬雅人的神 Itzam Na 如何在古老時期能長保其最偉大的角色，而其他的神則被置於在祂之下或被整合成祂的化身之一。這個過程和馬雅貴族階級的興起密切相關。當貴族權力明顯衰退時，Itzam Na 亦然，一種主張更多種及更平等的多神教便出現了。

314

在大部分的宗教傳統中，神的一個重要角色便是創造宇宙、創造生命、及創造宇宙中主要的秩序。對澳洲土著來說，神話中宇宙初創時期的存在者的創造活動仍在他們宗教信仰與活動中存留著。然而，在其他的文化傳統中，創造則被視爲已定型了，因而強調創造之後神的活動。一些宗教則信仰一個全知全能的神。在想像中，這個神創造了宇宙，然後或多或少地退出，留下一連串對世界的指示並將其交給較次要的神祇。後者這種神稱作 otiose，意指「靜止的」，沒有實際目的。Otiose 神祇在禮拜或儀式中很少有重要的地位。奈及利亞的 Igbo 人便信仰這種神，Chuku，但沒有祭司或神廟來祭拜祂（不像其他被 Igbo 人信奉的神對人的事物有定期且重要的參與）。Chuku 只有在大災難時才會被祈求，但甚至在這種時候 Igbo 人仍覺得祂不會有什麼幫助。

在神有一定數量的宗教中通常包括一些相關的、分工的神，有時稱之爲屬性神（attribute gods）。例如前哥倫比亞低地的馬雅人就分別有商業神、漁獵神、可可樹生長神、養蜂人的神、Balche（一種使人興奮的儀式飲料）神、藥和醫者神、詩及音樂之神、球賽球員神、火神、以及出生神，這些只是其中少數。這種將超自然力量加以分門別類的傾向通常反映著現實社會的分工化。特別重要的活動可能有少數位階高的特別神：早期羅馬人有三個不同的耕作神，因爲田地須耕作三次。較不重要的活動可能共有一個神，由一個普遍化的神來概括，或根本沒有相關的神。

次要的存在

最後，很多宗教還有些在神學上不太重要而具有神性或半神性之存在。在西歐，這包括小矮人、淘氣鬼、小精靈之類。在貝里斯南部的 Kekchi 人傳統中，盛傳一種住在森林中的半神性居民，包括 Chiel，他們住在洞穴或前哥倫比亞的廢墟中。傳說中他們很像人們，偶爾會造訪人類聚落。還有 Xtabai，她對年輕男人搖晃胸部，誘惑他們進入森林，只為了使他們發瘋。她有個男性同道。在很多宗教中一個常見的怪物就是惡作劇的妖精。這是一種半神性的存在，偶爾會意外地為一個群體建立文化慣俗，但他們基本上和人類的安寧繁榮無關。在北美原住民中一個最有名的惡作劇妖精是 Coyote：「他從原本擁有太陽、月亮、和星星的神靈那裡偷走了它們，但不知如何處置，所以把它們放在天上」（Malefijt 1968：161）。

宗教行為及意識

宗教信仰不只是一種陳述，它們的表達會產生強烈的情感衝擊。宗教專職者（下一節會談到）致力於確保有關宇宙及一個人在宇宙中的位置等複雜與多層次的訊息能成為一個人的人格之基本部份。雖然宗教實務的明確目的及方法在每個宗教傳統中變化很大，不過在大多數的宗教傳統中是有一些共通特徵。

隔離

宗教行為中一個重要的面向便是隔離。它牽涉到區分兩個相當不同的領域，世俗與神聖，這兩者分別有特別的活動及物體。澳洲西部沙漠的原住民將某些行動、信念和相關物體歸類為「秘密神聖」（secret-sacred）的事物，它們完全保留給受過完整啓蒙的人，因為和宇宙初創時期的密切關係可能會導致危險的後果。違反的懲罰在傳統中非常嚴厲，有時甚至判死刑。神聖及世俗在意識型態上及情感上的界線，在現在大部份基督教的信仰中較不清楚，但仍然有一個界線。

神聖領域的隔離通常和排他性有關：進入這個領域是特別的，不是人人均可。為了能進入，一個人必須符合特別的條件。出生可能是一個因素，這種情況下只有少數被選中的人能進入；或要求某種入會儀式，如基督教的洗禮。特別的密傳語言、儀式或符號等知識可能也非常重要，而且只能從那些已加入者之處學到。

神聖領域的特殊性藉著指出如何從世俗領域轉進神聖領域而更進一步地強調。通常會有某種形式的潔淨儀式，從禁止性關係到完全喝醉、沐浴並穿上最好的衣服等等。也可能有其他過渡儀式實際標示出從世俗領域進入神聖領域，例如跪、祈禱、劃十字等。

儀式

宗教行為的另一個共通特徵是它的例行性及重複性。宗教活動在很多傳統中傾向高度例行化。儘管天主教的彌撒

或 Gunabibi 原住民的儀式有很大不同，但在不同的慶典中，大部分都會保持著基本型態。在這個架構中我們發現儀式有更明確的例行性、高度刻板化、形式化、及會重複地在特定的時間及場地舉行。這種秩序性是為了創造一種安全感及穩定感，讓參與者知道發生什麼，且知道他們該期待什麼。宗教儀式支持著宗教傳統中有關宇宙秩序的基本教義。反覆的吟唱及音樂上反覆的調子及演說也強化著一個宗教欲傳遞的主要訊息。

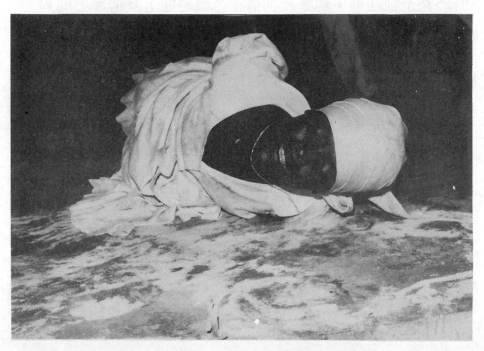

圖：海地的巫毒教信徒在鼓聲及舞蹈的引導下進入恍惚狀態。

轉換意識

某些宗教的相關實務企圖將人們置於一種絕對的情感狀態，有時採取恍惚的形式。其想法是提供一個震撼性的經驗或幻像，加強個人對超自然領域的信仰。有很多種方法可以達到這種意識境界，包括禁食、鞭打、排除意念、呼吸練習、默想、儀式舞蹈及嗑藥。例如源自西藏的某些瑜珈修行者所做的功課，包括以近乎催眠的方式吟誦 mantra，這是指具有力量的字或聲音。透過吟誦和一個神有關的 mantra 聲音，人可以超越人類的思維而和那個神接觸。在海地，一種迷幻境界是由巫毒教（voodoo）的施行者在特別的聚會中透過鼓聲和舞蹈來達到的。在這種情況中的恍惚狀態並不是隨機事件：它們往往具有特定的文化性，包括遵循特殊傳統的規定或指導，及反映出文化的行爲規範。

一個非常古老且流傳廣泛的達到迷幻境地之方法便是麻醉劑的使用（Furst 1972；Harner 1973；Schultes and Hoffman 1979）。一些溫和的麻醉劑如酒精、煙草、和大麻在很多宗教中被使用來幫助達到想要的效果。拉斯塔玆教徒人爲了象徵目的及它的意識轉換而使用大麻。他們用聖經上的指示來支持對大麻的使用；例如「你們應該吃田野生長的藥草」（創世紀 3：18）。其他宗教使用更有力量的迷幻藥來帶領人和超自然力量面對面。西伯利亞的薩滿使用迷幻毒菇 Amanita mascaria 來和超自然溝通，它使他們能進入一種迷幻狀態，在其中他們相信自己的靈魂與肉體已脫離。一些學者認爲這種麻醉劑導致的靈魂飛翔可能造成最早對鬼魂的信仰。根據 Gordon Wasson（1972）的研究，在蘇俄及新大陸的信仰情

316

結有很多根源自西伯利亞使用毒菇的薩滿傳統。另一種迷幻藥，peyote，在墨西哥北部及美國南部很多土著人民的宗教中變得相當重要（Myerhoff 1974）。

宗教中使用麻醉劑和一些環境與社會因素有關，一個明顯的因素便是這些植物的取得。新大陸中廣泛使用的造成幻覺的植物是靠一些不尋常的管道而取得（Schultes 1963:147）。當植物無法在當地得到時，便會建立貿易線。使用麻醉性植物也可能和社會結構有關。麻醉性植物在薩滿傳統的平等主義社會中被廣泛使用。社會階層增加時，它們的使用會有較多的限制。在較不階層化的墨西哥印地安社會中，迷幻劑廣為流傳；相對的，在高度階層化的前哥倫比亞時期的阿茲特克則限制之，只有社會菁英可用。

歷史上，麻醉劑為宗教目的而使用而並造成流行的情形只存在於那些很少或沒有國教與其他宗教競爭的地方。為宗教目的而使用麻醉劑若不加限制，會威脅到那些獨佔神聖真理以作為支撐基礎的國家制度。今日為宗教目的而使用麻醉劑被世俗官方權威普遍地禁止。例如在美國和加拿大，所謂的 peyote 信仰的追隨者與宣稱使用 peyote 是違法的政府當局便出現衝突。

317

宗教專職者

在大多數的社會中，有一些人在執行宗教事務方面具有適宜的技能，而且比別人擁有較多的傳統宗教知識。在小規模的社會中，勞務分工並不很細，這種人很少從事全職的

專職工作，他們也和社會中其他人一樣要從事許多同樣的事務，但還要多做一點其他的事務。如此，他們便可比其他人有較高的地位。隨著社會的規模擴大，分工越趨複雜，全職的專家便產生，一個人藉由執行宗教上的事務，便成為自己的專業。

薩滿

在覓食社會中一種普遍相同的專家是**薩滿**。Michael Harner（1973）對薩滿所作的定義是「一個男人或女人透過迷幻的狀態與精靈世界直接接觸，而且能使一個或更多的精靈聽從他的吩咐來做好事或壞事」。薩滿的地位因人而異，因為其地位決定於接觸及影響精靈世界的感應能力，而不在於對神靈的傳說或儀式所擁有的知識。除此之外，雖然薩滿的儀式活動遵循固有的文化型態，但在大多數的文化中薩滿如何與超自然溝通尚有很大的迴旋空間。Inuit 提供了一個很好的例子來說明薩滿的行為及信仰（見 Holtved 1967）。Inuit 的薩滿之主要角色是處理與會干擾人類生活的超自然之間的關係。其中包括：祈求獵物的供給不斷、驅趕邪靈、祈求好天氣、預測未來與治療疾病等。比如說，當缺乏獵物時，Inuit 人就會認為掌控動物的月男（Moon-man）或海女（Sea-woman）在生氣，因有人觸犯如吃了應是禁忌的動物等罪行。對格陵蘭島和 Labrador 的 Inuit 人而言中，這些不禮貌的行為會弄髒海女的頭髮，所以薩滿必須在她答應放出那些動物之前，必須為她清理和梳理頭髮。薩滿透過鼓的演奏而進入迷幻的狀態與神溝通。薩滿藉由精靈的幫助，而精靈會以各種形式出現，並且用一種特殊的語言與薩滿溝通。

一個 Inuit 人通常是經托夢或一些特別的經驗來決定是否能成為一個薩滿。他們可能會抗拒神靈的召喚，並在經歷相當大的心智折磨之後才會認命。下一步是與較年長的薩滿商量，送禮物，並且學習一段時間，這可能是幾天或一整年。在學徒的階段，初學者會見到許多在未來會幫助他的精靈。另一項薩滿需預備的要件是體驗生命的奧妙及死亡的經驗。在格陵蘭島，初學者透過催眠而相信他或她被熊的精靈攻擊並吃掉，稍後醒來是赤裸地躺在湖畔邊。

圖：智利 Mapuche 族的一位 16 歲女子，在數個月的見習之後開始她的薩滿生涯。薩滿的地位取決於跟靈界溝通與影響人們的能力。

律法的維護者

與薩滿非常不同的另一種宗教專家可稱為律法的維護者。這些人的主要角色是執行儀式和解釋及維持宗教的傳統。在小規模的社會裡，律法的維護者並非全職的專家。在墨西哥南部講 Tzotzil 話的馬雅人存在著薩滿的階級制度，而薩滿主要的責任是透過與祖先的溝通來進行醫療（見 Vogt 1970）。另外，還有負責宗教的官吏，他們的責任是執行與天主教聖者有關的儀式。這些官員形成文職宗教之層級結構或稱為卡哥神職制（cargo system）中的一部份〔譯注：cargo 是西班牙文，意指地位、職責〕。為了肩負起職責，各地方相關人員要從他的居住村落到城鎮的儀式中心一年。在那裡，維持宗教事物的官方單位會舉行一系列奢華的儀式，把錢花在食物、飲料與一些如蠟燭、香料、煙火等用品上。因為從事這些事宜須淡出農耕與其他經濟活動，所以這些參與者被迫在此一年中靠存款與借貸維生。因此，這類專家們只能定期性地從事全職工作一陣子，因為他們犧牲了正常的經濟活動。他們的報酬是服務社區的名聲。

一個全職，永久性的宗教神職對一個小範圍的社區而言是奢侈的。有時候，在小規模社會中，年齡較長的成員會獻身做為全職的宗教專家，因為他們的年齡無法再從事正常的經濟活動，而且社會也願意供給他們來從事這類事務。然而，大部分的全職宗教專家，及牧師或祭司，只限於在較大規模的社會中才有。因為只有這樣的社會能夠有較細的勞務分工以及大量的非生產階級，所以宗教專家能在這種社會中存在。因此，在美國估計全職的宗教專家每七百個人當中就

有一人。而在較貧窮的拉丁美洲國家，每一萬五千人中有一位。在墨西哥南部和瓜地馬拉，全職的天主教牧師僅會偶爾地造訪大多數的馬雅社區，而一些卡哥神職人員的責任之一是向信徒收錢支付牧師的彌撒活動。

大部分的牧師可以視為律法的維護者，因為他們所關注的主要在於維護社會和宗教秩序。事實上，他們可以看作是社會秩序的核心部分。透過他們在公共場合的講述，及提供民眾懺悔告解的管道，他們代表著國教的立場。有時候，他們代表的秩序會與其他秩序或他們自己的社會秩序中的某些成份產生衝突。特別是世俗的政治領導者的活動及理念無法與教會所秉持的方向及利益相同時（例如英格蘭的亨利八世）。在這樣的衝突與掙扎中，教會通常扮演保守的角色。然而我們很快會看到並非所有的牧師都是如此，事實上他們也擔任著社會根本變革的媒介。

預言者

在宗教專業者的保守角色中最值得注意的例外或許要算是預言家了。**預言家**（prophet）是指某些人他們藉由夢或幻影而獲得神明的啓示，主要是關於重建或改革社會或人民的信仰中的某個面向。預言家大部分透過教導或例子來改變社會上既有的秩序。然而，他們不會完全打破現有的社會文化秩序，就某種程度來說，他們也是社會以及其宗教傳統下的產物。不過，他們對於握有宗教權力的人會造成威脅（有時也包括世俗權力的擁有者）。

因為具有激發信徒忠誠和宗教狂熱的能力以及他們宣稱能直接與超自然溝通，預言家在許多方面與薩滿很相似，雖然兩者的目的不同。預言家的目標是創造一個新的秩序，而薩滿卻在保護人們的生命。成功的預言者常會導致建立新的宗教制度，並將預言者原先叛教者（renegade）的地位，轉化成至少在某方面是值得尊敬的人，甚至成為一位具有神性的人而有千千萬萬的信徒。

宗教與社會變遷

澳洲土著們的宗教教義認為，他們的世界是一個完美的秩序體，不需有任何的改變。如此永久的主張與許多宗教傳統是相同的，因為這是他們基本力量的來源。然而，儘管強調了這個世界不會改變的一些事物，但是宗教和世界還是處於持續轉變的狀態，而且會相互影響。宗教除了會對世界的改變做出回應外，自己通常也是參與改變歷程的一員。

透過接觸或征服的變遷

宗教信仰與實務上的改變與社會適應策略或社會結構的逐漸演變有關。在過去的幾個世紀裡，這樣的過程已因為不同社會頻繁的接觸而變得快速，特別是在擴展的國家和小規模的社會之間。歐洲人的擴張並非只為了政治及宗教上的目的，他們企圖透過宗教來征服人的心靈。

在世界上建立殖民地之後，歐洲人的力量顯著地影響了許多人的宗教信仰。透過武力或只是結合征服者的勢力及其宗教的優點，殖民地人民程度不同地適應了歐洲人的宗教。其結果是在**宗教綜攝**（syncretism），即意識上採納外來的想法或實務並融合土著原有的特色，成為一種結合外來與傳統的混雜體（Barnett 1953:49）（見本章末的「人類學家特寫」）。例如：在墨西哥中部，16 世紀隨著西班牙人的征服，天主教和異教徒的信仰因混和而形成一種獨特的天主教。當地守護聖者的特徵結合了原有異教神的神性，並有著和西班牙人不同的天主教儀式；此外，也可看到天主教的儀式融入村莊的政治經濟結構中。

今天，許多這樣的社會又再一次地經歷宗教的變遷，此次是透過新教徒的福音傳播。這些派別主要起源於美國。雖然在許多方面他們宣傳著美國的價值觀，但接受他們也反應著這些人民對當地環境的適應，因為他們提出了減少貧窮和飢餓以及提昇個人成長的允諾。人類學家 David Stoll（1990）指出，在拉丁美洲的國家中，這些教派的轉變主要是對政治及經濟改革的失敗以及傳統社會組織的瓦解失靈所做出的反應。他指出，「教會的傳佈福音更具彈性，許多人都是自願參加的。這裡的領導人具有領袖的特質，因此較能適應快速變遷的情況」（1990：331）。

土著傳統的宗教並未全因征服而崩潰。人們常常保留許多他們傳統宗教中的東西。事實上，固守他們的宗教遺產是社會力量的來源之一。雖然在澳洲大陸的許多地區裡，土著的宗教受到歐洲人的征服摧毀及破壞，隨後又與澳洲社會整合。但在許多孤立的地區，特別是內陸沙漠，土著的宗教信仰及實務保留得較好。儘管數十年來受到基督教傳教士的

影響，但土著中的許多聚落，如澳洲西部的 Jigalong（Tonkinson 1974）成功地保留了他們自己的宗教。事實上，由於將土著集合在較永久性的聚落中，使他們有一些空閒的相聚時間，間接地增加了土著的宗教活動。

　　基督教傳教士在土著中的活動，已經成爲人類學家之間主要的討論議題。雖然許多傳教活動在於維護土著的權益和增進其社會經濟水準，但仍有值得探討的問題。一個最具爭議的團體是以美國爲基地的夏季語言學研究協會／威克里夫聖經翻譯會（Summer Institute of Linguistics/Wycliffe Bible Translators）。該團體的支持者贊助語言學的研究工作，包括將數百種的語言翻譯成書寫的文字。這個團體特別受到拉丁美洲人類學家的攻擊，因爲如此會損害土著的文化，另外一方面卻偏頗地促銷了美國文化的價值觀（Hvalkof and Aaby 1981; Stoll 1982）。同樣地，美國中央情報局以及一些在菲律賓、越南與他處，由美國策動的反叛亂軍事行動，亦具有嫌疑。批判的方向也已經注意到中美洲的傳教士活動以跟政府密切聯繫的方式介入內戰之政治涵義。這些災難連連的地區有著複雜的議題。一部分的人類學家已經著手處理這類的議題，因爲他們肩負著爲土著人民請命的任務。

千福年運動

　　舊社會秩序的式微或崩潰，社會不安的時期，或權力的壓抑或喪失等等，常會導致千福年運動（millenarian movement）。千福年運動（有時候稱爲本土化或復興運動）指信仰一種即將來臨的新情勢，其中部分將透過超自然的力量。這些宗教是因爲挫折、失望、或慌張而產生的，試圖解

321 脫無希望的狀態，而達到千福年的境界——有一個好的政
府、更多的快樂及繁榮。這些人要求一個完全的改變，雖然
他們的願望受到社會文化環境的限制。正如 Kenelm Burridge
（1969：141）所指出的，他們主要的議題是道德的重整以
及創造一種全新的人。這樣的議題常由英雄或預言家來表
達。他們企圖獲得以 Haile Selassie、耶穌基督或佛陀為榜樣
的生活。

圖：美拉尼西亞的千福年運動：在基督教的十字架作為背景之
下，船貨運動的成員操練著竹片做成的來福鎗，這反映了他們
對於「船貨」將會到來的信仰。

千福年運動因情況和文化傳統之不同而異。拉斯塔琺教運動，認為千福年到來時，非洲將由非洲人統治，以及他們將可逃脫巴比倫的統治，顯示了非裔美國人的背景脈絡。在美國土著中最著名的千福年運動與鬼舞（Ghost Dance）有關。這些運動起源於北美中部大平原的印第安人企圖阻止美國人的擴張而失敗之後，並擴展到內華達，加州，以及美國西部的其他地區，中心議題是相信死者會來宣稱新生活的降臨。根據一些說法，土地會裂開而且吞下所有的白人，同時會留下他們所有的東西給宗教的追隨者，並在偉大神靈的庇蔭下過著天堂般的生活。

在美拉尼西亞，千福年主義透過船貨運動（cargo cults）來實施。歐洲人在殖民太平洋的時代剝奪了美拉尼西亞人民的權力及自治方式。除此之外，對土著而言，歐洲人亦未盡到他們的責任，即與土著分享巨大的權力與財富。這個運動混合了基督教傳教士的訓誡，即最終的千福年會伴隨著耶穌的復活，以及美拉尼西亞傳統的神話中，認為祖先會變成有權力的實存體，而且死去的人也會活過來。千福年發生時祖先會乘著氣船和飛機而來，並帶著歐洲人的財貨（the Cargo），同時使社會秩序大逆轉。那些在高位者會轉變到下層，而在下層的人將會翻身。

千福年運動通常與世俗的政治活動有關。雖然深受基督教的影響，在 1940 年代所羅門群島所發生的 Massina Rule 運動主要是抗議工資、種族主義、及英國的殖民。對歐人「財貨」的期望在上述運動開始時便已存在，但一直等到 Massina Rule 的後期，挫折加深時才變的活躍起來（Laracy 1983:33）。事實上，雖然早期對 Massina Rule 的分析強調它的千福年與宗教面向，但最近的學者已將焦點放在它在所羅門獨立運動

中（在 1978 年完成）所扮演的角色。

千福年運動並非過去的事情。現在船貨運動在美拉尼西亞地區仍然很重要，像在巴布亞新幾內亞的 Bougainville 島上。在 1960 年代，當與當地的地主交涉開採 Panguna 的銅礦與金礦時，Bougainville 的政治已受到動搖，當時這些礦藏正是中央及省政府主要的收入來源。但爭端仍然持續進行，包括收入的分配、外來者不斷進入礦場工作及造成的環境問題。緊張隨著反對而升高，導致了船貨運動的形成，他們反對國外商業利益、城鎮生活、反對與外國人結婚、反對教會的建立以及反對中央政府。在 1989 年的中期，教派的成員聯合政治好戰的 Francis Ona 攻擊礦區及礦工。相繼發生的暴力事件迫使政府戒嚴及訴諸軍事武力。教派的成員相信他們能夠在奮鬥中獲勝，因為祖先的黑色力量會保護他們。

宗教和革命

大規模社會主要的宗教傳統是基督教、伊斯蘭教、和佛教，當中有許多信仰是模糊的、衝突的、以及可做不同的解釋。這種不同性讓同樣的宗教傳統，受到想維持現狀或改革的人之利用。這種情況在革命運動中最為明顯。

在任何的革命中，許多宗教領袖會對抗因改變而來的威脅。這樣的保守作法，會受到革命者的批判和攻擊。例如，馬克斯主義者宣稱宗教是「人民的鴉片煙」。在 18 世紀晚期的法國革命中，教會與貴族政治之間的密切關係受到改革者嚴重的批評，教會的財產也遭到洗劫。類似的發展發生在 20 世紀初期的墨西哥和蘇聯。在改革的過程中，宗教領袖

和宗教意識常扮演積極、支持的角色。在 16 世紀德國農民的改革運動和 17 世紀英國的內戰都是如此。激進的牧師在北美與南美於 18 世紀晚期和 19 世紀早期對抗歐洲殖民統治的戰爭中扮演重要的角色。跟這些宗教有關連的社會勢力後來成為社會的主導，而這些宗教則扮演更保守的角色，以支持他們的新秩序。雖然本世紀的革命運動最初對宗教懷有敵意，但在過去的幾十年中宗教對世界各地的革命運動有很重要的地位。有兩個最重要的例子，一個是天主教的解放神學（liberation theology），另一個是穆斯林世界的伊斯蘭教的社會主義。伊斯蘭教的社會主義試圖藉著教授伊斯蘭教義來獲得社會正義。它在特殊的國家中呈現很多形式，包括在伊朗的什葉派革命（見 Munson 1989）和利比亞的格達費上校（見 First 1975）。根據解放神學的說法，在社會和經濟普遍不公平的情況下，一個人必須投入政治，甚至革命，以解放受到壓迫的人們（Ogden 1981:131）。解放神學出現在 1960 年代，受到教宗約翰廿三世的影響，而在開發中國家裡成為重要而受到爭議的勢力。像是中美洲的解放神學家 Oscar Romero 大主教（1980）被暗殺和 Ernesto Cardenal（尼加拉瓜 Sandinista 政權時的文化部長）事件。

在伊斯蘭教的社會主義和解放神學中，宗教是文化遺產中主要的部分，而且在革命的過程裡成為激進的力量。不管是伊斯蘭教或是天主教都不能視為造成革命的原因，但卻影響著革命運動的方向。

圖：神影瓜在城樂庫可眾說。
解念主馬口的大演於觀，地可司對表由學響瓜之公中發放的教拉可倉

摘要

　　儘管承認超自然力量及超自然神靈存在的宗教是基於神話中對宇宙的理解，但它們的特徵還是能拉到世俗的人類學層次來分析。固守某特定的信仰體系，可以從當地的社會形成歷程、歷史、及環境因素來解釋。在個人層次上，也可依個人的情況來解釋對宗教的選擇。對社會整體來說，宗教的形式常和適應策略有關；宗教行為和宗教信仰會隨著適應策略之改變而改變。

　　象徵符號常被用來當作宗教核心元素的具體表徵，例如人們留何種髮型通常帶著宗教的象徵意義。在圖騰宇宙的觀點中，自然現象常被視為和人類緊密連結。神話或神聖的傳說是另一個將超自然與世俗連接起來的方法。它們的功能

可能記載文化的歷史、為現存的社會秩序辯護、或從該社會的觀點企圖處理人類的基本問題。在分析神話中，我們可以洞察社會秩序如何運作，及它如何解決它的矛盾。

藝術指透過美學的意象來反映或解釋真實情況的本質面向，也是表達宗教象徵的一個常見的媒介。在大部分小規模社會及很多大規模社會中，藝術表現的傳統與宗教有關。隨著資本主義及現代世界體系的興起，藝術則越來越世俗化。

宗教傳統也包括對超自然存在的信仰。所有的宗教信仰都認定某個已命名的超自然力量或實體。這種信仰包括泛生信仰——信仰非人的超自然力量；泛靈信仰——信仰幾乎無法記數的靈魂，它們居住在動物或土地上或只是在地表上到處遊蕩；信仰一個神或數個神——而神是指擁有個別身份及辨識屬性的超自然存在，因擁有超自然及控制人類命運的力量而被崇敬。我們稱只有一個神的信仰為一神教，有多神存在的信仰稱為多神教。

宗教信仰的表現方式會衝擊著情緒：宗教實務加強了從世俗分離至神聖境地的感受；儀式會重複灌輸著信仰體系的基本訊息。有時人們會藉著他們意識狀態的轉變來尋求超自然的經驗。迷幻劑在平等主義的社會中常會普遍使用，因為這種社會不會將通往神聖的道路限制在一小群菁英身上。

專精於通過恍惚狀態和靈魂世界溝通的男女叫做薩滿。在小型社會中這些人通常兼職維持宗教律法及舉行儀式。只有在大規模、職業分工精細的社會才供養得起專職的祭司。維持律法的人傾向是保守的宗教傳統支持者，而持有新觀點的預言者則可能鼓勵激烈的變革。然而，即使是激烈的變革，仍須靠既有的社會秩序來塑造。一個宗教可能會隨

著文化的改變而改變。有時文化本身慢慢的演化會影響宗教的改變，有時與其他文化接觸或被征服也會帶來宗教信仰的改變。被征服者可能被迫接受征服者的信仰，或維護自己的信仰，或透過宗教綜攝的過程來融合二者。當被壓迫民族感到特別悲慘時，千福年運動可以帶給他們完全轉變的希望。宗教甚至可能在革命運動中扮演一個重要的角色。

人類學家特寫

巴布亞新幾內亞村莊的多元宗教現象

John Barker

本文作者是溫哥華 British Columbia 大學的人類學者。他在 1981 年末至 1983 年及 1986 年住在巴布亞新幾內亞，研究 Maisin 民族的宗教、美學及經濟變遷。Barker 博士是「大洋洲的基督教 Christianity of Oceania」，一套大洋洲群島基督教信仰的民族誌研究之編者。

1907 年 6 月航行至新幾內亞北部海岸的英國國教派傳教士 Arthur Kent Chignell 很高興看到了 Uiaku 村莊。因為不喜歡殖民城鎮及其鄰近村莊那種「半文明化」的邋遢樣子，當他看到 Uiaku 時，據他的描述，「正是我希望及期待看到的──大大的村莊和成群的原住民，穿著漂亮有原住民風味的服裝。」他繼續描述耀眼的熱帶花卉，和翠綠的山峰，就像他以前從未看過，「只能在圖畫書或夢中神遊的一般」（Chignell 1911:17）。

當 Anne Tietjen 和我在 1981 年 11 月從一艘小船踏上 Uiaku 的海灘時，我們感受到某種和 Chignell 之經驗一樣的悸動，儘管相隔了這麼長的時間。的確，雖然 Maisin 人現在穿著歐洲式的衣服及很多英國的流行服飾，但由於 Uiaku 與巴布亞新幾內亞其他城鎮與道路的隔絕，使它乾淨的茅草屋頂、乾淨的土地廣場給了這個地方一種原始的「傳統」風貌。Maisin 人和藹地接納我們融入日常生計的園圃活動及公共慶典，在慶典中村民彼此交換樹皮布，而青春期的少女則在臉上刺青。當我們的新朋友們告訴我們，他們與祖先靈魂如何相遇以及須不斷警戒以防範巫師時，我又再次想到 Chignell 的初期印象。這是他希望用基督教去取代的同一種「異教」信仰嗎？

圖：Uiaku 在聖湯瑪斯節日的舞蹈。教會的節慶現在成為 Maisin 人舉行舞蹈及社區宴會的日子。

然而，即使在 Chignell 的時代，Uiaku 已經與更大的世界密切接觸了。早在殖民時代之前，位於 Coollingwood 海灣中心處，四個 Maisin 社區大約 1500 人就形成了一個廣大的海岸線及內陸貿易網之中心。1890 年後，一開始 Maisin 人是歡迎歐洲政府官員、傳教士、及貿易者進入村莊的，但當外人的數量增加時他們開始不歡迎。在 1900 年底，一個政府巡邏隊在路線上設埋伏射殺了六個 Maisin 男人。隔年，在土著求和下，英國國教派傳教士在 Uiaku 建了一座教堂和一間學校。

　　從早期的挫折之後，Maisin 人在殖民政府、派遣人員和他們的後繼者所建立的網路中尋求機會。在 1920 年代，大部分村民均已受洗，年輕的男人也接受例行性地到村莊外指派的農地或礦場工作 18 個月。接著日本在 1942 年入侵，大部分的 Maisin 人為聯合國軍隊提供勞力服務。當這些人回來，他們組成一個議會來運作當地的教堂並研擬發展經濟的計畫。他們送子女到英國國教和政府設立的新高中和大學就讀，為了在教堂和政府準備讓巴布亞新幾內亞從澳洲獨立時能掌握任公職的機會。在 1975 年獨立時，Maisin 人形成一個小的國家菁英團體，職業是城市中心附近的醫生、公務員、牧師、和商人。

　　因此在 1981 年後，Uiaku「傳統」的面貌消失了。大約 500 個 Maisin 人住在村莊，有 250 個以上的 Maisin 人在遠處的城市中心定居與工作。在城市工作的家族成員會定期寄錢和日用品，如衣服、漁網、罐頭食品等回村莊。這種穩定的匯款可能實際上支撐著民俗活動的舉行。而受過教育的人穩定地從村莊向外流也實質減少了在村莊中種植食物及執行

其他勞務所必須的人手。匯回的錢和日用品補充了園圃中食物及交換財貨的短缺。

同樣的，過去只將焦點放在其「傳統」的宗教觀點和一些如葬禮及薩滿等活動上，這些均造成在 1980 年代對他們的宗教產生錯誤的印象。當我們和他們住在一起時，實際上所有的 Maisin 人都視自己為基督教徒，且村民會透過捐獻金錢給神父（一個巴布亞新幾內亞人），建造和維持教堂的建築，提供服務，以及參與教會節慶（一年中主要的慶典）等等，來支持他們的教會。當通常以英語進行的教會活動是大部分習自英國教會而非土著傳統時，他們並不認為自己是外國人；他們都在教會長大，並且是第二或第三代基督教徒。這是他們的教會，他們理當與分佈在世界上其他數以百萬計的英國國教徒共享（就像村民告訴我們的）。這也是一個成功地整合了他們自己獨有的傳統之教會。

對 Maisin 人，以及對我們大部分的人來說，宗教是社會化自然的結果。他們也會轉向宗教尋求韋伯（Max Weber）所謂的意義的問題（problems of meaning）之解答：為何人會死？為何壞事會降臨在好人身上？正像我們其他人一樣，Maisin 人也活在越來越多元化的世界；他們同時是氏族、村莊、巴布亞新幾內亞、基督教世界的成員。人們在不同層次的社會經驗中遭遇到難題或危機時，通常會進行宗教活動來反應。因此，當村莊一個年輕人忽然死亡時，Maisin 人瞭解死亡，並會尋求以當地信仰中有關巫術及遭遇靈魂攻擊的方式去解釋。當一個人病得很嚴重時，村民會同時尋求土著醫者及西方專業人員的幫助。他們不只用土著的方式，也用西方的方式來瞭解疾病。為了使他們的族群在國家層次、資本主義、及包含眾多民族團體的更廣大世界中有其意義，村民

將此企圖寄託在教堂及基督教的神身上。一個婦人說：「現在歐洲人和 Maisin 人都是基督教徒，我們都是兄弟姊妹，我們的子女能夠互相通婚」，她是教堂教師的妻子，本身則是傳統的醫者。基督教讓 Maisin 人認識到自己是更大世界社群中的成員，在這麼一個大社群中，文化和種族的差異及不平等，可以透過遵循共同的道德戒律和信仰同一個神而超越。同時，Maisin 人瞭解他們的文化並以文化的特色為榮。這些特色他們從一個世紀前，傳教士第一次在他們海岸登陸時就已成功地保留至今。

Ch15

疾病與醫療

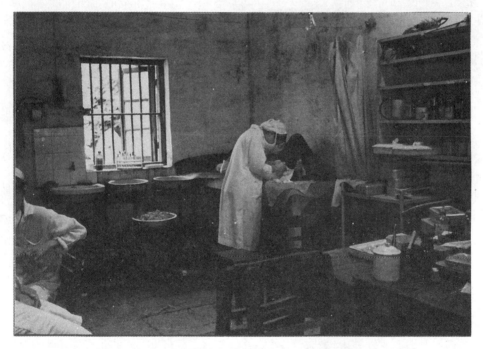

圖：中國大陸廣東一個公社的附屬醫院。雖然這個照顧健康的
場所提供了醫療和醫生受訓的地點，但從西方的標準來看，仍
是落後的。

1 流行病學
- 地方性疾病
- 流行性疾病
- 文明病

2 營養不良
- 營養不良與生計型態
- 食物的文化認知

3 心理疾病
- 壓力失調的型態
- 社會變遷與壓力

4 疾病起因的概念
- 身心二元論
- 個人論與自然論

5 醫療
- 醫療的效果
- 醫療照顧系統
- 醫療保健的代價

摘要

人類學家特寫：美國人的老化與人類學家的契機

Madelyn Anne Iris

甚麼是生病、疾病和醫療的社會文化背景？對所有人類社會而言，生病是平常的。可是，疾病的發生方式、疾病如何處置以及人們如何看待疾病都會因社會之不同而大不相同。在西歐和北美，癌症最被注意；在許多熱帶及亞熱帶地區，人們更關心的是瘧疾、霍亂和痢疾等疾病。在西方社會，醫治疾病著眼在治療生病的器官或是控制某種病毒；在許多非西方社會中，更注重的是生病的社會及心理層面。

人類學家強調，特殊的自然及社會文化環境存在著不同的疾病型態和治療方式。如同澳洲土著和亞馬遜印第安人的醫療系統，美國和尼加拉瓜的制度也都是其個別環境下的產物。**醫療制度**（medical system）一詞，我們意指「文化上回應疾病之威脅的行為與信念」（Foster and Anderson,1978:33）。人類學家也研究大規模與小規模社會的醫療制度。在研究醫療制度時，認清疾病和生病的區別是很重要的。**疾病**（disease）是指由病源引起的狀況，使身體部份機能受到干擾或擾亂。**生病**（illness）則是文化的概念：某個社會的想法，認為何種情形已偏離正常的健康狀態。即使有關疾病的信念及其發生方式可以視為社會文化現象，但是疾病本身仍屬於生理學的過程。另一方面，生病則是更寬廣的概念，指人們如何去理解心理與生理的脫軌狀態。

流行病學

　　流行病學是探討在社會中，疾病發生的頻率、分佈狀況及如何控制它的醫療科學分支。世界性致人類死亡的主要疾病型態，不外乎心因性疾病、呼吸器官障礙、傳染病、寄生蟲病及癌症。然而，如果比較已開發國家和較窮的開發中國家有關上述疾病的相對流行頻率，我們將發現有顯著的不同。在已開發國家，心因性疾病乃是頭號殺手，第二位則是癌症。相對來說傳染病則很不明顯。相反的，傳染病在發展中國家則是最具威脅的。即使在已開發國家，國與國之間的情況依然大不相同。蘇格蘭和芬蘭的心臟病死亡率是最高的——每十萬人中超過六百到七百人死亡。比起來，法國只有一百五十人，而日本不過五十人。

　　流行疾病的型態也和性別與年齡有關。再看看心臟病死亡率，在加拿大和美國，男性死亡率每年超過三百人，而女性只有一百人左右（這個比率在其他國家也相當固定）。從年齡來看，心臟病是成年人的主要殺手，對兒童則不是。腹瀉是世界性的兒童致死原因（一年約五百萬人），對成年人則影響較小。

　　雖然在貧窮國家許多與疾病有關的死亡中是與貧窮及貧乏的衛生條件有關，但在已開發國家中要瞭解其原因往往更爲複雜。爲什麼比起法國人來說更多的蘇格蘭人死於心臟病？抽煙、高血壓及膽固醇過高匯合成爲心臟病的主因。流行病學家因此拿受調查人口中的抽煙與否與飲食習慣作比較，看看和心臟病有何關連。最近的研究指出，人格型態是很重要的一個因素（Eysenck and Grossarth-Maticek,1989）。

簡單地說，流行病學家必須研究文化、社會及心理等更複雜的變數，以便解釋不同心臟病死亡率的原因。

最為人熟知的人類學對流行病研究之貢獻是古魯（Kuru）案例。此種中樞神經系統疾病，發現於五〇年代的巴布亞新幾內亞東部高地的南端。古魯病通常在染上後六至十二個月致死，沒人知道如何治療。而這種疾病僅見於該地，也僅限於女性、兒童及偶然感染的年輕人。

進一步調查顯示，此病傾向於跟隨特定的家族血統。龐大的假設被提出來解釋此病的成因——遺傳、傳染、社會及營養——但都徒勞無功（Hunt, 1978）。第一次突破來自對綿羊及黑猩猩的研究結果，指出了「慢性病毒感染原」的存在。這種病毒在經過長期的潛伏期後才會發作。古魯病，被證實是第一種由慢性病毒引起的人類疾病。

然而慢性病毒的發現仍無法說明古魯病的流行性特徵。為什麼此病只限於該處？為什麼只發現在某部份特定的人身上？以及為什麼它的發病率隨時間而改變？此病第一次出現在二十世紀早期，大為流行是在五〇年代晚期，隨後則消退了。人類學家 Robert 和 Shirley Glasse 提供此種神秘事實一條線索（參見 Lindenbaum 1979）。他們注意到在 1910 年左右，食人的習俗發生在該地的婦女身上時，此病同時初次出現了。特別的是，分食死去親族女性的腦成了哀悼儀式的一部份。那些腦基本上由女性準備與服食，有一小部份在偶然間被分給不分性別的孩童。研究顯示，在準備時病毒已被傳送了：當女性碰觸了腦佈滿黏液的部份時，其內容物已染有此病。不論是再經由吞食（Gajdusek 1977）或透過手持屍身而後「塗抹眼睛」，孩童都可能受到污染（Steadman and Merb 1982:619）。古魯病的消失與儀式性食人肉習俗在六

O 年代的停止有關。到了 1986 年，那裡的病例也只有六個。

圖：一個古魯病患由醫療者以放血的方式治療（巴布亞新幾內
亞）。

地區性疾病

一個社會的特殊疾病跟本身的自然環境關係密切,如同跟文化習俗關係密切一樣。部份人口對特殊環境的適應,會使當地的致病因素起生物文化上的調適作用,特別是當人口數及其適應大致穩定時,相當穩定的流行病型態就會發生。結果之一就是造成**地方性疾病**的發展。這種疾病的發生率較低,卻會持續地出現在某一特定人群當中。在我們社會中,此種疾病包括了傷風、流行性感冒及水痘。

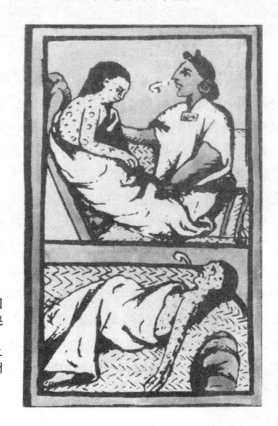

圖:美洲原住民因西班牙人入侵帶進天花病毒而受苦,此種瘟疫造成孤立於外面世界的美洲原住民人口大減。

證據顯示，在我們幾千年的覓食階段中，疾病型態是相當穩定的（Dunn 1968）。最初穿越白令海峽到美洲大陸的移民隨身帶有一些疾病，他們在孤立中發展了對某些特定致病因子的忍耐力。在美洲大陸發展出來的地區性疾病—梅毒，是世界性疾病迴線螺旋體病的一種症候群。不過在此時期還不是一個特別嚴重的問題。在 1492 年哥倫布到達後，梅毒接著傳播到歐亞（第一場發生在歐洲的瘟疫，在 1494 年或 1495 年的義大利）。隨後梅毒出現了更多嚴重的特性，是人們所熟悉的。

流行性疾病

早期孤立的人群之間的遷徙和接觸是發生流行病的主要原因。一種流行病不只在一個社群中普遍發生，更特殊的是它的高發病率和迅速、廣泛的傳播。也許在世界史中，最具毀滅性的一場瘟疫是 1492 年後美洲大陸與歐洲展開經常性接觸所帶來的。長期的孤立使美洲大陸的人們更易受外來疾病的侵襲。天花是其中一種致命殺手。對舊世界而言，流行病是穩定的、可預測的殺手，只造成每年歐洲低於百分之十的死亡率。但是對於以前不曾接觸外界的人們而言，天花幾乎使每個人都感染到。在和歐洲人接觸的十年內，僅僅由於像天花一般的流行性疾病之直接與間接結果，就使中墨西哥的人口數從二千五百萬人劇減至一千六百八十萬人。西班牙人 Toribio Motolinia 在十六世紀的著作中提到，墨西哥的本土居民在流行性傳染病的肆虐下「死得像床上的臭蟲」（Motolinia 1950）。

335

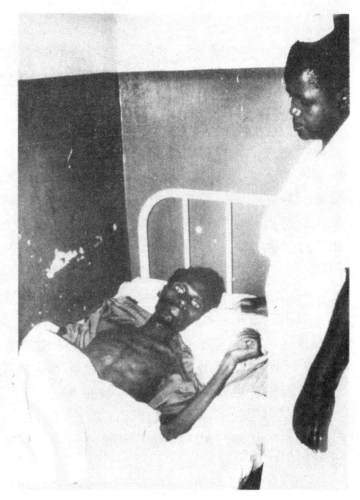

圖：性病已拉民難當很療上同經傷。世界的流行AIDS使撒洲非飽，好地條加時濟界行哈人苦使是醫雪，成損並不的件霜造的

　　數個世紀以來，麥加一直是整個伊斯蘭世界朝聖者
（haji）的目的地。如此的人群相混提供了流行性疾病散佈
的條件。因此，在 1865 年病因被朝聖者帶往麥加，然後透
過旅隊的移動再被帶回朝聖者的家鄉。例如在埃及，瘟疫使
六萬人喪生。直到 1874 年以前，這瘟疫傳播至世界各地，
甚至遠達紐約。這災害後來在 1893 年和 1902 年又在麥加發

生。

　　瘟疫不只是過去的產物，也不是已開發國家中幾乎絕跡的事物。近年來已發展成一場流行性的疾病是皮膚癌（惡性、黑色、鱗狀物細胞型皮膚癌），尤其是在已開發國家。在美國每年有超過 50 萬的皮膚癌病例出現，不久可能達到百萬之譜（一項可靠數據顯示在加拿大約有五萬個）。這種疾病與環境、文化因素都有關。1922 年，影壇明星 Coco Chanel 帶著一身度假曬得黑亮的皮膚返回巴黎。很久之前，被流行淘汰的是百合白的膚色，而曬亮的皮膚，曾令人皺眉並視爲和戶外勞動有關，現在則成爲流行。接下來把皮膚曬黑在西方戲劇化地流行，且被視爲身體健康的表徵，雖然現在這已被看成是皮膚癌的原因。甚至在日本，過去很少有皮膚癌案例，但由於古銅色肌膚的受歡迎及海濱度假的盛行，皮膚癌的成長速度與其他已開發國家比起來則相當驚人（Elwood 1989）。除了流行趨勢所致外，因化學污染造成臭氧層稀薄的環境變化，也助長了皮膚癌的增加。

　　現在引起最高度注意的流行病是 AIDS（後天免疫不全症候群），是由 HIV 病毒引起的。此病主要是經由性接觸傳染的，另外的途徑則是靜脈藥物的使用（如使用受污染的注射器）、不潔注射器的使用、及醫院遭污染的血源。流行了許多年（明顯是起源於非洲），恍如一場沈默的瘟疫，此病直到 1981 年才被認出。這種流行病已在非洲、北美及西歐大爲流行，而在亞洲、東歐與拉丁美洲則處於早期階段。1991 年估計在 120 個國家中，AIDS 至少已出現 35 萬個被報導的病例，其中美國約有 17 萬個，而烏干達是撒哈拉非洲數目最多的（1 萬八千個左右）。從 1981 年開始，至少有半數以上的患者病逝。世界衛生組織估計事實上有六至八

百萬人已感染了 HIV 病毒，並且預測到了公元 2000 年將會有 1500 萬到 2000 萬人染上 AIDS，其他估計則高達 4000 萬。

　　雖然在已開發國家，大部份的 AIDS 病人已經被偵測到了，但多數新病例來自開發中國家。在撒哈拉非洲這個問題顯得更緊急，那邊偵測到的案例從 1985 年的 383 個激增至 1990 年的 91114 個。事實上，撒哈拉非洲的實際情況要比一般印象來得更糟，衛生權威人士現在估計在非洲約有 500 萬成年人可能染上了 HIV 病毒，在東非及中非可能有百分之二十到三十的成年人已經感染。在東南亞，AIDS 也是一個日益嚴重的問題，據評估有 100 萬人感染上 HIV。

　　由於疾病本身仍沾著污名，加上發現 AIDS 有技術上的困難，使染病的正確人數很難得出。例如尚比亞政府為顧及國際形象，拒絕承認此病的存在，直到 1986 年，當總統 Kenneth Kuanda 的一個兒子死於 AIDS 之後，隔年的政策才發生鉅大的改變。但尚比亞的官方資料始終無法反映真相。在 1989 年，那兒僅有 1300 個被報導的病例，但半官方的估計卻高達 7 萬，甚至在 700 萬公民中，估計有 35 萬個 HIV 病毒帶原者。

　　人類學家和其他科學家不獨關心社會文化因素和疾病的關係，他們也同樣重視疾病對社會的影響。嚴重的流行病深深地影響著社會。例如在 16 世紀，許多美洲大陸土著帝國的瓦解（阿茲特克及印加等），是由於新流行性疾病肆虐的結果。同樣地，一些撒哈拉國家因為 AIDS 的流行，已面臨類似的災害狀況。疾病的深遠威脅是很明顯的。世界上使約有 3 億人感染的地區性疾病—瘧疾，可能在某地只造成微少的死亡，但卻令更多的人衰弱，因為即使是普通的小病也

會影響到生活各方面。

文明病

Charles Hughes 和 John Hunter（1972：93）提出「文明病」（desease of development）一詞，指「那些由於發展計劃執行後經常產生的不可預期結果所造成與疾病有關的情況」。此類疾病可分為三個主要範疇。首先是邁向大規模工業社會所帶來的疾病，如糖尿病、肥胖和過度緊張。例如在60 年代 Nauru 人戲劇性地增加財富，在 70 年代，又在自己孤立的南太平洋小島上獲得磷礦，財富再度增加（Howard 1991b）。由於此新增財富對食物消費的鼓舞（事實上全部都透過進口，且大部份含有高量的糖分和鹽分，營養價值卻很低），每人每天生活中所消費的平均熱量達 6000 卡路里。在 1989 年，5000 個諾魯人中約有 400 人為糖尿病所苦，實際上可能更多。肥胖對成人來說，顯然提高了發生糖尿病的可能性。如果坐視不管的話，糖尿病會引發諸如呼吸系統、心臟疾病、腎臟疾病、失明、生疽、生下死嬰及先天性異常等併發症。當 1983 年 Nauru 政府展開了一項糖尿病患的醫療檢查時，一些人因為病得太重而無法自己到達醫院。

第二個範疇是細菌性與寄生蟲性疾病，是因為自然環境的改變所引起的。如一直影響著西非摩他河流域（Volta River）居民的非洲河流瞎眼症（onchocerciasis）。此病由一種微小黑蠅所散佈，會導致部份或全面性失明。此病後來傳到新大陸，在 40 年代出現在墨西哥。據報導在 1974 年和1975 年經由南美亞馬遜流域西北部的發展計畫，這種病隨之在當地傳布。這地區的土著人群顯得更易受感染。在某些

Yanomami 族的群體中，甚至有百分之百受到傳染。二位美國科學家—Robert Goodland 和 Howard Irwin（1975）發現，隨著北帕利米特（Northern Perimeter）高速公路的開闢，黑蠅藉著公路所能到達土著村落之距離更遠，影響也就更爲活躍。

第三個範疇包括源於貧窮、營養不良及低度衛生條件所衍生的疾病。這反映著發展計畫想要促使人們融入大規模社會以過更舒適生活的失敗。

發展中的疾病帶來了困難的問題。瞭解疾病的原因有助於解決一些問題，而人類學正扮演一個重要角色去分析複雜的社會、文化和自然因素與疾病的關連。然而，從前述的糖尿病與瞎眼症，不太可能只因新藥的發展或藥劑的噴灑而式微。唯有深入探討疾病整個的背景因素，才可能找到醫療之道。

營養不良

全世界至少有十億人正處於營養不良的狀態。也就是說，每五個人之中就有一個是營養不良的。欲瞭解造成營養不良的原因與找出解決之道是今日科學家所面臨的最大挑戰。輕微的營養不良會影響人們日常生活中的行爲能力，而嚴重的話，甚至會導致長久性的腦部傷害或死亡。造成營養不良的原因包括了文化與社會兩個層面（見 Foster 1992）。營養不良與社會因素是相關的，如經濟上的貧窮，這些社會因素影響人們吃的食物之種類與數量，以及影響人們對所吃

338

何物的想法（即：認為什麼才是「食物」）。

圖：一場由於人禍與天災所造成的伊索比亞飢荒，使得數千人死亡且威脅到數百萬人的生存。

　　一份全球性的數據顯示出食物與營養不良間的關係，若所有人都只吃蔬菜類的食品，則我們所生產的食物足以供應 120%的人口；然而若全球性的飲食習慣包括了少量的肉類，數量與拉丁美洲的消耗量相仿的話，則還能供應 80%的人口（不將蛇、蜥蜴、蟲類算作食物），但如果我們要求符合世界健康組織所建議的營養攝取量，則只能養活 50%的人口。

營養不良與生計型態

在 Frederick Dunn（1968：233）對覓食者的研究中，他引用了許多研究報告指出，傳統覓食社會相對而言處於良好的營養狀態。在這些社會中，飢餓的情況很少見，嬰兒的死亡率也很低，以及擁有足夠的食物能滿足所需的營養。然而 Nathan Cohen 在 1989 年的研究卻指出，減少對動物性蛋白質的消耗，並增加對穀類食品的依賴，乃導致從覓食社會轉移到農業社會後的營養品質之降低，使人們面臨更多的健康問題與生理壓力。於是在美洲大陸裏，由於動物性蛋白質的飲食習慣轉變成依賴玉米類，而使得成長減緩與造成貧血。儘管有這些問題，人口的成長，基本上是由於土地肥沃度增加所致。

當代覓食社會營養不良的程度，跟他們與非覓食社會爭奪資源、及整合融入現代化國家時的不利地位有關。在探討 Cape York 半島的 Edward 河畔之澳洲土著的營養研究中，John Tylor 注意到自從澳洲土著於 1950 年代放棄了原有的覓食生活（涉及消耗大量不同的野生食物）後，就處於缺乏食物與營養不良的狀態。多數定居於鄉間的澳洲土著之食物，包括水、麵粉、甜紅茶、和偶爾有的肉。這樣的食物缺乏蛋白質、鈣質、維生素 A、C，僅能提供不足的營養。若在懷孕期間，會造成嬰兒出生時的體重較正常者為輕，與日後對疾病抵抗力的降低。健康問題持續在生活中循環，故今日的澳洲土著比其他澳洲人有較高的患病率與死亡率。

然而 Tylor 研究中最重要的部份，可能是 Edward 河畔的澳洲土著之經濟情況雖然好轉，卻沒有造成食物的增加。

因為事實上，所得的成長被用到其他非食物上的需求與滿足。問題出在：澳洲土著認為他們的食物已經足夠。畢竟麵粉與紅茶已足以填飽肚子。故即使經濟好轉且物質狀態也不錯，營養卻仍處於失調的狀態，即使許多人都不是有意讓自己營養不良的。

對許多小規模的農業社會來說，當他們整合到大規模的市場經濟時，所面臨的營養問題變得更加嚴重。農業鄉民發現，他們所栽種的大部份食物都供應給非農業人口所食用，自己保留的部份扣除稅賦之後，僅剩不能滿足所需營養的少量食物。他們的飲食有數量與種類的問題。特別是蛋白質的吸收大大地減少。好比多數厄瓜多爾鄉民的蛋白質攝取量，就比活在該國東方叢林中過著傳統生活的 Achuara Jivaro 人的半數不到。

大規模社會的現代化農業技術，雖已可生產大量的食物，但吃的人卻更多；儘管有增加產量的發明，但在許多開發中國家食物的生產僅要趕上人口的成長都很難。然而，不僅是生產足夠的食物這麼單純，開發中國家更得面對如分配、保存食物等基本問題。此外，社會經濟不平等的惡化也是一項問題，這不單是貧窮國家，就連美國也有這類問題：中上階級食物過剩且吃得肥肥的，但低下階級卻營養不良。

食物的文化認知

營養不良亦可能發生在文明大眾的身上，而不是只限於那些如 Edward 河畔的土著不知他們的飲食中缺乏維生素，這類相對貧窮與未受教育者而已，因為文化會限定人們所願意吃的食物。北美洲那些受過教育且生活富裕的人也可

能有這種情況。

　　每個社會，人們都會自一些可食的動植物中標出哪些是「食物」。西方社會的人常無法想像東亞與太平洋地區人們常吃的食物，如狗肉（Ishige [1977]告訴我們一個在土窯中烤狗肉的烹飪法）。世上其實有許多營養豐富的昆蟲和「草類」，只是有些人不視之為食物，並因此而挨餓；但對其他人來說，那卻是五花八門的超級市場。比如中國廣西的 Bama 人（Ignatius 1990）據說是世上百歲人瑞最密集的地方，而聽說長壽的原因與他們吃野草、蛇類、蜥蜴類食物有關。

　　企圖改變人們對食物的文化認知是一件不容易的事。改變飲食習慣不像提供不同種類食物那般簡單：我們都知道，去告訴一位小孩（或成人）說：「喏！吃這個，對你有好處！」是多麼困難的事。跨文化的一些創新嘗試更是不易，特別當人們對某些食物有偏見時（那是給豬吃的！）。此外，一些強調營養價值的新食品，事實上可能因為水土不服而導致受推廣地區之營養情況惡化。如雀巢（Nestle）等跨國企業，原嘗試改善貧窮國家對嬰兒的餵食方式，卻因許多母親的教育程度不足與貧窮及環境的不衛生，終招致反效果。

心理疾病

　　所有的民族都認為心理上的疾病是不正常的。**心理疾病**包括由生理狀況，以及個人無法適應社會文化所引起的失調。就後者而言，心理疾病與調適環境產生的壓力有關。

壓力存在於每個社會中，這可能是自然因素導致的，如地震、火山爆發等，也可能是蓄意引起的，像被詢問、逼供時情緒的緊繃。然而，它也可能是我們生活中一種正常的情形，像面對出生、死亡、婚嫁時所產生的壓力。此外，尚有一些來自社會的因素，如失業、工作過度等等也會導致壓力。

壓力失調的型態

　　對不同文化的心理疾病經過幾十年來的研究後，西方精神病學者認為，一些主要的心理疾病型態都是全世界共通的（Kennedy 1973）。然而，由於壓力產生的情況因地而異，且每個文化處理壓力的方式有別，所以心理疾病之種類的分佈在每個社會中自然不同。壓力可能是物質環境、經濟條件、兒童教養方式、宗教傳統等因素結合的產物。因此，我們或許可能（雖然困難）以流行傳染病科學的觀點來研究心理疾病，也就是說，去注意它分佈的型態，並且探尋環境中可能影響這些型態的變因。

　　心理疾病除了一般的型態外，尚有一些產生於特殊環境或文化傳統下的例子，這些例子一般被認為是「**文化制約症候群**」（culture bound syndromes）。「極地歇斯底里症」（Arctic hysteria）是在生存於極地區民族身上發現的失調；「殺人狂」（running amok）則是某些亞洲社會中男性失控的暴力行為（Spore 1988）；而「koro」則是中國人害怕性器官縮進體內的恐懼感。這些失調大多是全球共通的心理疾病，但同時也因文化背景之不同而具有某些特殊徵狀。

圖：貧民窟的生活相當艱苦，經常引起身心的健康問題，圖為海地貧民窟的情形。

　　「極地歇斯底里症」被認為是長期處於寂靜之下所引發的症狀。它會使人們撕破自己的衣物而狂奔，甚至在大雪之中亦然。這也是我們所謂廣場恐懼症的一種，都是在空曠地方所產生的恐懼，只不過「極地歇斯底里症」是在極地環境與 inuit 特殊文化下的型態。Edward Foulks（1985:307）便認為，「極地歇斯底里症雖然可以用心理學上的術語來理解，但我們若從愛斯基摩人的文化架構來看，便可獲得更多的了解。」Anthony Wallace（1972）則注意到，這種症狀與兒童養育過程中缺乏鈣質有關。此外，冬天也會增加人們的不安全感，因此氣候也和這種病症有關。Foulks（1985）在

341

「極地歇斯底里症」的研究中,對文化變遷如何影響此一症候群提出一套說法。他認為現今 Inuit 人行為上的緊張狀態和喝酒有關。他指出,在 Inuit 人的社會中,傳統中有一部份顯現出「極地歇斯底里症」的另一種型態,這是和喝酒有關的;其他則表現出和美國城市地區類似的行為型態。

社會變遷與壓力

對許多人來說,急遽的社會變遷,是產生壓力的一大主因。這種壓力一般都是短暫的,還不至於導致嚴重的精神疾病。大致上來說,遷徙常會造成壓力。Margaret Mead(1947)指出,遷徙者常會產生文化上的偏差感,因而導致壓力;同時他們也缺乏一般減低、消除壓力的方法。如果他們還必須面臨身體上的適應,那情況就更糟了。從安地斯山移居到海岸城市利瑪(Lima)的祕魯印地安人,便同時要面臨社會文化以及低海拔壓力轉變的適應。剛開始時,這些轉變造成他們焦慮緊張,並反應在各種生理狀況上,造成循環、呼吸、神經系統以及腸胃等問題(Fried 1959)。

遷徙以及其他快速的社會變遷,會導致「**脫序**」(anomie),這是一種人格錯亂以及感覺疏離的狀態,Emile Durkheim 在他著名的自殺研究中認為,脫序是放棄社群目標,及放棄達成這些目標的社會規範後所產生的結果。在少數緊密結合的社會中,人們的生活受到較嚴格的規範,如此一來,雖受到約束,但也較具安全感。遷移到都市之後,雖然變得自由一些,但對於個人來說,突然要在一個離散的環境下生活,實難確保能得到快樂。對許多原住民來說,急遽的社會變遷,等於是對現存社會秩序的破壞,而且新秩序往

往伴隨著貧窮與剝削。至於心理上的影響則相當大，可能嚴重到導致自殺或喪失生存意志。以上這些說法都認爲，新環境的生活壓力，可能導致心理疾病，並且會混合著新文化與舊文化各自之適應失調的特徵。

疾病起因的概念

人們治療疾病的方法一般多會根據對它的起因之概念。在大規模社會中，關於這方面有許多的信念，能反映出社會本身的複雜性。這種多樣性被稱爲「**醫學多元論**」（medical pluralism），是各種醫學體系之間競爭並互補下的產物。

身心二元論

西方的醫學傳統將病源區別爲身與心兩方面，也就是說有身體的疾病以及心理的疾病兩種。另一種說法，則將健康視爲人之生命總體的表現，這顯然較具全貌觀。例如，多數非西方的醫學體系，不會去區分心理疾病的種類，而將身心的疾病視爲同一範疇。對蘇丹南方的 Azande 人來說，心理疾病和瘧疾、天花差不多，都是因爲巫術引起的。因此，西方傳統醫學對身心疾病的區別多少反映出西方社會比較專業化的現象（在職業上或其他方面）。

西方醫療業者已對這種區別漸感質疑，他們認爲身、心失調之間有極大的關連。因此，許多身體疾病很明顯和環境所引起的心理問題有關，例如癌症。此外，研究顯示，許

多心理型態也會受到生化因素的影響。後者的例子包含一些抑鬱症、著魔、精神分裂等情形。

個人論與自然論

現代疾病治療的科學觀，一直要到十六世紀才逐漸發展成形。世界上許多地方的人們仍堅持各種信念。雖然這些說法互異，但似乎某些基本原則是相同的。Foster 與 Anderson （1978:53）對於疾病的起因，指出有兩種主要的非科學觀點，即**個人論**（personalistic）與**自然論**（naturalistic）。

個人論者認為，疾病是由超自然力量（如鬼、惡靈）或人為（如巫婆、法師）刻意引起的，這種信念發生在小規模社會，是透過對小範圍部落居民的研究得出來的，如撒哈拉沙漠周圍、太平洋島、東亞等地區。根據這種說法，病人是犧牲者，是個受到侵犯、懲罰的對象。這種說法不含意外事件的觀念，如果一個人從樹上掉下來摔死，也會被認為是某人或某物所刻意引起的。但這並不意味個人論者就無法指認疾病或傷亡之更直接的導因，只是他們認為在可見因素之外，還有其他的影響力存在。Azande 人的想法便是此派學說之一例證：

不管本質為何，Azande 都將疾病歸因於巫術。這並不是完全否認次要的病因，而是除此之外，他們還會聯想到魔法、巫術。他們不會認為既然是超自然因素引起疾病，所以就忽視症狀的治療；也不一定一昧地認定巫術導致人等著水牛以角猛攻致死。相反地，他們有許多藥典。平常他們也相信藥物治療，但只有當病危時，

才會想要去根治超自然的病因。然而，在描述 Azande
人對疾病的分類以及他們的態度時，我們必須銘記，巫
術在他們心中的地位隨時是顯露無遺的。若是 Azande
人沒有馬上請巫師去找出施法的巫婆，可能是因爲他們
覺得這種病症不嚴重，還不值得去請教巫師[Evans-
Pritchard 1937:479]。

　　相反的，**自然論者**則採非個人觀點來解釋疾病，認爲
一個人的健康是由於體內均衡得以維持。當平衡被外在（如
冷、熱）或內部因素（如激烈的情緒）破壞而導致失調時，
疾病便產生了。現代有許多自然論醫療體系是承襲上古文明
的醫學傳統，特別是希臘、印度、中國等。例如某些醫療體
系是基於古希臘傳承來的體液觀念：古希臘人相信身體內有
四種體液，分別是血、痰、黑膽汁（與憂鬱有關）、黃膽汁
（與憤怒有關）。每種體液都和某些特質有關，血和濕、熱，
痰與濕、冷，黑膽汁和乾、冷，黃膽汁則與乾、熱有關。當
這些體液缺乏、多餘或比例不協調時，就會生病。而治病就
是要重建體內的平衡。

　　拉丁美洲有另一種病理學看法，把疾病歸因於冷熱的
失調。這可能和個人所接觸的物體之實際溫度有關（例如水、
空氣、食物）。但這種實際的溫度往往還不是那麼重要，因
爲冷熱的定義視文化而異。食物是維持冷熱平衡的關鍵，因
此這種醫學體系便根據溫度來區別食物。Margaret Clark
（1970:166）研究中美洲社群時，發現白色豆子、大蒜、紅
番椒被認爲是極熱的，鹽、豬肉、洋蔥被認爲是熱性的，玉
米餅、羊肉、蘿蔔被認爲是冷性的食物。吃了過熱或過冷的

344

食物，就會生病，而治病則需要重建體內冷熱的平衡。

其實，對於疾病的觀念，很少人把它歸咎於單一病因。既使是 Azande 人，也不會單單將一些只發生在孩童身上的病痛歸因於巫術。事實上，他們對於孩童病因的概念是很含糊的，這多少也反映出孩童在 Azande 社會的地位很低。高嬰兒死亡率，以及兒童很少被視爲社會一份子，顯示他們此時的生命非常脆弱。

醫療

人們如何去治療疾病，主要是社會與文化因素的產物，而不是疾病本身的內在本質。我們不難發現文化上的信念確實會影響人們治療疾病的方法。如果體液的不平衡被視爲原因，那麼治療將導向尋求均衡。例如阿茲特克人相信頭痛是由於頭中有過量的血液，治療因此牽涉了藥劑的使用以產生激烈的噴嚏和鼻出血以移除過多的血液，如果這樣的處理失敗了，那他們就會用黑曜岩的尖端在頭上弄個傷口以移走多餘的血液。如果觀念上認爲疾病是由細菌或其他微生物引起的，那麼治療上就可能包括使用抗生素。而如果相信疾病是由魔法所致，則巫師就必須要作法驅魔了。

醫療的效果

評估不同的治療系統之效果並非如想像中那麼簡單。所有的治療系統似乎至少在某段時期奏效過，而且也都能合理地解釋他們的失敗。此外，由於疾病和治療涉及心理與文

化因素，因此某種治療在某種文化中不能運作時，不表示在別的社會文化中也同樣無效。在澳洲北部 Wellesley 島上的原住民得到 malgri 這種病時會昏昏欲睡且腹痛，據說是由於未遵守飲食上的禁忌所致，而他們的治療者會跪著從自己的腋窩按摩出汗水放入受害者的體內；接著把草或毛髮作成的帶子解開綁在受害者的腿上，並將線端放入水中以指示侵入的靈魂回家的道路。然後治療者開始唱歌持續至夜晚，直到看見第一顆流星（被物化成 malgri 的眼睛），才表示這個靈魂已釋出，接著咬斷繩索，受害者便復元了（Cawte 1974:110）。這樣的治療，當我們的文化中有某個人得了類似症狀時，是否能有效治好，相當令人懷疑，但它確實在這種特殊的疾病上發揮了功效。

　　所有的治療系統至少可以對付某些疾病，但這並非暗指所有的系統都同樣有效，顯然地，有些治療方法確實比其他的好，而有些治療方法事實上是沒有作用的。但評估這些治療由某個系統至另一個系統並不是容易的事，而經驗已經告訴許多西方的醫療從事者不能忽視其他系統中有治病力的治療方法。不久前，西方的醫師嘲笑針灸療法，而現在針灸在西方已被證實是對付許多病痛的有效方法。同樣的，西方科學家正更加注意許多所謂原始的醫療系統所利用的藥物。很多植物和藥劑發現並無利用價值，但有些卻提供西方研究者寶貴的資訊，可用於開發現代的藥物。植物學家 Michael Balick 注意到在 265000 種已知植物中只有 1100 種已完全被研究過，他判斷至少有 40000 種植物可能有藥效或營養價值（Linden 1991：52）。Balick 和一些人已經從拉丁美洲薩滿巫師們的手中收集了幾千種的植物樣本去製造藥品以用在治療癌症、AIDS 和其他病症上。

345

圖：兩位傳統療法的醫者正在治療一位頭痛的老人（西澳大利亞，Jigalong）。

　　所有治療系統之間存在著曖昧不一致之處，加上有多種治療系統，這同時創造了困難和機會給治療者和病人。當某人試著去治療一位病人時，診斷與適當的治療鮮少是自動的，而錯誤也常會出現。治療的失敗可能歸因於疾病的性質或治療者本身的醫術，很少會因此而懷疑到治療系統的效果。如果有超過一種以上可行的治療法，病人就可以有更多的選擇，如果第一種無效的話。事實上，有許多案主確是求助其他治療系統後才治好的。然而，在不同的系統中選擇治療，可能會受到一些江湖郎中的傷害。有很多醫療系統都認清存在江湖術士的可能性，其中以大規模社會的人們較有此認知，因此這些社會會去設定標準，但此標準並非能應用在

所有醫療系統上。

醫療照顧系統

　　治療的社會構成要素包括整個社會結構，因其影響著
治療的過程和**醫療照顧系統**（health-care delivery system），
346　醫療照顧系統會統籌動用資源去照顧那些生病的人，在這個
系統中，病人、治療者和輔助人員均扮演重要的角色。它也
包括了可用或適當的技術及病人的安置方式，這些在治療過
程中都可能會用到。

　　不同的醫療照顧系統對待病人的方法會有不同，就算
是同一個醫療照顧系統也可能有不同的病人安置方法，其中
隱私權和專業化是安置作法中的兩個問題。像在 Azande，
診斷是非常公開的一件事，他們會用鼓聲召喚鄰居前來觀
看，視病人的診斷爲某種重要的地方事件。在 Ibadan 與奈
及利亞，外科醫生把手術台放在樹下讓大家能看到手術過程
（Maclean 1971:65）相反的，在西方的醫療系統，診斷和醫
療則是很私密的。

　　在許多非西方的安置作法中，治療不必在特定的地方
進行，像村莊的中心，或病人、治療者的家中都可進行，例
如馬雅人會把嚴重的病患搬到治療者家中照顧，有時甚至全
家一起來。而西方的醫療系統則會把病人送到特定的地方，
像是醫院。醫院已進化成非常複雜的機構，像是個小社會般
運作並有自己的文化，因此醫院文化也可以用研究馬雅村落
或其他一些部落的方法去研究，並須注意醫院和外在環境與
當地社群之間的交互關係。

除了規定適當的治療安置外，每一個社會均認可只有一些特定的人可以照顧病患。跟一般人的信念恰恰相反，醫療的實務可能是最古老的一種專業，也是最普遍的。然而，治療者的角色，依社會之不同而不同。在對於疾病的起因採個人論觀點的社會中，需要有人能裁定誰造成疾病及爲什麼，這個人經常與超自然力量有某種聯繫。在這樣社會中，治療者通常是巫師、魔法師或是巫醫。另一方面，在採自然論的社會，就需要那些從實際練習和觀察病患中學習治療技術的醫生來爲人看病。

　　在很多小規模社會中，醫療並非一項全職的工作。治療者同時也有其他的經濟活動就像其他成員一樣，打獵或耕種才是他們的主業，而在大規模社會中治療通常是一份全職的職業。

　　大部份的社會也認可醫療專業的分工，西方的醫療系統已有很細的專業化，然而在一些很小、非西方的社會中卻通常有不同型態的治療，像菲律賓的鄉下人相信助產士、接骨師和一般的醫生，在南貝里斯的馬雅人則把治療者分等級，助產士被列爲較低的等級，而一般的治療者則又分爲好幾種等級。

　　分析這些行醫者，不僅得注意其角色，更得注意其職業生涯的社會因素，如召募、訓練、及名聲。在個人論的文化中，召募與個人的夢境或身體的不幸，如患有顛癇有關。其他的情形可能和社會地位、能力與性向有關。在有些情況中，只有行醫者的兒女可以成爲行醫者，要不然就是限定某些社會經濟階層的人。通常都是以上因素或限制的綜合。對於能行醫的薩滿或巫師而言，醫術的訓練通常是透過超自然存在物的托夢而達成。在許多系統中這種訓練通常需要很長

348

的一段時間,有的甚至長達數年。而在訓練期的最後階段中,通常會有一個通過的儀式。Eric Thompson 曾描述貝里斯南部的馬雅巫醫之訓練程序:

> 施訓者與受訓者隱居在一個位處叢林中的小屋達一個月,以防止有人竊聽。在這段期間中,施訓者授與受訓者各種不同治病或致病的巫術或咒語。在訓練的最後階段,受訓者會去見一位叫做 Kisin 的神祇。Kisin 神扮成 Ochcan 的大蛇模樣,這種大蛇據說非常巨大、沒有毒,但是有一個光照如日的大眼睛。當受訓者與 Ochcan 面對面時,大蛇神就會伸出大尾巴靠近受訓者的臉部,並把舌頭放進受訓者的口中,將巫術最後的秘密傳給授受訓者。

雖然以上的程序非常戲劇性,不同於西方醫學院獲取學位的方式,但其結果是一樣的,即行醫者的合法地位必需由設定此職業標準的人來認可。

使行醫者得以持續工作的乃是名聲。儘管在社會中擁有良好的公共關係能彌補行醫的失敗,但行醫者通常必須保持良好的名聲。所有的醫療系統都有一套關於「臨床態度」的規範,是評估行醫者的重要部份。一個醫生的成功中也藏著陷阱,Inuit 人的薩滿醫生與西方的醫生都置身於同樣的危險,即有人會覬覦其財富與權力。

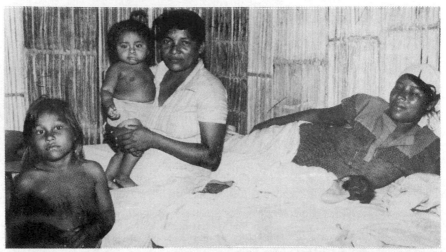

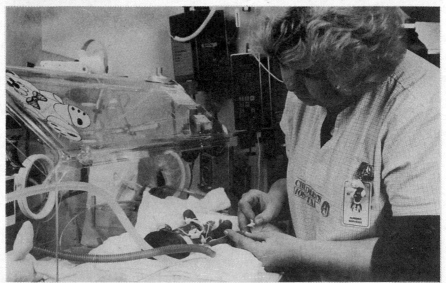

圖：一個國家的醫療設備，與這個國家的富裕程度有莫大的關係，正如個人照料自己健康的能力與其經濟能力密切相關一般。圖中顯示的是兩個不同地區的產房。上圖是尼加拉瓜的一個醫療中心；而下圖是美國的高科技中心。兩者提供醫療品質的能力，形成強烈對比。

除了這些重要的行醫者之外，醫療照顧系統還包括一些助理人員來幫助醫療行為的進行。在西方系統，這些包括護士、看護人、及行政人員。在非西方社會中，這些助理可能就是一些見習生與一些非專業人員。在 Azande 人中，這種助理包括了在行醫過程中的「陪伴者」如音樂家或唱詩者。

　　在醫療系統中，另一個重要的參與者是病患。他們也有一套行為規範。在醫療系統中最重要的一部份乃是，病患與醫生之間的互動關係。每個互動關係又奠基於患者對行醫者與其醫術的信任，以及兩者對於如何進行治療的認知。這種互動的意義尤其在行醫者與病患來自不同文化而有溝通不便時，顯得特別重要。在南非的 Bomvana Xhosa 社會中，一個卜者會以直覺推測病因的方式開始其諮詢服務：

> 　　不是如我們想像的先詢問病患及其病史。相反地，卜者必須對病因與病人的一切問題提供答案（Jansen 1973:43）。

　　因此，當一個 Xhosa 的病人碰到來自西方訓練背景的醫生問：「你哪不舒服呀?」時，會感到莫名其妙。因為病人會認為，是醫生而非病人應回答上述問題。

349　疾病治療在現代社會中一個重要的部份涉及提高人們對疾病本質與醫療方式的認知水準。電視診所、教育計劃、與廣告都會增加人們的認知。如果要使這些方法有效，就必須考量宣導對象之文化背景。因此在與 AIDS 擴散的抗衡中，公共衛生的宣導者必需重視並了解人們對性的態度，並找出適合討論性愛的方式。在一個瑞典的例子中，就以這樣

的方式表達：一個穿著比基尼的女郎在一輛「愛的巴士」中，到處分發小冊子、印著標語的 T-恤與保險套。這種宣傳方式顯然不適於某些不同文化的社會。在烏干達，從傳教士到總統用以對抗 AIDS 的方法是：限制人們的性伴侶。一個向澳洲土著宣傳的反 AIDS 廣告中，有著這樣的對話：「什麼是 AIDS？這是一種白人的病嗎？⋯哈，AIDS 是一個殺手，如梅毒般，一旦得到就必死無疑啦。」

醫療保健的代價

儘管在西方的醫療史上，如奇蹟般不可思議的治療方法一直吸引著人們注目的焦點，但在過去的 20 至 30 年間，醫療所需付出的代價漲得令人驚訝。在所有社會中，醫療是要給予報酬的，但報酬是什麼?如何來決定多少?誰來負擔? 以及如何分配費用? 無論是西方專業的醫師或非洲的巫醫，總期盼從其醫療服務中獲取報酬。甚至於在物質較貧乏的社會，醫療還是一項很昂貴的消費。在 Inuit 社會，報酬在傳統上所涵蓋的範圍可以從妻子或女兒在肉體上的奉獻（如果巫醫是男性）到實體物品的贈與，如皮舟（umiak）等（Spencer 1959：308）。

可是並不是所有的治療師都是富裕的。在墨西哥灣南部一個叫 Zinacantan 的馬雅族群，業餘的醫療師只賺取微薄的報酬，如一兩瓶藍姆酒，一些玉米餅和一條麵包，或一些手工製品。Fabrega 與 Silver（1973：54）發現 Zinacantan 的治療師之收入概略和其他族人相當，其中基本的差異在於治療師所獲得的報酬無法直接用在商業交易上。結果，許多治療師名列村中的貧窮排行榜，一般而言，由於缺乏實質利

益的報償，全職的治療師變成了窮困的代表。

在小規模和許多沒有西方健保制度的社會，醫療所需要的支出大部分是給予治療師的報酬，但事實上，在西方的健保制度下，醫師的費用僅佔整個醫療給付中的小部份。大規模的專門化意味著必須僱用更多各種輔助人員。經費又須用於維持繁複的醫療環境，如醫院、醫生辦公室、診所等等，然後大筆大筆的錢又得花在基礎和技術的研究上，此爲西方醫學的基礎，最後還有藥物本身的花費。與其使用只具局部效力的草藥或代代相傳的傳統醫療可以使病人和社會支付最少的代價，但西方的醫師寧願依靠其他專家製成的藥品。西方的醫療界投注相當大的努力和金錢在開發新藥物（有時從傳統的非西方醫學發掘）和行銷這些藥物上。所有這些因素使西方醫療成爲一項極昂貴的負擔。投資如此多的能力和心力等資源在醫療乃是現代社會適應策略的一部分。

代價昂貴的西方醫療對窮困的未開發國家是種隱憂。由於嚮往更多的薪資，那些花費大把銀子所訓練出來的醫療人員紛紛往已開發國家覓求職位，這成了訓練昂貴醫療人員的一項諷刺。此外，還有維持醫院和診所之運作所需的花費。儘管可能有贊助者願意資助建築物的興建，但緊接而來之維持運作的重擔便落在國家身上，而這些國家往往無法籌措足夠的經費。

而那些大部分由一小群國際藥商所生產及販賣的藥物之價格是另一個棘手問題（Chetley 1989；Melrose 1982）。許多開發中國家和研究人員已對那些生產無用、過度昂貴且在某些情況下對人體有害的藥物公司提出控告。眾多的案例顯示，在開發中國家的藥商爲了商業利益，把可能僅具有限療效但有極大副作用的藥物行銷到市場。Silverman、 Lee

和 Lydecker （1982：xi）談到這些公司在貧困國家的賄賂，藥品的錯誤標示，以及不當的醫療促銷活動。他們舉出抗生素的例子，抗生素已被證實對於許多肆虐於落後國家的疾病具有極成功的療效（例如傷寒）。在美國，加拿大，以及其他已開發國家，由於其潛在有害的副作用，醫師們已警告不要對小病痛濫用這些藥物。相反的，在許多開發中國家，這些藥物被浮濫地建議服用，並且一點也不告知這些藥物潛在的危險。對於許多小病痛而言，這種作法不但提高藥物的銷售量，而且假如不算是藥物濫用的話，也算是過度使用了。

Muller（1982）曾指出開發中國家對藥物的使用必須建立在有效和有效率的基礎上。例如 Wishwas Rane 指出：

> 每年有近五百萬個兒童死於痢疾。至少有一半以上的兒童可經由一種簡單的療法而免於死亡——補充水分。但卻花費數百萬美元的代價於無效且經常具危險性的抗瀉痢藥物[1990：2649]。

許多國家和政府機關像印度，墨西哥，菲律賓（Tasker 1988），已經著手解決這種情況，經由降低對外國廠商的依賴，自行發展製藥工業，和嚴格管制藥品的販賣，以及從傳統醫學中發掘療法。可是這些努力所獲得的成果還是有限。

西方的醫學技術反映出經費、適當性及依賴的問題。窮困的熱帶國家難以維護那些對溫度的變化，溼度，僅有低容忍度以及須配備獨立電源的昂貴設備。這些問題都能有解決的方案，但隨之而來的是不斷增加的費用。這些問題還牽扯到經濟和政治上的考量。比方在 1980 年代初期，當雷根

政府對尼加拉瓜施以經濟禁令時，尼加拉瓜即陷入絕境，因為尼加拉瓜所有的技術支援都來自美國。開發中國家的精英，能夠到已開發國家中提供接受需要昂貴醫療設備的醫療服務時，這卻不是大部分的窮國人民所能負擔的。像印度這種開發中國家，正在尋求解決之道來克服此項問題，包括發展自己的技術以及發展替代方法。

摘要

生病指一社會對於何種狀態已偏離正常健康狀況的觀念。而疾病則是身體部份器官功能失調的生理狀態。兩者都必須在其文化的脈絡中才能理解。流行病學是探討疾病的發生率、分佈、及其控制的學問。流行病學家在人類學家的協助下，能發掘如 kuru 等神祕疾病的原因。他們利用環境因素來解釋地區性疾病（發生率低，但確實存於某一社群）與流行病（發生率高，且散佈快與廣）的發生率。在了解發展中的疾病方面，環境脈絡也是極為重要的。

營養不良本身雖不是一種疾病，但或多或少與疾病的產生有關。營養不良和生計型態關係密切：在大規模農業或工業社會中會比小規模的社會更常發生。小規模的覓食社會與農業社會通常只有在傳統生計型態嚴重瓦解時才會造成營養不良。即使像我們這種生產足夠食物的社會，也會因食物分配不均與社會經濟地位不平等而使不少人挨餓。飢餓也和人類對食物的認知有關：即使是所謂的專家，也對食物的營養價值無法清楚了解，常人也往往將具營養潛質的資源列為

「非食物」。

除了生理上的病與營養不良之外，每個文化也都認同心理疾病的存在。起因常是爲了因應特殊環境所引發的壓力。一些心理疾病是全人類共通的，其他則是由於處於特別的自然環境與文化傳統下的產物。有時急速的社會變遷亦會引發壓力，使人們輕生或嚴重脫序。

世界上對疾病起源的理解是大異其趣的。西方的醫學專家常視心、身是二元的體系，各有各的生病方式；而其他的文化傳統則以整體觀將兩者視爲一體；這導致西方醫學界也漸以更統合的觀點來看待身、心。在非科學的醫療體系中，有兩種主要觀點：個人論，將病因視爲由惡人或惡靈刻意引起；自然論則認爲：病因是一些與人無關的因素。

治療疾病的方式有很多種，每一種傳統都有其一定程度的作用。但要精確證實他們如何有效並不容易。醫療保健系統包括文化上安置病人的方式、專業治療人員與其助手、及病患。治療總是有代價的，特別是在西方的醫療體系中，有許多因素導致醫療花費的高漲。

人類學家特寫：

美國人的老化與人類學家的契機

Madelyn Anne Iris

當人類學的研究領域拓展到美國文化與社會時，美國人類學家已使得更多美國式的理念與習慣凸顯出來。新的研究領域已經出現，包括已被承認為分支學科的醫學人類學、

或興趣著重於特定年齡階段的老年學。在我們自己的生活架構下研究自己的文化與及社會變遷之機會將會很豐富。然而在自己的文化中從事民族誌工作的人類學家們都遭遇同樣的挑戰，特別是那些研究老年問題者，因為他們研究的對象是他們的長輩，而總有一天這些研究者也會成為年長者。

Barbara Myerhoff（1978：19）這位人類學家如此地描述她在南加州的一個老人中心研究猶太老人所產生的感想：「總有一天我將是一個低微的老猶太女人，因此研究老年人的情況會如何，對我來說是很重要的。」透過與這些老人討教的經驗，她為自己製造了一個可以提早打算的空間。

提供一個可以深遠地轉變自我意識與自己未來的機會，可能是研究老年學最令人興奮與最有個人成就感的部份。老年問題到處都有，我們的同事、我們的家人都將會變老、退休以及死亡。如果我們活得夠長的話，我們也將走向同一條路。因此在自己的國內研究老年問題，將可以為我們提供一面民族誌的鏡子，使我們能從全新以及真正獨特的角度來審視自己。人類學的老年研究乃是結合人類生活的生物、社會及文化面三種角度來進行的。這種整體觀及其應用一直是人類學的標誌。任何要對於老人問題或老化過程有一個充分的理解非透過這個方式不可。因為這個方式可為民族誌工作及其他人類學研究創出完美的實驗室。

我個人最近的研究名為芝加哥老年研究專案，探討特定地理區與族裔差別對老年問題的影響，以及突顯以整體觀來研究老年問題的重要性。在這個計劃中，我們將透過五十位芝加哥各地老年人所描述的成長經驗來探索老化過程的多樣性。除了進行一系列開放式及非結構化的訪談之外，我們

也運用一些投射式的工具來促使這些老人描寫出自己在日常生活中支配或安排如下廚、打掃、或沐浴等事務的能力。這些資訊將可以讓我們在量化的衰弱尺度上評比這些老人的生活能力。這樣的資料可以拿來與那些針對同樣問題或以同樣方法而從事的研究結果作一比較。對於老化過程的生理因素之理解將有助於辨別出伴隨著老化過程中所產生之正常與不正常的改變，也有助於讓我們對這些老人的身體健康作一評估。

　　為了研究不同年齡層對於其當前生活情況的影響，這個專案同時包括對於過去歷史的廣泛研究，這包括家庭、工作、居住環境等方面。舉一個例子來說，對於家庭的生命歷程中成員間的關係史進行研究絕對有助於解釋手足之間互動的情形。這種終生（life span）的研究取向，對我們正在進行的研究而言，是有一點不尋常。

　　如此寬廣地探索個人，並加上深入與非常詳細地研究

其目前的生活狀態，是非常典型的人類學方式。老年學或者稱爲高齡人口研究這種跨學科的特質，儘管尚未大力開發，頗適合用上人類學的方法與洞察，尤其在搭配著政策取向的研究時。舉一個例子來說：從 1982 年以來一直到現在，我從事針對做決定之能力受損的成年人，尤其是其中的老年人之顧養情形的評估與研究。儘管這個研究領域通常被視爲法學的領域，但民族誌的觀點已然提供了許多洞見以及新的資訊。這些貢獻已被用來發展研究計劃，改革法律以及作爲分析司法實務的參考。在我對於看護的司法判決之民族誌研究中，我認爲決定是否接受看護的過程，乃受制於價值觀與文化中對於行爲的規範及對能力受損的定義與認知。目前許多老人問題的研究，都以生物的角度來看待老化。比如老年癡呆症的廣泛發生，已促使神經科學家、基因學家及分子生物學家從事於探索正常老化過程中大腦的變化以及伴隨的認知改變，以作爲研究老人癡呆症所產生的不正常現象之序幕。

　　將社會變遷及心理改變視爲疾病的自然附隨物之想法，乃落在社會科學的研究領域內。透過了解不同文化對於如痴呆的定義，跨文化地比較研究生理及心理疾病扮演的各種角色，以及探討家庭角色及社會結構的改變如何影響照顧養護的方式，人類學家得以幫助我們了解隨著老化而生成的不同疾病，如何影響社會及個體。舉例來說，許多超過七十歲的人們都受到某些慢性病的影響，如心臟病、關節炎、高血壓等。這些疾病所造成的影響層面不一而足。對某些人而言，某些疾病不會被當作疾病看待而是在老化過程中必經的階段歷程。因此動員與接受來自家庭、朋友或社區的幫助之情況常常也是不同的，取決於人們在日常生活中對這些情況及結果如何形成概念及其反應。在芝加哥老年研究專案所得

到的初步發現中指出：族裔的不同會使得老人在面對疾病時採用不同的策略。因此研究老年人口及其老化過程的重要性是不能低估的。老年人口不僅在美國，也在世界各地持續成長，因此對於老化的一切，是迫切需要瞭解的。到了公元 2020 年，六十五歲以上的人口將占美國人口的百分之十七。而世界其他地區的戲劇性成長也將是可以預期的。尤其重要的是，八十歲以上人口的成長也會大幅度增加。本世紀以來，許多原因導致美國人口結構產生戲劇性的轉變。第一個原因是，一些會導致死亡的傳染性如肺結核、白喉、小兒麻痺等，因為公共衛生的改善，生活水準的提升，以及人們對於健康生活要求意識的普及而大量消失。因此也導致嬰兒死亡率的降低與平均壽命的升高（從 1930 年的六十歲到 1980 年代中葉的七十七歲）。最後，第二次世界大戰後美國人口的膨脹常歸因為嬰兒潮。意思是說現在會有更多可以活得比以前長的成年人。在這一批成長漸老的人口中，最特別的一項特質是他們各自擁有不同的生命經驗。在這些老年人口中，我們發現他們的環境、文化、族裔及個人生活有顯著的差異。我們更可以從男人、女人、黑人、白人、或窮人、富人之間的比較中得到不同的結論。我從芝加哥五十位老人的研究中，透過比較屬於不同種族及族群的人們之個人經驗，以及在各個集群中比較性別差異，發現了許多範圍廣泛的生命經驗。比如說經濟來源的穩定對於保障所有人的生活均扮演重要的角色，對於老人而言尤其如此，因為他們獲取新經濟資源的能力較年輕人而言是受限制的。正如整個人口顯示的收入不平均一樣，老人的生活收入也分配得不平均，而且根源於種族與性別的歷史性不平等也同樣地落在老人身上。因為貧窮與晚年時身體不佳、獲取資源管道的有限、以及低的生活品

質等等關係密切，因此當我們要爲老年人的狀況作一結論性描述時必須非常審慎。

能積極過生活的另一個面向是永續的扶持系統。這對那些特別年老者，由於他們往往有極嚴重的生理、心理缺陷，是非常重要的。對一個老人而言，配偶的相互扶持是最好的資源。然而，在美國七十四歲的老人中只有一半的女人結婚，男人則有百分之八十。在超過七十五歲的年齡層中這個落差更大。非洲裔的美國女人則擁有最小比例的配偶陪伴率。有超過百分之八十的七十五歲非洲裔美國女人是守寡或未婚的。在缺乏配偶照應的情況下，其社會與經濟上的扶持擔子就直接落在其家庭成員或家庭之外的那些公家或私人的社會福利機構身上。

老年問題的相關因素對我們的社會是有一些啟示。第一，隨著全民健康保險計劃的產生與實施，醫療照料服務將會花費掉越來越大比例的國民生產毛額。這因而導致了不同的政策因應方式，比如照料概念的革命、加強醫療照顧系統的管制與監督、甚至根據年齡以及成本效益的模式來決定配額。此外我們已經看到越來越多的老年人需要長期的照顧養護，而這些服務的提供不是來自家庭就是來自公共機構。結果是越來越多的美國家庭變成了由三代甚至四代所組成的多代家庭，造成了傳統角色的改變，及促使我們對於以家庭爲基礎來提供照料所造成的經濟影響必須重新評估。最後，老年人口的成長也促使我們重新思考以往傳統人們對於生命歷程的看法以及我們所認同的獨立、互惠等觀念。對於我們以上所提出的問題從事整體觀研究的需要，以及老人們生命經驗的多樣性，使得老年研究已成爲人類學家興致越來越高的領域。老年學意謂著研究者必須綜合生物、社會、文化、以

及政策制定等角度來看待老人問題。因此該研究領域提供了
人類學家們一個真正的機會，能將研究結果用於解決真實世
界的問題，以及參與解決問題的行列。

Ch16

社會文化人類學與人類問題

圖：南美洲熱帶雨林的砍伐正如火如荼的展開。圖中顯示：爲
了伐林與其他相關開發所作之道路舖設，使得雨林所特有的自
然文化上的生態多樣性正以驚人的速度消失中。

過去的一個世紀，在科技發明所賜與我們先前無法想像的生產能力的幫助下，我們業已建立一個更爲整合的世界體系。我們也的確自這個體系中得到相當程度的益處，如對宇宙所知更多，更有能力來解決所面臨的問題……等。

然而諸多益處並不是沒有代價的。在建構一個世界體系的道路上，已造成一個破壞多於建設的局面。比如說在這世界中，有數以百萬計的人被殺害；而且有更多的人正處於貧困與飢餓的邊緣；另外環境也受到史無前例的破壞。更有甚者，儘管在過去一世紀中我們確實有了很大的進步，但多數人卻無法享受到這種進步所帶來的益處。絕大多數現代化的科技所賜與的益處，只嘉惠世界上極少數的人。所以這個現代世界體系，事實上正使數十億人處於一個生活品質逐漸惡化的狀態，數十億人面臨著生活方式將被摧毀，取而代之的是生活的質與量都更差勁的情形。

人類學家已在不同的層次上對此情況作出反應。他們企圖使人們更加注意自己對周遭環境與社會所施加的壓力。然而人類學家不會僅滿足於描述問題與指出原因而已，他們更常扮演一個企圖找出問題所在並加以解決的積極角色。我們把這類的人類學家叫作「應用人類學家」（applied anthropologist）。應用人類學家們對於本身的社會或熟悉的其他社會往往會作出許多貢獻。

當代世界的適應問題

　　許多當代世界體系中的問題，都繞著適應問題上打轉。只要人類社會繼續發展，就必須不時地調適；也無可避免地必須面臨適應上所產生的問題。當代眾多問題中，影響最大的包括：經濟不平等與貧窮；族群衝突與國家衝突，及經常伴隨而來的暴力；基本人權的侵害；環境污染所造成的威脅等等。這些問題雖影響深遠且極為複雜，但過去的經驗顯示，當這些問題擺在我們面前時，人們是多麼足智多謀與表現出高度的適應力。人類學強調整體的看法和它對當代世界體系及其適應的了解，適足以提供獨特而有益的觀點，共謀解決當代嚴重的問題。

開發與低度開發

　　一般而言，「開發」（development）指人類生活品質的改善。若以物質用語來陳述的話，則這必須包括能確保足夠的營養水準與舒適的物理空間。然而真正的開發，並非只是達到物質上的目標而已。社會、政治、經濟體系，對於幫助人們更廣泛地了解人類的開發潛力亦相當重要。是故，世界中應沒有一個國家達到「真正」的開發狀態。接近真正開發狀態的國家，如：加拿大、瑞典、日本、美國等，我們稱為「已開發國家」；而遠不及此標準的國家，特別是物質方面的，則稱為「低度開發國家」。

圖：在 1980 年代，瓜地馬拉 5 歲以下的小孩 82% 有營養不良的問題。

正如第六章所提及的，已開發與低度開發國家之間存在著明顯的不同。生活在如美國、加拿大等國度中的大多數人民，即使不算富裕，但生活也過得舒適；相對之下，低度開發國家中的大多數人，卻可能處於連生活必需品都有困難的情況。不論是國內總產值（Gross Domestic Products）低於 200 美元的最低度開發國家（Least Developed Country, LDC），如不丹、寮國或稍富裕的 LDC 們，如 GDP 不超過 1000 美元的菲律賓，都算是低度開發國家。聯合國將 41 個國家列為 LDC；而這些 LDC，總共有四億二佰四十萬的人口處於 GDP 平均僅略高於 200 美元的狀態；相較之下，開

發中國家的 GDP 平均約在 900 美元左右。同時，LDC 們的成人識字率約只有 30%上下，而所有開發中國家平均都有 60%。此外，平均壽命，LDC 為 49 年，而開發中國家則為 59 年。

　　另外一個較 GDP 更為寬廣的指標是「聯合國人類發展指數」（The United Nations Human Development Index, HDI）。它同時考慮到除了收入之外的營養、健康、教育等條件。這個指標將世上所有國家依其狀態，自 130 排到 1，首位，即 130，是日本。（加拿大 126，美國 112）。相較之下，約有兩打的國家低於 30，其中尼日為 1。菲律賓略在中間，其指數為 65。

　　一般而言，如 GDP 與 HDI 這樣的指標，只能凸顯貧富國家間的差距；但是，許多低度開發國家中人們的實際情況，遠比這些指標所能反映的情況更糟，因為在這些國家中，資源的分配是極度的不平等。而這類的不平等，正是困擾許多低度開發國家的基本原因之一。好比說菲律賓，在獨裁政權與少數有財有勢的菁英階層統治多年之後，形成了一種情況：底層約 50%的人口其收入只佔全國總收入的 20%，而頂層 20%的人口卻佔了 35%。也有研究指出（見 Cohen 1990），菲律賓這種貧窮集中的情況，顯示了 30%的人口，面臨著一個六口之家可能平均月收入只有 50 美元的窘境。（馬尼拉一個六口之家的貧窮線是月收入 175 美元）。

　　此外，儘管菲律賓的馬可仕獨裁政權已於 1986 年瓦解，GDP 隨後也有顯著的成長，但貧窮現象在菲國並未有所改善。在菲國境內大部分地區，窮苦家庭在 1990 年代初期的收入，甚至比 1980 年代中期還少。這類現象反映在學齡前兒童營養失調的比率增加等現象上。另外，菲國也長期處於

361

國民未充份就業的狀態（即一週的工作時數未達 40 小時，而原本應可做更多）。在 1990 年代早期，約 20%的國民處於這種狀態，和 1980 年代中期相當，當時這已是很不理想的狀況了，但若考慮到這期間中激增的人口，則代表菲國又多出了 70 萬未就業的人。由於菲國鄉村的情形是少數地主壟斷大多數的土地，使多數鄉民無就業途徑。因之，據估計，鄉村地區的家庭約有 70%處於貧窮狀態。

362

在過去十年中許多開發中國家的生活水準已逐漸提昇，但貧窮現象相當普遍。80 年代中開發中國家的 GDP 實質成長率只有 4.3%；然而在 80 年代結束時，仍有超過 10 億的人口面臨著年收入低於 370 美元的困境。此外，GDP 的成長，對於減輕貧窮國家人民的苦難，是一點幫助也沒有的。對非洲撒哈拉沙漠以南的國家而言，甚至比十年前更糟。許多國家發現債務的負擔越來越沈重，而無法進行改善貧窮的投資。在 80 年代末期，許多開發中國家將可觀的財政資源輸向已開發國家，也就是說，以這些財物交付給已開發國家來抵債，以期望能向已開發國借得更多的基金。1989 年的赤字已高達 429 億美元，這又比 1988 年多了 50 億美元。

低度開發國家的演進

低度開發是一個相當新的現象，它不同於許多小規模社會缺乏物質財富的現象。居住在澳洲傳統土著社會中的人數，遠較具澳洲土著血統而生活在現代社會中的人少，但兩者卻是一樣的貧窮；只是貧窮的本質與原因是不同的。小規模的覓食社會之所以物質貧窮，是因爲沒有複雜技術，他們是「未開發的」。相對而言，現代社會中貧窮者之所以貧窮的原因，是他們無法自當代世界的富裕中獲取財富。他們的

貧窮應是隨著現代世界體系之擴張而產生之漸進性低度開發的結果。

圖：當十六世紀西班牙人征服拉丁美洲土著時，西班牙人也將土著社會的經濟，由一個相對上自給自足的情形轉化成一個國際市場導向的生產方式，且利益全為西班牙征服者所有，使土著陷入極度的貧困。

低度開發現象反映著人們如何整合融入一個現代世界體系。世界上低度開發國家在國際分工中都居於不利地位。他們的資源，多數供應給世界上富裕的地區，而他們的人們，都以極低的工資開採資源，與生產世界經濟秩序中的消費產品。

瓜地馬拉的例子，可以為低度開發的歷史面作一清楚的說明。當西班牙於十六世紀征服瓜國時，西班牙征服者將原是自給自足的經濟，變成一個主要為西班牙的利益而生產的經濟模式。為了供應西班牙的需求，瓜國土著原有的土地被奪走，而土著們被迫到不利於他們的礦場與農場工作。在給印第安人[即土著]微乎其微工資的情況下，西班牙人得以最有利地出口貨物，而從中掠取暴利。在這種出口取向與符合當地西班牙菁英的利益下，已幾乎沒有什麼可以留給土著了，甚至連維持生計的基本需求都有問題。

　　對多數人而言，這種情形在瓜國十九世紀初期獨立後並沒有多大改變。然而在十九世紀中期，當瓜國菁英與外國利益團體掛鉤而企圖增加如咖啡這類作物的產量時，瓜國多數的人民就變得更糟了。咖啡的栽種只提供極少數人致富的機會，卻使更多人陷入更窮困的情境。富裕的咖啡栽種者，奪走了更多土著的土地，更制定了強迫土著們以不足以維持生存所需的工資在農場工作的法律。如此一來，不但使當地菁英變得富有，同時也肥了外國投資人。比如說，聯合水果公司（United Fruit），W. R. Grace 與其他公司競購大量土地，來栽種如香蕉等出口經濟作物。這類公司，自瓜國掠取大量利潤卻沒有任何回饋。

　　瓜國今日仍是一個工資低廉與貨品便宜的地方。雖然今天瓜國的出口品已漸多樣化，包括了紡織品、牛肉、棉花及其他農產品，同時瓜國也是一個非循環性資源如石油、鎳的生產國，但其中的利潤仍只由外國公司與當地菁英分享。這種犧牲多數人的情況越演越烈，糧食作物栽種被出口經濟作物與乳牛的牧場所取代，並且人們被迫於農莊與不安全的工廠以微少的薪水工作。雖然市場不大，但瓜國也成為外國

363

公司傾銷產品的對象。一些美國或其他地方生產的奢侈品已打入瓜國菁英市場，另一些如製藥、化工等工廠及其產品，在瓜國也有一定的市場，且生產者的利潤常比設在其母國更多。此外，如瓜國一類的國家，亦常成為毒品、殺蟲劑與一些在已開發國家被禁止或嚴格管制的產品之傾銷地。

企圖克服瓜國低度開發狀態的努力，幾乎是不成功的。因為必須面對自瓜國不平等狀態與瓜國在國際勞力分工的不利地位謀求利潤的外國公司與當地菁英的反對。從這些現象，我們可以了解瓜國近年來之所以社會動亂，暴力情況嚴重，與罔顧人權的原因了。

依賴

低度開發的狀況，常和對外在勢力與利益的依賴有關。舉例來說，瓜地馬拉的大多數人民，對於瓜國經濟的發展方向，就幾乎沒有什麼影響力。而這種情況與權力集中於一小群菁英手中有關。然而即使在較平權的國度裏，人們對經濟體系的控制力也是微乎其微。他們會覺得他們必需仰賴外國市場而賣出自己的產品，並買入他們生活所需的物資。也就這樣，他們漸漸形成賣出所得比買入少得多的情形，終於造成低度開發所導致的對外依賴。

歷史告訴我們，當一個國家或社區企圖克服他們所處的依賴狀態時，那些自依賴情境中謀取利益者，常會訴諸武力來瓦解這些企圖。有時也可能不採取武力而使用更直接的經濟性手段，諸如杯葛向國外借款、貿易限制等措施。但儘管克服依賴狀態是一項冒險，不少國家仍採取不同的方式來企圖克服，如 60 年代的中共與 70 年代的柬埔寨等國家，就試圖以自我孤立的手段來減低對外依賴程度，但此等策略為

364

時不長，且成效不佳。另外的方法有：聯合一些同樣生產石油、錫等礦產的國家，來共同追尋一些可以從世界市場商品交易中獲取更多利潤的方式。這類的策略，對於組成所謂 OPEC 的石油生產國而言，可算是較成功的。其他企圖擺脫依賴狀態的策略都不如 OPEC 來得成功，但也幾乎沒有什麼自然資源能像石油那麼容易助長生產者形成同業聯盟；因為其他的自然資源不是數量龐大而不具策略性效益，就是散佈於過廣的國家地區。另外一種不同於上述兩者的方法，就是如墨西哥追求與美、加兩國的貿易自由化，用更融入已開發國家經濟體系的方式來克服依賴狀態。

跨國企業

　　國家之間相對的開發與低度開發，和所謂的「跨國企業」之活動有莫大的關係。**跨國企業**就是總公司在某國家，而旗下有許多子公司遍佈世界各地。跨國企業是二十世紀後期的主要經濟型態，同時這現象亦反映了日益滋長的全球化經濟關係。跨國企業的好處在於它可以在全球性的規模中以最有效的方法，將資源作最大效益的重新配置。比如說，在牙買加開採鋁礦的稅賦與勞工成本增加時，跨國企業就會將投資轉移到別處。對主要的工業社會而言，跨國企業能提供具有相當彈性之市場出路，有助於促進社會的穩定性。另一方面，跨國企業的「國家意識」可能不太強，而且它們的投資與市場策略可能傾向於以整個企業而非國家的利益為依歸。將設在已開發國家中的工廠關閉而重置於工資較低廉的國家，這種決定看似對已開發國家有利（特別是此企業因此能繳交更多稅金的話），但對已開發國家的失業者而言，卻是無利可圖。

圖：巴基斯坦東南
方平原的一些村
民，正配合一個屬
於美國的跨國企業
開採石油。

跨國企業確實成功地使許多人致富，但是這種成功，
並非沒有代價。在提供新技術與一些就業機會給開發中國家
的同時，新的生產方式實際上卻造成更多人的失業並拉大了
貧富差距。不足爲奇的，跨國企業也可能在開發中國家握有
相當的政治權力，因爲許多大型跨國企業的年營業額甚至高
於許多國家的年國民生產毛額。儘管有許多能左右政治的跨
國企業是安份守己的，但仍有例外，如 1954 年瓜地馬拉總
統 Jacobo Arbenz 提出將聯合水果公司收歸國有的計劃時，
這個跨國公司則以支持一次軍事政變，推翻 Arbenz 政權，
讓瓜國回復到軍事統治。

365

土著悲情

在西方工業社會之擴張而導致相對低度開發的情況下，受害最深的，也許就是那些新近才被殖民或合併的當地土著，如美國、加拿大的原住民、澳洲土著、亞馬遜印第安人…，以及其他相似情況的族群。當這些人被征服且併入世界體系時，他們同時也失去了賴以維生的土地、自治權與原有的生活方式。許多人試圖力挽狂瀾，而有時也的確成功地稍稍延後這種命運的到來；然而不幸地，即使努力躲過這種命運的人，最後仍被驅集到一個「保留區」內而活在國家的監護下；不然就是成爲赤貧的社會邊緣人，流浪在曾是自己的土地上。

Kaingang 是一個巴西的土著族群，他們的歷史正是上述歷程的最佳寫照。在 19、20 世紀之交，Kaingang 是還在發展中的聖保羅（Sao Paulo）城市郊外內陸的一個半游牧民族。當鐵路的鋪設經過 Kaingang 人所居住的區域時，開始有了移居者與伐林改種咖啡的現象。Kaingang 人漸漸地發現，他們必須爲生存而戰了。起先他們試圖與移居者和平共處，但沒有用；隨後他們開始攻擊築路工人與移居者，導致聖保羅市民積極準備發動一場足以毀滅這個被認爲是阻礙文明發展的 Kaingang 人之戰鬥。後來雖在印第安保護局（Indian Protection Service）的調解下免於毀滅，但人口卻在感冒、麻疹等疾病的侵襲下，在 1912-1916 年間，自 700 人銳減成 200 人。

當移居者控制了原屬 Kaingang 人的土地並且致富後，那些被鎮壓後殘留下來的 Kaingang 人，就被安置於一個小

366

保留區中。在 1949 年，州政府又將保留區的一半土地轉交給三個營利企業，以換取大量利益。此後二十年中，殘餘的土地又被私人公司，甚至是印第安保護機構伐木謀利，卻對 Kaingang 人幾乎沒有任何回饋。

圖：受雇於美國跨國企業的香蕉園工人。在低度開發國家中相對廉價的工資，使已開發國家的跨國企業賺進不少錢。

1970 年代，Kaingang 人與其他當地的印第安人，開始組織抵抗運動，而在 1977 年發動了將 2200 戶非印第安人逐出此地區的行動。政府的回應則是在外籍傳教士的幫助下建立學校，企圖將印第安領導人教化得更懂得尊敬政府對此地的控制權。1980 年，當抵抗運動領導人先後突遭不測而削弱反抗勢力後，政府開始建築一座會淹沒大部分保留地的發電用水庫；同時許多人亦開始非法侵佔保留地。

1984 年，Kaingang 人再度採取攻勢，巴西境內的其他土著亦然（Howard 1987：61-63）。Kaingang 社區的成員發動了一個絕食的抗議活動，迫使政府認可原屬於 Kaingang 人而被非法侵佔之土地的權力。但政府只是認可而遲遲不肯履行承諾，終於又引發 Kaingang 人在 1984 年 10 月在首都巴西利亞舉行示威遊行。更因之而激起 1985 年 3 月在首都的一項全國性示威遊行。1986 年，巴西政府終於宣佈建立 Kaingang 印第安人保留區。

Kaingang 人所面臨的問題，許多世界各地的土著都有著相同的情況。不留情的攻擊與新疾病的侵襲所造成的毀滅，使得各地的土著們被剝削得幾乎一無所有；而他們抵抗的企圖，都遭到陰險的壓制，而且若壓制不成功，則暴力相向就會接踵而來。

集體屠殺

許多土著都成爲**集體屠殺**（genocide）的對象。所謂的集體屠殺，就是一種對於政治或文化的異類人群刻意的、有系統的毀滅。例如從 17 世紀到 19 世紀早期，移居紐芬蘭的人，只因土著的存在是一項妨礙或麻煩，就獵殺當地的 Beothuck 土著；而另一原因是把獵殺當作一種「追趕躲藏」的遊戲活動（Horwood 1969：72）。Beothuck 人的和平提案，總是遭到暴力的回應，而且這些移居者還組成獵殺隊獵殺 Beothuck 人，就如平常的打獵活動般。集體獵殺的行爲，並未隨著早期殖民時代而結束。直到 1920 年代，澳洲土著仍成爲攻擊的對象：澳洲白人組成隊伍，對澳洲土著的家園展開攻擊；並且大農場只留下那些有毒的穀類給土著吃…。甚至在今天的南美洲部份地區，仍存在著由非印第安人組成

的群隊去襲擊原來和平的印第安人部落之情形。

　　但是，當少數的土著族群們因和平無望而不顧一切反擊回去時，他們的「好戰」又成為他們被屠殺的藉口。例如哥倫比亞的 Embera 印第安人，力求保有他們於 1970 年代所發現的金礦權時，就遭受當地地主與資助者的攻擊。而政府在地主的壓力，與相傳 Embera 是群危險份子的流言影響下，於 1981 年派駐警力。在繼起的戰鬥中，數位 Embera 人罹難，多人被補。相反地，有許多印第安領導人被地主所雇用的鎗手暗殺，但只有一件案子訴諸司法而以謀殺定罪。

滅種

367　　即使少數族群本身不會被消滅，但他們的文化可能會。土著們在面對不斷擴張的工業社會時，想要維持本身文化的認同可不是件容易的事。每當土著們的資源被掠奪，而自己亦淹沒在現代化科技中時，才驚覺到他們的社會根基已遭侵蝕。我們將這種有系統地破壞一個族群文化的現象稱作「滅種」（ethnocide）。

　　滅種是一種透過壓制或誘因，將少數族群整合至主流文化的極端政策目的。根據的信念是：認為土著文化不如主流文化，故應由優越的主流文化取代。因此，滅種可說是極端民族自我中心主義的行為。促成滅種的手段常有以下作法：強迫雙親將小孩送到易於接受文化價值觀的遠方學校；另一個策略是給予率先自願整合至主流文化的人們物質上的鼓勵，以期收到眾人跟進之效，同時傳統的風俗也許會遭到禁止。這些行為背後的辯護說詞是：主流文化者的所作所為，對土著是有利的，「可以將土著自石器時代帶入太空時代」。但是顯而易見的，對主流文化者而言，所謂文明帶來的益處，

就是更加地利用土地與其他自然資源，而土著所得到的往往少得可憐。

圖：1990 年，加拿大魁北克省 Mohawk 印第安人抗議判決土地權的司法不公。

　　有些土著欣然接受他們文化逐漸流失的情形，而期望從新秩序中獲得更多的好處；另一些人則宿命地接受這種改變。然而，更有些人會選擇頑抗。對於那些確信西方文明的確較先進的人而言，也不是每一個人都會展開雙臂來歡迎西方文明。是以與其說他們承受了西方文明帶來的好處，不如說是他們已放棄原有的生活方式。土著在面對現代世界時的主要奮鬥，在於他們能否保有自我認同的權力，以及保留他們認為最適合他們與最屬於他們的生活方式中運用資源的權力。在美國、加拿大、巴西、澳洲，土著們追求的重點就是對土地的權力。即希望能有控制發生在他們自己土地上的事

情之權力，並且能夠取得原屬於他們而現今被侵佔的土地之補償。

　　在美國與加拿大，土著爭取土地權力的奮鬥已訴諸法律，仍因有感於司法不公而生挫折心，終致引發暴力對抗的情形。例如美國南達科達州一個叫作 Wounded Knee 地方的 Sioux 人，因一起抗議事件而導致聯邦政府以武力解決。此外，最近在 1990 年 7 月，一起原本由加拿大魁北克的 Oka 地方的 Mohawk 人所引發的抗爭，竟擴大成一場武裝對抗，結果造成一名警官在突襲 Mohawk 所構築的工事時陣亡。這類的暴力事件更常見於那些土著幾乎沒有任何司法資源的國家。例如 Karen 人、Kachin 人與一些自從 1948 年緬甸獨立以來即一直與政府對抗的土著們。同樣地，在 Irian Jaya 的美拉尼西亞人，自 1960 年代早期起，就不斷地為獨立而戰。這類的抗爭常基於政治與經濟的背景；並且許多這類的人們，都視投降為不但不能再過自己的生活方式，更會如 Kaingang 人一樣，被踢入世界體系的底層而過著赤貧的生活永不得翻身。

環境的破壞

　　當全世界快速工業化與都市化的同時，我們也正以史無前例的速度在製造污染，如 1984 年印度的 Bhopal 化工廠以及 1986 年前蘇聯車諾比核電廠所導致的災難，今天我們排放進大氣中、水中、土中的污染物，更是空前的。例如墨西城的空氣品質，在大量工廠與高達 300 萬輛交通工具的影響下，實在是從前無法想像的糟。許多今日是沙漠或無樹木的地景，都是過去因人口擴張而破壞環境所留下的証據。儘

管如此，我們現在還正以更快的速度在破壞環境。人們從前總認為資源是取之不竭的，而且大氣、海洋、大地足以吸收人們所造成的污染。但是，今天在面對因破壞環境所引起之無可比擬的災難時，人類才覺悟到以前的假定是錯誤。400年前的海地，其 90%的地表是森林，而今天只有 5%左右。我們的生存空間，已承受了過多來自水污染與空氣污染的壓力，使我們人類已曝露於由於自身科技所引發的臭氧層破壞所導致太陽輻射漸增的危險中。

另外，當今最嚴重的生態問題之一就是熱帶雨林的大規模砍伐。假如這種因為砍伐雨林、焚林、酸雨所產生的破壞之速度持續下去的話，全球熱帶雨林會在 20 年內消失殆盡。顯示現今雨林之消失速度最好的例子就在蘇門達臘：1982-1990 間其熱帶雨林就消失了三分之一。雨林的消失，對於生活其中的一切生物而言，都有迫切的威脅性，更同時威脅到雨林內考古遺址的存在。例如在墨西哥南方，部份起因於煉油廠與觀光巴士的酸雨，威脅著數百萬畝的雨林、前哥倫布時代的遺跡、以及生活在雨林中如 Lacandone 人。再者，由於整個世界原本就是一個大型的生態系統，像熱帶雨林這類主要的自然元素一消失，將會引起嚴重的全球性連鎖反應。

顯而易見的，熱帶雨林的破壞，是個相當複雜但又很重要的問題。住在雨林中的土著們之生活將被摧毀，雨林的土地將受侵蝕而變得無用，凡此種種，皆起因於過度伐林、植林不當、大農場的過度開發、移民導致的人口暴增、或採礦、農業機械化、道路建設、發電用水庫的建築……等等有商業利益的建設。當大區域內原有的微妙生態系統失去其平衡與秩序時，包括許多具有醫學作用的植物與其他動物也將

會絕種。另外，近年來嚴重砍伐雨林導致土壤侵蝕的地區，已漸嚐到洪水泛濫而造成相當程度生命財產損失的痛苦。

　　另有研究指出，雨林的破壞將會影響到區域性及全球性的氣候形態，包括降雨量與氣溫。其中一個原因就是：因雨林對大氣的溼度有相當程度的保持作用，且雨林會將二氧化碳轉化成氧氣。許多科學家相信，這類過程的減少與焚林所造成的二氧化碳，就是引發溫室效應的主因。所謂的**溫室效應**就是由於空氣中的污染源使地表溫度提高，進而使全球大氣溫度上昇。它可能引發北半球高緯區（包括美國、加拿大的穀物帶）氣候變乾、變暖，也會導致極區的冰山溶化而使海平面上升，也因此會淹沒大部份的沿海地區，如 Kiribati、Tuvalu 等島國。

　　關於環境破壞的問題，對世界上那些貧窮的國家而言不啻是一道難題，因為這些國家正為如何改善生活而奮鬥時，又得同時面對一個矛盾的現象：如何在砍伐原木出口、在貧瘠土地上生產出食物、及開採石油礦產等非循環性資源等等易造成環境破壞的手段，與迫切需要的經濟發展間取得平衡？再者，若限制如水力發電水庫之類能源的發展，他們可能會對作為柴火來源的雨林造成更大的威脅。比起已開發國家更糟的是，貧窮國家又得面對改善環境的難處，因為清除既有的廢棄物與減少由交通工具與工廠產生的污染所費不貲。此外，嚴格法規的施行，又會造成對政府來說本已有限的資源更大之限制。

解決問題之道

當我們不得不面對當今世界存在的眾多問題時，不足為奇的，必定會有許多人選擇視若無睹的方式，或者因絕望而放棄，也會有人因而抱持著憤世嫉俗的態度。但即使如此，仍有數以千計的人或單位想盡辦法要來解決問題。實際上許多問題也並非如我們企圖追尋一個放諸四海而皆準的生活指標般，規模龐大且複雜至不易解決。

自始至終，社會文化人類學家總是誠心地想深入瞭解並解決面臨低度開發困境時的問題。特別是應用人類學這個分支在促進不同文化間的了解與相互對話上，有極重要的地位。例如發展計劃的計劃人與執行人，在有社會文化人類學提供他們明確資訊及有關窮困人們的信念與感受之幫助下，對應用人類學的需要更顯得迫切。

應用人類學

許多人類學家以教學與寫作等間接方式尋求解決之道，其他的一些人類學家則以更直接、更積極的方式來影響。後者這一類就是「應用人類學家」。**應用人類學**（applied anthropology）指的是：意圖改善其所關注之人群的生活，並使之處於最佳社會文化狀況的研究與行動。這也可以簡單地說是使人們免於絕種或處於貧窮線之下的研究與行動。

應用人類學一詞，首見於 1881 年英國人類學家 Lane Fox Pitt-Rivers 的使用。其原意是：「一種針對非白種人的社會工作與社會發展方面的努力」（James 1973：41）。例如英國

的社會人類學家常協助訓練殖民地官員，並且常替殖民地政府進行一些關於土著的法律體系、土地所有權、宗教活動、營養、移民、遷徙等題目的研究。人類學家有時亦會受雇於發生危機之地區進行民族誌研究，以使殖民政府的權威易於建立。

370

1930 年代的美國人類學家，同樣地受僱於印第安事務局（Bureau of Indian Affairs），與土壤維護處（Soil Conservation Service），研究一些住在印第保留區的印第安人之問題。而第二次世界大戰期間，人類學家也被請去對美國西岸之日裔美人與日本移民被迫遷居的問題提出意見。戰後，人類學家也協助行政部門管理太平洋地區新取得的密克羅尼西亞殖民地。隨著第二次世界大戰結束而崩潰的殖民秩序，使人類學家，特別是應用人類學家，公開地受到攻擊。在世界許多地方，成功地取代了殖民政權的民族主義領導人，更將人類學家視爲和前殖民政權同流合污的集團，是殖民政權的買辦。雖然這種將人類學家視爲殖民政權走狗的態度在某些程度上可說是正確的，但很大程度上只是片面、扭曲、與簡化的觀點。確實有些人類學家支持殖民主義；但多數的人類學家都會在限制極大的情況下，仍努力追尋一條改善受殖民統治之人民生活的途徑。

後殖民時代的到來，而使應用人類學家聲名狼藉之時，文化人類學家選擇回到大學教書；另外一些則繼續留在國際發展機構與政府機關、或企業中。不論如何，後者這些不算是人類學研究的主流。應用人類學在殖民主義崩潰後存留得最好的是美國地區，因爲美國相對下有大量的土著，以及美國在國際地緣政治上相當積極。然而這時在美國，多數應用人類學家的所作所爲，傾向於避免解決大問題而寧願只作小

討論的方式，仍和殖民時代如出一轍。

60 年代末期到 70 年代早期的美國，是一個批判應用人類學的時代。特別是那些受僱於政府與大企業的人類學家。因為他們被冠上替有權有錢的人謀利的罪名，而非去幫那些真正需要幫助的人。另外，在東南亞美國部隊中服務的人類學家，更是倍受爭議。

近年來當人類學家對應用工作的倫理原則爭辯不休時，不論是全職的應用人類學家，或是兼職應用工作的學院派人類學家，人數上都已急速增加。他們活動的領域相當廣泛，包括：協助執行文化上敏感的教育計劃、評估輸油管與高速公路之舖設造成的社會衝擊、協助土著爭取土地權力等。總之，諸多活動可歸為兩大類：研擬發展計畫及替文化團體提出主張。

發展計劃

人類學家對於發展計劃的擬定與執行上皆能貢獻。大多數的情況是：人類學家和其他許多不同領域的專家們，如農學家、經濟學家、心理學家、地理學家、與工程師們，一起組成工作隊伍。人類學家的工作在於提供整個小組整體性與整合的觀點，及關於當地人們的細緻知識，以便能成功地推行計劃。

在發展計劃中，人類學家最具價值的角色就是使計劃執行者與當地居民能互相溝通。當地居民通常對計劃執行者不太信任。這種不信任是可以理解的，因為計劃執行者對當地文化、當地居民的特別需求及目標通常都不甚瞭解。Peter Weil（1980:315）認為，在溝通管道的建立上，人類學家必

須能作到：辨識與理解當地的決策程序。幫助當地居民與計劃執行者都能了解與適應當地的結構，以期更能滿足當地居民所表達之發展需求。這些步驟揭示了當地居民與計劃執行人必須對談，以確保其計劃可以儘可能地保存當地風俗，以及能適切反應出當地所需。

371

圖：供應非洲 Sahel 地方飢荒的糧食。糧食分配計劃的失敗，很大的原因是決策者對於當地人們之適應認識不足。

在訂定和執行發展計劃時，人類學家不僅只和國家或國際層次的機構合作，更得與社區性或地域性的團體打交道。一些在美國、加拿大、澳洲的土著族群，會僱用人類學家擔任社群的代言人，並幫他們處理一些當地事務及協調和政府機構之間的關係。人類學家也可能在開發中國家的非政

府組織中工作。比如說，人類學家與合作社一起配合，運用他們對當地情況與外在世界的知識，協助達成生產者的主要發展目標；也教導購買者能夠了解生產者及其問題。

除了參與特定的計劃外，人類學家也會運用檢視社會文化現象的方式來檢視計劃過程，並對整個發展歷程作出貢獻。其中包括考慮計劃執行者本身的文化與社會組織。因此，這些行為受其環境影響的計劃執行人，會被看作是帶有自身目標的社會人（social beings）。例如，為了明瞭像世界銀行這個國際機構的發展工作，就得了解那些受僱於這類機構之人們的世界，諸如他們的工作之政治面、生涯目標、如何接收訊息、及如何轉譯執行等等。

女性與發展

人類學家所關注且又對發展計劃相當有用的一個領域，就是「女性與發展」這個題目。近十年來，那些投身發展領域的人，已覺悟到：女性在低度開發狀態下遭受到不成比例的苦楚及女性在發展歷程中佔有重要地位。所以人類學家不禁要問：女性的經濟活動被忽略到什麼程度？一些人類學家的參與觀察研究，業已指出女性在經濟活動中有高度的貢獻，並且明白披露女性在整體經濟表現中的地位（Bossen 1984、Leacock & Safa 1986、Nash & Safa 1986）。這些人的研究，在一定程度上強調了諸如照顧小孩、畜養行為等干擾女性參與家庭外的經濟活動之能力的因素。這類研究在應用方面的目的，在於增進發展計劃對性別議題的敏感度，以及認同女性的經濟活動潛能。

主張

任何從事於發展計劃或執行變革行動的人，就某種意義而言在於倡導特別的目標和特別的生活方式。應用人類學家或多或少可視為運用他們的專業訓練來追求一個中立的目的之技術人員。但是，應用人類學家並非總是宣稱中立、或試圖保持中立。他們感到自己會同情研究對象的困境與被剝削的慘況。正如 Thomas Melville 替不惜一戰的瓜地馬拉之馬雅人請願時所說的：「人類學家坐在瓜國印第安人的餐桌旁，邊吃著他們寒酸的食物，邊抽煙還邊笑著與他們對飲，並在這同時記錄了他們的文化。因之，我們若仍保持沈默，將是一件可恥的事。」（1981:I）

替土著提出主張，並非認為土著們沒有替自己說話的能力。相反地，這突顯出人類學家替有需要的人群提出改善基本人權的主張之價值觀及遊說他人之社會責任。

人類學家的主張與支持，與土著獲得權力有明顯的關連（見本章末的人類學家特寫）。人類學家已經參與許多團體，為促進土著的權利做了不少的奮鬥。這些團體包括：文化長存學社（Culture Survival）、國際生存協會（Survival International）、土著事務國際工作隊（International Work Group for Indigenous Affairs）。這些團體企圖將土著們所面臨的困境公開化，並替他們請願；此外，更力求使外界聽到土著們的聲音。這些團體特別活躍於這類的請求：替自然資源被剝削而倍受威脅的土著們向其政府陳情。例如 1990 年國際生存協會就參與了一項使菲律賓政府取消一項伐木計劃的運動，因為他們發現菲國南部一家公司，在政府計劃伐木

時，涉及謀殺與拷打當地反對人士的罪行。

上圖：國際生存協會是一
個關心土著權利的團體。
他們在菲律賓指導一項抗
議伐林過度的活動。
下圖：一場在泰國由於大
量非法盜林所引發的洪
水。伐林使山坡缺乏植被，
而易引發泥流，使農地遭
受破壞，更造成人們的無
家可歸與傷亡。

人類學家也受僱參與國家內政與外交中相關的政治議
題或政策的制定。人類學家以主張者的姿態,替那些有毒品
問題者、無家可歸的人士、退休人士與末期病患者們著想。
人類學家企圖雙管齊下:教育大眾認識這些人群的文化、企
圖影響政府制定對他們有所幫助的政策。對外交事務而言,
也許最具爭議性的行為就是人類學家參與了一些近年來的戰
爭。例如 1960 年代到 1970 年代早期的越戰,美國人類學家
在針對越戰所組成的討論會中,就有搶眼的表現。又如 1970
年代到 1980 年代早期,美國的人類學家也企圖阻止政府對
中美洲軍事政權的協助。凡此種種,到底要如何定位人類學
家所擁有的公民與學者雙重身份的問題,在人類學界中仍廣
泛地討論著。而這些爭論,正表示了人類學在現代世界體系
中積極、活躍的程度。

當代世界中的人類學

374　　整個人類學界,自十九世以來已有了顯著的改變。人
類學在了解人類的文化與生物性的變異方面,已發展出了它
的專業與方法論,其成長過程並非一片空白。人類學家們和
我們常人一樣,都會受到環境的影響,所以我們也能這麼說:
人類學現今的狀態,在很大的程度上是反映了當代世界體系
的本質。例如世界的更加整合與通訊的更進步,使得一個學
科內的專家會來自世界各地的局面成為可能。所以,今天人
類學界已不再是只由少數的歐美人士支配的情況。

數十年前就是社會文化人類學研究焦點的小規模社會，至今仍是人類學的主要研究對象之一。因為這些社會的生活方式，一年比一年消失得更快，所以當代人類學家一如往昔，著重於記錄、保存這些消失中的生活型態。那些生活在較小、非工業社會中的人們，仍有許多值得我們學習的地方：他們能使我們更了解自己、更明瞭我們的過去，能使我們認識到其他醫療方式與藥物，也使我們知道人類和自然環境是如何密切相關。但是，其中最重要的也許是，自小規模社會中得到的啟示，強化了人類具有高度適應力這個觀念。此外，小規模社會更指出了不少我們原先假設是屬於本能、或深具生物性基礎的特徵，比如說攻擊行為，實際上大部分受到適應環境之文化脈絡的影響。

雖然人類學家持續對小規模社會有研究上的興趣，但今天的理論取向和過去已有所不同：人類學家從前把較小的社會看做是孤立的實體，但如今已漸轉變成檢視這些小規模社會如何融入一個更大的環境脈絡中。所以人類學家再也不會只個別研究這些小規模社會而已。如同前面已提及的，許多身為計劃者與主張者的人類學家，會替那些小規模社會克服一些整合至現代世界體系時，常產生的如貧困、滅種、集體屠殺等問題。

當然，人類學家不是只專門研究過去和現存的小規模社會而已。現在不少人類學家已把完全融入大規模工業社會的人們當作研究對象。都市化生活，已成為現代的主要特色之一，並且在不久的將來，世界上估計會有半數以上的人居住在都市中；因此人類學界已投注了相當多的心血，來了解成長迅速的都市化生活之各個面向。

記錄人類文化差異性仍是人類學的重心之一。就算談論現在任何的人、事、物皆已傾向均質化，也就是穿一樣的衣服、吃一樣的食品、看相同的電視節目等等的論題已是老生常談，但就在西方工業社會各面向已遍及全球的同時，仍有一定程度的差異性存在。例如「族群認同」的風雲再起，即証實了許多文化傳統的頑強性。而當不少過去顯赫的部落消失殆盡之時，取而代之的是許多新型式的，如職業、居所、宗教等方面的「部落主義」（tribalism）。

人類學家的角色總是一樣：不只檢視人類的多樣性，更以一種整體觀去分析人類的多樣性。在一個將專業化與簡化的解釋看成理所當然的時代中，整體觀仍有其必要。因為這對於去感受存在於現代世界脈絡中，人類總體經驗的多樣性與整合性而言，確確實實是極為重要的。

摘要

儘管現在的世界體系已趨高度整合與科技化，但卻也是造成環境破壞、貧窮廣佈、飢荒、疾病等重大人類問題的根源。此時，具有整體觀且將注意力中於「適應」歷程的人類學，能加深人們對問題的認識，而且能協助人們尋求問題的解決之道。

現代世界體系中經濟的不平等，反映在政治、經濟、社會條件已趨適當的已開發國家，及距離甚遠的低度開發國家兩者間的差異。有一些人群成為其他人群屠殺的對象，另外也存在著土著族群遭受目睹自己文化被摧毀的滅種命運。

環境破壞的原因來自污染、科技災難與對熱帶雨林的大規模砍伐。其中雨林的砍伐有莫大的影響，如區域性、全球性的氣候變遷，與因之造成的動植物面臨絕種的命運，及一些區域中人們的生活品質受到嚴重的侵蝕。

社會文化人類學在解決人類問題方面扮演重要的角色。應用人類學以提供訊息、協助政策制定、或直接和當地人一起奮鬥的方式，積極致力於促成有利的變革。凡此種種運動，概可分為兩類：發展計劃和主張。人類學家以他們對當地人民細緻的認識與整體觀、整合觀的特色，來協助發展計劃的訂定。除了社會責任之外，人類學家也成為替貧苦者提出主張的人，同時也是國內外爭議問題的代言人。

人類學家特寫

從影片製作到提出主張

Scott S. Robinson

Scott Robinson 於康乃爾（Cornell）大學所作的博士論文，是環繞著厄瓜多爾（1968-1969）。在這同時，他迷上了記錄片的的製作。當他和 Michael Scott 合作了三部有關厄國的影片後，Scott Robinson 決定走上人類學影片製作這條路。在一次展出他第一部影片的機會中，使他回到墨西哥這個他成長的地方，也是他現在居住的國度。從 1972 年起，他開始運用自修得來的技術，製作了遍佈拉丁美洲、墨西哥等地的記錄片。除了影片的製作外，他同時也在墨西哥城的 Autonoma Metropolitana-Iztapalapa 大學（U.A.M-I.）執教。

1981 年我參與了一個契約式記錄影片的製作。它的目的在於將墨西哥城南方一個大型水力發電水庫的建造過程記錄成影片。聯邦電力委員會（Federal Power Commission, CFE）決定要求一份關於水庫建造技術面的記錄，使地質上的準備，包括使壩體能構築起來的母岩（不透水層）之處理，及地底發電廠的建造等都有記錄可尋。在搭直升機飛越水庫與即將被淹沒的上游流域時，我注意到一系列的村落與規模不小的城鎮，如 Balsas、Guerrero。每當我不斷地問隨行的工程師們，那些將被淹沒的良田與家園的農民之處境會如何時，我總是得到相同的答案：「不必擔心，他們將會被安置在為他們而建的新城鎮中。」但整部影片裏，完全沒有提到那些因水庫的建造而非志願遷居的人。

　　1982 年，我在墨西哥城的 U.A.M-I.教社會人類學時，學校要求所有大學部的學生得在提出其學位論文之前要有兩趟的田野經驗。而到水庫地區作田野調查的學生，顯然能有效地收集到民族誌資料，同時也能觀察到發生在水庫集水區 5500 位居民身上的生活改變。自 1983 到 1986 年，每年雨季（10-12 月）結束後，學生們都會聚集在當地民眾樸素的家中並開始記錄、畫地圖與訪談。在最後一次田野期間，也就是水庫開始蓄水時，我和我的學生，完全被那些帶著家當瘋狂遷移的人們、水平線上稀落的屋脊、圍欄等等，所深深吸引住。這般目睹那些日後已成為好友的資訊提供者，一個個失去家園、教堂、學校、墓園，更不用說農田，使我們每一人終身難忘。

圖：建造水庫導致遷居後所留下來的空村。

　　每一次出田野，學生都會分組提出親屬模式描述、玉米、豆類、經濟作物的栽種情形，及飲食、節日、向外移民（主要移往美國芝加哥）等相關問題的報告；從中也可看出地方派系主義的產生，CFE 工程師與 Guerrero 州政府代表所臨時組成的協調會等細節。明顯地，他們所關心的是工程順利與否，而非人們的生活狀態。我將每一份田野報告交與計劃工程師、政府官員、及六個即將按排定時間遷居的村落領導人。我們的田野報告能提供的資訊是別處所找不到的，而 CFE 內部又缺乏總體性的再安置計劃。對其他墨西哥境內類似大規模再安置計劃之合法性的質疑、對於墨國向外貸款所進行的工程是否顧及對其社會的衝擊等等，已引起國際間議論紛紛；而當地資訊的漏洞、農民對 CFE 不信任程度

的漸增……等等因素，及再安置過程的任意與未諮詢人民意見之現象，無意中已將我們定位成替被剝奪權力的村民提出主張的人。一個自開始只是簡單的學生田野報告，最後竟引發成人權爭議，對墨國與其他地方所存在過的非志願性再安置過程而言，實為一件奇事。

　　當我們的研究引起了 CFE 工程師們的討論與怨恨時，一些表現出在 CFE 內部關於再安置的政策與慣例是有規則可尋的情形就漸漸地明朗化。我與妻子的兄弟接洽；再和 CFE 中建築計劃的主持人商談；同時準備了一篇《再安置藝術的現況》的回顧性論文，這在將被稱為發展人類學（Development Anthropology）的學科領域中屬於漸受重視的議題。計劃主持人接受了我的建議，並將我們工作團隊的建議報告送到 CFE 的高層主管部門。然而，我們沒有收到任何回應，也沒有出現任何與政策改變有關的討論。再安置計劃照常進行，同時工程師們一時衝動的反應也不是這麼容易就可調整過來。後續事件証明了政策的改變，只有在高階工程師們的飯碗，由於農民反對反覆無常之再安置計劃而訴諸司法，並威脅到其地位時，才有可能發生。（對 Caracol 水庫的計劃工程師們而言，1985 年 3 月調查工作結束後，我們已成為不受歡迎的人物，再也不會因為我們是他們行政上司的資訊提供者而禮遇我們；因之，研究與行動之間的界線變得模糊了。）

　　在此一努力之初，我不明瞭，一個應為再安置之相關基礎建設計劃（如水庫、機場、港口、都市更新計劃、觀光區）負責的政府或私人機構之社會組織，如何能像受影響的社區之文化和經濟一樣，成為較優先的研究目標。因為再安置是一種基本的政治議題，且計劃本身大部分空無內容，它

的再擬定，在社區反抗而逼迫 CFE 作出調適與隨機應變時，就只成了一個政治過程。

1986 年，第四組的調查學生發現，土地改革部（Ministry of Agrarian Reform）的檔案中，記錄著水庫集水區 1447 公頃的總面積中有 33 公頃是未經合法評估就讓水淹沒的。一群不願屈就、且不願跨越不可想像其體積的水域而安置於遠離家園又不能如從前有養牲畜空間的都市之「異議份子」知道後，他們加入了抵制的行列。當他們又再被一位有魅力且富協調力的領導人說服，而更進一步移往山頂並拒絕國家所給予微不足道的遷居補償後，終於使 CFE 的工程師們煩惱透頂。爾後，雖已是一個「後見之明」，但這項再安置計劃可視爲一個個案，使計劃人與政府官員得到一個徹底的教訓。在沒有任何當地人參與、缺乏輿論共識、沒有人負責的情形下，任何再安置計劃都將會招致反彈，並且對任何一個負責的政黨而言都會增加其政治成本。

1988 年，墨西哥的聯邦選舉結果，再次顯示聯邦計劃的規劃與執行，須由地方的層級來做。「負責任」成爲一項重點，而且更有兩項由世界銀行所支助的水力發電借貸計劃，在政策執行上有戲劇性的反轉：若不依從世界銀行所制定的再安置計劃指導綱領，將得不到既定的借貸款項。雖然評估這種新變化所造成的衝擊仍嫌太早，但是可以清楚看出，獨立的研究者對於監控整個過程而言，是極爲重要的。

根據我對非志願性再安置的研究經驗，可以得出以下的看法：第一，必須讓所有的參與者知道，條件、費用的協商及政治策略的推論底定是在一個更大的政治舞台上。傳真機、手提電腦、輕便攝影機，可以使鄉村的領導人與負責的政府部門、監督的工作人員們迅速地溝通。第二，關於何時

及如何去監督一個計劃，獨立的研究者須秉持一套道德與分析上的準則。藉著提供某個政府部門可不可以做某件事的可靠資訊，研究者可以使現況有所改善。他們可以建立一個共同的基礎或中立的協商空間給計劃者和將遷居的人。最後，在指導綱領執行之前，對其中的當地性與區域性脈絡須有相當程度的了解。對負責執行計劃的人而言，有著家庭和親屬方面的義務，必須持續調處與鄰居、及社區外其他人之政治關係。再安置的研究，必須將焦點放在取得整個社會認可的政治歷程上，這是至少須做的，但亦是最複雜、最富理論挑戰性的任務。

參考書目

Aberle, David F. 1961. Matrilineal descent in cross-cultural perspective. *In* D. M. Schneider and K. Gough (editors), *Matrilineal Kinship*: 655–727. Berkeley: University of California Press.

———. 1966. *The Peyote Religion Among the Navaho*. Chicago: Aldine.

Achebe, Chinua. 1960. *No Longer at Ease*. New York: Obolensky.

Alam, Sultana. 1985. Women and poverty in Bangladesh. *Women's Studies International Forum* 8(4): 361–371.

Amadi, Adolphe O. 1981. *African Libraries: Western Tradition and Colonial Brainwashing*. Metuchen, NJ: The Scarecrow Press.

Arnove, Robert F. 1981. The Nicaraguan National Literacy Crusade of 1980. *Comparative Educational Review* 25 (June): 244–260.

Asad, Talal. 1970. *The Kababish Arabs: Power, Authority and Consent in a Nomadic Tribe*. London: Hurst.

Atchley, Robert C. 1988. *Social Forces and Aging*. Belmont, CA: Wadsworth Publishing Company.

Ayanga, Hazel. 1986. Polygamy in the '80s. *Connexions* 20 (Spring): 8–10.

Bailey, Frederick G. 1969. *Stratagems and Spoils: A Social Anthropology of Politics*. Oxford: Blackwell.

Barnett, Homer G. 1953. *Innovation: The Basis of Cultural Change*. New York: McGraw-Hill.

Barrett, Leonard E. 1977. *The Rastafarians: The Dreadlocks of Jamaica*. Kingston: Sangster's/Heinemann.

Barth, Frederick. 1969. Introduction. *In* F. Barth (editor), *Ethnic Groups and Boundaries*: 9–38. Bergen/Oslo: Universtetsforlaget.

Beattie, John. 1964. *Other Cultures: Aims, Methods and Achievements in Social Anthropology*. New York: Free Press.

Belshaw, Cyril S. 1965. *Traditional Exchange and Modern Markets*. Englewood Cliffs, NJ: Prentice-Hall.

Benedict, Ruth. 1934. *Patterns of Culture*. Boston: Houghton Mifflin.

———. 1946. *The Chrysanthemum and the Sword*. Boston: Houghton Mifflin.

Berlin, Brent, and Paul Kay. 1991. *Basic Color Terms: Their Universality and Evolution*. Berkeley: University of California Press.

Berndt, Ronald M. 1951. *Kunapipi*. Melbourne: Chesire.

———. 1965. Law and order in Aboriginal Australia. *In* R. M. Berndt and C. H. Berndt (editors), *Aboriginal Man in Australia*: 167–206. Sydney: Angus and Robertson.

———. 1978. *Love Songs of Arnhem Land*. Chicago: University of Chicago Press.

Berreman, Gerald. 1962. Pahari polyandry: A comparison. *American Anthropologist* 64: 60–75.

———. 1972. *Hindus of the Himalayas: Ethnography and Change*. Berkeley: University of California Press.

Bhattacharji, Sukumari. 1991. Economic rights of ancient Indian women. *Economic and Political Weekly*, 2–9 March: 507–512.

Bhola, Harbans S. 1981. Why literacy can't wait: issues for the 1980's. *Convergence* 14(1): 6–22.

Bickerton, Derek. 1990. *Language and Species*. Chicago: University of Chicago Press.

Birdwhistell, Ray L. 1960. Kinesics and communication. *In* E. Carpenter and M. McLuhan (editors), *Explorations in Communications*: 54–64. Boston: Beacon Press.

Blaug, M. 1966. Literacy and economic development. *The School Review* 74(4): 393–415.

Bloch, Maurice. 1983. *Marxism and Anthropology*. Oxford: The Clarendon Press.

Bohannon, Laura. 1966. Shakespeare in the bush. *Natural History* 75 (Aug.-Sept.): 28–33.

Bohannon, Laura, and Paul Bohannon. 1953. *The Tiv of Central Nigeria*. London: International African Institute.

Boissevain, Jeremy. 1974. *Friends of Friends: Networks, Manipulation and Coalitions*. Oxford: Blackwell.

Bolinger, Dwight. 1968. *Aspects of Language*. New York: Harcourt, Brace and World.

Boserup, Ester. 1981. *Population and Technological Change*. Chicago: University of Chicago Press.

Bossen, Laurel. 1984. *The Redivision of Labor: Women and Economic Choice in Your Guatemalan Communities*. Albany: State University of New York Press.

Brady, Ivan (editor). 1983. Speaking in the name of the real: Freeman and Mead on Samoa. *American Anthropologist* 85(4): 908–947.

Braverman, Harry. 1974. *Labor and Monopoly Capital*. New York: Monthly Review Press.

Briggs, Jean. 1970. *Never in Anger: Portrait of an Eskimo Family*. Cambridge: Harvard University Press.

Buchbinder, Georgeda, and Roy A. Rappaport. 1976. Fertility and death among the Maring. *In* P. Brown and G. Buchbinder (editors), *Man and Woman in the New Guinea Highlands*: 13–35. Washington, DC: American Anthropological Association.

Burling, Robbins. 1974. *The Passage of Power: Studies in Political Succession*. New York: Academic Press.

Burridge, Kenelm. 1969. *New Heaven New Earth: A Study of Millenariam Activities*. Oxford: Blackwell.

Campbell, J. K. 1974. *Honour, Family, and Patronage: A Study of Institutions and Moral Values in a Greek Mountain Community*. New York: Oxford University Press.

Cancian, Francesca. 1975. *What Are Norms? A Study of Beliefs and Action in a Maya Community*. New York: Cambridge University Press.

Carroll, Vern. 1970. Adoption on Nukuoro. *In* V. Carroll (editor), *Adoption in Eastern Oceania*: 121–157. Honolulu: University of Hawaii Press.

Cawte, John. 1974. *Medicine Is the Law: Studies in Psychiatric Anthropology of Australian Aboriginal Tribal Societies*. Honolulu: University of Hawaii Press.

Chagnon, Napoleon A. 1983. *Yanomamo: The Fierce People*. New York: Holt, Rinehart and Winston.

Chandler, Michele. 1986. Widows ripped off. *Connexions* 20 (Spring): 14.

Chetley, Andrew. 1989. *Kill or Cure? The Global Pharmaceutical Industry*. Atlantic Highlands, NJ: Zed Press.

Chignell, A. K. 1911. *An Outpost in Papua*. London: Murray.

Chodorow, Nancy. 1974. Family structure and feminine personality. *In* M. Rosaldo and L. Lamphere (editors), *Women in Culture and Society*: 45–56. Stanford: Stanford University Press.

Claessen, Henri J. M., and Pieter van de Velde. 1985. The evolution of sociopolitical organization. In H. J. M. Claessen, P. van de Velde, and M. E. Smith (editors), *Development and Decline: The Evolution of Sociopolitical Organization*: 1–12, 126–140, 196–218. South Hadley, MA: Bergin and Garvey.

———. 1987. Introduction. *In* H. J. M. Claessen and P. van de Velde (editors), *Early State Dynamics*: 1–23. Leiden: E. J. Brill.

Clammer, John R. 1976. *Literacy and Social Change*. Leiden: E. J. Brill.

Clark, Margaret. 1970. *Health in the Mexican-American Culture: A Community Study*. Berkeley: University of California Press.

Cohen, Abner. 1969. *Custom and Politics in Urban Africa*. Berkeley: University of California Press.

Cohen, Margot. 1990. A menu for malnutrition. *Far Eastern Economic Review*, 12 July: 38–39.

Cohen, Mark Nathan. 1989. *Health and the Rise of Civilization*. New Haven: Yale University Press.

Colson, Anthony C., and Karen F. Selby. 1974. Survey article on medical anthropology. *Annual Review of Anthropology* 3: 245–262.

Conklin, H.C. 1955. Hanunoo color categories. *Southwestern Journal of Anthropology* 11: 339–344.

Crambs, Jean D. 1989. *Women over Forty: Visions and Realities*. New York: Springer Publishing Company.

Crane, Julia, and Michael Angrosino. 1974. *Field Projects in Anthropology: A Student Handbook*. Glenview, IL: Scott, Foresman.

Crosby, Alfred; Jr. 1972. *The Columbian Exchange: Biological and Cultural Consequences of 1492*. Westport, CT: Greenwood Press.

Culbert, Sidney S. (editor). 1991. *The World Almanac and Book of Facts*. New York: Newspaper Enterprise Association.

Curr, E. M. 1886–1887. *The Australian Race*. 4 volumes. Melbourne: Government Printer.

Curtain, Philip D. 1990. *The Rise and Fall of the Plantation Complex: Essays in Atlantic History*. New York: Cambridge University Press.

Dagmar, Hans. 1978. *Aborigines and Poverty: A Study of Interethnic Relations and Culture Conflict in a Western Australian Town*. Nijmegen, Netherlands: Katholieke Universitiet.

Dahl, Gudrum. 1987. Women in pastoral production:

Some theoretical notes on roles and resources. *Ethnos* 52(1-2): 246–279.

Damas, David. 1972. The Copper Eskimo. *In* M. G. Bicchieri (editor), *Hunters and Gatherers Today*: 3–50. New York: Holt, Rinehart and Winston.

Datta, V. N. 1988. *Sati: A Historical, Social and Philosophical Enquiry into the Hindu Rite of Widow Burning*. New Delhi: Manohar.

Davis, D. L., and R. G. Whitten. 1987. The cross-cultural study of human sexuality. *Annual Review of Anthropology* 16: 69–68.

DeCamp, David. 1971. Introduction: the study of pidgin and creole languages. *In* D. Hymes (editor), *Pidginization and Creolization of Languages*: 13–39. New York: Cambridge University Press.

Dentan, Robert. 1968. *The Semai: A Nonviolent People of Malaya*. New York: Holt, Rinehart and Winston.

Divale, William, and Marvin Harris. 1976. Population, warfare and the male supremist complex. *American Anthropologist* 78: 521–538.

Dobbs, Michael. 1987. In Iraq, one of the world's earliest civilizations is pushed to the brink of extinction. *International Herald Tribune*, 12 December: 5.

Dobzansky, Theodosius. 1974. Chance and creativity in evolution. *In* F. J. Ayala and T. Dobzansky (editors), *Studies in the Philosophy of Biology*: 309–339. Berkeley: University of California Press.

Domhoff, G. William. 1974. *The Bohemiam Grove and Other Retreats: A Study in Ruling Class Cohesiveness*. New York: Harper and Row.

Draper, P. 1975. !Kung Women: Contrasts in sexual egalitarianism in foraging and sedentary contexts. *In* R. Reiter (editor); *Toward an Antropology of Women*: 77–109. New York: Monthly Review Press.

DuBois, Cora. 1960. *The People of Alor: A Social-Psychological Study of an East Indian Island*. New York: Harper & Row.

Dumont, Louis. 1970. *Homo Hierarchicus: The Caste System and Its Implications*. London: Weidenfield and Nicolson.

Dunn, Frederick I. 1968. Epidemiological factors: health and disease in hunter-gatherers. *In* R. B. Lee and I. DeVore (editors), *Man the Hunter*: 221–228. Chicago: Aldine-Atherton.

Durant, Will. 1939. *The Life of Greece*. New York: Simon and Schuster.

Durkheim, Emile. 1951. *Suicide: A Study in Society*. Glencoe, IL: Free Press.

Duvignaud, Jean. 1970. *Change at Shebika: Report from a North African Village*. New York: Random House.

Eidheim, Harald. 1971. *Aspects of the Lappish Minority Situation*. Bergen/Oslo: Universtetsforlaget.

Elmberg, John-Erik. 1968. *Balance and Circulation: Aspects of Tradition and Change Among the Mejprat of Irian Barat*. Stockholm: Etnografiska Museet.

Elwood, J. M. 1989. Epidemiology and control of melanoma in white populations and in Japan. *Journal of Investigative Dermatology* 92 (5 Suppl.): 214–221.

Epstein, A. L. 1969. *Matupit: Land, Politics, and Change Among the Tolai of New Britain*. Berkeley: University of California Press.

Evans-Pritchard, E. E. 1937. *Witchcraft, Oracles and Magic Among the Azande*. Oxford: Clarendon Press.

———. 1940. *The Nuer: A Description of the Modes of Livelihood and Political Institutions of a Nilotic People*. Oxford: Clarendon Press.

Eysenck, Hans J., and R. Grossarth-Maticek. 1989. Prevention of cancer and coronary heart disease and the reduction of the cost of the National Health Service. *Journal of Social, Political and Economic Studies* 14 (Spring): 25–47.

Fabrega, Horacio, Jr., and Daniel B. Silver. 1973. *Illness and Shamanistic Curing in Zinacantan*. Stanford: Stanford University Press.

Farwell, Byron. 1990. *Burton: A Biography of Sir Richard Francis Burton*. New York: Viking Penguin.

Ferguson, Charles. 1959. Diglossia. *Word* 15: 325–340.

First, Ruth. 1975. *Libya: The Elusive Revolution*. New York: Holmes and Meier.

Forde, C. Daryll. 1964. *Yakö Studies*. London: Oxford University Press.

Fortes, Meyer. 1958. Introduction. *In* J. Goody (editor), *The Developmental Cycle in Domestic Groups*. Cambridge: Cambridge University Press.

Foster, George M. 1965. Peasant society and the image of the limited good. *American Anthropologist* 67: 293–315.

Foster, George M., and Barbara G. Anderson. 1978. *Medical Anthropology*. New York: John Wiley.

Foster, Phillips. 1992. *The World Food Problem: Tackling the Causes of Undernutrition in the Third World*. Boulder, CO: Lynne Rienner.

Foulks, Edward F. 1985. The transformation of Arctic hysteria. *In* R. Simons and C. Hughes (editors), *The Culture-Bound Syndromes*: 307–324. Boston: D. Reidel.

Fouts, Roger, and Richard I. Budd. 1979. Artificial and human language acquisition in the chimpanzees. *In* D. A. Hamburg and E. R. McCown (editors), *The Great Apes*: 375–392. Menlo Park, CA: Cummings.

Fraenkel, M. 1964. *Tribe and Caste in Monrovia*. London: Oxford University Press.

Freeman, J. D. 1983. *Margaret Mead in Samoa*. Cambridge: Harvard University Press.

Fried, Jacob. 1959. Acculturation and mental health among Indian migrants in Peru. *In* M. K. Opler (editor), *Culture and Mental Health*: 119–137. New York: Macmillan.

Furst, Peter T. (editor). 1972. *Flesh of the Gods: The Ritual Use of Hallucinogens*. London: George Allen and Unwin.

Gajdusek, D. C. 1977. Unconventional viruses and the origin and disappearance of kuru. *Science* 197: 943–960.

Galbraith, John K. 1977. *The Age of Uncertainty*. Boston: Houghton Mifflin.

Geertz, Clifford. 1973. *The Interpretation of Cultures*. New York: Basic Books.

Glasse, R. M. 1969. Marriage in South Fore. *In* R. M. Glasse and M. J. Meggit (editors), *Pigs, Pearlshells and Women*: 16–37. Englewood Cliffs, NJ: Prentice-Hall.

Gluckman, Max. 1949. *Malinowski's Sociological Theories*. Rhodes-Livingstone Papers No. 16. Oxford.

————. 1950. Kinship and marriage among the Lozi of Northern Rhodesia and the Zulu of Natal. *In* A. R. Radcliffe-Brown and C. D. Forde (editors), *African Systems of Kinship and Marriage*: 166–206. London: Oxford University Press.

————. 1956. *Custom and Conflict in Africa*. Oxford: Blackwell.

————. 1965. *Politics, Law and Ritual in Tribal Society*. Chicago: Aldine.

————. 1973. *The Judicial Process Among the Barotse of Northern Rhodesia* (Zambia). Manchester: Manchester University Press.

Godelier, Maurice. 1977. *Perspectives in Marxist Anthropology*. New York: Cambridge University Press.

Goodale, Jane C. 1971. *Tiwi Wives: A Study of the Women of Melville Island, North Australia*. Seattle: University of Washington Press.

Goodall, Jane. 1964. Tool using and aimed throwing in a community of free-living chimpanzees. *Nature* 201: 1264–1266.

Goodenough, Ward H. 1949. Premarital freedom on Truk: theory and practice. *American Anthropologist* 54: 615–620.

Goodland, Robert, and Howard Irwin. 1975. *Amazon Jungle: Green Hell to Red Desert?* New York: Elsevier.

Goody, Jack R. 1959. The mother's brother and sister's son in West Africa. *Journal of the Royal Anthropological Institute* 89: 61–88.

————. 1968. Introduction. *In* J. R. Goody (editor), *Literacy in Traditional Societies*: 1–26. Cambridge: Cambridge University Press.

————. 1970. Cousin terms. *Southwestern Journal of Anthropology* 26: 125–142.

Graburn, Nelson. 1976. Introduction. *In* N. Graburn (editor), *Ethnic and Tourist Arts*: 1–32. Berkeley: University of California Press.

Gumerman, George J. (editor). 1988. *The Anasazi in a Changing Environment*. New York: Cambridge University Press.

Gumperz, John. 1962. Types of linguistic communities. *Anthropological Linguistics* 4: 28–40.

Hagesteijn, Renée. 1987. The Angkor state: rise, fall and in between. *In* H. J. M. Claessen and P. van de Velde (editors), *Early State Dynamics*: 154–169. Leiden: E. J. Brill.

Hall, Edward T. 1966. *The Hidden Dimension*. Garden City, NY: Doubleday.

Harden, Blaine. 1991. *Africa: Dispatches from a Fragile Continent*. New York: HarperCollins.

Haring, Douglas. 1949. *Personal Character and Cultural Milieu*. Syracuse: Syracuse University Press.

Harner, Michael J. (editor). 1973. *Hallucinogens and Shamanism*. New York: Oxford University Press.

Hart, C. W. M., and A. R. Pilling. 1979. *The Tiwi of North Australia*. New York: Holt, Rinehart and Winston.

Helms, Mary W. 1976. Competition, power and succession to office in pre-Columbian Panama. *In* M. W. Helmds and F. O. Loveland (editors), *Frontier Adaptation in Lower Central America*: 25–36. Philadelphia: Institute for the Study of Human Issues.

Henry, Donald O. 1988. *From Foraging to Agriculture*. Philadelphia: University of Pennsylvania Press.

Henry, Jules. 1963. *Culture Against Man*. New York: Random House.

Herdt, Gilbert (editor). 1984. *Ritualized Homosexuality in Melanesia*. Berkeley: University of California Press.

Heston, Alan. 1971. An approach to the sacred cow of India. *Current Anthropology* 12: 191–209.

Hiatt, Les R. (editor). 1975. *Australian Aboriginal Mythology*. Canberra: Australian Institute of Aboriginal Studies.

Hicks, Frederick. 1979. "Flowery war" in Aztec history. *American Ethnologist* 6: 87–92.

Hoebel, E. Adamson. 1940. *The Political Organization and Law-ways of the Commanche Indians*. Memoir 54. Menasha, WI: American Anthropological Association.

———. 1978. *The Cheyenne Indians of the Great Plains*. New York: Holt, Rinehart and Winston.

Hogbin, Ian. 1970. *The Island of Menstruating Men: Religion in Wogeo, New Guinea*. Scranton, PA: Chandler.

Holm, John. 1989. *Pidgins and Creoles*, Volume II; *Reference Survey*. New York: Cambridge University Press.

Holtved, Erik. 1967. Eskimo shamanism. *In* C.-M. Edsman (editor), *Studies in Shamanism*: 23–31. Stockholm: Almquist and Wiksell.

Honigmann, John J. 1970. Sampling in ethnographic fieldwork. *In* R. Naroll and R. Cohen (editors), *Handbook of Method in Cultural Anthropology*: 266–281. New York: Columbia University Press.

Horwood, Harold. 1969. *Newfoundland*. Toronto: Macmillan of Canada.

Hough, Richard A. 1972. *Captain Bligh and Mr. Christian: The Men and the Mutiny*. London: Hutchinson.

Howard, Michael C. 1977. *Political Change in a Mayan Village in Southern Belize*. Greeley: Katunob, University of Northern Colorado.

———. 1980. Ethnicity and economic integration in southern Belize. *Ethnicity* 7: 119–136.

———. 1981. *Aboriginal Politics in Southwestern Australia*. Nedlands: University of Western Australia Press.

———. 1987. *The Impact of the International Mining Industry on Indigenous Peoples*. Sydney: Transnational Corporations Research Project, University of Sydney.

———. 1991a. *Fiji: Race and Politics in an Island State*. Vancouver: University of British Columbia Press.

———. 1991b. *Mining, Politics, and Development in the South Pacific*. Boulder, CO: Westview Press.

Hughes, Charles C., and John M. Hunter. 1972. Disease and "development" in Africa. *Social Science and Medicine* 3: 143–193.

Hume, David. 1748. Of national characters. *In: Essays: Moral, Political, and Literary*: Essay 21. London: A. Millar.

Hunt, Edward E., Jr. 1978. Ecological frameworks and hypothesis testing in medical anthropology. *In* M. H. Logan and E. H. Hunt, Jr. (editors), *Health and the Human Condition*: 84–99. North Scituate, MA: Duxbury Press.

Hvalkof, Søren, and Peter Aaby (editors). 1981. *Is God an American?* Copenhagen: International Work Group for Indigenous Affairs.

Hymes, Dell. 1972. Models of the interaction of language and social life. *In* J. J. Gumperz and D. Hymes (editors), *Directions in Sociolinguistics*: 35–71. New York: Holt, Rinehart and Winston.

Ignatius, Adi. 1990. Secrets of Bama: in a corner of China, they live to be 100. *Wall Street Journal*, 19 March: A1.

Iris, Madelyn A. 1986. *The Use of Limited Guardianship as the Least Restrictive Alternative for the Impaired Elderly: An Ethnographic Examination of the Probate Court and the Decision-making Process*. Final Report. Chicago: The Retirement Research Foundation.

Ishige, Neomichi. 1977. Roasting dog in earth oven (Ponape). *In* J. Kuper (editor), *The Anthropologists' Cookbook*: 203–205. New York: Universe Books.

James, Wendy. 1973. The anthropologist as reluctant imperialist. *In* T. Asad (editor), *Anthropology and the Colonial Encounter*: 41–70. London: Ithaca Press.

Jansen, G. 1973. *The Doctor-Patient Relationship in an African Tribal Society*. Assen: Van Gorcum.

Jennings, Nicholas. 1989. Haidas on the Seine. *Maclean's*, 16 October: 67–68.

Jones, Delmos. 1971. Social responsibility and the belief in basic research: an example from Thailand. *Current Anthropology* 12: 347–350.

Joseph, Ammu. 1991. Political parties and 'sati.' *Economic and Political Weekly*, 20 April: 1025–1026.

Kaut, C. R. 1957. *The Western Apache Clan System: Its Origins and Development*. Albuquerque: University of New Mexico Press.

Kay, Paul, and Chad K. McDaniel. 1978. The linguistic significance of the meanings of basic color terms. *Language* 54: 610–646.

Kennedy, John G. 1973. Cultural psychiatry. *In* J. J. Honigmann (editor), *Handbook of Social and Cultural Anthropology*: 1119–1120. Chicago: Rand McNally.

Kolosi, Tamás, and Edmund Wnuk-Lipinski (editors). 1983. *Equality and Inequality Under Socialism: Poland and Hungary Comparison*. Beverly Hills, CA: Sage.

Kroeber, Arthur R. 1989. Half man, half woman. *Far Eastern Economic Review*, 2 March: 76.

Kuhn, Thomas S. 1970. *The Structure of Scientific Revolutions*. Chicago: University of Chicago Press.

Lambert, Wallace E., et al. 1960. Evaluational reactions to spoken languages. *Journal of Abnormal Psychology* 66: 44–51.

Langness, L. L. 1969. Marriage in Bena Bena. *In* R. M. Glasse and M. J. Meggitt (editors), *Pigs, Pearlshells and Women*: 38–55. Englewood Cliffs, NJ: Prentice-Hall.

Lanternari, Vittorio. 1963. *The Religions of the Oppressed: A Study of Modern Messianic Cults*. New York: Alfred A. Knopf.

Laracy, Hugh. 1983. *The Maasina Rule Movement*. Suva: Institute of Pacific Studies, University of the South Pacific.

Layton, Robert. 1991. *The Anthropology of Art*. New York: Cambridge University Press.

Leach, Jerry, and Edmund Leach (editors). 1983. *The Kula: New Perspectives on Massim Exchange*. New York: Cambridge University Press.

Leacock, Eleanor. 1982. Marxism and anthropology. *In* B. Ollman and E. Vernoff (editors), *The Left Academy*: 242–276. New York: McGraw-Hill.

Leacock, Eleanor, and Helen Safa (editors). 1986. *Women's Work: Development and the Division of Labor by Gender*. South Hadley, MA: Bergin and Garvey.

Lee, Richard. 1969. Eating Christmas in the Kalahari. *Natural History* 78 (December): 14–22, 60–63.

Lévi-Strauss, Claude. 1961. *Triste Tropiques: An Anthropological Study of Primitive Societies in Brazil*. New York: Hutchinson.

———. 1969. *The Elementary Structures of Kinship*. Boston: Beacon Press.

Levine, Nancy E. 1988. *The Dynamics of Polyandry: Kinship Domesticity, and Population on the Tibetan Border*. Chicago: University of Chicago Press.

Lewis, Oscar. 1966. The culture of poverty. *Scientific American* 215: 19–25.

Lewis, Phillip. 1969. *The Social Context of Art in Northern New Ireland*. Chicago: Field Museum of Natural History.

Lieban, Richard W. 1962. Qualifications for folk medicinal practice in Sibulan, Negros Oriental, Philippines. *The Philippine Journal of Science* 91: 511–521.

Lienhardt, Godfrey. 1961. *Divinity and Experience: The Religion of the Dinka*. Oxford: Clarendon Press.

Linden, Eugene. 1991. Lost tribes, lost knowledge. *Time*, 23 September: 44–56.

Lindenbaum, Shirley. 1979. *Kuru Sorcery: Disease and Danger in the New Guinea Highlands*. Palo Alto, CA: Mayfield.

Linnaeus, Carolus. 1758–1759. *Systema Naturae per Regna tria Naturae, Secundum Classes, Ordenes, Genera, Species, cum Characteribuus Differentis . . . 10th* edition. Holmiae: L. Salvii.

Little, Kenneth. 1965/66. The political functions of the Poro. *Africa* 35: 349–365; 36: 62–72.

Long, Norman. 1975. Structural dependency, modes of production and economic brokerage in rural Peru. *In* I. Oxaal, T. Barnett, and D. Booth (editors), *Beyond the Sociology of Development*: 253–282. London: Routledge and Kegan Paul.

Maclean, Una. 1971. *Magical Medicine: A Nigerian Case-Study*. New York: Penguin.

McLean, Scilla, and Stella Efua Graham (editors). 1985. *Female Circumcision, Excision and Infibulation: The Facts and Proposals for Change*. London: Minority Rights Group.

McWilliams, Cary. 1961. *North from Mexico*. Philadelphia: J. B. Lippincott.

Maddock, Kenneth. 1972. *The Australian Aborigines: A Portrait of their Society*. London: Allan Lane.

Madsen, William. 1967. Religious syncretism. *In* R. Wauchope (editor), *Handbook of Middle American Indians*, volume 6: 369–391. Austin: University of Texas Press.

Malefijt, Annemarie de Waal. 1968. *Religion and Culture: An Introduction to Anthropology of Religion*. New York: Macmillan.

Malinowski, Bronislaw. 1929. *The Sexual Life of the Savages in Northwestern Melanesia*. London: Routledge and Kegan Paul.

Mariner, William. 1827. *An Account of the Natives of the Tonga Islands, in the Pacific Ocean*. 2 volumes. London: Hurst, Chance.

Marett, Robert R. 1909. *The Threshold of Religion*. London: Methuen.

Marshall, Lorna. 1961. Sharing, talking, and giving: relief of social tensions among !Kung Bushmen. *Africa* 31: 231–249.

Martin, M. K. 1974. *The Foraging Adaptation—Uniformity or Diversity?* Reading, MA: Addison-Wesley.

Martin, M. Kay, and Barbara Voorhies. 1975. *Female of the Species*. New York: Columbia University Press.

Martinez-Alier, Verena. 1974. *Marriage, Class and Colour in Nineteenth-Century Cuba*. New York: Cambridge University Press.

Maybury-Lewis, David. 1968. *The Savage and the Inno-cent*. Boston: Beacon Press.

Mead, Margaret. 1928. *Coming of Age in Samoa*. New York: Morrow.

———. 1947. The concept of culture and the psycho-somatic approach. *Psychiatry* 10: 57–76.

———. 1967. Alternatives to war. *In* M. Fried, M. Harris, and R. Murphy (editors), *War*: 215–228. Garden City, NY: Doubleday.

Meggitt, Mervyn J. 1962. *Desert People: A Study of the Walbiri Aborigines of Central Australia*. Sydney Angus and Robertson.

———. 1977. *Blood Is Their Argument: Warfare Among the Mae Enga Tribesmen of the New Guinea Highlands*. Palo Alto, CA: Mayfield.

Meillassoux, Claude. 1981. *Maidens, Meal and Money*. New York: Cambridge University Press.

Meintel, Deidre. 1973. Strangers, homecomers, and ordinary men. *Anthropological Quarterly* 46: 47–58.

Melotti, Umberto. 1977. *Marx and the Third World*. London: Macmillan.

Melrose, D. 1982. *Bitter Pills: Medicines and the Third World*. Oxford: Oxfam.

Melville, Thomas. 1981. Guatemala: The Indian Awakening. *ARC Newsletter* 5 (2): 1.

Millar, Susan Bolyard. 1989. *Bugis Weddings: Rituals of Social Location in Modern Indonesia*. Berkeley: University of California at Berkeley, Center for South and Southeast Asia Studies.

Mink, Barbara. 1989. How modernization affects women. *Cornell Alumni News*, III (3): 10–11.

Mitchell, J. Clyde. 1969. The concept and use of social networks. *In* J. C. Mitchell (editor), *Social Networks in Urban Situations*: 1–50. Manchester: Manchester University Press.

Mooney, James. 1965. *The Ghost-Dance Religion and the Sioux Outbreak of 1890*. Chicago: University of Chicago Press.

Moorehead, Alan. 1960. *The White Nile*. New York: Harper and Brothers.

Morgan, Lewis H. 1877. *Ancient Society*. New York: Henry Holt.

Mörner, Magnus. 1967. *Race Mixture in the History of Latin America*. Boston: Little, Brown.

Morris, Desmond, Peter Collett, Porter Marsh, and Marie O'Shaughnessy. 1979. *Gestures, Their Origins and Distribution*. New York: Stein and Day.

Mctolinía de Benavente. Toribio. 1950. *Motolinía's His-tory of the Indians of New Spain*. Translated by Elizabeth A. Foster. Berkeley: The Cortés Society.

Mouer, Ross, and Yoshio Sugimoto. 1986. *Images of Japanese Society*. London: KPI.

Muller, M. 1982. *The Health of Nations: A North-South Investigation*. London: Faber and Faber.

Munson, Henry. 1989. *Islam and Revolution in the Middle East*. New Haven: Yale University Press.

Murphy, Yolanda, and Robert F. Murphy. 1974. *Women of the Forest*. New York: Columbia University Press.

Myerhoff, Barbara. 1970. The deer-maize-peyote symbol complex among the Huichol Indians of Mexico. *Anthropological Quarterly* 39 (2): 60–72.

———. 1974. *Peyote Hunt: The Sacred Journey of the Huichol Indians*. Ithaca: Cornell University Press.

———. 1978. *Number Our Days*. New York: Simon and Schuster.

Myers, Fred R. 1982. Ideology and experience: the cultural basis of politics in Pintupi life. *In* M. C. Howard (editor), *Aboriginal Power in Australian Society*: 79–114. Honolulu: University of Hawaii Press.

Nanda, Serena. 1990. *Neither Man nor Woman: The Hijaras of India*. Belmont, CA: Wadsworth Publishing.

Nash, Dennison. 1963. The ethnologist as stranger. *Southwestern Journal of Anthropology* 19: 149–167.

Nash, June, and Helen Safa (editors). 1986. *Women and Change in Latin America*. South Hadley, MA: Bergin and Garvey.

Newman, Philip L. 1965. *Knowing the Gururumba*. New York: Holt, Rinehart and Winston.

Nind, Scott. 1831. Description of the natives of King George's Sound (Swan River Colony) and Adjoining Country. *Royal Geographical Society Journal* 1: 21–51.

Ogden, Schubert M. 1981. The concept of a theology of liberation: must a Christian theology be so conceived? *In* B. Mahan and L. D. Richesin (editors), *The Challenge of Liberation Theology*: 127–140. Maryknoll, NY: Orbis Books.

Olshansky, S. Jay, Mark A. Rudberg, Bruce A. Carnes, Christine K. Cassel, and Jacob A. Brody. 1991. Trading Off Longer Life for Worsening Health. *Journal of Aging and Health*, 3 (2): 194–216.

Onwuejeugwu, M. Angulu. 1975. *The Social Anthropology of Africa*. London: Heinemann Educational Books.

Ortiz de Montellano, Bernard R. 1990. *Aztec Medicine, Health, and Nutrition*. New Brunswick: Rutgers University Press.

Patterson, F., and E. Linden. 1981. *The Education of Koko.* New York: Holt, Rinehart and Winston.

Pettengill, John S. 1981. Firearms and the distribution of income: a neoclassical model. *The Review of Radical Political Economy* 13 (2): 1–10.

Pigafetta, Antonio. 1524/1969. *First Voyage Around the World.* Translated by J. A. Robertson. Manila: Filipina Book Guild.

Premack, D., and A. J. Premack. 1983. *The Mind of an Ape.* New York: W. W. Norton.

Prieto, Abel. 1981. Cuba's national literacy campaign. *Journal of Reading* 25 (3): 215–221.

Rane, Wishwas. 1990. Dangerous antidiarrhoeals. *Economic and Political Weekly* 1–8 December: 2649.

Rappaport, Roy. 1967. Ritual regulation of environmental relations among New Guinea people. *Ethnology* 6: 17–30.

Reaves, Dick. 1978. Never love a Bandido. *Texas Monthly,* May: 100–107, 208–219.

Redfield, Robert. 1952. The primitive world view. *Proceedings of the American Philosophical Society* 96: 30–36.

Rees, Judith. 1990. *Natural Resources: Allocation, Economics and Policy.* New York: Routledge.

Reichel-Dolmatoff, Gerardo. 1971. *Amazonian Cosmos: The Sexual and Religious Symbolism of the Tukano Indians.* Chicago: University of Chicago Press.

Reid, Anthony. 1988. *Southeast Asia in the Age of Commerce 1450–1680: Volume One, The Lands Below the Winds.* New Haven: Yale University Press.

Ribeiro, Darcy. 1970. *Os Índiosea Civilização.* Rio de Janeiro: Editora Civilização Brasileira.

Riesman, David. 1953. *The Lonely Crowd: A Study of the American Character.* Garden City, NY: Doubleday.

Ritchie, Jane. 1989. Dying marks of beauty. *New Sunday Times* (Malaysia), 28 May: 22.

Rudé, George. 1980. *Ideology and Popular Protest.* New York: Pantheon.

Ruhlen, Merritt. 1987. *A Guide to the World's Languages.* Stanford: Stanford University Press.

Saberwal, Satish. 1991. Segmentation and literacy. *Economic and Political Weekly,* Annual Number, March: 723–738.

Sackett, Lee. 1978. Clinging to the Law: Leadership at Wiluna. *In* M. C. Howard (editor), *''Whitefella Business'':* 37–48. Philadelphia: Institute for the Study of Human Issues.

Sahlins, Marshall. 1965. On the sociology of primitive exchange. *In* M. Banton (editor), *The Relevance of Models for Social Anthropology:* 139–236. London: Tavistock.

Saltman, Michael. 1991. *The Demise of the ''Reasonable Man'': A Cross-Cultural Study of a Legal Concept.* New Brunswick: Transaction Publishers.

Sanchez Vazquez, Adolfo. 1973. *Art and Society.* New York: Monthly Review Press.

Sanday, P. R. 1974. Female status in the public domain. *In* M. Z. Rosaldo and L. Lamphere, (editors), *Women, Culture, and Society:* 189–206. Stanford, CA: Stanford University Press.

Sanggenafa, Naffi. 1990. *Kain Timur* and the payment of fines; A preliminary study of the Karondori people of Irian Jaya's Bird's Head region. *Irian: Bulletin of Irian Jaya* 18: 93–101.

Sapir, Edward. 1929. The status of linguistics as a science. *Language* 5: 207–214.

Schneider, Jane. 1971. Of vigilance and virgins: honor, shame, and access to resources in Mediterranean societies. *Ethnology* 10: 1–24.

Schultes, Richard E. 1963. Botanical sources of the New World narcotics. *Psychedelic Review* 1: 145–166.

Schultes, Richard E., and A. Hoffmann. 1979. *Plants of the Gods.* New York: McGraw-Hill.

Shankman, Paul. 1983. Fear and loathing in Samoa. *The Global Reporter* 1 (2): 12.

————. 1991. Culture contact, cultural ecology, and Dani warfare. *Man* (N.S.) 26: 602–624.

Shannon, Thomas R. 1989. *An Introduction to the World-System Perspective.* Boulder, CO: Westview Press.

Shapiro, Judith. 1968. Tapirapé kinship. *Boletim do Museu Paraense Emilio Geoldi, Antropologia* 37.

Siegel, Jacob S., and Cynthia M. Taeuber. 1986. Demographic dimensions of an aging population. *In* Alan Pifer and Lydia Bronte (editors), *Our Aging Society: Paradox and Promise:* 79–110. New York/London: W. W. Norton and Company.

Silverman, Milton, P. R. Lee, and M. Lydecker. 1982. *Prescriptions for Death: The Drugging of the Third World.* Berkeley: University of California Press.

Sinha, D. P. 1972. The Bihors. *In* M. G. Bicchieri (editor), *Hunters and Gatherers Today:* 371–403. New York: Holt, Rinehart and Winston.

Siverts, Hennig. 1971. On politics and leadership in highlands Chiapas. *In* E. Z. Vogt and A. Ruz L. (editors), *Desarrollo Cultural de los Mayas:* 387–408. Mexico: Universidad Nacional Autonoma de Mexico.

Smith, M. G. 1960. *Government in Zazzau, 1881–1950.* London: Oxford University Press.

Sorensen, Arthur P. 1973. South American Indian linguistics at the turn of the seventies. *In* D. R. Gross (editor), *Peoples and Cultures of Native South America:* 312–341. Garden City, NY: Doubleday.

Spencer, Baldwin, and F. J. Gillen. 1899. *The Native Tribes of Central Australia.* London: Macmillan.

Spencer, Robert F. 1959. *The North Alaskan Eskimo: A Study in Ecology and Society.* Bulletin 171. Washington, DC: Bureau of American Ethnology.

Spores, John C. 1988. *Running Amok: An Historical Inquiry.* Athens, OH: Center for International Studies, Ohio University.

Steadman, L. B., and C. F. Merbs. 1982. Kuru cannibalism. *American Anthropologist* 84 (3): 611–627.

Steward, Julian H. 1938. *Basin-Plateau Aboriginal Sociopolitical Groups.* Bulletin 120. Washington, DC: Bureau of American Ethnology.

———. 1955. *Theory of Culture Change: The Methodology of Multilinear Evolution.* Urbana: University of Illinois Press.

Steward, Julian H., et al. 1956. *The People of Puerto Rico.* Urbana: University of Illinois Press.

Stokes, William. 1952. Violence as a power factor in Latin American politics. *Western Political Quarterly* 5 (3): 445–468.

Stoll, David. 1982. *Fishers of Men or Founders of Empire?* London: Zed Press.

———. 1990. *Is Latin America Turning Protestant?: The Politics of Evangelical Growth.* Berkeley: University of California Press.

Swadesh, Morris. 1971. *The Origin and Diversification of Language.* Chicago: Aldine/Atherton.

Tanner, D. 1990. *You Just Don't Understand: Women and Men in Conversation.* New York: Wm. Morrow.

Tasker, Rodney. 1988. Manila's bitter pill. *Far Eastern Economic Review.* 8 December: 54–56.

Taylor, John C. 1977. Diet, health and economy: Some consequences of planned social change in an Aboriginal community. *In* R. M. Berndt (editor), *Aborigines and Change:* 147–158. Canberra: Australian Institute of Aboriginal Studies.

Tenney, Jack B. (chairman). 1943. *Report: Joint Fact-finding Committee on Un-American Activities in California.* California Legislature, Senate 55th Session. Sacramento: California State Printing Office.

Thesiger, Wilfred. 1985. *Arabian Sands.* New York: Penguin.

Thomason, Sarah Grey, and Terrence Kaufman. 1988. *Language, Contact, Creolization, and Genetic Linguistics.* Berkeley: University of California Press.

Thompson, J. E. S. 1930. *Ethnology of the Mayas of Southern and Central British Honduras.* Publication 274. Chicago: Field Museum of Natural History.

———. 1970. *Maya History and Religion.* Norman: University of Oklahoma Press.

Toland, Judith Drick. 1987. Discrepancies and dissolution: breakdown of the early Inca state. *In* H. J. M. Claessen and P. van de Velde (editors), *Early State Dynamics:* 1–23. Leiden: E. J. Brill.

Tonkinson, Robert. 1974. *The Jigalong Mob: Aboriginal Victors of the Desert Crusade.* Menlo Park, CA: Cummings.

———. 1978. *The Mardudjara Aborigines: Living the Dream in Australia's Desert.* New York: Holt, Rinehart and Winston.

Tout, Ken. 1989. *Aging in Developing Countries.* Oxford: Oxford University Press, for Helpage International.

Tozzer, Alfred M. 1907. *A Comparative Study of the Mayas and Lacandones.* New York: Macmillan.

Turton, David. 1980. The economics of Mursi bridewealth: A comparative perspective. *In* J. Comaroff (editor), *The Meaning of Marriage Payments.* New York: Academic Press.

Tylor, Edward B. 1891. *Primitive Culture.* 2 volumes. London: John Murray.

UNESCO. 1957. *World Illiteracy at Mid-Century.* Paris: UNESCO.

Valdman, Albert. 1975. The language situation in Haiti. *In* V. Rubn and R. P. Schaedel (editors), *The Haitian Potential:* 61–82. New York: Teachers College Press.

Van Gennep, Arnold. 1960. *The Rites of Passage.* Chicago: University of Chicago Press.

Vivelo, Frank R. 1978. *Cultural Anthropology Handbook.* New York: McGraw-Hill.

Voegelin, Charles F., and F. M. Voegelin. 1977. *Classification and Index of the World's Languages.* New York: Elsevier.

Vogt, Evon Z. 1970. *The Zinacantecos of Mexico: A Modern Maya Way of Life.* New York: Holt, Rinehart and Winston.

Wagley, Charles. 1977. *Welcome of Tears: The Tapirapé Indians of Central Brazil.* New York: Oxford University Press.

Walker, Anthony R. 1986. *The Toda of South India: A New Look.* Delhi: Hindustan Publishing Corporation.

Walker, Rangiuni. 1989. Colonisation and development of the Maori people. *In* M. C. Howard (editor),

Ethnicity and Nation-building in the Pacific: 152–168. Tokyo: United Nations University.

Wallace, Anthony F. C. 1966. *Religion: An Anthropological View.* New York: Random House.

———. 1970. *Culture and Personality.* New York: Random House.

———. 1972. Mental illness, biology and culture. *In* F. L. K. Hsu (editor), *Psychological Anthropology:* 362–402. Cambridge, MA: Schenkman.

Wallerstein, Immanuel. 1979. *The Capitalist World-Economy.* New York: Cambridge University Press.

Wasson, R. Gordon. 1972. The divine mushroom of immortality. *In* P. T. Furst (editor), *Flesh of the Gods:* 185–200. London: George Allen & Unwin.

Watson, Rubie S. 1985. *Inequality Among Brothers: Class and Kinship in South China.* New York: Cambridge University Press.

Weil, Peter. 1980. Mandinko adaptation to colonial rule in the Gambia. *Cultures et Dévelop-pement* 12 (2): 295–318.

Weiss, Anita. 1988. *Islamic Reassertion in Pakistan.* Syracuse: University of Syracuse Press.

Wessman, James W. 1981. *Anthropology and Marxism.* Cambridge, MA: Schenkman.

Westlake, Melvyn. 1990. Money can't buy you wealth. *South* 116: 18–19.

White, Leslie. 1949. *The Science of Culture.* New York: Grove Press.

———. 1959. *Evolution of Culture.* New York: McGraw-Hill.

Wienpahl, Jan. 1984. Women's roles in livestock production among the Turkana of Kenya. *In* B. Isaac (editor), *Research in Economic Anthropology.* Greenwich, CT: JAI Press.

Williams, Glyn. 1979. Welsh settlers and native Americans in Patagonia. *Journal of Latin American Studies* 11: 41–66.

Williams, Harvey. 1984. An uncertain prognosis: some factors that may limit future progress in the Nicaraguan health care system. *Medical Anthropology Quarterly* 15 (3): 72–73.

Williams, Thomas. 1858. *Fiji and the Fijians.* London: A. Heylin.

Wilson, Monica. 1963. *Good Company: A Study of Nyakyusa Age-villages.* Boston: Beacon Press.

Wolf, Eric R., and Edward C. Hansen. 1972. *The Human Condition in Latin America.* New York: Oxford University Press.

Worsley, Peter. 1982. Non-Western medical systems. *Annual Review of Anthropology* 11: 315–348.

Yoffee, Norman, and George L. Cowgill (editors). 1988. *The Collapse of Ancient States and Civilizations.* Tucson: University of Arizona Press.

Young, M. W. 1971. *Fighting with Food: Leadership, Values and Social Control in a Massim Society.* New York: Cambridge University Press.

索 引

建議讀物

Ch1

Bowen, Elenore Smith. 1964. *Return to Laughter*. New York: Doubleday/Anchor. (Africa)

Ehlers, Tracy Bachrach. 1990. *Silent Looms*. Boulder, CO: Westview. (Guatemala)

Fernea, Elizabeth. 1969. *Guests of the Sheik*. New York: Doubleday/Anchor. (Middle East)

Goldstein, Melvyn C., and Cynthia M. Beall. 1990 *Nomads of Western Tibet*. Berkeley: University of California Press.

Liebow, Elliot. 1967. *Tally's Corner*. Boston: Little, Brown. (United States)

Read, Kenneth. 1980. *The High Valley*. New York: Columbia University Press. (Papua New Guinea)

Ruesch, Hans. 1950. *Top of the World*. New York: Harper & Row. (Arctic North America)

Siskind, Janet. 1973. *To Hunt in the Morning*. New York: Oxford University Press. (South America)

Thomas, Elizabeth Marshall. 1959. *The Harmless People*. New York: Vintage. (Southern Africa)

Tonkinson, Robert. 1978. *The Mardudjara Aborigines*. New York: Holt, Rinehart and Winston. (Australia)

Turnbull, Colin. 1962. *The Forest People*. New York: Doubleday/Anchor (Central Africa)

Wikan, Unni. 1980. *Life Among the Poor in Cairo*. London: Tavistock. (Egypt)

Wilson, Carter. 1974. *Crazy February*. Berkeley: University of California Press. (Southern Mexico)

Ch2

Diamond, Stanley, editor. 1980. *Anthropology: Ancestors and Heirs*. The Hague: Mouton.

Harris, Marvin. 1968. *The Rise of Anthropological Theory*. New York: Crowell.

Hinsley, Curtis M., Jr. 1981. *Savages and Scientists: The Smithsonian Institution and the Development of American Anthropology (1846–1910)*. Washington, DC: Smithsonian Institution Press.

Kuper, Adam. 1983. *Anthropologists and Anthropology: The Modern British School*. London: Routledge, Chapman and Hall.

Rosenberry, William. 1989. *Anthropologists and Histories: Essays in Culture, History, and Political Economy*. New Brunswick, NJ: Rutgers University Press.

Stocking, George W., Jr. 1984. *Observers and Observed: Essays on Ethnological Fieldwork*. History of Anthropology Series, Vol. 1. Madison: University of Wisconsin Press.

————. 1984. *Functionalism Historicized: Essays on British Social Anthropology*. History of Anthropology Series, Vol. 2. Madison: University of Wisconsin Press.

————. 1985. *Objects and Others: Essays on Museum and Material Culture*. History of Anthropology Series, Vol. 3. Madison: University of Wisconsin Press.

————. 1986. *Malinowski, Rivers, Benedict and Others: Essays on Culture and Personality*. History of Anthropology Series, Vol. 4. Madison: University of Wisconsin Press.

————. 1990. *Bones, Bodies and Behavior: Essays on Behavioral Anthropology*. History of Anthropology Series, Vol. 5. Madison: University of Wisconsin Press.

Voget, Fred W. 1975. *A History of Ethnology*. New York: Holt, Rinehart and Winston.

Ch3

General books on anthropological methods:

Bernard, H. Russell. 1988. *Research Methods in Cultural Anthropology*. Newbury Park, CA: Sage.

Briggs, Charles L. 1986. *Learning How to Ask*. New York: Cambridge University Press.

Crane, Julia, and Michael Angrosino. 1974. *Field Projects in Anthropology: A Student Handbook*. Morristown, NJ: General Learning Press.

Epstein, A.L., editor. 1967. *The Craft of Social Anthropology*. London: Tavistock.

Foster, George M., et al., editors. 1979. *Long-term Field Research in Social Anthropology*. New York: Academic Press.

Pelto, Perti J., and Gretal H. Pelto. 1978. *Anthropological Research: The Structure of Inquiry*. New York: Cambridge University Press.

Smith, Carolyn D., and William Kornblum, editors. 1989. *In the Field: Readings on the Field Experience*. New York: Praeger.

Spradley, James P. 1980. *Participant Observation*. New York: Holt, Rinehart and Winston.

Stull, Donald, and Jean Schensul, editors. 1987. *Collaborative Research and Social Change: Applied Anthropology in Action*. Boulder, CO: Westview Press.

There are a number of valuable personal accounts of fieldwork, including these:

Alland, Alexander, Jr. 1976. *When the Spider Danced: Notes from an African Village*. Garden City, NY: Doubleday.

Dumont, Jean-Paul. 1978. *The Headman and I: Ambiguity and Ambivalence in the Fieldwork Experience*. Austin: University of Texas Press.

Fernea, Elizabeth W. 1976. *A Street in Marrakech*. New York: Doubleday/Anchor. (fieldwork among Moroccan women)

Malinowski, Bronislaw. 1967. *A Diary in the Strict Sense of the Term*. London: Routledge and Kegan Paul. (early fieldwork in Melanesia)

Maybury-Lewis, David. 1968. *The Savage and the Innocent*. Boston: Beacon Press. (fieldwork in central Brazil)

Read, Kenneth E. 1980. *The High Valley*. New York: Columbia University Press. (fieldwork in Papua New Guinea)

Ch4

Among the numerous general studies of languages are these:

Bauman, R., and J. Sherzer, editors. 1989. *Explorations in the Ethnography of Speaking*. New York: Cambridge University Press.

Eastman, Carol M. 1990. *Aspects of Language and Culture*. San Francisco: Chandler and Sharp.

Holm, John. 1988. *Pidgins and Creoles—Volume I: Theory and Structure*. New York: Cambridge University Press.

————. 1989. *Pidgins and Creoles—Volume II: Reference Survey*. New York: Cambridge University Press.

Hymes, Dell. 1974. *Foundations in Sociolinguistics: An Ethnographic Approach*. Philadelphia: University of Pennsylvania Press.

Schieffelin, Bambi, and Elinor Ochs, editors. 1987. *Language Socialization Across Cultures*. New York: Cambridge University Press.

Thomason, Sarah Grey, and Terrence Kaufman. 1988. *Language Contact, Creolization, and Genetic Linguistics*. Berkeley: University of California Press.

Trudgill, Peter. 1983. *Sociolinguistics*. New York: Viking Penguin.

More specialized studies of language include these:

Brenneis, Donald, and Fred R. Myers, editors. 1984. *Dangerous Words: Language and Politics in the Pacific*. New York: New York University Press.

Goody, Jack. 1985. *The Logic of Writing and the Organization of Writing*. New York: Cambridge University Press.

Grillo, R. D. 1989. *Dominant Languages: Languages and Hierarchy in Britain and France*. New York: Cambridge University Press.

Jackson, Jean E. 1984. *The Fish People: Linguistic Exogamy and Tukanoan Identity in Northwest Amazonia*. New York: Cambridge University Press.

Merlan, Francesca, and Alan Rumsey. 1990. *Ku Waru: Language and Segmentary Politics in the Western Nebilyer Valley, Papua New Guinea*. New York: Cambridge University Press.

Siegel, James T. 1987. *Solo in the New Order: Language and Hierarchy in an Indonesian City*. Princeton: Princeton University Press.

Siegel, Jeff. 1987. *Language Contact in a Plantation Environment: A Socio-linguistic History of Fiji*. New York: Cambridge University Press.

Ch5

Small-scale foraging societies:

Bailey, Robert C. 1991. *The Behavioral Ecology of Efe Pygmy Men in the Ituri Forest, Zaire*. Ann Arbor: University of Michigan.

Berndt, Ronald M., and Catherine H. Berndt. 1970. *Man, Land and Myth in Northern Australia*. East Lansing: Michigan State University Press.

Brody, Hugh. 1981. *Maps and Dreams: Indians and the British Columbia Frontier.* Toronto: Douglas and McIntyre.

Chapman, Anne. 1982. *Drama and Power in a Hunting Society: the Selk'nam of Tierra del Fuego.* New York: Cambridge University Press.

Gordon, Robert J. 1991. *The Bushman Myth: The Making of a Namibian Underclass.* Boulder, CO: Westview Press.

Hoffman, Carl. 1986. *The Punan: Hunters and Gatherers of Borneo.* Ann Arbor, MI: UMI Research Press.

Leacock, Eleanor, and Richard B. Lee, editors. 1982. *Politics and History in Band Societies.* New York: Cambridge University Press.

Lee, Richard B. 1984. *The !Kung: Foragers in a Changing World.* New York: Holt, Rinehart and Winston.

Small-scale farmers:

Dwyer, Peter D. 1990. *The Pigs That Ate the Garden: A Human Ecology from Papua New Guinea.* Ann Arbor: University of Michigan Press.

Feil, Daryl K. 1987. *The Evolution of Highland Papua New Guinea Society.* New York: Cambridge University Press.

Harner, Michael J. 1972. *The Jivaro: People of the Sacred Waterfalls.* New York: Natural History Press.

Murphy, Yolanda, and Robert Murphy. 1974. *Women of the Forest.* New York: Columbia University Press. (Amazonian Brazil)

Sutlive, Vinson H., Jr. 1978. *The Iban of Sarawak.* Arlington Heights, IL: AHM.

Wagley, Charles. 1977. *Welcome of Tears: The Tapirapé Indians of Central Brazil.* New York: Oxford University Press.

Pastoralists:

Behnke, Rah H., Jr. 1980. *The Herders of Cyrenaica.* Urbana: University of Illinois Press. (Libya)

Cole, Donald P. 1975. *Nomads of the Nomad: The Al Murrah Bedouin of the Empty Quarter.* Arlington Heights, IL: AHM.

Galaty, John G., and Douglas L. Johnson, editors. 1990. *The World of Pastoralism: Herding Systems in Comparative Perspective.* New York: Guilford Press.

Ingold, Tim. 1976. *The Skolt Lapps Today.* New York: Cambridge University Press.

Irons, W., and N. Dyson-Hudson, editors. 1972. *Perspectives on Nomadism.* Leiden: E. J. Brill.

Peasants:

Brintnall, Douglas E. 1979. *Revolt Against the Dead: The Modernization of a Mayan Community in the Highlands of Guatemala.* London: Gordon and Breach.

Deere, Carmen D. 1991. *Households and Class Relations: Peasants and Landlords in Northern Peru.* Berkeley: University of California Press.

Eklof, Ben, and Stephen Frank, editors. 1990. *The World of the Russian Peasant.* Boston: Unwin Hyman.

Evans, Grant. 1990. *Lao Peasants Under Socialism.* New Haven: Yale University Press.

Hefner, Robert W. 1990. *The Political Economy of Mountain Java.* Berkeley: University of California Press.

Pearse, Andrew. 1975. *The Latin American Peasant.* London: Frank Cass.

Potter, Sulamith Heins, and Jack M. Potter. 1989. *China's Peasants: The Anthropology of a Revolution.* New York: Cambridge University Press.

Sorensen, Clark W. 1988. *Over the Mountains Are Mountains: Korean Peasant Households and Adaptation to Rapid Industrialization.* Seattle: University of Washington Press.

Industrial society:

Applebaum, Herbert A. 1981. *Royal Blue: The Culture of Construction Workers.* New York: Holt, Rinehart and Winston.

Bourgois, Philippe I. 1989. *Ethnicity at Work: Divided Labor on a Central American Banana Plantation.* Baltimore: Johns Hopkins University Press.

Chibnik, Michael, editor. 1987. *Farmwork and Fieldwork: American Agriculture in Anthropological Perspective.* Ithaca: Cornell University Press.

Despres, Leo A. 1991. *Manaus: Social Life and Work in Brazil's Free Trade Zone.* Albany: State University of New York Press.

Nash, June C. 1989. *From Tank Town to High Tech: The Clash of Community and Industrial Cycles.* Albany: State University of New York Press.

Pappas, Gregory. 1989. *The Magic City: Unemployment in a Working Class Community.* Ithaca: Cornell University Press.

Stoller, Ann Laura. 1985. *Capitalism and Confrontation in Sumatra's Plantation Belt, 1870–1970.* New Haven: Yale University Press.

Ch6

Among relevant general works on economic anthropology are these:

Clammer, John, editor. 1978. *The New Economic An-*

thropology. London: Macmillan.

Plattner, Stuart, editor. 1989. *Economic Anthropology.* Stanford: Stanford University Press.

Sahlins, Marshall. 1972. *Stone Age Economics.* Chicago: Aldine.

Seddon, David, editor. 1978. *Relations of Production.* London: Frank Cass.

There are a large number of studies of particular aspects of economic anthropology and case studies in economic anthropology, including these:

Appadurai, Arjun, editor. 1986. *The Social Life of Things: Commodities in Cultural Perspective.* New York: Cambridge University Press.

Babb, Florence E. 1990. *Between Field and Cooking Pot: The Political Economy of Marketwomen in Peru.* Austin: University of Texas Press.

Beals, Ralph. 1975. *The Peasant Marketing System of Oaxaca, Mexico.* Berkeley: University of California Press.

Carrier, James G., and Achsah H. Carrier. 1989. *Wage, Trade, and Exchange in Melanesia: A Manus Society in the Modern State.* Berkeley: University of California Press.

Clark, Gracia, editor. 1988. *Traders Versus the State: Anthropological Approaches to Unofficial Economics.* Boulder: Westview Press.

Cooper, Eugene. 1980. *The Wood-Carvers of Hong Kong: Craft Production in the World Capitalist Periphery.* New York: Cambridge University Press.

Durrenberger, E. Paul, and Nicola Tannenbaum. 1990. *Analytical Perspectives on Shan Agriculture and Village Economics.* New Haven: Yale University Southeast Asian Studies.

Halperin, Rhoda, and James Dow, editors. 1977. *Peasant Livelihood: Studies in Economic Anthropology and Cultural Ecology.* New York: St. Martin's.

Howard, Michael C. 1991. *Mining, Politics, and Development in the South Pacific.* Boulder: Westview Press.

Leacock, Eleanor, and Helen I. Safa, editors. 1986. *Women's Work: Development and the Division of Labor by Gender.* South Hadley, MA: Bergin & Garvey.

Lehman, David, editor. *Ecology and Exchange in the Andes.* New York: Cambridge University Press.

Mintz, Sidney W. 1986. *Sweetness and Power: The Place of Sugar in Modern History.* New York: Viking Penguin.

Sherman, D. George. 1990. *Rice, Rupees, and Ritual: Economy and Society Among the Samosir Batak of Sumatra.* Stanford: Stanford University Press. (Indo-

nesia)

Smith, Waldemar R. 1977. *The Fiesta System and Economic Change.* New York: Columbia University Press. (Guatemala)

Ch 7

Banton, Michael, editor. 1965. *The Relevance of Models for Social Anthropology.* London: Tavistock.

Beattie, John. 1964. *Other Cultures: Aims, Methods and Achievements in Social Anthropology.* New York: Free Press.

Bernardi, Berdardo. 1985. *Age Class Systems: Social Institutions and Polities Based on Age.* New York: Cambridge University Press.

Boissevain, Jeremy, and J. Clyde Mitchell, editors. 1973. *Network Analysis: Studies in Human Interaction.* The Hague: Mouton.

Burnham, P. C., and R. F. Ellen, editors. 1979. *Social and Ecological Systems.* New York: Academic Press.

Firth, Raymond. 1964. *The Theory of Social Structure.* London: Athlone Press.

Ch 8

General works:

Fox, Robin. 1984. *Kinship and Marriage: An Anthropological Perspective.* New York: Cambridge University Press.

Goody, Jack. 1989. *The Oriental, the Ancient and the Primitive.* New York: Cambridge University Press.

Harris, Christopher. 1990. *Kinship.* Minneapolis: University of Minnesota Press.

Tcherkézoff, Serge. 1987. *Dual Classification Reconsidered: Nyamwezi Sacred Kinship and Other Examples.* New York: Cambridge University Press.

Case studies:

Aschenbrenner, J. 1975. *Lifelines: Black Families in Chicago.* New York: Holt, Rinehart and Winston.

Epstein, A. L. 1981. *Urbanization and Kinship.* New York: Academic Press. [Zambia]

Hiatt, L. R. 1965. *Kinship and Conflict: A Study of an Aboriginal Community in Northern Arnhem Land.* Canberra: Australian National University Press.

Singarimbun, Masri. 1975. *Kinship, Descent and Alliance Among the Karo Batak.* Berkeley: University of California Press. [Indonesia]

Stack, Carol B. 1975. *All Our Kin: Strategies for Survival in a Black Community.* New York: Harper & Row.

Strathern, Andrew. 1972. *One Father, One Blood: Descent and Group Structure Among the Melpa People.* London: Tavistock. [Papua New Guinea]

Watson, Rubie S. 1985. *Inequality Among Brothers: Class and Kinship in South China.* New York: Cambridge University Press.

Ch9

Bledsoe, Caroline H. 1980. *Women and Marriage in Kpelle Society.* Stanford: Stanford University Press. [Africa]

Collier, Jane F. 1988. *Marriage and Inequality in Classless Society.* Stanford: Stanford University Press. [Plains Indians]

Croll, Elisabeth. 1981. *The Politics of Marriage in Contemporary China.* New York: Cambridge University Press.

Edwards, Walter. 1989. *Modern Japan Through Its Weddings: Gender, Person, and Society in Ritual Portrayal.* Stanford: Stanford University Press.

Goody, Jack R., and S. J. Tambiah, editors. 1973. *Bridewealth and Dowry.* New York: Cambridge University Press.

Kilbride, Philip L., and Janet C. 1990. *Changing Family Life in East Africa: Women and Children at Risk.* University Park: Pennsylvania State University Press.

Levine, Nancy E. 1988. *The Dynamics of Polyandry: Kinship, Domesticity, and Population on the Tibetan Border.* Chicago: University of Chicago Press.

Millar, Susan B. 1989. *Bugis Weddings: Rituals of Social Location in Modern Indonesia.* Berkeley: University of California, Center for South and Southeast Asian Studies.

Potash, Betty, editor. 1986. *Widows in African Societies: Choices and Constraints.* Stanford: Stanford University Press.

Potter, Sulamith H. 1980. *Family Life in a Northern Thai Village: A Study of the Structural Significance of Women.* Berkeley: University of California Press.

Schuler, Sidney R. 1987. *The Other Side of Polyandry: Property, Stratification, and Nonmarriage in the Nepal Himalayas.* Boulder: Westview Press.

Slater, Miriam K. 1977. *The Caribbean Family: Legitimacy in Martinique.* New York: St. Martin's.

Tapper, Nancy. 1991. *Bartered Brides: Politics, Gender and Marriage in an Afghan Tribal Society.* New York: Cambridge University Press.

Watson, Rubie S., and Patricia Buckley Ebrey. 1991. *Marriage and Inequality in Chinese Society.* Berkeley: University of California Press.

Ch10

Among the general works on socialization and psychological anthropology are these:

Barnouw, Victor. 1973. *Culture and Personality.* Homewood, IL: Dorsey Press.

Berry, John W. 1976. *Human Ecology and Cognitive Style.* New York: John Wiley.

Bock, Philip K. 1989. *Rethinking Psychological Anthropology.* San Francisco: W. H. Freeman.

Stigler, James W., Richard Shweder, and Gilbert Herdt, editors. 1989. *Cultural Psychology: Essays on Comparative Human Development.* New York: Cambridge University Press.

Wallace, Anthony F. C. 1970. *Culture and Personality.* New York: Random House.

Whiting, Beatrice B., and Carolyn P. Edwards. 1988. *Children of Different Worlds: The Formation of Social Behavior.* Cambridge: Harvard University Press.

Case studies include these:

Briggs, Jean L. 1970. *Never in Anger: Portrait of an Eskimo Family.* Cambridge: Harvard University Press.

Burbank, Victoria K. 1988. *Aboriginal Adolescence: Maidenhood in an Australian Community.* New Brunswick: Rutgers University Press.

Dentan, Robert N. 1968. *The Semai: A Nonviolent People of Malaya.* New York: Holt, Rinehart and Winston.

Herdt, Gilbert H., editor. 1982. *Rituals of Manhood.* Berkeley: University of California Press. [Papua New Guinea]

Hsu, Francis L. K. 1984. *Rugged Individualism Reconsidered.* Knoxville: University of Tennessee Press. [United States]

Kolig, Erich. 1989. *Dreamtime Politics: Religion, World View and Utopian Thought in Australian Aboriginal Society.* Berlin: Dietrich Reimer Verlag.

Nanda, Serena. 1990. *Neither Man nor Woman: The Hijras of India.* Belmont, CA: Wadsworth.

Ottenberg, Simon. 1989. *Boyhood Rituals in an African*

Society: An Interpretation. Seattle: University of Washington Press. [Afikpo of Nigeria]

Ch11

Among the works on ethnicity are these:

Banton, Michael. 1967. *Race Relations*. London: Tavistock Publications.

Barth, Frederick. 1969. *Ethnic Groups and Boundaries*. Bergen/Oslo: Universtetsforlaget.

Beckett, Jeremy, editor. 1988. *Past and Present: The Construction of Aboriginality*. Canberra: Aboriginal Studies Press.

Cultural Survival. 1987. *Southeast Asian Tribal Groups and Ethnic Minorities*. Cambridge, MA: Cultural Survival.

Fried, Morton H. 1975. *The Notion of Tribe*. Menlo Park, CA: Cummings.

Howard, Michael C., editor. 1989. *Ethnicity and Nation-building in the South Pacific*. Tokyo: United Nations University.

Schryer, Frans J. 1990. *Ethnicity and Class Conflict in Rural Mexico*. Princeton: Princeton University Press.

Warren, Kay B. 1978. *The Symbolism of Subordination: Indian Identity in a Guatemalan Town*. Austin: University of Texas Press.

Works on social stratification include these:

Berreman, Gerald D., and Kathleen M. Zaretsky, editors. 1981. *Social Inequality: Comparative Developmental Approaches*. New York: Academic Press.

Earle, Timothy, editor. 1991. *Chiefdoms: Power, Economy and Ideology*. New York: Cambridge University Press.

Finney, Ben R. 1973. *Polynesian Peasants and Proletarians*. Cambridge, MA: Schenkman.

Godelier, Maurice, and Marilyn Strathern, editors. 1991. *Big Men and Great Men: Personification of Power in Melanesia*. New York: Cambridge University Press.

Helms, Mary. 1979. *Ancient Panama: Chiefs in Search of Power*. Austin: University of Texas Press.

Meillassoux, Claude. 1991. *The Anthropology of Slavery: The Womb of Iron and Gold*. Chicago: University of Chicago Press.

Rousseau, Jérôme. 1990. *Central Borneo: Ethnic Identity and Social Life in a Stratified Society*. Oxford: Clarendon Press.

Sanday, Peggy R. 1981. *Female Power and Male Dominance: On the Origins of Sexual Inequality*. New York: Cambridge University Press.

Stavenhagen, Rodolfo. 1975. *Social Class in Agrarian Societies*. New York: Doubleday/Anchor.

Strathern, Marilyn, editor. 1987. *Dealing with Inequality: Analysing Gender Relations in Melanesia and Beyond*. New York: Cambridge University Press.

Wasserstrom, Robert F. 1983. *Class and Society in Central Chiapas*. Berkeley: University of California Press.

Ch12

Boissevain, Jeremy. 1974. *Friends of Friends: Networks, Manipulators and Coalitions*. Oxford: Blackwell.

Burling, Robbins. 1974. *The Passage of Power: Studies in Political Succession*. New York: Academic Press.

Cohen, Ronald, and Elman R. Service, editors. 1978. *Origins of the State: The Anthropology of Political Evolution*. Philadelphia: Institute for the Study of Human Issues.

Earle, Timothy, editor. 1991. *Chiefdoms: Power, Economy and Ideology*. New York: Cambridge University Press.

Howard, Michael C. 1981. *Aboriginal Politics in Southwestern Australia*. Nedlands: University of Western Australia Press.

———. 1991. *Fiji: Race and Politics in an Island State*. Vancouver: University of British Columbia Press.

Kerkvliet, Benedict J. Tria. 1990. *Everyday Politics in the Philippines: Class and Status Relations in a Central Luzon Village*. Berkeley: University of California Press.

Kertzer, David I. 1980. *Comrades and Christians: Religion and Political Struggle in Communist Italy*. New York: Cambridge University Press.

———. 1988. *Ritual, Politics, and Power*. New Haven: Yale University Press.

Khoury, Philip S., and Joseph Kostiner, editors. 1990. *Tribes and State Formation in the Middle East*. Berkeley: University of California Press.

Lewellen, Ted C. 1983. *Political Anthropology: An Introduction*. South Hadley, MA: Bergin and Garvey.

Rodman, William, and Dorothy Counts, editors. 1982. *Middlemen and Brokers in Oceania*. Ann Arbor: University of Michigan Press.

Seaton, S. Lee, and Henri M. Claessen, editors. 1979. *Political Anthropology*. The Hague: Mouton.

Smith, Gavin. 1990. *Livelihood and Resistance: Peasants and the Politics of Land in Peru.* Berkeley: University of California Press.

Tapper, Richard. 1979. *Pasture and Politics: Economics, Conflict and Ritual Among Shahsevan Nomads of Northwest Iran.* New York: Academic Press.

Upham, Steadman, editor. 1990. *The Evolution of Political Systems: Sociopolitics in Small-Scale Sedentary Societies.* New York: Cambridge University Press.

Ch13

Studies on law include these:

Collier, Jane F. 1973. *Law and Social Change in Zinacantan.* Stanford: Stanford University Press. (Mexico)

Fitzpatrick, P. 1980. *Law and State in Papua New Guinea.* New York: Academic Press.

Hamnett, Ian, editor. 1977. *Social Anthropology and Law.* New York: Academic Press.

Moore, Sally Falk. 1978. *Law as Process: An Anthropological Approach.* London: Routledge and Kegan Paul.

Nader, Laura. 1990. *Harmony Ideology: Justice and Control in a Zapotec Mountain Village.* Stanford: Stanford University Press.

Newman, K. S. 1984. *Law and Economic Organization: A Comparative Study of Preindustrial Societies.* New York: Cambridge University Press.

Renteln, Alison Dundes. 1990. *International Human Rights: Universalism Versus Relativism.* Newbury Park: Sage Publications.

Roberts, Simon. 1979. *Order and Dispute: An Introduction to Legal Anthropology.* New York: Penguin.

Rose, Laurel L. 1991. *The Politics of Harmony: Land Dispute Strategies in Swaziland.* New York: Cambridge University Press.

Rosen, Lawrence. 1989. *The Anthropology of Justice: Law as Culture in Islamic Society.* New York: Cambridge University Press.

Starr, June, and Jane F. Collier, editors. 1989. *History and Power in the Study of Law: New Directions in Legal Anthropology.* Ithaca: Cornell University Press.

Studies on rebellion, revolution, and warfare include these:

Boehm, C. 1984. *Blood Revenge: The Anthropology of Feuding in Montenegro and Other Tribal Societies.* Lawrence: University Press of Kansas.

Friedrich, Paul. 1970. *Agrarian Revolt in a Mexican Village.* Englewood Cliffs, NJ: Prentice-Hall.

Haas, Jonathan, editor. 1990. *The Anthropology of War.* New York: Cambridge University Press.

Huizer, Gerritt. 1973. *Peasant Rebellion in Latin America.* New York: Penguin.

Meggitt, Mervyn. 1977. *Blood Is Their Argument: Warfare Among the Mae Enga Tribesmen of the New Guinea Highlands.* Palo Alto, CA: Mayfield.

Turner, Paul R., David Pitt, et al. 1989. *The Anthropology of War and Peace: Perspectives on the Nuclear Age.* Granby, MA: Bergin and Garvey.

Turney-High, Harry H. 1991. *Primitive War: Its Practices and Concepts.* Columbia: University of South Carolina Press.

Vayda, A. P. 1976. *War in Ecological Perspective: Persistence, Change and Adaptive Processes in Three Oceanian Societies.* New York: Plenum Press.

Warman, Arturo. 1980. *We Come to Object.* Baltimore: Johns Hopkins University Press. (Mexico)

Wolf, Eric. 1971. *Peasant Wars of the Twentieth Century.* London: Faber and Faber.

Ch14

Baer, Hans A. 1988. *Recreating Utopia in the Desert: A Sectarian Challenge to Modern Mormonism.* Albany: State University of New York Press.

Berndt, Ronald M. 1974. *Australian Aboriginal Religion.* Leiden: E. J. Brill.

Endicott, Kirk M. 1979. *Batek Negrito Religion: The World View and Rituals of a Hunting and Gathering People of Peninsular Malaysia.* New York: Oxford University Press.

Fuller, C. J. 1984. *Servants of the Goddess: The Priests of a South Indian Temple.* New York: Cambridge University Press.

Gellner, E. 1981. *Muslim Society.* New York: Cambridge University Press.

Greenberg, James B. 1981. *Santiago's Sword: Chatino Peasant Religion and Economics.* Berkeley: University of California Press. (Mexico)

Keesing, Roger M. 1982. *Kwaio Religion: The Living and the Dead in a Solomon Island Society.* New York: Columbia University Press.

Kipp, Rita Smith, and Susan Rodgers, editors. 1987. *Indonesian Religion in Transition.* Tucson: University of Arizona Press.

Lancaster, Roger N. 1988. *Thanks to God and the Revolution: Popular Religion and Class Consciousness in the New Nicaragua.* New York: Columbia University Press.

Lessa, Wiliam A., and Z. Evon Vogt, editors. 1979. *Reader in Comparative Religion.* 2nd edition. New York: Harper & Row.

McGee, R. Jon. 1990. *Life, Ritual, and Religion Among the Lacandon Maya.* Belmont CA: Wadsworth Publishing. (Mexico)

Morris, Brian. 1987. *Anthropological Studies of Religion.* New York: Cambridge University Press.

Tambiah, Stanley J. 1984. *The Buddhist Saints of the Forest and the Cult of Amulets.* New York: Cambridge University Press. (Thailand)

Ch15

Coreil, Jeannine, and J. Dennis Mull, editors. 1990. *Anthropology and Primary Health Care.* Boulder, CO Westview Press.

Crandon-Malamud, Libbet. 1991. *From the Fat of Our Souls: Social Change, Political Process, and Medical Pluralism in Bolivia.* Berkeley: University of California Press.

Finkler, Kaja. 1991. *Physicians at Work, Patients in Pain: Biomedical Practice and Patient Response in Mexico.* Boulder, CO: Westview Press.

Foster, George M., and Barbara G. Anderson. 1978. *Medical Anthropology.* New York: Wiley.

Frankel, Stephen. 1986. *The Huli Response to Illness.* New York: Cambridge University Press. [Papua New Guinea]

———, and Gilbert Lewis, editors. 1989. *A Continuing Trial of Treatment: Medical Pluralism in Papua New Guinea.* Boston: Kluwer.

Grollig, Francis X., and Harold B. Haley, editors. 1976. *Medical Anthropology.* The Hague: Mouton.

Gussow, Zachary. 1989. *Leprosy, Racism, and Public Health: Social Policy in Chronic Disease Control.* Boulder, CO: Westview Press.

Henderson, George E., and M. S. Cohen. 1984. *The Chinese Hospital.* New Haven: Yale University Press.

———, and M. Primeaux. 1981. *Transcultural Health Care.* Reading. MA: Addison-Wesley.

Hill, Carole. 1985. *Training Manual in Medical Anthropology.* Washington, DC: American Anthropological Association.

Holden, Pat, and Jenny Littlewood, editors. 1991. *Anthropology and Nursing.* New York: Routledge.

Janes, Craig R., Ron Stall, and Sandra M. Gifford, editors. 1986. *Anthropology and Epidemiology.* Boston: D. Reidel.

Johnson, Thomas F., and Carolyn F. Sargent, editors. 1990. *Medical Anthropology: A Handbook of Theory and Method.* New York: Greenwood Press.

Johnston, Francis E., editor. 1987. *Nutritional Anthropology.* New York: Alan R. Liss.

Kunitz, Stephen J. 1983. *Disease, Change, and the Role of Medicine: The Navajo Experience.* Berkeley: University of California Press.

Landy, David, editor. 1977. *Culture, Disease, and Healing: Studies in Medical Anthropology.* New York: Macmillan.

Leslie, Charles, editor. 1976. *Asian Medical Systems.* Berkeley: University of California Press.

Logan, Michael H., and Edward E. Hunt, Jr. 1978. *Health and the Human Condition: Perspectives on Medical Anthropology.* North Scituate, MA: Duxbury Press.

Loudon, J. B., editor. 1976. *Social Anthropology and Medicine.* New York: Academic Press.

McElroy, Ann, and Patricia K. Townsend. 1989. *Medical Anthropology in Ecological Perspective.* Boulder, CO: Westview Press.

Marshall, Patricia A., and Linda A. Bennett, editors. 1990. *Culture and Behavior in the AIDS Epidemic.* Special issue, *Medical Anthropology Quarterly,* March.

Newman, Lucile F., editor. 1985. *Women's Medicine.* New Brunswick: Rutgers University Press. [examples from West Africa, Latin America, and Britain]

Norbeck, Edward, and Margaret Lock, editors. 1987. *Health, Illness, and Medical Care in Japan.* Honolulu: University of Hawaii Press.

Ohhuki-Tierney, Emiko. 1981. *Illness and Healing Among the Sakhalin Ainu.* New York: Cambridge University Press.

Reid, Janice. 1983. *Sorcerers and Healing Spirits: Continuity and Change in an Aboriginal Medical System.* Canberra: Australian National University Press.

Romanucci-Ross, Lola, Daniel Moerman, and Laurence R. Tancredi, editors. 1991. *The Anthropology of Medicine: From Culture to Medicine.* New York: Bergin and Garvey.

Simons, Ronald C., and C. C. Hughes, editors. 1985. *The Culture-bound Syndromes.* Boston: D. Reidel.

Young, James C. 1980. *Medical Choice in a Mexican Village.* New Brunswick: Rutgers University Press.

Ch16

Readings on applied anthropology:

Chambers, Erve. 1985. *Applied Anthropology: A Practical Guide*. Englewood Cliffs, NJ: Prentice-Hall.

Eddy, Elizabeth M., and William L. Partridge, editors. 1987. *Applied Anthropology in America*. New York: Columbia University Press.

Franke, Richard W., and Barbara H. Chasin. 1980. *Seeds of Famine: Ecological Destruction and the Development Dilemma in the West African Sahel*. Montclair, NJ: Allenheld, Osmun.

Gibson, Margaret A. 1988. *Accommodation Without Assimilation: Sikh Immigrants in an American High School*. Ithaca: Cornell University Press.

Gill, Lesley. 1987. *Peasants, Entrepreneurs, and Social Change: Frontier Development in Lowland Bolivia*. Boulder, CO: Westview Press.

Green, Edward C., editor. 1986. *Practicing Development Anthropology*. Boulder, CO: Westview Press.

Justice, Judith. 1986. *Policies, Plans and People: Culture and Health Development in Nepal*. Berkeley: University of California Press.

Partridge, William, editor. 1984. *Training Manual in Development Anthropology*. Washington, DC: American Anthropological Association and Society for Applied Anthropology.

Rodman, Margaret. 1989. *Deep Water: Development and Change in Pacific Village Fisheries*. Boulder, CO: Westview Press. [Vanuatu]

Scheper-Hughes, Nancy, editor. 1987. *Child Survival: Anthropological Perspectives on the Treatment and Maltreatment of Children*. Boston: D. Reidel.

Sutherland, Anne. 1986. *Caye Caulker: Economic Success in a Belizean Fishing Village*. Boulder, CO: Westview Press.

Willigen, John van. 1986. *Applied Anthropology: An Introduction*. South Hadley, MA: Bergin & Garvey.

Willigen, John van, Barbara Rylko-Bauer, and Ann McElroy, editors. 1989. *Making Our Research Useful: Case Studies in the Utilization of Anthropological Knowledge*. Boulder, CO: Westview Press.

Wulff, Robert M., and Shirley J. Fiske, editors. 1987. *Anthropological Praxis: Translating Knowledge into Action*. Boulder, CO: Westview Press.

Readings on indigenous peoples:

Berndt, Ronald M., editor. 1982. *Aboriginal Sites, Rights and Resource Development*. Nedlands, WA: University of Western Australia Press.

Bodley, John H., editor. 1988. *Tribal Peoples and Development Issues: A Global Overview*. Mountain View, CA: Mayfield.

———. 1990. *Victims of Progress*. Mountain View, CA: Mayfield.

Cultural Survival. 1987. *Southeast Asian Tribal Groups and Ethnic Minorities*. Cambridge, MA: Cultural Survival.

Furer-Haimendorf, C. von. 1982. *Tribes of India: The Struggle for Survival*. Berkeley: University of California Press.

Goodland, Robert. 1982. *Tribal Peoples and Economic Development: Human Ecological Considerations*. Washington, DC: World Bank.

Hong, Evelyne. 1987. *Natives of Sarawak: Survival in Borneo's Vanishing Forests*. Pulau Pinang, Malaysia: Institut Masyarakat.

Howard, Michael C. 1987. *The Impact of the International Mining Industry on Indigenous Peoples*. Sydney: University of Sydney, Transnational Corporations Research Project.

Manz, Beatriz. 1988. *Refugees of a Hidden War: The Aftermath of Counterinsurgency in Guatemala*. Albany: State University of New York Press.

Tonkinson, Robert, and Michael Howard, editors. 1990. *Going it Alone? Prospects for Aboriginal Autonomy*. Canberra: Aboriginal Studies Press.

Treece, Dave. 1987. *Bound in Misery and Iron: The Impact of the Grande Carajás Programme on the Indians of Brazil*. London: Survival International.

Publications on indigenous issues are available from these organizations:

International Work Group for Indigenous Affairs
    Fiolstraede 10, DK-1171 Copenhagen K, Denmark
Survival International (USA)
    2121 Decatur Place NW, Washington DC 20008, USA
Cultural Survival
    11 Divinity Avenue, Cambridge, MA 02138, USA

文 化 人 類 學

原　　著 / Michael C. Howard

譯　　者 / 李茂興、藍美華

出 版 者 / 弘智文化事業有限公司

地　　址 / 台北縣深坑鄉北深路三段 260 號 8 樓

電　　話 / （02）8662-6826．8662-6810

傳　　真 / （02）2664-7633

發 行 人 / 馬琦涵

總 經 銷 / 揚智文化事業股份有限公司

地　　址 / 台北縣深坑鄉北深路三段 260 號 8 樓

電　　話 / （02）8662-6826．8662-6810

傳　　真 / （02）2664-7633

製　　版 / 信利印製有限公司

初版二刷 / 2006 年 12 月

定　　價 / 650 元

弘 智 文 化 出 版 品 進 一 步 資 訊 歡 迎 至 網 站 瀏 覽 ：
http://www.ycrc.com.tw

ISBN 957-99581-3-0

國家圖書館出版品預行編目資料

文化人類學 / Michael C. Howard 著；李茂興，
藍美華譯. -- 初版. -- 台北市：弘智文化，
1997 [民 86]
　　面；　　公分·
參考書目；面
含索引
譯自：Contemporary Cultural Anthropology
　　ISBN 957-999581-3-0（精裝）

　1.文化人類學

　　541.3　　　　　　　　　　86009693